U0501707

杨 奕/主编

中国法院类案检索与裁判规则专项研究丛书

中国法学会研究会支持计划
最高人民法院审判理论研究会主持

人格权纠纷案件裁判规则

人民法院出版社

图书在版编目（CIP）数据

人格权纠纷案件裁判规则 / 杨奕主编. -- 北京 : 人民法院出版社, 2022.12
（中国法院类案检索与裁判规则专项研究丛书）
ISBN 978-7-5109-3687-6

Ⅰ. ①人… Ⅱ. ①杨… Ⅲ. ①人格－权利－民事纠纷－审判－案例－中国 Ⅳ. ①D923.15

中国版本图书馆CIP数据核字(2022)第255676号

中国法院类案检索与裁判规则专项研究丛书
人格权纠纷案件裁判规则

杨　奕　主编

责任编辑：杨佳瑞
执行编辑：姚丽蕾
封面设计：鲁　娟
出版发行：人民法院出版社
地　　址：北京市东城区东交民巷 27 号（100745）
电　　话：（010） 67550662（责任编辑） 67550558（发行部查询）
　　　　　65223677（读者服务部）
客服 QQ：2092078039
网　　址：http://www.courtbook.com.cn
E - mail：courtpress@sohu.com
印　　刷：天津嘉恒印务有限公司
经　　销：新华书店

开　　本：787 毫米×1092 毫米　1/16
字　　数：442 千字
印　　张：24.75
版　　次：2022 年 12 月第 1 版　2022 年 12 月第 1 次印刷
书　　号：ISBN 978-7-5109-3687-6
定　　价：95.00 元

最高人民法院审判理论研究会

类案同判专项研究首席专家组组长　姜启波

首席专家组成员：

丁文严　王保森　王　锐　王毓莹　代秋影　包献荣
刘俊海　李玉萍　李　明　杨　奕　吴光荣　沈红雨
宋建宝　陈　敏　范明志　周海洋　胡田野　袁登明
钟　莉　唐亚南　曹守晔　韩德强　黎章辉

人格权纠纷案件裁判规则

主　编：杨　奕

副主编：李俊晔　王继玉　齐浩岩　韩向前

专家组：

杨　奕　李俊晔　王继玉　齐浩岩　韩向前　杨　丹
覃宇轩　扈芳琼

中国法院
类案索引与裁判规则专项研究
说　明

最高人民法院《人民法院第五个五年改革纲要（2019—2023）》提出“完善类案和新类型案件强制检索报告工作机制”。2020年9月发布的《最高人民法院关于完善统一法律适用标准工作机制的意见》（法发〔2020〕35号）对此进行了细化，并进一步提出“加快建设以司法大数据管理和服务平台为基础的智慧数据中台，完善类案智能化推送和审判支持系统，加强类案同判规则数据库和优秀案例分析数据库建设，为审判人员办案提供裁判规则和参考案例”。为配合司法体制综合配套改革，致力于法律适用标准统一，推进人民法院类案同判工作，中国应用法学研究所组织了最高人民法院审判理论研究会及其下设17个专业委员会的力量，开展中国法院类案检索与裁判规则专项研究，并循序推出类案检索和裁判规则研究成果。

最高人民法院审判理论研究会及其分会的研究力量主要有最高人民法院法官和地方各级人民法院法官，国家法官学院和大专院校专家教授，国家部委与相关行业的专业人士，这些研究力量具有广泛的代表性，构成了专项研究力量的主体。与此同时，为体现法为公器，应当为全社会所认识，并利用优秀的社会专业人士贡献智力力量，专项研究中也有律师、企业法务参加，为专项研究提供经验与智慧，并参与和见证法律适用的过程。以上研究力量按照专业特长组成若干研究团队开展专项研究，坚持同行同专业同平台研究的基本原则。

专项研究团队借助大数据检索平台，形成同类案件大数据报告，为使用者提供同类案件裁判全景；从检索到的海量类案中，挑选可索引的、优秀的例案，为使用者提供法律适用参考，增加裁判信心，提高裁判公信；从例案中提炼出同类案件的裁判规则，分析裁判规则提要，提供给使用者参考。从司法改革追求的目标看，此项工作能够帮助法官从浩如烟海的同类案件中便捷找到裁判思路清晰、裁判法理透彻的好判决（即例案），帮助法官直接参考从这些好判决中提炼、固化的裁判规则。如此，方能帮助法官在繁忙的工作中实现类案类判。中国法院类案检索与裁判规则专项研究，致力于统一法律适用，实现法院依法独立行使审判权与法官依法独立行使裁判权的统一。这也正是应用法学研究的应有之义。

专项研究的成果体现为电子数据和出版物（每年视法律适用的发展增减），内容庞大，需要大量优秀专业人力长期投入。有关法院裁判案件与裁判内容检索的人工智能并不复杂，算法也比较简单，关键在于“人工”，在于要组织投入大量优秀的“人工”建设优质的检索内容。专项研究团队中的专家学者将自己宝贵的时间、智力投入到“人工”建设优质内容的工作中，不仅仅需要为统一我国法律适用、提升裁判公信力作出贡献的情怀，还需要强烈的历史感、责任感，具备科学的体系思维和强大的理性能力。此次专项研究持续得越久，越能向社会传达更加成熟的司法理性，社会也越能感受到蕴含在优质司法中的理性力量。

愿我们砥砺前行。

人格权纠纷案件裁判规则

前　言

2021年1月1日《民法典》正式施行，人格权编独立成编，对自然人权利的享有和保护作出了相对全面的规定，这不仅是我国民事立法的重大创新，更是注重人的精神本性与精神追求的更深层次的人文关怀，印证了《民法典》以人为本的价值理念。应当说，无论是社会关注的持续增长还是司法审判中人格权纠纷的日益增多，都彰显着与时代相伴而生的人格权的勃兴，这意味着在民事法律中，不能再只强调民事主体的财产权利，忽视人的存在中的精神性的一面，而是迫切需要体现人文关怀，从而推动司法机关在司法实践中更好地保护民事主体人格权益。人格权独立成编，对自然人权利的享有和保护作出了相对全面的规定，体现了人的内涵中的多样性，不仅符合《民法典》人文关怀的基本价值，更是对人的法律地位的巨大擢升。此次立法上的鲜明态度，无疑会带动司法在解决纠纷过程中更好地发挥司法为民的功能和作用，拉近法官与民众的距离，拉近司法裁判与生活世界的距离，使公平正义不仅体现在口号上，更体现在每一个司法案件中。

《民法典》人格权编有诸多亮点，例如，确立器官捐献的基本规则；为规范与人体基因、人体胚胎等有关的医学和科研活动，明确从事此类活动应遵守的规则；规定了性骚扰的认定标准以及机关、企业、学校等单位防止和制止性骚扰的义务；禁止任何组织或者个人利用信息技术手段伪造等方式侵害他人的肖像权；规定了隐私的定义，列明禁止侵害他人隐私权的具体行为；界定了个人信息的定义，明确了处理个人信息应遵循的原则和条件；构建自然人与信息处理者之间的基本权利义务框架；规定国家机关及其工作人员负有保护自然人的隐私和个人信息的义务；等等。应当说，《民法典》人格权编为司法裁判提供了基本遵循，不仅确立了完善的人格权保障体系，也确立了解决民事纠纷的基本规则，统一人格权纠纷裁判依据，能够最大限度限制法官的恣意裁判，为法官正确解决人格权纠纷提供基本准则与基本裁判规则。

本书专家组按照“中国法院类案检索与裁判规则专项研究”编写要求，在选定裁判规则时坚持遵循重点与类型化相结合的思路，从实践中人格权案件纠纷最常见的争点、焦点、难点入手。专家组共选定人格权纠纷案件中高频的 20 个裁判规则进行写作，专家组成员杨奕、李俊晔、王继玉、齐浩岩参与了大数据报告和规则的提炼、撰写，研究助理杨丹参与了大数据报告的检索、制作，杨奕、韩向前分别对全书进行了统稿和编校，特此说明。

2022 年 11 月

人格权纠纷案件裁判规则

凡 例

一、法律法规

1.《中华人民共和国宪法》，简称《宪法》。

2.《中华人民共和国民法典》，简称《民法典》。

3.《中华人民共和国民法总则》（已失效），简称《民法总则》。

4.《中华人民共和国民法通则》（已失效），简称《民法通则》。

5.《中华人民共和国侵权责任法》（已失效），简称《侵权责任法》。

6.《中华人民共和国合同法》（已失效），简称《合同法》。

7.《中华人民共和国婚姻法》（已失效），简称《婚姻法》。

8.《中华人民共和国民事诉讼法》，简称《民事诉讼法》。

9.《中华人民共和国消费者权益保护法》，简称《消费者权益保护法》。

10.《中华人民共和国反家庭暴力法》，简称《反家庭暴力法》。

11.《中华人民共和国人口与计划生育法》，简称《人口与计划生育法》。

12.《中华人民共和国妇女权益保障法》，简称《妇女权益保障法》。

13.《中华人民共和国教育法》，简称《教育法》。

14.《中华人民共和国民办教育促进法》，简称《民办教育促进法》。

15.《中华人民共和国涉外民事关系法律适用法》，简称《涉外民事关系法律适用法》。

16.《中华人民共和国治安管理处罚法》，简称《治安管理处罚法》。

17.《中华人民共和国劳动合同法》，简称《劳动合同法》。

18.《中华人民共和国户口登记条例》，简称《户口登记条例》。

19.《中华人民共和国居民身份证法》，简称《居民身份证法》。

20.《中华人民共和国网络安全法》，简称《网络安全法》。

二、行政法规

《中华人民共和国母婴保健法实施办法》，简称《母婴保健法实施办法》。

三、司法解释及司法文件

1.《最高人民法院关于审理名誉权案件若干问题的解答》(已失效)，简称《审理名誉权案件解答》。

2.《最高人民法院关于民事诉讼证据的若干规定》，简称《民事诉讼证据规定》。

3.《最高人民法院关于确定民事侵权精神损害赔偿责任若干问题的解释》，简称《民事侵权精神损害赔偿责任解释》。

4.《最高人民法院关于审理人身损害赔偿案件适用法律若干问题的解释》，简称《人身损害赔偿解释》。

5.《最高人民法院关于审理利用信息网络侵害人身权益民事纠纷案件适用法律若干问题的规定》，简称《审理利用信息网络侵权规定》。

6.《最高人民法院关于人民法院审理离婚案件处理子女抚养问题的若干具体意见》(已失效)，简称《离婚案件处理子女抚养问题意见》。

目 录

第一部分
人格权纠纷案件裁判规则摘要

人格权纠纷案件裁判规则第 1 条：

超市、商场等经营者无权限制消费者人身自由，无权搜查消费者身体，无权检查或变相检查消费者携带的物品。经营者未通知有权机关到场处理而私自采取相关措施的，构成对消费者人格权侵害

【规则描述】 超市、商场等经营者在实际经营活动中，不得对消费者进行侮辱、诽谤，不得搜查消费者的身体及其携带的物品，不得侵犯消费者的人身自由。超市、商场等经营者对消费者实施上述行为且存在自身过错致使侵犯了消费者人格尊严，使其社会评价在一定范围内降低的，视为对消费者名誉权的侵害，应酌情承担赔礼道歉、支付精神损害抚慰金等侵权责任。

但是，若经营者已经尽到合理注意义务并采用合理方式劝说消费者归还未结账商品，而消费者自认为此种情形下其名誉权仍然受到损害的，因经营者没有过错而不应认定为侵害消费者名誉，不承担侵害名誉权的赔偿责任。

人格权纠纷案件裁判规则第 2 条：

由于债务、婚姻等因素，行为人采取非合理限度范围内的行为，导致公民被短期内非法剥夺、限制人身自由的，被侵害人可基于人格权主张追究对方的侵权责任，要求侵害人给付精神损害赔偿

【规则描述】 债权人主张债权是在行使自己的权利，因此可以采取适当的手段来保证自己债权的实现。比如，对于拒不配合处理债务纠纷的债务人，债权人为了防止其逃跑，可以适当限制其人身自由。《民法典》第九百九十条第二款明确规定了一般人格权，形成对人格利益保护的兜底条款，从而保持了人格权益保护范围的开放性，将人身自由、人格尊严等一般人格权均纳入其中。债权人为追讨债款而限制债务人人身自由的程度不能超过必要限度，任何权利的行使都是相对的，如若超过必要限度，就会侵犯债务人的人身自由，情节严重，造成债务人精神伤害的，债务人可以基于人身自由权要求债权人给付精神损害赔偿，造成严重后果的，还需要承担相应的刑事责任。限制人身自由程度要与其他讨债方式综合评判，未超过必要限度的手段是为法律所允许的。

人格权纠纷案件裁判规则第 3 条：

医疗机构或者其医务人员因过错未能检查出胎儿存在先天性缺陷或者未尽到说明义务，导致具有先天性缺陷的婴儿出生，缺陷儿父母请求医疗机构赔偿因抚养缺陷子女支出的额外费用以及精神抚慰金等损失的，可予支持

【规则描述】 医疗机构或者其医务人员因过错未能检查出胎儿存在先天性缺陷，或者未向孕妇及家属进行充分告知可能存在先天性缺陷的风险，导致具有先天性缺陷的婴儿出生时，医疗机构应承担相应赔偿责任。司法实践中一般认为，“缺陷出生”诉讼的适格原告为缺陷儿的父母，权利基础为其生育知情权、生育选择权受到了侵害，由此导致其相比于抚养健康后代需要承担额外费用从而遭受财产损失，同时亦遭受精神损害。

人格权纠纷案件裁判规则第 4 条：

公民的身心健康受法律保护，行为人以精神控制手段侵害受害人心理健康造成严重后果的，应当承担相应侵权责任

【规则描述】 公民的心理健康受法律保护，行为人以精神控制手段对受害人心理健康造成损害的，应承担侵害受害人健康权的法律责任。受害人因行为人的精神控制行为作出自伤、自残、自杀行为的，虽不能证明行为人构成刑法意义上的杀害、伤害，但应承担对应的侵害受害人身体权、生命权等人格权利的责任。法律保护公民的人格尊严不受侵犯，行为人通过各种手段损害受害人人格尊严的，必须承担法律责任，赔偿受害人精神损失。

人格权纠纷案件裁判规则第 5 条：

未成年人个人承诺不能当然地豁免责任人因管理失责所导致的相关责任。人民法院判决侵权人赔礼道歉的，应综合考虑履行的方式方法，避免对未成年人造成扩大伤害

【规则描述】 未成年人在人格权保护工作中居于重要地位，应给予更多保护。未成年人长时间在各类教育机构处学习生活，教育机构无论是日常教学的全日制中小学还是周末的补习班、托管班等场所，均应担负起对未成年人的特殊保护责任。未成年人之间发生冲突导致侵犯人格权事实发生的，除双方责任承担外，教育机构也应承担因管理不善所导致的补充责任。未成年人受到教育机构及其工作人员的人格权侵害时，尤其是发生对于未成年人名誉权、隐私权侵权等较之身体权和健康权侵权而言更为隐蔽的侵权行为时，更应受到法律保护，教育机构应承担直接责任。若因为教育机构管理不善导致未成年人被“校外人员”侵权的，教育机构应承担补充责任。考虑到未成年人心智发育尚不健全，未成年人所作的免除教育机构或特定场所责任的承诺，不具有当然的免责效力，教育机构或特定场所及其责任人仍应承担相应的侵害未成年人人格权的责任。人民法院处理侵权人与被侵权人双方都是未成年人的案件时，应综合考虑赔偿行为的方式方法，更大程度上保护更多未成年当事人，对于赔礼道歉的方式可酌定在现场、当面履行，避免登报道歉等方式使得案件知悉范围被进一步扩大，从而对未成年人造成其他扩大性伤害。

人格权纠纷案件裁判规则第 6 条：

生前未表示不同意捐献的自然人近亲属，可以共同决定捐献，部分近亲属共同决定并实现捐献的，只要其行为不存在过错，一般不追究其侵犯死者及其他近亲属的人格权责任。器官捐献的受益人自愿适当向捐献者及近亲属以物质和精神方式表达感谢的，不应认定为非法买卖或交易

【规则描述】 自然人生前明确表示不同意器官捐献的，任何组织或个人不得强迫、欺骗、利诱其捐献。自然人生前未表示不同意捐献的，自然人死亡后，法律规定的近亲属可以共同决定捐献。但由于器官捐献具有很高的时效性要求，实践中追求做到法律中规定的“自然人配偶、成年子女、父母”同时同地共同明确表示同意并采用书面形式签署捐赠协议的难度较大，若一味强调完整性，很可能拖延捐献，客观上形成了本不愿发生的“悔捐”现象。部分近亲属集体决定捐献死者器官，决定的作出并未损害其他近亲属的经济利益和人格权益。反而因死者器官的捐献使得死者生前人格利益得到了升华，体现出更大的社会价值，是一种值得尊重和鼓励的公益善举，作为死者的家属应该为之骄傲和光荣。因此，只要同意捐献的几位近亲属并非出于贬损死者名誉的目的也即不存在侵权过错的前提下同意捐献的行为，不应受到谴责或批评，不应承担侵害死者及未同意捐献器官的近亲属的人格权利的责任。

此外，我国明确规定不允许以任何形式买卖人体细胞、人体组织、人体器官和遗体。但受限于我国人体器官移植的巨大需求和较少的供给体系的矛盾，获得捐献的自然人及其亲属自愿向捐献者或其近亲属以物质或精神形式表达感谢的，不应认定为双方的非法买卖或交易行为。这种合理的经济激励补偿机制，与无偿捐献的原则并不违背。

人格权纠纷案件裁判规则第 7 条：

民事主体之间签订的有偿代孕服务合同，违背我国公序良俗，一般应当认定为无效

【规则描述】 代孕行为涉及对自然人人格利益的侵犯，容易引发法律、伦理难题，违背我国公序良俗，因此，民事主体之间签订合同约定一方提供代孕服务，另一方支付对价的，合同一般应为无效。合同无效后，当事人因该合同取得的财产，应当予以返还；不能返还或者没有必要返还的，应当折价补偿。有过错的一方应当赔偿对方由此所受到的损失；各方都有过错的，应当各自承担相应的责任。法律另有规定的，依照其规定。

人格权纠纷案件裁判规则第 8 条：

自然人依法享有肖像权，但并不代表其当然享有因肖像权而产生关于肖像的影视、艺术作品等的著作权。自然人行使肖像权权利不能以牺牲他人其他合法民事权利为代价

【规则描述】 自然人的肖像权依法受法律保护。未经本人授权或同意，任何组织、个人不得利用他人肖像进行营利，也不能随意利用他人肖像，通过各种技术手段和表现形式进行歪曲丑化。自然人有权利保持自己的肖像积极正面，且对于自己肖像的一切物质性利益享有对应的收益的权利。但是，自然人拥有肖像权并不当然地等同于拥有关于自己肖像作品的著作权，自然人行使保护肖像权的权利以保护自身肖像不被他人获利和不被丑化歪曲为限，不能侵害他人其他权利的行使。个人、组织在合理使用范围内使用自然人肖像权的，不构成对于自然人肖像权的侵害，不承担侵权责任。

人格权纠纷案件裁判规则第 9 条：

构成性骚扰的受害人无性别要求，且认定行为人是否存在性骚扰行为，应看其实施的与“性”相关的行为是否违背受害人意愿，受害人拒绝的意思表示不应以要求“当场表露”或“明确表露”为限

【规则描述】 性骚扰案件中，法律应保护受害人的合法权益。性骚扰由于行为方式不同，侵犯的客体也不尽相同，包含身体权、健康权、名誉权、隐私权等权利，根本上是侵害了受害人的人格尊严，对受害人的工作、学习、生活造成极大影响。性骚扰案件的受害人不应仅局限于女性，男性亦可成为该类案件的受害人，男性的性自主、性自由、人格尊严等权利同样值得法律保护，但男性出于性羞耻心以及自身社会评价和名誉权等考量，往往更多不会选择诉诸法律，而是默默承受，更是无形中助长了性骚扰行为的发生。机关、企业、学校等单位发生职工性骚扰行为的，该单位有责任与义务做好事前预防、事中监管、事后处置的相关工作，以尽可能避免或遏制性骚扰行为的发生。相关单位没有做到上述工作的，可认定为失职，即存在过错，根据过错责任原则应承担一定的民事责任。

人格权纠纷案件裁判规则第 10 条：

在机关、企业、学校等单位发生性骚扰行为时，性骚扰行为的受害者可以“性骚扰损害责任纠纷”为案由起诉，用人单位应当履行性骚扰行为防治义务，必要时可解除用工合同

【规则描述】 性骚扰通常是指以身体、语言、动作、文字或者图像等方式，违背他人意愿而对其实施的以性为取向的有辱其尊严的性暗示、性挑逗以及性暴力等行为。《民法典》第一千零一十条第二款规定，机关、企业、学校等单位负有预防性骚扰的义务。从单位角度而言，单位应当采取相应的手段和措施避免性骚扰行为的发生。该条写明了单位具有性骚扰防治义务，违反了相应的义务，则单位应当承担民事责任，但该义务不同于单位的安全保障义务。性骚扰中的损害赔偿多为精神损失层面的弥补，性质上属于抚慰金。《民法典》中并没有明确说明违反该义务之后，单位应当承担何种民事责任。在发生性骚扰行为后，大部分单位会采取“解除劳动合同”的方式解雇性骚扰行为的实施者。

需要注意的是，单位并非对所有发生在单位场合的性骚扰行为承担责任。若机关、企业、学校等单位未能采取合理的预防性骚扰行为的措施，防止性骚扰发生的，应当以自己的过错为限，对被性骚扰行为人承担独立责任。但是，若性骚扰的行为人不属于该单位人员的，单位应当承担其过错范围内的补充责任。

人格权纠纷案件裁判规则第 11 条：

自然人为未成年子女命名或变更姓名，应符合法律规定和公序良俗精神，同时应从有利于未成年人健康成长的角度出发。自然人请求为未成年子女变更姓名时无正当理由且明显有违公序良俗精神的，人民法院不予支持

【规则描述】 自然人享有姓名权。自然人为所生子女取名时，应当符合公序良俗，尊重中国传统文化精神，应当符合相关法律规定要求。夫妻双方离婚后，对于子女姓名是否可以变更，原则上由父母双方共同决定子女姓名是否变更，但仍应以保护未成年子女的健康成长为根本出发点，充分考虑未成年人的意愿。如未成年人随夫妻一方生活中，如不更名会造成与父母或继父母姓氏均不同的情况，当事人主张更改未成年人姓氏为亲生父亲或母亲其中一人姓氏更有利于其健康成长的，人民法院应予支持。但上述情况下当事人主张将未成年人姓氏更改为继父或继母姓氏的，明显侵犯了未与未成年人继续共同生活的另一方亲生父亲或母亲的合法权益，且违背社会公序良俗，人民法院应当不予准许。

人格权纠纷案件裁判规则第 12 条：

新闻报道、舆论监督内容基本真实，没有侮辱他人人格，行为人没有过错和违法，不应认定为侵害他人名誉权，公众人物的人格权容忍度，应显著高于一般公民，但新闻媒体报道超出了对公众人物报道的必要限度，侵犯公众人物人格权的，应当对此承担相应责任

【规则描述】 新闻报道作为舆论监督的一种有效形式，应受到法律的优先保护，必然要求受害人对新闻侵害人格权的行为特别是轻微的侵害人格权的行为予以容忍。新闻报道致使受害人的社会评价下降，如并非因新闻批评本身所造成，而是受害人自身不良行为造成的，新闻媒体及相关工作人员，不应承担侵害他人名誉权、隐私权等人格权责任。公众人物理应受到来自舆论和社会的更多监督，对公众人物的人格权，应当进行必要的限制，以维护社会公共利益，关于认定其人格权被侵害的界限，应高于普通一般公民。公众人物的人格权仍应当在必要范围内受到限制，公众人物所应当享有的核心权利仍然不能受到剥夺，不因为其公众人物身份而否定其人格权。

人格权纠纷案件裁判规则第 13 条：

行为人为公共利益实施新闻报道、舆论监督等行为，影响他人名誉的，不承担民事责任，但是有下列情形之一的除外：（1）捏造、歪曲事实；（2）对他人提供的严重失实内容未尽到合理核实义务；（3）使用侮辱性言辞等贬损他人名誉

【规则描述】 新闻报道自由与人格利益保护之间的冲突，反映了信息传播、公共意见表达、公众知情权及舆论监督等公共利益与私人利益之间的紧张关系。过于强调对私人名誉权的保护，将使新闻报道、舆论监督等行为动辄得咎，造成“寒蝉效应”，不利于公共意见表达以及公众知情权、监督权的实现；过于放松对新闻报道、舆论监督的约束，则会使其肆意侵入私人领域，对民事主体的合法权益造成严重冒犯，轻则可以使人“社死”，甚至造成更严重后果。《民法典》第一千零二十五条、第一千零二十六条为二者设定了界限。

人格权纠纷案件裁判规则第 14 条：

在朋友圈公开发表信息，指名道姓或者使用足以让周围熟悉的人知悉所指为何人的方法揭露他人信息、行为，具有贬低自然人社会评价的主观故意，客观上造成自然人品性、道德贬损，其行为已构成侵权，应当承担侵权责任

【规则描述】 经过近几年的发展，微信的功能逐步扩大和完善，开发者或商家可以在微信公众平台上申请微信公众号，并通过微信公众号发布文章、进行广告宣传、促销推广等，受众是使用微信的用户。通过微信公众平台进行信息传播与通过传统互联网进行信息传播在功能上具有一致性，是能够带来信息交流、咨询服务、情感沟通以及意见反馈的社会化媒体平台，是新媒体的一种表现形式。微信朋友圈具有实时性、快速性等特征，在朋友圈公布他人的个人信息，可为大量周围人员所知，朋友圈内侵犯他人隐私，有权要求侵权人和网络服务提供者停止侵权并予以救济。如若朋友圈内公布的个人信息降低了公民的社会评价等，则构成侵权行为，受侵害人可以基于名誉权要求对方赔偿损失。因名誉是公民人格、道德品质的综合社会评价，侵害公民名誉会降低其社会评价，影响其社会交往，造成精神痛苦，受侵害人还可以要求对方给予精神损害赔偿。

人格权纠纷案件裁判规则第 15 条：

不特定关系人组成的微信群具有公共空间属性，民事主体在此类微信群中发布侮辱、诽谤、污蔑或者贬损他人的言论构成名誉权侵权，应当承担侵权责任

【规则描述】 在信息时代，微信群等互联网群组已然成为人们须臾不可离开的人际交互工具，它在使沟通更加高效便捷的同时，也使得侵权、违法等不良信息得以传播更快、更广，也将虚拟空间中的民事行为赋予了新的特点。然而万变不离其宗，无论现实空间还是虚拟空间都不是法外之地。司法实践中，如微信群系由数量较多的不特定人员组成，则该微信群往往被认为具有“公共空间属性”，行为人在微信群损毁他人名誉，构成名誉侵权的，同样应承担相应法律责任。

人格权纠纷案件裁判规则第 16 条：

因信用信息错误等原因对民事主体的信用评价产生不利影响，侵害其信用相关人格权益的，受侵害的民事主体有权请求更正、删除错误信用信息，消除对信用评价的不利影响，并主张损害赔偿

【规则描述】 我国法律并未将“信用权”创设为个别人格权，而是将信用利益纳入名誉权予以保护。一般认为，征信行为涉及信用信息处理和信用评价两种关系。司法实践中，信用评价不当引起的诉讼较为少见，多数纠纷是由于信用信息错误而引起，例如商业银行向中国人民银行征信中心报送的信息有误或者超过个人不良信息的保存期限后未及时予以更正删除等。因信用信息错误等原因对民事主体的信用评价产生不利影响的，受侵害的民事主体有权请求更正、删除错误信用信息，消除对信用评价的不利影响，并主张损害赔偿。

人格权纠纷案件裁判规则第 17 条：

当事人因个人银行征信信用评价不当，向人民法院提出异议并请求采取更正、删除等必要措施的，人民法院应予支持，相关金融机构应予配合，但当事人仅因征信报告有误主张名誉受损请求赔偿却无其他明确损害结果的，人民法院一般应不予支持

【规则描述】 银行征信是自然人信用的重要组成部分，对于自然人进行各项经济社会活动具有重要参考价值。个人征信严重影响自然人申办贷款、申领信用卡等重要经济活动。个人征信由人民银行掌握，自然人发现自身征信出现异议，多为名下信用卡或贷款为他人冒名顶替办理导致，各商业银行或金融机构在相关经济金融领域应尽到审慎审查自然人身份的义务，也应防止他人冒名顶替办理金融业务。因此，面对本就属于金融机构失误导致自然人信誉评价受到损害的结果，金融机构更有义务及时上报人民银行，进行自然人征信的准确评估并作出修改。

但是，自然人征信评估报告属于人民银行掌握的内部数据，并非对全社会公开开放，故相关评估结果并不为社会大众所知悉，不会影响自然人的社会评价和名望声誉，故自然人仅以名誉受损为由向人民法院提起诉讼要求赔偿，却没有发生实际损害结果的，人民法院应不予支持。

人格权纠纷案件裁判规则第 18 条：

银行经过自然人本人授权或者同意之后，可以查询自然人的征信情况，若因某银行多次查询该人征信情况导致其征信报告出现异常，影响其申请贷款、办理信用卡等业务的，自然人可以基于隐私权，要求银行承担侵权责任

【规则描述】 个人征信内容属于个人信息的一部分。很多银行征信岗位人员征信信息安全和风险防范意识淡薄，为个人征信查询用户被盗和客户信息的大量泄漏埋下巨大隐患。根据《个人信用信息基础数据库管理暂行办法》的规定，银行只有经过当事人的书面授权，才能查询客户的个人信用信息。需要查询自然人征信情况的，应当经过自然人本人授权或者同意，若银行工作人员未经客户授权或同意，私自多次查询自然人征信情况，导致自然人征信状态出现异常，给自然人造成损失的，构成侵权，自然人可基于隐私权起诉该银行及工作人员，要求征信机构承担侵权责任。

人格权纠纷案件裁判规则第 19 条：

自然人主张隐私权，不能以牺牲社会公共利益和侵犯社会公序良俗为代价；行为人以维护社会公共利益和公序良俗为由，侵害个人隐私权时，抗辩主张其行为不构成侵犯他人隐私权的，人民法院应不予支持

【规则描述】 公民的隐私权依法受到法律保护。凡是不影响国家和社会公共利益以及他人利益的，为公民个人所有且不愿意为外界知悉的信息，皆为公民个人隐私范畴，受到法律保护，任何人不得蓄意窥伺、侵入。隐私权的核心利益是公民的人格尊严，每个人都有保持自己世界一方净土且不受打扰的权利。在公共场所偷拍他人隐私活动或身体部位、翻阅他人电脑或手机等信息存储设备、打探他人私密信息并加以传播的行为均构成侵犯隐私权，应承担侵权责任。自然人的隐私权与社会公共利益或公序良俗原则应进行明确的划分，尽量避免存在模糊地带。自然人主张隐私权不能以牺牲社会公共利益为代价，如政府官员以隐私为由拒绝公布其收入来源等，但侵权人不能以社会公共利益为由，肆意侵犯他人隐私。隐私权侵权责任的履行方式以消除影响、赔礼道歉为主，行为人侵权行为对权利人造成精神损害的，还应承担精神损害赔偿。

人格权纠纷案件裁判规则第 20 条：

自然人个人信息被出卖导致电话推销骚扰，干扰了自然人的生活安宁，泄露自然人个人信息的主体侵犯了自然人的隐私权，应当承担侵权责任

【规则描述】 公民合法的民事权益受法律保护，民事权益既包括财产权益又包括人身权益，人身权为绝对权，权利人对该项权利具有绝对的排他性。依据现有法律规定，隐私权是人身权的一种基本类型，包括在法律所保护的人身权范围之内。随着网络科技及信息交互的迅猛发展，信息资料的记录方式也在不断进步，获取、保存、使用、流转变得更为方便快捷。人类社会已经从简单的信息保有社会向大数据信息利用社会转变，使得个人信息的保护范围不断扩大，相关利益关系呈多样化、复杂化。

《全国人大常委会关于加强网络信息保护的决定》中规定，信息被泄露的个人，有权利要求网络服务提供者删除自己的私人隐私信息。如若知道泄露者，受侵害人可直接提起诉讼，要求对方给自己造成的损失予以赔偿。我国的《民法典》和《个人信息保护法》都对公民的合法权益作出了具体的规定，受侵害人可以通过法律手段，要求侵权人对自己进行赔礼道歉、消除影响、恢复名誉、赔偿损失等。个人信息泄露，如果造成了严重的后果，可向执法部门报案。盗取他人的个人信息，并且进行出售或者其他非法活动的，情节严重的会构成刑事犯罪。

第二部分

人格权纠纷案件裁判规则

人格权纠纷案件裁判规则第 1 条：

超市、商场等经营者无权限制消费者人身自由，无权搜查消费者身体，无权检查或变相检查消费者携带的物品。经营者未通知有权机关到场处理而私自采取相关措施的，构成对消费者人格权侵害

【规则描述】　超市、商场等经营者在实际经营活动中，不得对消费者进行侮辱、诽谤，不得搜查消费者的身体及其携带的物品，不得侵犯消费者的人身自由。超市、商场等经营者对消费者实施上述行为且存在自身过错致使侵犯了消费者人格尊严，使其社会评价在一定范围内降低的，视为对消费者名誉权的侵害，应酌情承担赔礼道歉、支付精神损害抚慰金等侵权责任。

但是，若经营者已经尽到合理注意义务并采用合理方式劝说消费者归还未结账商品，而消费者自认为此种情形下其名誉权仍然受到损害的，因经营者没有过错而不应认定为侵害消费者名誉，不承担侵害名誉权的赔偿责任。

一、类案检索大数据报告

数据采集时间：2022 年 3 月 13 日；案例来源：Alpha 案例库；案件数量：192 件。本次检索获取 2022 年 3 月 13 日前共 192 篇裁判文书。根据搜索到的裁判文书，将经营者进行细致分类，如图 1–1 所示，可以发现此类案件涉及超市作为经营者的有 52 件，占比 27.08%；涉及商场作为经营者的有 47 件，占比 24.48%；涉及酒店作为经营者的有 37 件，占比 19.27%；涉及公寓或酒店式公寓作为经营者的有 35 件，占比 18.23%；其他经营者的有 21 件，占比 10.94%。

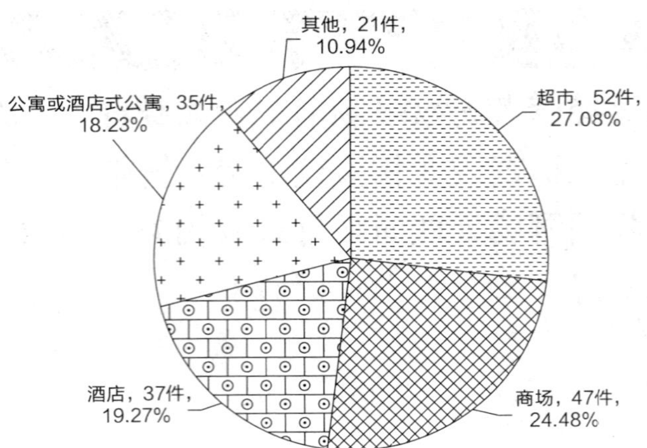

图 1–1　经营者具体分类后的分布情况

如图 1–2 所示，从案件年份分布情况可以看出当前条件下案件数量的变化趋势。

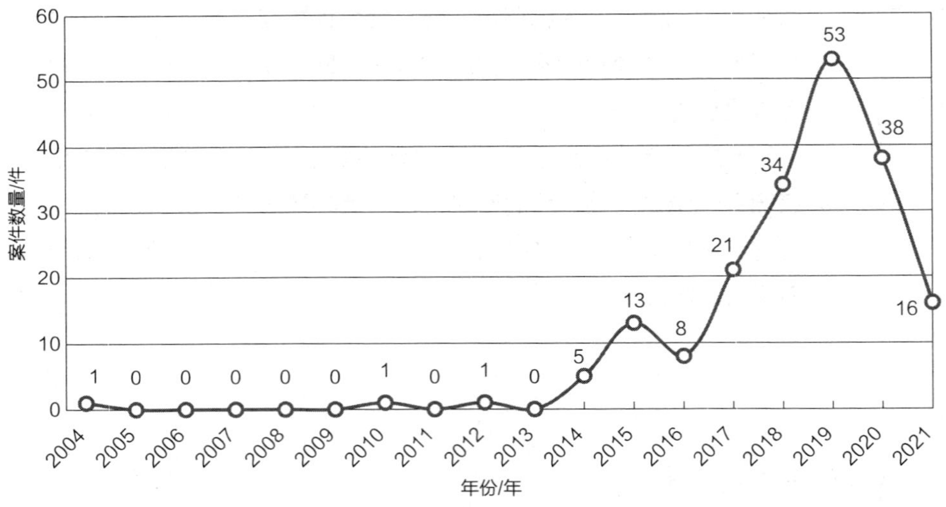

图 1–2　案件年份分布情况[①]

如图 1–3 所示，从案件地域分布情况来看（统计排名前 5 的省份），当前人格权纠纷案例主要集中在江苏省、浙江省、广东省，分别占比 27.6%、13.02%、11.98%。其中江苏省的案件量最多，达到 53 件。其他省份也有涉及，累计共有 71 件。

① 截至 2022 年数据统计期有 1 件案件，除去 2022 年的 1 件案件，共 191 件案件以年份分布图呈现。

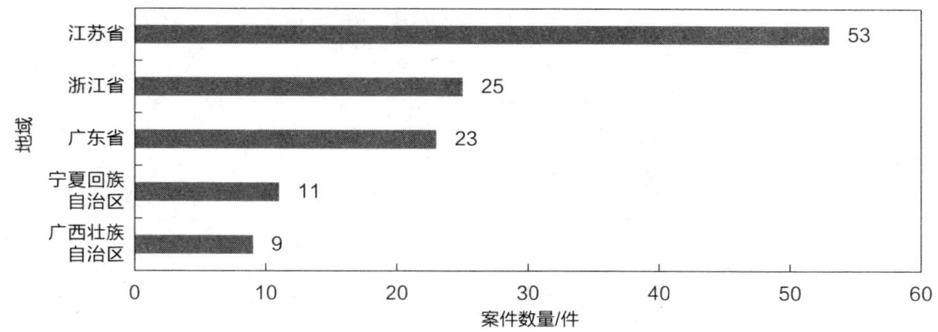

（注：图表只列举了统计排名前 5 的省份案件数量，未逐一列明）

图 1–3　案件地域主要分布情况

如图 1–4 所示，从经营者因搜查、搜身侵犯消费者人格权案件案由来看，当前最主要的案由是生命权、身体权、健康权纠纷，有 152 件，占比 79.17%，其次是名誉权纠纷、一般人格权纠纷、肖像权纠纷。

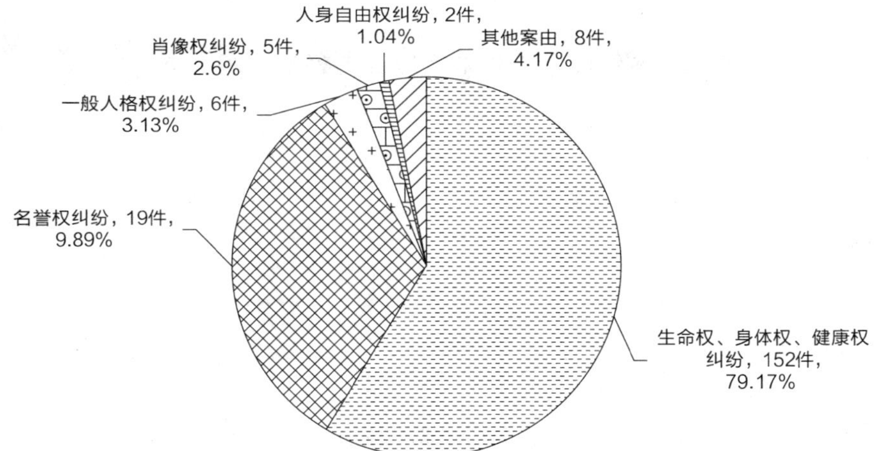

图 1–4　经营者因搜查、搜身侵犯消费者人格权的案件案由分布情况

如图 1–5 所示，从案件审理分布情况可以看出，人格权纠纷下当前的审理程序分布状况。一审案件有 111 件，占比 57.81%；二审案件有 75 件，占比 39.07%；再审案件与执行案件分别有 3 件，各自占比 1.56%。

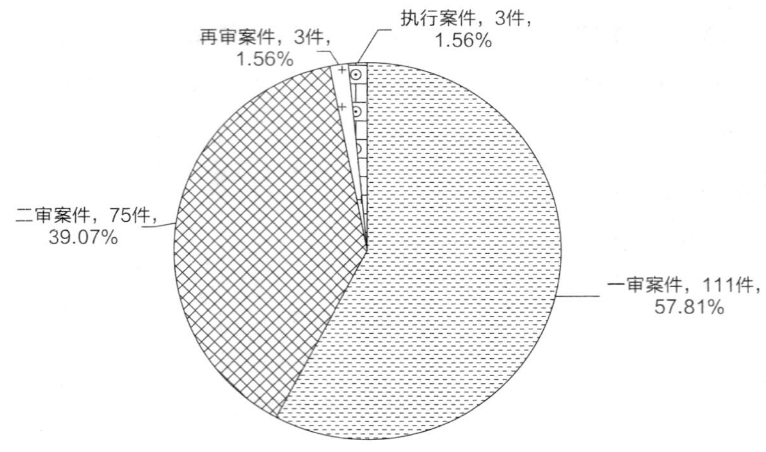

图 1-5 案件审理程序分布情况

二、可供参考的例案①

例案一：罗某与宣化超市发有限责任公司名誉权纠纷案

【法院】

河北省张家口市宣化区人民法院

【案号】

（2015）宣区民再初字第9号

【当事人】

再审申请人（原审原告）：罗某

被申请人（原审被告）：宣化超市发有限责任公司

【基本案情】

法院经审理查明，2011年1月3日18时50分左右，原审原告罗某在原审被告宣化超市发有限责任公司（以下简称宣化超市发公司）大厦店购物结账后，在大厦店门口准备开电动车离开时，被告的4名保安和1名女员工拦住原告，要求原告回店内进行检查，原告随被告的工作人员回至店内药品柜台前，将自己挎包内物品

① 例案中引用的法律法规等规范性文件，涉及的地名、机构名称、机关名称等均以裁判文书生效时为准。全书同。

掏出，未发现没有结账的商品，被告的工作人员仍说看见原告装巧克力了，原告把羽绒服兜翻开，并把羽绒服撩起，也没有发现有巧克力，原告说要不要我再过几次安检，保安说不用了，之后原告离开超市。此过程前后持续约 2 分多钟，监控录像显示当时现场除被告的几名工作人员外，另有 2 名药店售货员，并有多名顾客从此经过，有 2 名女顾客在药品柜台前停留观看约 1 分钟。在此期间，双方未发生肢体接触。

再审中，再审申请人罗某请求法院判令被申请人宣化超市发公司在《张家口日报》上公开向其赔礼道歉，赔偿其名誉和精神损害 1 万元，并承担本案的诉讼费。

【案件争点】

被申请人宣化超市发公司对再审申请人罗某的检查行为是否构成对其人格权侵犯。

【裁判要旨】

法院再审认为，被申请人宣化超市发公司作为经营者在日常经营活动中，应当严格遵守法律法规的规定，不得对消费者进行侮辱、诽谤，不得搜查消费者的身体及其携带的物品，不得侵犯消费者的人身自由。本案中，宣化超市发公司将罗某视为可疑顾客，要求返回店内进行检查，虽然并未直接对罗某进行搜查，但其行为导致罗某为了自证清白不得不将自己的挎包内物品掏出，并把羽绒服撩起，把羽绒服兜翻开让被告查看。宣化超市发公司工作人员的上述行为侵害了再审申请人罗某的人格尊严，也实际影响了他人对其品德、信用等方面应有的社会评价，致使其名誉受到一定的损害，给其造成了一定的精神痛苦。再审申请人罗某诉至法院要求被申请人宣化超市发公司向其赔礼道歉及给付精神损害抚慰金之请求，法院予以支持。考虑到被申请人宣化超市发公司的行为影响范围较小，故其在宣化超市发公司大厦店内事发地公开当面向再审申请人赔礼道歉为宜；精神损害抚慰金根据本案的实际情况，参照本地经济发展水平和司法实践，被申请人宣化超市发公司赔偿再审申请人罗某精神抚慰金 3000 元为宜。

法院判决：宣化超市发公司于本判决生效后 10 日内在宣化超市发公司大厦店内事发地公开当面向罗某赔礼道歉；宣化超市发公司于本判决生效之日起 10 日内赔偿罗某精神损害抚慰金 3000 元。案件受理费 500 元，由宣化超市发公司负担。

例案二：邵某与金帝超市名誉权纠纷案

【法院】

内蒙古自治区呼伦贝尔市中级人民法院

【案号】

（2017）内07民终785号

【当事人】

上诉人（原审原告）：邵某

被上诉人（原审被告）：金帝超市

【基本案情】

一审法院认定事实，2017年1月17日15时左右，原告去被告店内购物，结算货款完毕，出安全门时，被告的保安人员将原告拦住，继而发生争吵，后原告拨打110报警，扎兰屯市公安局巡防大队张某、杨某、黄某到达现场，经调解，被告的工作人员向原告道歉，原告在接处警登记表上签字后离开。原告认为其名誉权受到损害，故诉至法院，要求被告赔偿精神损害及名誉损失5000元，并向原告道歉。

一审法院认为，原告邵某在被告金帝超市消费过程中，因误会发生争执，在原告报警后，经警察调解，被告的工作人员已向原告道歉，原告在接处警登记表上签字后离开，此事就已结束。现原告诉至法院，认为其名誉权受到损害，要求赔偿。通过庭审调查，原告邵某提交的证据，不足以证明名誉权受到损害，导致其社会评价在一定范围内降低，生产、生活受到严重影响。在此次事件中，原告邵某在误会发生后，应冷静处理，事后也应打开心结，不能过于偏执，被告金帝超市在为消费者服务过程中也存有瑕疵，应在以后增强服务理念，加强员工管理，树立企业良好形象，希望原告、被告双方相互理解，互谅互让，不再纠结此事。

一审法院判决：驳回原告邵某的诉讼请求。

上诉人邵某不服一审判决，上诉到二审法院，诉请：（1）依法改判金帝超市消除影响、赔礼道歉，赔偿精神损害费5000元；（2）被上诉人承担本案的全部诉讼费。

二审法院查明的事实与一审法院查明的事实一致。

【案件争点】

被上诉人的行为是否侵害上诉人的名誉权。

【裁判要旨】

二审法院经审理认为，所谓名誉，就公民来说，是指人们根据该公民的工作、生活、言论以及其他表现所形成的有关该公民品德、才干、声望、信用等方面的一定社会评价。参照《审理名誉权案件解答》[①]中第七条关于如何认定侵害名誉权责任的解答，是否侵害名誉权应当根据受害人确有名誉被损害的事实、行为人行为违法、违法行为与损害后果之间有因果关系、行为人主观上有过错来认定。本案基本事实清楚，被上诉人金帝超市的服务行为虽有不当，但并未对作为消费者的上诉人进行侮辱、诽谤，也未搜查其身体及携带物品。依照《民事诉讼法》第六十四条第一款[②]“当事人对自己提出的主张，有责任提供证据”及《民事诉讼证据规定》第二条第一款[③]“当事人对自己提出的诉讼请求所依据的事实或者反驳对方诉讼请求所依据的事实有责任提供证据加以证明”的规定，上诉人并未对其名誉权受到侵害的事实提供充分的证据加以证明，应承担相应的不利后果。一审判决综合整个案情，考虑双方行为的具体情节及后果，认定被上诉人金帝超市的行为不足以侵害上诉人的名誉权，判决驳回上诉人的诉讼请求并无不当，二审法院予以支持。综上所述，上诉人的上诉请求不能成立，应予驳回；一审判决事实清楚，适用法律正确，应予维持。二审法院最终判决：驳回上诉，维持原判。

例案三：杨某与家乐家超市名誉权纠纷案

【法院】

广东省深圳市南山区人民法院

【案号】

（2018）粤0305民初5777号

【当事人】

原告：杨某

被告：家乐家超市

---

① 该司法解释已失效。

② 该法已于2021年12月24日第四次修正，本案所涉第六十四条第一款修改为第六十七条第一款，内容未作修改。

③ 该司法解释已于2019年10月14日修正，本条所涉第二条第一款被修正后的司法解释删除。

【基本案情】

法院经审理查明：2018 年 2 月 9 日上午 7 时许，杨某携带一个深色购物袋进入家乐家超市，未购物即准备离开，在收银台附近被家乐家超市员工拦截，要求开包查验购物袋内容物。杨某表示拒绝后，家乐家超市员工坚持查验，杨某就近在收银台处将购物袋内容物一一出示给家乐家超市员工查看，期间杨某与家乐家超市员工发生争执，引起超市顾客和其他员工围观，部分围观的顾客分别上前与涉事员工沟通，安抚情绪激动的杨某，围观的其他员工没有作为。后大部分围观顾客自行散去，涉事员工和其他员工陆续离开，杨某仍在原地继续接受围观顾客的安抚。当天上午 9 时 37 分，杨某女儿向南头派出所报警，声称家中老人被超市工作人员无故搜身，此前已被搜了 5 次身。随后接警民警带执法记录仪赶往家乐家超市处向杨某、家乐家超市了解情况，并翻拍了事发时的监控录像。

另查，家乐家超市的收银台处出入口设有多个警报器。家乐家超市另一出入口门口设有存包柜，存包柜上方显眼处贴有存包须知，其中一条声明“顾客自带物品属本商场同类商品或纸袋、塑料袋请寄存”。收银台处出入口的存包柜设在与超市相连的小巷内，该处非出入超市的必经之路。

杨某诉讼请求为：（1）家乐家超市向杨某进行登报道歉；（2）家乐家超市赔偿杨某精神损失费人民币 2 万元。

【案件争点】

被告家乐家超市员工拦截消费者并要求开包查验购物袋内容物是否侵犯了原告的人格权。

【裁判要旨】

广东省深圳市南山区人民法院认为，本案系名誉权纠纷，名誉是公民在社会中的名望和声誉，是一种社会的评价，名誉权是公民在社会中对其名誉所享有的一种不可侵犯的权利。公民的名誉权受法律保护，任何人均不得利用各种形式侮辱、毁损他人名誉。本案中，被告要求原告将随身购物袋打开供被告员工检查，并非法律所赋予的权利，其也无权要求原告承担配合的义务。尽管形式上原告是自行打开购物袋向被告一一展示内容物，但其实质是被告对顾客的搜查。这种搜查只有法定机关才有权行使，原告有权拒绝被告的要求。

被告作为综合性零售超市，为降低商品失窃的风险，采取必要的合理的防范措施，应以不损害顾客的合法权益为前提。顾客携带购物袋进入超市时，被告可善尽提醒义务；顾客在超市内选购时，被告可通过员工巡视、视频监控等方式观察顾客是否有明显的盗窃嫌疑；顾客离开超市时，被告亦可根据其设置的警报器的提醒防范盗窃。本案中，被告既无合理怀疑的前提，也无确凿的证据，仅因原告携带购物袋从收银台离开时没有买单，便怀疑原告有偷窃嫌疑，过于草率。即便被告怀疑原告偷窃了超市财物，也应依照法定程序提请法定机关调查处理，却未这样做，而是直接查验原告的随身购物袋。该举动不仅足以使原告感到自己的社会地位已遭贬低，而且也实际影响了对原告品德、声望、信用等方面应有的社会评价。因此，被告的上述行为，客观上确已侵害了原告依法享有的名誉权。

此外，被告在涉案事件处理的诸环节均有不妥之处，加深了原告名誉权受损的程度。结合被告的超市规模和地理位置，可推知被告的消费群体主要是附近街道的居民，顾客之间熟稔度较一般大型商场更高，事件传播速度和影响力扩散范围相对也更快、更广。本案中，被告检查原告购物袋时，系在公众场合叫住原告，要求当场公开查验，引起围观；原告、被告发生争执后人群越发聚拢围观，其中包含了被告超市的其他员工，但无论是涉事员工，还是围观的员工，均未及时且恰当地疏散人群、劝阻争执，而是任由事态愈演愈烈，直至部分围观群众都上前试图解决争端；被告核实原告并无偷窃嫌疑后，也没有当场向原告赔礼道歉或进行安抚，而是跟着围观群众一起默默散去，独留原告在原地接受热心群众的安抚。上述各情节，一方面强化了原告的屈辱感、无助感，另一方面也未能及时减少涉案事件在与原告相识的街坊邻居中给原告名誉造成的负面影响，进一步损害了原告名誉权。

被告员工是在工作岗位上履行被告为其规定的职责时对原告实施侵权行为的，根据《侵权责任法》第三十四条第一款[①]规定，其侵权民事责任应由被告承担。

被告侵犯了原告的名誉权，原告要求被告向其道歉，符合法律规定，法院予以支持，至于道歉的方式和范围，一般应与侵权所造成的不良影响的范围相当，故本案的道歉方式以被告书面道歉为宜。原告主张被告赔偿精神损害抚慰金人民币2万元，数额较高，综合考量被告的过错程度、侵权情节、传播范围、损害后果等因素，法院酌定，被告应向原告支付精神损害抚慰金500元。

---

① 参见《民法典》第一千一百九十一条第一款规定："用人单位的工作人员因执行工作任务造成他人损害的，由用人单位承担侵权责任。用人单位承担侵权责任后，可以向有故意或者重大过失的工作人员追偿。"

三、裁判规则提要

名誉权是民事主体享有的一项重要的人格权利。"人无信则不立"，其中的"信"即是社会对于一个民事主体的地位及其所受到的尊重度的综合评价，也即名誉。对于自然人而言，名誉权更关乎个人尊严和社会性评价，对于法人和非法人组织，名誉权关乎其在经营活动中的总体评价，影响其生产经营及相关经济效益。[①]

"超市搜身案"及其相关案件由来已久，伴随超级市场的概念进入国内，这种先选择商品再统一收银结账的形式，与当时传统的"一手交钱，一手交货"的交易模式相比具有很大程度上的灵活性，受到广大消费者欢迎。但同样也为部分想要借此机会夹带商品的人留下了"方便之门"。超市、商场等经营单位往往会采用收银监控系统，通过在商品中安放各种形式的磁条设备，消费者一旦携带未在结账处正常消磁的商品就会引发警报，从而引起超市管理人员和安保人员的注意，以此来尽量避免有人夹带商品的可能。然而，受控于商品加磁和消磁技术的不完善性，偶尔会出现"误伤"情形。面对警报器鸣响的当下环境，超市工作人员可否拦截搜查消费者成为一个重要难题。

早年，实践中的确存在商场工作人员自行扣留消费者并带到办公室进行搜身的案例，无疑侵害了消费者的隐私权、名誉权，使得消费者的人格尊严受到极大影响，也引发社会广泛关注和深刻反思。[②]如今超市和商场对于同样问题往往并不采用扣人和带到特定空间的做法，更多是当场要求消费者停留并展示随身物品以"自证清白"。看似没有拘禁消费者的人身自由，不涉及消费者隐私权的问题，但所谓的"当场停留"往往是在超市收银结账处，来往人数众多，无疑是对于消费者的"公开展示"，引发消费者的"社会性尴尬与不适"，更加侵犯了消费者的名誉权。

（一）相关案件侵权的行为类型

名誉权被侵犯，多指行为人以侮辱、诽谤等方式，使民事主体的品德、声望、才能、信用等社会评价降低。民事主体依法享有名誉保有权。所谓名誉保有权，主要是指公民或者法人有权保证自身名誉不受诋毁，同时在知悉自身名誉不佳状况之

---

① 参见黄薇主编：《中华人民共和国民法典人格权编解读》，中国法制出版社2020年版，第160页。

② 参见臧百挺：《我们的权利该怎样受法律保护——首例消费领域名誉权侵害案的启示》，载《法庭内外》2017年第11期。

时，有权要求他人不得非法干涉自身的名誉，同时要求他人赔礼道歉的权利。[①] 在超市、商场要求检查消费者随身物品的案件中，存在以下侵权行为类型：

1. 诽谤

诽谤是指通过向第三者传播虚假事实而致使他人社会评价降低，非法损害他人名誉的行为。

诽谤的方式分为两种：一是口头诽谤，即通过口头语言将捏造的虚假事实加以散布，使他人名誉受到侵害。二是文字诽谤，即通过文字把捏造的虚假事实进行散布，败坏他人名声。诽谤的内容包括一切有损于他人名誉的事实。判断的标准是某种言论如果经社会中具有正常思维能力的成员判断，会有损于他人的名誉，该言论即为诽谤。诽谤无需较大范围地散布，以第三人知悉为最低限度。[②] 在相关案件中，超市在未调查清楚的前提下，就要求消费者禁止离开并接受盘查，就涉及诽谤他人的范畴。

2. 侮辱

侮辱是使对方人格或名誉受到损害，蒙受耻辱的违法行为。

侮辱既可以是以行为方式进行，也可以是以语言方式进行。不同于诽谤的“无中生有”，语言方式的侮辱往往是“无事生非”；但也包括将现有的缺陷或其他有损于人的社会评价的事实扩散、传播出去，以诋毁他人的名誉，让其蒙受耻辱，为“以事生非”。此处的语言包含口头、书面、动作三种语言表达形式，三者之间并没有质的差别。此外，法律保护名誉权不受侵犯，当然包括犯过错误的人。利用他人曾经的错误行为来侮辱他人，也能够构成侵害名誉权。

（二）相关案件侵权的构成要件

在判断相关行为是否构成侵犯消费者名誉权时，应综合考虑以下构成要件：

1. 损害事实确系发生

侵害名誉权的损害事实一般有名誉利益损害、精神痛苦损害和财产利益损害三种，其中名誉利益损害是核心。在“超市检查”类案件中，判定受害者的名誉权是否受到确实的损害事实发生，主要是看受害人的社会评价是否降低，若没有受害人

---

① 参见林瑜:《论名誉权的司法保护》，载《法制与社会》2021 年第 3 期。

② 参见杨立新主编:《中国民法典释义与案例评注：人格权编》，中国法制出版社 2020 年版，第 278 页。

社会评价的降低，就没有名誉权受损害的问题。[①]受害人的社会评价降低一般不应以受害人的自身感受为准，而应结合社会一般人的评价标准去衡量。因此，受害人主张其名誉权受到损害的，应该以“普罗大众”的普世角度去进行甄别，以加害行为是否为第三人知悉为认定名誉利益是否受到损害的标准，因为社会评价本就是由“普罗大众”作出的。

对受害人来说，要其提供证据证明其名誉损害的实际后果更为困难，因而应以能够举证证明的客观事实，作为认定名誉损害的后果。通过侵害事实被第三人知悉的证明，推定名誉损害事实的客观存在，是切实可行而又公允、合理的标准。只要有当事人以外的任何第三人知悉，就足以影响受害人的社会评价。[②]

在此类案件中，侵权行为多发生在超市、商场等市民生活场所，该类场所所服务和辐射的社会群体与客群范围是相对固定的，因此发生此类案件，很大程度上会使受害者成为街坊邻居的“谈资”，对其社会评价的确存在一定影响。

2. 存在侵权的违法行为

侵害名誉权的基本行为方式是作为方式，如诽谤、侮辱以及其他侵害名誉权的行为，都是以作为的行为方式进行的。

在此类案件中，侵权行为的认定不仅局限于超市、商场“限制消费者人身自由，带到其他场所并对其搜身”的“老式”检查方式，只要超市、商场要求消费者不准离开现场，并要求消费者展示自身携带的物品就构成对于消费者的侵权。因为根据相关法律规定，超市、商场无权搜查或要求检查消费者的人身以及随身物品，相关权力仅公安机关等由法律授权的国家机关有权行使。

3. 违法行为与损害事实存在相当因果关系

侵害名誉权的违法行为与损害事实之间的因果关系具有特殊性，表现在很多违法行为不是直接作用于侵害客体而使其出现损害事实，而是经过社会的或者心理的作用，达到损害受害人名誉利益和精神痛苦的结果。换言之，在此类案件中，不能单独强调二者的必然性的因果关系，应当采用相当因果关系规则作为判断标准。

4. 侵权人存在过错

侵害名誉权的过错包括故意和过失。故意侵害名誉权构成侵权责任，过失侵害

---

① 参见黄薇主编：《中华人民共和国民法典人格权编解读》，中国法制出版社2020年版，第162页。

② 参见杨立新主编：《中国民法典释义与案例评注：人格权编》，中国法制出版社2020年版，第274～275页。

名誉权的也应承担民事责任。在此类案件中，超市存在未能妥善做好安保措施的过失，亦存在限制消费者人身自由，检查或变相检查消费者随身携带物品等侵害消费者权益的故意。

但是，若超市、商场等经营者通过监控或员工亲眼所见等方式足以证明消费者夹带商品逃避结账，并在收银处选择合适方式，如及时报警等待公安机关处理、耐心劝诫消费者归还未结账商品等形式的，即便消费者自身觉得名誉权受到损害，超市、商场等经营者也因为已经穷尽合法合理手段且已尽到全部注意义务，自身并无过错而不承担相关侵权责任。

（三）相关案件侵权责任的承担

此类案件中，对于商场、超市等侵权人的侵权责任承担方式，多为赔礼道歉与赔偿精神损害抚慰金。

1. 赔礼道歉

赔礼道歉作为维护人格权尤其是名誉权所涉及的人格尊严，是一种较为有效的手段。因侵权人的行为，对受害人的名誉和精神状态都造成影响，赔礼道歉是能促使双方真正和解，帮助受害人从心底原谅侵权人，获得内心平和的有效方式，也是促使受害人尝试与“自我”进行“和解”的重要手段。侵权人进行赔礼道歉的方式和范围，一般应与侵权所造成的不良影响的范围相当，且从保护受害人角度出发，应当控制赔礼道歉的方式方法，避免因赔礼道歉将案件继续扩大宣传，给受害人带来本可避免的二次伤害，尤其是目前基于互联网日趋发达的现状，受害者可能因案件被网络传播而遭受的网络暴力与其他伤害。司法实务中，可采取责令侵权人向受害人书面道歉、前往受害人家中登门道歉、在事发地现场向受害人道歉的方式。

2. 赔偿精神损害抚慰金

相关案件实践中，受害人向人民法院请求的精神损害抚慰金赔偿数额普遍较高，人民法院判处侵权人承担赔偿精神损害抚慰金的义务时，应综合考量侵权人的过错程度、行为情节、案件的传播范围、损害后果等因素，综合考虑后确定精神损害抚慰金的范围。确定侵害名誉权精神损害赔偿数额应当适当，既不能过高，又不能过低。有的案件判决赔偿当事人精神损害的数额太低，既不能补偿损失，又不能制裁违法，还会使法院的判决失去严肃性，损害了精神损害赔偿的社会价值观念。[①]

---

① 参见杨立新主编:《中国民法典释义与案例评注：人格权编》，中国法制出版社 2020 年版，第 282 页。

四、辅助信息

《宪法》

第三十七条 中华人民共和国公民的人身自由不受侵犯。

任何公民，非经人民检察院批准或者决定或者人民法院决定，并由公安机关执行，不受逮捕。

禁止非法拘禁和以其他方法非法剥夺或者限制公民的人身自由，禁止非法搜查公民的身体。

第三十八条 中华人民共和国公民的人格尊严不受侵犯。禁止用任何方法对公民进行侮辱、诽谤和诬告陷害。

《民法典》

第一百二十条 民事权益受到侵害的，被侵权人有权请求侵权人承担侵权责任。

第一百七十九条 承担民事责任的方式主要有：

（一）停止侵害；

（二）排除妨碍；

（三）消除危险；

（四）返还财产；

（五）恢复原状；

（六）修理、重作、更换；

（七）继续履行；

（八）赔偿损失；

（九）支付违约金；

（十）消除影响、恢复名誉；

（十一）赔礼道歉。

法律规定惩罚性赔偿的，依照其规定。

本条规定的承担民事责任的方式，可以单独适用，也可以合并适用。

第九百九十条 人格权是民事主体享有的生命权、身体权、健康权、姓名权、名称权、肖像权、名誉权、荣誉权、隐私权等权利。

除前款规定的人格权外，自然人享有基于人身自由、人格尊严产生的其他人格权益。

第九百九十一条　民事主体的人格权受法律保护，任何组织或者个人不得侵害。

第九百九十五条　人格权受到侵害的，受害人有权依照本法和其他法律的规定请求行为人承担民事责任。受害人的停止侵害、排除妨碍、消除危险、消除影响、恢复名誉、赔礼道歉请求权，不适用诉讼时效的规定。

第九百九十八条　认定行为人承担侵害除生命权、身体权和健康权外的人格权的民事责任，应当考虑行为人和受害人的职业、影响范围、过错程度，以及行为的目的、方式、后果等因素。

第一千零二十四条　民事主体享有名誉权。任何组织或者个人不得以侮辱、诽谤等方式侵害他人的名誉权。

名誉是对民事主体的品德、声望、才能、信用等的社会评价。

第一千零二十五条　行为人为公共利益实施新闻报道、舆论监督等行为，影响他人名誉的，不承担民事责任，但是有下列情形之一的除外：

（一）捏造、歪曲事实；

（二）对他人提供的严重失实内容未尽到合理核实义务；

（三）使用侮辱性言辞等贬损他人名誉。

第一千一百六十五条　行为人因过错侵害他人民事权益造成损害的，应当承担侵权责任。

依照法律规定推定行为人有过错，其不能证明自己没有过错的，应当承担侵权责任。

第一千一百六十六条　行为人造成他人民事权益损害，不论行为人有无过错，法律规定应当承担侵权责任的，依照其规定。

第一千一百六十七条　侵权行为危及他人人身、财产安全的，被侵权人有权请求侵权人承担停止侵害、排除妨碍、消除危险等侵权责任。

第一千一百八十二条　侵害他人人身权益造成财产损失的，按照被侵权人因此受到的损失或者侵权人因此获得的利益赔偿；被侵权人因此受到的损失以及侵权人因此获得的利益难以确定，被侵权人和侵权人就赔偿数额协商不一致，向人民法院提起诉讼的，由人民法院根据实际情况确定赔偿数额。

第一千一百八十三条　侵害自然人人身权益造成严重精神损害的，被侵权人有权请求精神损害赔偿。

因故意或者重大过失侵害自然人具有人身意义的特定物造成严重精神损害的，被侵权人有权请求精神损害赔偿。

《消费者权益保护法》

第二十七条 经营者不得对消费者进行侮辱、诽谤，不得搜查消费者的身体及其携带的物品，不得侵犯消费者的人身自由。

《民事侵权精神损害赔偿责任解释》

第五条 精神损害的赔偿数额根据以下因素确定：

（一）侵权人的过错程度，但是法律另有规定的除外；

（二）侵权行为的目的、方式、场合等具体情节；

（三）侵权行为所造成的后果；

（四）侵权人的获利情况；

（五）侵权人承担责任的经济能力；

（六）受理诉讼法院所在地的平均生活水平。

人格权纠纷案件裁判规则第 2 条：

由于债务、婚姻等因素，行为人采取非合理限度范围内的行为，导致公民被短期内非法剥夺、限制人身自由的，被侵害人可基于人格权主张追究对方的侵权责任，要求侵害人给付精神损害赔偿

【规则描述】 债权人主张债权是在行使自己的权利，因此可以采取适当的手段来保证自己债权的实现。比如，对于拒不配合处理债务纠纷的债务人，债权人为了防止其逃跑，可以适当限制其人身自由。《民法典》第九百九十条第二款明确规定了一般人格权，形成对人格利益保护的兜底条款，从而保持了人格权益保护范围的开放性，将人身自由、人格尊严等一般人格权均纳入其中。债权人为追讨债款而限制债务人人身自由的程度不能超过必要限度，任何权利的行使都是相对的，如若超过必要限度，就会侵犯债务人的人身自由，情节严重，造成债务人精神伤害的，债务人可以基于人身自由权要求债权人给付精神损害赔偿，造成严重后果的，还需要承担相应的刑事责任。限制人身自由程度要与其他讨债方式综合评判，未超过必要限度的手段是为法律所允许的。

一、类案检索大数据报告

数据采集时间：2022 年 3 月 14 日；案例来源：Alpha 案例库；案件数量：25 件。本次检索获取 2022 年 3 月 14 日前共 25 篇裁判文书。案件裁判结果分布情况如图 2-1 所示，根据裁判结果，因为债务、婚姻而导致公民被限制人身自由，从公民是否能基于人格权向对方主张侵权的角度来看，法院认为可以主张侵权责任的案件 13 件，占比约 52%；法院认为不可以主张侵权责任的案件 4 件，占比约 16%；法

院认为证据不足以证明侵权行为成立的案件 3 件，占比约 12%，不相关案件有 5 件，占比约 20%。

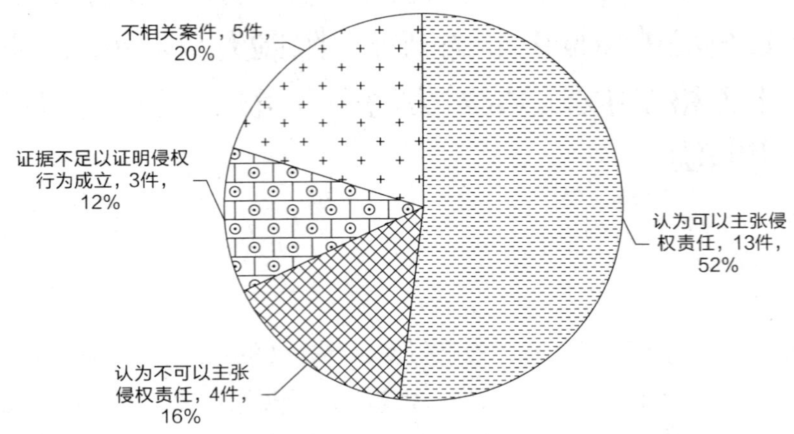

图 2–1　案件裁判结果分布情况

如图 2–2 所示，从案件年份分布情况可以看出，当前条件下案件数量的变化趋势。

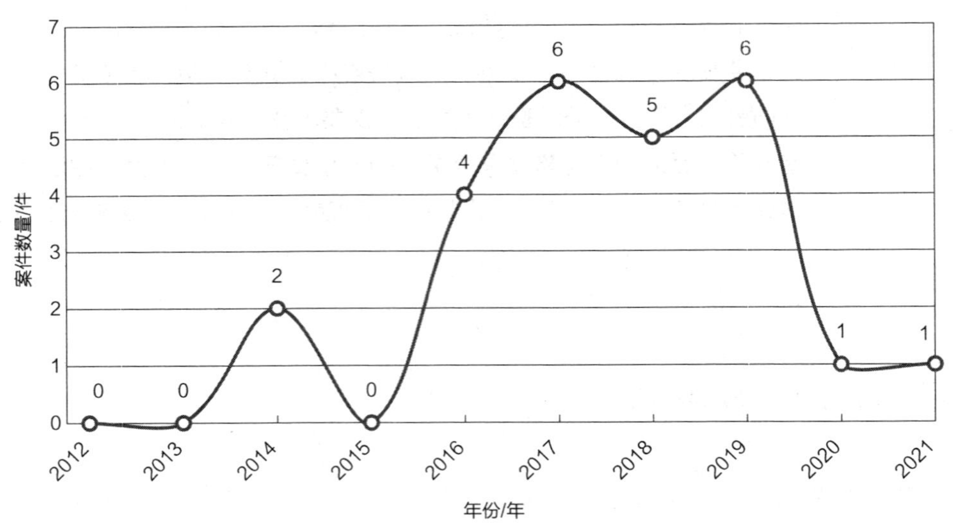

图 2–2　案件年份分布情况

如图 2–3 所示，从案件地域分布情况来看，当前条件下案件主要集中在广东省、宁夏回族自治区、湖南省和贵州省，其中广东省的案件数量最多，达到 7 件，占比约 28%。

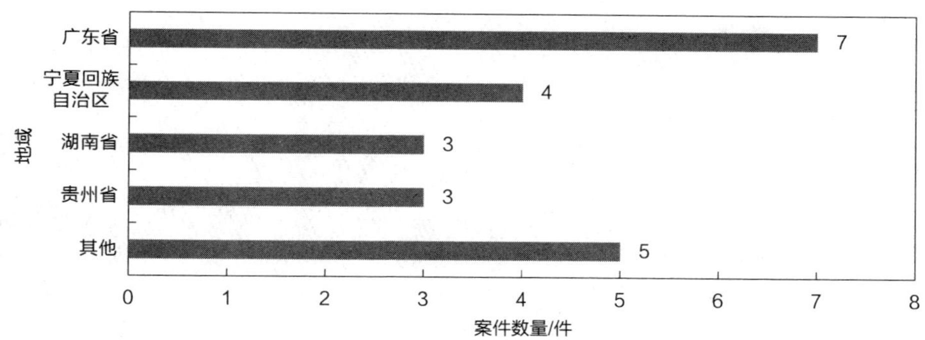

（注：图表只列举了统计排名前 5 的省份案件数量，未逐一列明）

图 2–3　案件主要地域分布情况

如图 2–4 所示，从案件案由分类情况可以看出，当前条件下案件的案由分布由多至少分别是人格权纠纷 10 件，占比约 40%；婚姻家庭、继承权纠纷 5 件，占比约 20%；物权纠纷 4 件，占比约 16%；与公司、证券、保险票据等有关的纠纷 2 件，占比约 8%；侵权责任纠纷 2 件，占比约 8%；其他纠纷 2 件，占比约 8%。

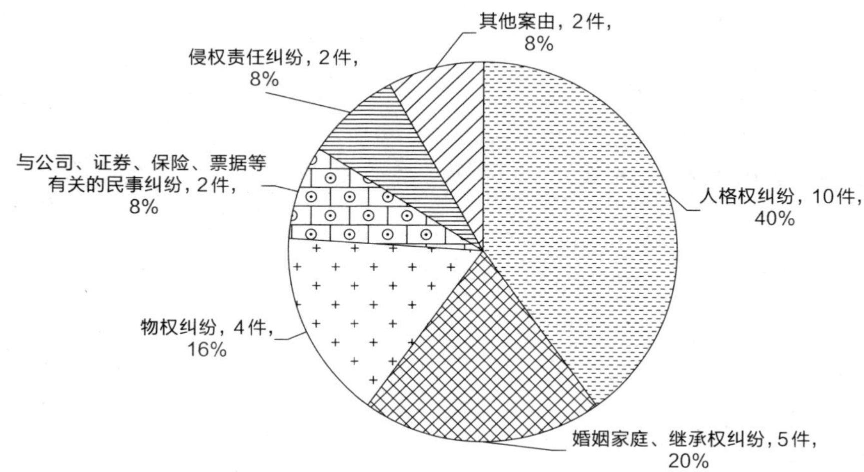

图 2–4　案件案由分类情况

如图 2–5 所示，从案件审理程序分布情况可以看出，当前条件下案件的审理程序分布由多至少分别是一审案件 17 件，占比约 68%；二审案件 8 件，占比约 32%。

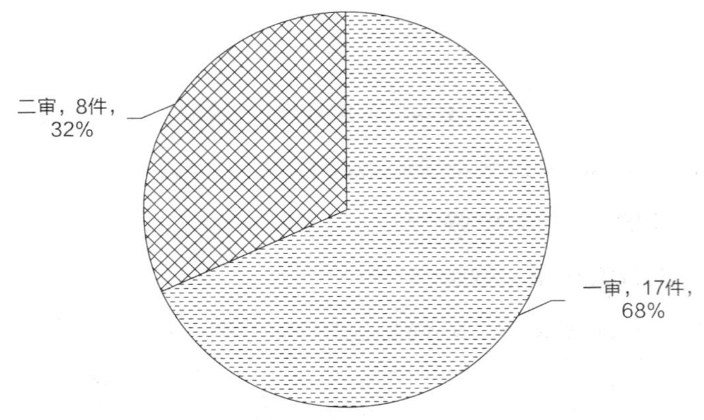

图 2–5　案件审理程序分布情况

二、可供参考的例案

例案一：陈某 1、陈某 2、陈某 3 与陈某 4、吴某、李某、周某生命权纠纷案

【法院】

重庆市第一中级人民法院

【案号】

（2018）渝 01 民终 2518 号

【当事人】

原告：陈某 1

原告：陈某 2

原告：陈某 3

被告：陈某 4

被告：吴某

被告：李某

被告：周某

【基本案情】

原告陈某 1 系陈某的妻子，原告陈某 2 系陈某的父亲，原告陈某 3 系陈某的女儿。被告陈某 4 因案外人刘某（陈某的前妻）未归还借款曾于 2013 年 10 月 8 日将刘

某和陈某诉至重庆市渝北区人民法院，重庆市渝北区人民法院审理后作出（2013）渝北法民初字第15888号民事判决书，判令刘某和陈某共同偿还陈某4的借款本金47万元及利息。判决生效后，陈某4申请执行，后陈某4与刘某在重庆市渝北区人民法院主持下达成执行和解，主要约定刘某在2014年12月31日前支付陈某4为3万元，以后每月支付5000元。若刘某逾期不履行则恢复执行。陈某4如果发现陈某有可供执行的财产，可随时要求执行陈某。此后，陈某4未发现过陈某，债权尚未实现。

直到2017年9月27日晚，陈某4与被告周某等人在回兴街道的365KTV消费。其间，周某电话邀请被告李某来喝酒。到2017年9月28日凌晨左右，陈某4在前台发现陈某等人在结账，陈某4遂上前要求陈某还款。陈某称不欠陈某4款。陈某4便一边抓着陈某的胳膊一边拨打电话联系其丈夫即被告吴某。周某则报了警。随后吴某携带前述案件相关材料来到365KTV，李某恰好也来到了365KTV。其间，陈某4电话联系之前执行案件的承办人未果。陈某和陈某4等人同意到附近的回兴派出所解决。于是，陈某4、吴某、李某、周某、陈某及其朋友万某某等人一起来到回兴派出所向工作人员说明情况。工作人员称双方的经济纠纷应通过司法途径解决。双方便商定等到天亮一同到重庆市渝北区人民法院解决。

之后，陈某4、周某先后离开，剩下吴某、李某、陈某和万某某在派出所。随后万某某也离开了。在等待天亮过程中，陈某两次到旁边的重庆芳华医院上卫生间。吴某和李某则跟随陈某一起，并在卫生间外等候。2017年9月28日早上5点左右，陈某给陈某1发信息称其在回兴派出所以及等天亮后去法院解决刘某债务的事情，并让陈某1去找他拿钥匙将卡里的钱取出。早上5点半左右，陈某第三次到重庆芳华医院的卫生间。吴某和李某在外等候但是一直没见陈某出来，二人便开始寻找陈某。最后，二人在该卫生间窗户墙侧的楼下马路上发现陈某躺在地上，二人便联系了民警，民警联系了医护人员。医护人员赶到后将陈某送至医院抢救。陈某经抢救无效死亡，为此，原告支付医疗费70165.40元。

【案件争点】

债权人为了主张债权，要求债务人与其在同一地点等待一定时间的，是否给债务人造成精神压力和痛苦，是否应当认定为短期内限制债务人的人身自由的侵权行为。

【裁判要旨】

重庆市渝北区人民法院认为：公民的债权可以通过公力救济和自力救济两种途径实现，陈某4的债权经过人民法院判决和执行均未得到实际清偿。2017年9月27

日晚，陈某4无意间遇到了债务人陈某，其及时拨打报警电话向执行法官寻求公力救济，并拉住陈某胳膊要求其偿还债务。陈某4的上述行为没有超过合理限度，不属于侵权行为。

从事发地的监控视频和相关人员的询问笔录看，从陈某4发现陈某到吴某携带债权相关证明文件到场，到陈某4等人拨打报警电话和执行法官电话，再到双方一同来到回兴派出所解决债务问题，最后到吴某、李某和陈某一同等待天亮到重庆市渝北区人民法院解决债务纠纷，双方未发生过肢体冲突，陈某可以自由活动和收发手机信息，可见，该过程不存在侵权行为。

尽管陈某上卫生间的时候，吴某和李某在卫生间外楼道等待，但是吴某和李某的主观目的是要保证天亮后双方均能够到达法院以便解决债务问题，并非以此方式获得非法利益。因此，吴某和李某主观上没有侵害陈某人身利益的故意或者过失。客观上，死者陈某在人民法院判决后并没有主动履行债务的意愿和行为，遇到陈某4时甚至否认债务，且人民法院和公安部门在当时无法即时解决债务纠纷，在此情况下，吴某、李某跟随陈某到卫生间并在楼道等候以保证天亮到人民法院解决债务纠纷，该行为并未超过自力救济的合理限度，不属于侵权行为。

对于原告诉称被告行为给陈某造成了精神上的压力和痛苦的主张，重庆市渝北区人民法院认为，陈某和吴某、李某所处的特定环境为回兴派出所，旁边有工作人员值班，且被告等人从365KTV到双方坐在派出所等待天亮的整个过程中均没有过肢体冲突行为，被告的目的已经明确表达即天亮后一同到人民法院解决债务问题。因此，陈某的人身安全没有受到实际侵害。同时，吴某等的主观目的是天亮后到人民法院解决债务纠纷，可见，陈某也没有受到足以危害其人身安全的威胁，故重庆市渝北区人民法院对原告的该主张不予支持。综上所述，被告吴某、李某没有侵害陈某的行为，不应承担侵权责任。被告陈某4和周某先行离开回兴派出所且均无侵权行为，不应承担责任。

例案二：王某怀与韩某海一般人格权纠纷案

【法院】

四川省南充市中级人民法院

【案号】

（2020）川13民终2928号

【当事人】

上诉人（原审被告）：王某怀

被上诉人（原审原告）：韩某海

【基本案情】

2018年4月12日8时40分，韩某海在嘉陵区遇到王某怀后，便与一男子强行将王某怀拉拽至世阳镇便民服务中心，让王某怀解决其女王某卜拖欠租金事宜。随后，几名世阳镇韩家村的村民赶来，找王某怀讨要王某卜拖欠的土地租金。同日12时13分许，王某怀准备离开世阳镇，韩某海与王某等人在世阳车站附近，将王某怀带上王某开的私家车，由王某驾车至世阳镇便民服务中心，继续让王某怀与村民解决土地租金事宜，致王某怀下午6时左右才离开。

关于王某怀述称韩某海对其有殴打行为，王某怀在公安机关陈述：韩某海说是王某怀串联人一起偷东西，说完后，就把该房间门打开对着世阳镇便民服务中心喊："来打偷鸡贼哦。"随后就从世阳镇便民服务中心进来两个年轻小伙，对王某怀拳打脚踢……这两个男子打了王某怀后就离开了。两个男子打王某怀时，韩某海还用拳头打王某怀腿部。南充市中心医院的疾病诊断证明书显示，王某怀于2018年4月14日到南充市中心医院嘉陵院区就诊，被诊断为全身多处软组织伤，建议休息7天，产生诊疗费用54.44元。王某怀被殴打而受伤有上述证据予以证实，对该事实予以确认。

关于王某怀述称韩某海有抢劫行为，一审法院依法调取的邮政储蓄所的监控视频显示，王某怀从世阳镇便民服务中心走到邮政储蓄所，从身上拿出银行卡，在柜台输入密码并取出175元现金后交给村民用于吃午饭。整个过程中，韩某海等人未使用暴力或以暴力相威胁，因此，对王某怀的述称不予认定。

【案件争点】

如权利人遭受侵害，被短期限制人身自由，赔偿权利人是否可起诉赔偿义务人赔偿财产损失和精神损害。

【裁判要旨】

一审法院认为，公民享有健康权和人身自由权，如遭受侵害，赔偿权利人可以起诉赔偿义务人赔偿财产损失和精神损害。韩某海非法侵害王某怀的健康权和人身自由权，王某怀有权请求韩某海赔偿其精神损害。王某怀在其女王某卜去世后本就受到了巨大的心理打击，韩某海以王某卜拖欠租金为由非法限制王某怀人身自由，并参与殴打致王某怀身体受伤，对王某怀的精神造成严重损害，应赔偿精神损失。

二审法院认为，精神损害抚慰金是指受害人或者死者近亲属因受害人的生命权、健康权、名誉权、人格自由权等人格权利益遭受不法侵害而导致其遭受肉体和精神上的痛苦、精神反常折磨或生理、心理上的损害（消极感受）而依法要求侵害人赔偿的精神抚慰费用。本案中，韩某海作为村干部，没有通过法律手段正确处理王某怀之女王某卜拖欠村民土地租金事宜，而是于2018年4月12日强行将王某怀拉拽到世阳镇便民服务中心，造成本案纠纷发生；同时又于同日12时13分，将王某怀带上王某开的私家车，由王某驾驶车辆至世阳镇便民服务中心，继续让王某怀与村民解决土地租赁事宜长达数小时。王某怀在其女去世后心理已受到打击，又被韩某海等人限制人身自由并造成王某怀多处软组织损伤，致使王某怀的精神造成较严重的后果，韩某海应承担赔偿相应精神损害的责任。王某怀没有提供其他有效证据证明应由韩某海承担10万元的精神损害损失，一审根据本案案情酌情认定韩某海赔偿1000元精神损害损失正确，法院予以维持。

例案三：陈某伶与唐某秋、谢某琼等人身自由权纠纷案

【法院】

广东省广州市天河区人民法院

【案号】

（2017）粤0106民初15530号

【当事人】

原告：陈某伶

被告：唐某秋

被告：谢某琼

被告：上海优道奥巴化工有限公司，法定代表人：谢某琼

被告：徐某邦

【基本案情】

原告曾为被告上海优道奥巴化工有限公司（以下简称奥巴公司）的业务员，原告确认其收取被告奥巴公司的客户货款23900元支票及10万元银行汇票后，因原告与被告奥巴公司对业务提成存在争议，原告遂将上述10万元银行汇票用于抵扣被告奥巴公司应当向其支付的业务提成及费用。被告奥巴公司的法定代表人为被告谢某琼，原告陈某伶、被告徐某邦均称被告唐某秋、谢某琼系夫妻，被告徐某邦称被

告唐某秋、谢某琼为其舅舅、舅妈。被告徐某邦称，被告奥巴公司已将对原告的债权（10万元）转让给被告徐某邦本人，故其与原告之间存在债权债务关系，对此提交了证据债权转让协议书。经质证，原告对上述证据不予确认，并称债权是否合法存在并无相应的证据去证实。

2017年5月26日至2017年7月16日期间，被告多次前往原告住处，要求原告履行"债务"，并且多次通过拨打电话的方式向原告主张"债务"。在上述期间内，原告于2017年6月2日、6月29日，2017年7月16日向公安机关报警寻求协助，公安机关对上述事由并未作出任何行政决定。被告徐某邦承认其曾伙同其他人前往原告住处主张"债务"，并在此过程中发生争执，但并未进入原告屋内，只是敲门。

2017年6月21日，华信物业管理五山服务管理处出具的《证明》："自2017年5月31日以来，多名社会不明身份的人员打着帮上海奥巴化工有限公司追债的名义，多次到五山教师新村××房上门骚扰。小区物业管理处悉知此情况。业主已经多次报警，警察多次出动上门了解情况，并带走相关人员。"

2017年6月29日，原告在广州市公安局天河区分局五山派出所接受询问时陈述：2017年5月27日22时30分许，原告在家里接到一个自称姓侯的陌生电话，称是谢某琼和唐某秋叫其来的，约原告于5月31日16时许去五山街道办谈关于原告与被告奥巴公司之间的经济纠纷的事；5月31日16时许，对方三名男子与原告在街道办协商未成，后其中两名男子与原告转往派出所继续协商，原告在离开时发现上述男子仍未离开，直至20时警察送原告回去；5月31日21时许，有人敲原告住所的门，但原告打开门发现没人，然后看到门外摆放的鞋柜上贴着一张纸条，具体内容大概意思是说原告利用职务之便侵占公司的财产；6月2日9时许，又有人敲原告家的门，同日18时许原告配偶下班回家时被两名男子堵在门口，后报警，警察来了后把那两名男子带走；6月4日18时许，又有人敲原告住所的门，原告遂直接报警，警察来了之后同样没有发现敲门的人，但在门上贴着一张纸条，内容为"陈小姐：我昨前日在派出所出来，现在我又再找你调解了，直接解决为止！"6月5日16时许与6月8日18时30分许，又有人敲门，但警察来了之后并没发现有人，也没有人贴条；6月16日19时许，原告配偶下班回家在走到小区门口的时候被两名男子尾随，后警察来把那两名男子带走调查；6月29日22时许，有人在原告住所敲门，但同样没人应答，22时28分许，一个号码为189××××8063电话给原告发了一条短信，内容大概意思为：我们来了你不开门。

2017年7月18日，原告与被告徐某邦在五山街司法所调解过程中，被告徐某邦称："就算是我雇的人，他也没有跟着她……他只是……打个电话给她，或者是说去敲门。"

【案件争点】

被告唐某秋、谢某琼、奥巴公司、徐某邦是否存在侵犯了原告的人身自由权的行为，被告的行为是否应当为该行为承担责任。

【裁判要旨】

公民的人身自由权受法律保护。一般侵权责任以侵权行为、损害事实、因果关系和过错为构成要件。被告徐某邦以追索债务为由，多次一人或携带身份不明的人员前往原告住处主张债务，被告徐某邦虽然未进入原告住所内部，但原告住所之外的公共区域仍为业主所共有，被告徐某邦频繁上门的行为与监视无异，且不定时地频繁敲门却无人出现与电话骚扰亦足以破坏原告的精神安宁，施加的精神压力客观上也导致原告的行动受限。因此，被告徐某邦的行为侵犯了原告的人身自由权，应对此承担相应的侵权责任。

被告徐某邦抗辩称其行为仅为追索债务，但追索债务应采取合理方式进行，而非采取私力救济，以侵犯他人人身自由权的方式去主张权利，且被告徐某邦向原告所主张的债权是否真实存在，没有原告的确认或相关有效法律文书确认，仍有待查证。原告与被告徐某邦亦曾就经济纠纷前往司法所进行调解，可见该经济纠纷完全可以通过诉讼等公力救济得以解决。现被告徐某邦的行为不但侵犯了原告的人身自由权，而且对社会秩序造成了不良影响，亦为现代法治所不容。在原告就本案提起诉讼之后，被告徐某邦仍于 2017 年 7 月 16 日继续其侵害行为，因此，被告徐某邦应当立即停止侵害原告的人身自由权，并对原告陈某伶书面赔礼道歉（具体内容需经法院审核）。

原告的人身自由权虽在本次纠纷中受到被告侵害，但并未给原告造成物质性的损失，现原告请求赔偿损失 1 万元，缺乏依据，法院不予支持。本案中，被告徐某邦的行为虽然侵犯了原告的人身自由权，造成原告精神上的痛苦，但并未造成严重后果，故原告所主张的精神损害抚慰金 8000 元显然过高，法院不予支持。考虑到被告徐某邦的行为持续时间长，破坏了原告的精神安宁，故法院酌情支持精神损害抚慰金 2000 元。

例案四：钱某 1 与福建省闽清某防治院等人身自由权纠纷案

【法院】

福建省福州市中级人民法院

【案号】

（2015）榕民终字第926号

【当事人】

上诉人（原审原告）：钱某1

被上诉人（原审被告）：福建省闽清某防治院

被上诉人（原审被告）：刘某某

被上诉人（原审被告）钱某2

被上诉人（原审被告）钱某3

【基本案情】

2008年8月5日，被告刘某某、钱某2、钱某3将原告送至被告福建省闽清某防治院（以下简称防治院），被告防治院以"老年痴呆"为由收治原告。2009年10月16日，经被告防治院告知原告家属原告不适合长期住院治疗后，被告刘某某、钱某3签署知情同意书，将原告长期收治。2013年1月9日，被告防治院再次告知原告家属原告不适合长期住院，被告刘某某再次签署知情同意书，将原告长期收治。2013年2月7日，原告患中风，经被告钱某3及原告的兄弟姐妹××，被告防治院于2013年3月11日为原告办理出院，原告被收治住院共1860天。2014年3月25日，中山大学法医鉴定中心作出原告钱某1在2008年8月5日被收治入院时不存在××，且目前精神正常，被告防治院的诊疗行为存在一般过失的鉴定结论。原告支出相关鉴定费用19589元。

【案件争点】

病人精神正常，但病人家属将病人送至防治院，防治院在诊疗过程中存在过失，对病人强制医疗，防治院和原告家属对原告钱某1的人身自由权构成侵犯，是否应当承担责任。

【裁判要旨】

人身自由权属于人格权益，受法律保护。本案原告钱某1被被告刘某某等原告家属于2008年8月5日送入防治院，被告防治院根据原告家属签署的同意书，将原告收治至2013年3月11日出院，根据中山大学法医鉴定中心鉴定结论"原告钱某1在2008年8月5日被收治入院时不存在××，且目前精神正常，被告防治院的诊疗行为存在一般过失"，故被告防治院和原告家属对原告钱某1的人身自由权构成侵犯，四被告应按照各自过错承担相应的侵权责任。

2008年8月5日，被告防治院仅根据被告刘某某单方提供的主诉和病史将原告诊断为“老年性痴呆”，后又修改诊断为“人格障碍”，特别是在原告住院4年期间，被告防治院没有对原告进行及时必要的相关躯体、心理检查，也没有对其进行有效的诊断与鉴别诊断，在无明确××性症状的前提下，将被鉴定人作为××患者收治长达4年余，错误地使用“利培酮”等药物进行抗××治疗。因此，被告防治院上述诊疗行为违反了精神科相关诊疗规范，没有尽到应有的医疗注意义务，存在一般过失，应对原告承担一定的过错赔偿责任。但被告防治院在收治原告一年后即2009年以及2013年共两次书面告知原告家属原告不适宜长期住院，而被告刘某某等家属仍以××让被告防治院继续对原告进行收治，故被告刘某某、钱某2、钱某3应对原告的侵权后果承担主要的过错赔偿责任。尤其被告刘某某是2008年8月5日原告入院时记录病历单中的病情及病史的陈述者，又是2009年10月16日、2013年1月9日经被告防治院两次告知其病人（钱某甲）不适宜长期住院后，仍强烈以××让被告防治院长期收治原告的主要责任人，故被告刘某某对原告的侵权后果应承担相应的过错赔偿责任。被告钱某3是2008年8月5日将原告送进防治院的家属之一，并且在2009年10月16日知情同意书中与被告刘某某共同签署“家属××病人（钱某1）长期住院治疗”的意见；被告钱某2作为被告防治院的医务人员，具有××知识，仍与其家属被告刘某某等人共同将原告送进防治院，故上述二被告均应对原告的侵权后果承担相应的侵权责任。综上，依据《侵权责任法》第十二条①“二人以上分别实施侵权行为造成同一损害，能够确定责任大小的，各自承担相应的责任；难以确定责任大小的，平均承担赔偿责任”之规定，综合考虑四被告各自的过错程度与原因力大小，原审法院酌定被告刘某某应承担40%的赔偿责任，被告防治院应承担30%的赔偿责任，被告钱某2、钱某3各自承担15%的赔偿责任。

例案五：何某某与某脑科医院等侵害人格权纠纷案

【法院】

广东省广州市荔湾区人民法院

【案号】

（2008）荔法民一重字第1号

---

① 参见《民法典》第一千一百七十二条规定：“二人以上分别实施侵权行为造成同一损害，能够确定责任大小的，各自承担相应的责任；难以确定责任大小的，平均承担责任。”

【当事人】

原告：何某某

被告：某脑科医院

第三人：陈某某

【基本案情】

何某某与陈某某于1985年1月4日登记结婚，婚后育有一子。2005年12月20日21时30分左右，何某某与陈某某在广州市荔湾区和平西路回家途中发生争执，陈某某遂到广州市公安局荔湾区分局华林街道派出所求助，并在派出所与儿子一起致电，以何某某精神异常为由，要求某脑科医院（以下简称脑科医院）收治。脑科医院遂派出“一条龙”服务工作组医务人员于当日23时30分左右到达派出所，并向陈某某及其儿子了解何某某的情况。陈某某声称何某某已长时间患精神病，近几天病情加重，经常打人，并强烈要求脑科医院收治何某某入院。在此情况下，脑科医院的医务人员在派出所与陈某某签订了《广州市精神病医院护送入院服务委托书》，随后在陈某某及其儿子陪同下，前往何某某家中。由于何某某表现暴躁，不配合脑科医院医务人员的诊治，该院医务人员遂初步认为其存在精神障碍，并使用约束带将其护送到该院，由陈某某为其办理了入院手续。随后，脑科医院向陈某某采集何某某的病史。陈某某称，何某某从2000年开始出现精神异常，表现为无故怀疑她有外遇，总是检查她的电话，路上有人看陈某某一眼也怀疑与其有关，无故打骂陈某某，发脾气，答非所问，疑心重，整日发呆于家中或去赌钱，有工作也不做，心情差，称想死但无自杀行为，无自责自罪，常认为自己第一。另外陈某某还称何某某的母亲和其妹妹有精神异常。

何某某入院后，脑科医院对其进行了检查，初步诊断为“精神病”。2005年12月21日脑科医院查房时，何某某称可能有黑社会人员掌握陈某某把柄来对付他，陈某某有外遇。脑科医院分析其可能为偏执性精神病，但需进一步补充其病史后，再行下一步处理措施。同日，何某某母亲和兄长到脑科医院处反映何某某不存在精神异常，坚决要求出院，但因未能与陈某某达成一致意见，故何某某继续在脑科医院处住院。

2005年12月22日，脑科医院对何某某进行科部病例讨论，认为其主要是存在被害妄想和嫉妒妄想，或因生活经历形成人格障碍，故诊断考虑：（1）偏执性精神病；（2）偏执性人格障碍。12月23日，脑科医院对其进行全院专家病例讨论，专家在讨论过程中向陈某某及其儿子询问了何某某的病史。根据陈某某介绍的病史和脑科医院对何某某的检查，有专家认为何某某只是多疑，其怀疑陈某某有外遇只构成观念，尚未构成妄想，故诊断仍不明确。有专家认为何某某构成妄想，不考虑人格障碍，但偏执性精神病分偏执狂和偏执型分裂症，目前很难下决定，可下偏执状态的诊断。综合上述意见后，该次讨论结论为：考虑何某某有精神病。脑科医院随后将讨论结果告知其家属，并继续对其进行治疗。

2005年12月31日，脑科医院查房时发现，何某某对答切题，思维连贯，但言语中仍流露出陈某某在外有不正当关系，她外遇之男性与之交往是为了谋害自己个人财产。为此，脑科医院认为：何某某中年发病，主要表现为内容固定的系统妄想，被害妄想与系统妄想交织，持续超过3个月，但其思维连贯，对答切题，智能正常，无明显情感高涨或低落，可基本排除分裂症及情感障碍，现明确诊断为：偏执型精神障碍。

2006年1月11日，脑科医院查房时发现何某某仍然怀疑其妻子陈某某有外遇，但否认她提供的大部分病史。经观察，其情绪稳定，未引出幻觉和感知觉综合障碍。于是脑科医院再次对其进行专家病例讨论，诊断其为：偏执状态。同时，脑科医院认为经治疗后何某某情绪已好转，生活能自理，遂建议其出院，继续门诊治疗。

2006年1月13日，脑科医院将专家病例讨论结论告知陈某某，建议对何某某进行门诊治疗。1月16日，脑科医院向陈某某发出出院通知书。1月17日，脑科医院再次向其发出第二次、第三次出院通知书。但其并未到脑科医院处为何某某办理出院手续。1月20日，何某某的母亲、兄长和姐姐得知何某某可以出院后，立即到脑科医院办理了出院手续，何某某于当日出院。

2006年1月27日，何某某自行前往重庆市精神卫生中心门诊就诊，该中心经诊断后认为：目前未发现其有精神病性症状。

2006年1月24日，陈某某起诉要求与何某某离婚。2008年2月22日，经广州市中级人民法院终审判决，准予两人离婚。

2006年12月6日，何某某以陈某某捏造其有精神病史，并联系脑科医院强行将其送入该院治疗，且拒绝让其出院，已构成虐待罪为由，向法院提起控诉。

【案件争点】

疑似精神病人被精神病医院强制收治入院的法律性质如何认定，是否侵犯了精神病人的人格权，是否需要根据医院的过错程度确定其应当承担的责任。

【裁判要旨】

被告脑科医院收治原告何某某入院的行为是否存在过错。

1. 原告何某某是因为第三人陈某某要求被告脑科医院将其收治而被送到该院的。现实生活中，常会遇到家属认为自己的亲人行为怪异、精神异常的情形，在此情况下，如果家属强烈要求将其送精神病医院进行诊治，医院是没有理由拒绝的。脑科医院是经卫生行政主管部门批准成立，具有合法执业资格的治疗精神类疾病的专科医院。该医院也制定了《广州市精神病医院护送病人入院"一条龙"服务的规定》，该规定对需要护送病人入院服务的，作出了相关规定。因此在本案中，脑科医院在接到陈某某的来电，称原告何某某出现精神异常、有暴力行为的情况下，立即派出"一条龙"服务的医务人员前往处理是恰当的。

2. 脑科医院的医务人员赶到派出所之后，立即向第三人陈某某及其儿子了解了原告的情况。鉴于错误地将他人送入精神病医院将引起严重的后果，因此精神病医院必须审查入院者与其联系人之间是否存在监护关系或其他亲属关系。当时，第三人与原告是夫妻关系，且第三人亦与脑科医院签订了《广州市精神病医院护送入院服务委托书》，该委托书合法有效，因此脑科医院的医务人员随后护送原告入院的行为是具有合同依据的。

3. 脑科医院的医务人员随后在第三人及其儿子的陪同下离开派出所，前往原告家中。由于精神病人的特殊性，精神病医院在将其接入医院接受诊断前，是不可能对其作出确定诊断的。因此决定应否将病人收治入院，很大程度上需依赖病人家属的陈述。第三人向脑科医院的医务人员陈述原告出现精神异常和暴力倾向，强烈要求将其收治入院。而且第三人还因原告出现冲动、伤人等情形而前往派出所求助，在此情况下，脑科医院的医务人员作出原告可能患有精神病的初步诊断，是完全合理的。

4. 脑科医院的医务人员和第三人及其儿子到达原告家里后，由于原告并不配合医务人员的诊治工作，表现暴躁，故医务人员使用了"约束带"，并将原告护送至医院。使用约束带是一种保护性的医疗措施，因为精神病患者有可能出现冲动毁物、甚至危害自身或他人人身安全的行为，因此适时对其采取保护性约束是合理的和必要的。在法律上，精神病领域的保护性护理措施也与所谓限制人身自由存在本质区别。对于脑科医院而言，避免原告、第三人及其儿子出现人身损害，使可能患有精神病的患者尽快前往医院接受诊断，是脑科医院医务人员当时的唯一目的，这种目的不存在伤害原告的恶意，故不能认定脑科医院收治原告的行为属于非法限制人身自由的行为，为此，脑科医院的医务人员使用"约束带"将原告送往脑科医院处接受诊治的医疗行为也是合理的。

例案六：李某兵、刘某琴与郭某兵人身自由权纠纷案

【法院】

广东省东莞市第二人民法院

【案号】

（2014）东二法民一初字第871号

【当事人】

原告：李某兵

原告：刘某琴

被告：郭某兵

【基本案情】

李某兵、刘某琴经营了一个鞋样设计部，向郭某兵订购成品鞋等。现双方因货款引起纠纷，郭某兵认为李某兵、刘某琴无故拖欠其约200万元的货款，李某兵、刘某琴则认为郭某兵的货物有质量问题，且付款条件未成就，不存在拖欠。

因上述货款纠纷，李某兵、刘某琴位于东莞市厚街镇××社区××室的住所（同时也是办公场所，营业时间为8时至12时和14时至17时30分）于2014年9月22日至9月30日期间，被赖某某、吴某某和唐某某等人长期蹲守。期间，赖某某、吴某某和唐某某等人还存在以下行为：（1）李某兵、刘某琴外出时一直跟随，有一人曾强行进入李某兵、刘某琴的小轿车内，另一人开电动车尾随；（2）李某兵、刘某琴在餐馆用餐时，坐在旁边一桌同时用餐；（3）进入李某兵、刘某琴住所后拒绝离开；（4）不间断地守候于李某兵、刘某琴住所外，并搬来折叠床睡觉等。因此，李某兵、刘某琴及其居住的住宅小区的物业管理公司，向公安机关进行举报，东莞市公安局厚街分局三屯派出所到场劝走了赖某某、吴某某和唐某某等人，并对李某兵、刘某琴、赖某某、吴某某、唐某某以及物业管理公司的部分工作人员作了询问笔录。

李某兵、刘某琴主张赖某某、吴某某和唐某某是社会上专门讨债的人员，受郭某兵的指示而采取上述行动，郭某兵则予以否认，称上述三人是其员工，由于李某兵、刘某琴拖欠货款，该3名员工自行前往李某兵、刘某琴处蹲守，目的是防止其拖欠货款逃匿。但据赖某某在公安机关所作的询问笔录反映，赖某某是在郭某兵的安排下去守住李某兵、刘某琴，以免对方跑掉躲避债务。另，物业管理公司的部分工作人员在公安机关所作的询问笔录还反映，赖某某、吴某某和唐某某等人的行为

已经引起部分其他住户向物业管理公司投诉。

【案件争点】

1. 郭某兵是否存在派人监视、尾随、跟踪。

2. 若郭某兵存在上述行为，是否构成侵权。

3. 若构成侵权，侵犯的是何种权利。

【裁判要旨】

关于争点1。虽然郭某兵主张赖某某、吴某某和唐某某等人是自行前往李某兵、刘某琴的住所守候，但赖某某在公安机关的询问笔录中，已明确是郭某兵安排其前往李某兵、刘某琴的住所催款，意思表示明确，没有歧义，法院认定赖某某、吴某某和唐某某等人是接受郭某兵的安排而前往李某兵、刘某琴的住处催款。赖某某、吴某某和唐某某的部分行为，包括强行进入小轿车、不间断守候于住所外吃住，已超过必要的范围，属于监视、尾随、跟踪。由于郭某兵是争议货款的债权人，理应比其员工更重视货款能否追回，其员工接受安排去催款，催款过程中采取的相应措施，属于职务行为，故法院认定郭某兵存在派人监视、尾随、跟踪李某兵与刘某琴。

关于争点2。李某兵、刘某琴的住所同时也是经营场所，现郭某兵与李某兵、刘某琴之间存在货款纠纷，故其派人到李某兵、刘某琴的住所催款，系其应享有的民事权利，但其催款行为应受到一定的限制，以不影响他人正常行使民事权利为边界。第一，时间限制。货款纠纷是因经营而引起的法律关系，郭某兵催讨货款，应当限于营业时间内。营业时间以外，东莞市厚街镇 ×× 社区 ×× 室是李某兵、刘某琴日常生活、起居的场所，应不接受他人未经允许进入。第二，空间的限制。虽然郭某兵及其员工也有行动的自由，但其自由应以不影响其他人同等的自由为边界。具体到本案中，小轿车和住所，是属于个人的私密空间，李某兵、刘某琴明确拒绝的情况下，他人不应强行进入，否则就系侵犯了他人的私密空间。此外，东莞市厚街镇 ×× 社区 ×× 室外的业主共有空间，属于住所的延伸，在共有业主明确拒绝的情况下，他人亦不应强行进入，更不应24小时在此吃住，否则也侵犯了他人的私密空间。因此，郭某兵派赖某某、吴某某和唐某某等人监视、尾随、跟踪李某兵与刘某琴，无论在空间上还是时间上，均超过了必要的范围，已构成侵权。

关于争点3。郭某兵派人对其进行监视、跟踪、尾随等，如关于争点2所述，无论在时间上，还是空间上，均影响了李某兵、刘某琴的正常生活。因此，李某兵、刘某琴认为，郭某兵侵犯了其人身自由权。对此法院分析如下：

自然人的人身自由权包括身体行动自由与精神活动自由，前者是自然人根据自己的愿望自由支配其外在身体运动的权利；后者的实质为意志决定自由，是自然人进行意思表示或其他民事活动的意志决定自由。本案中，李某兵、刘某琴的身体行动虽然没有受到限制，但是李某兵与刘某琴拒绝他人进入小轿车、拒绝他人在非营业时间进入其住所等意思决定的自由已经受到限制，无法根据自己的意志作出决定。因此，郭某兵派人监视、跟踪、尾随李某兵与刘某琴的部分行为，已侵犯了他人的人身自由权。但是，人身自由应有一定的边界，以不影响他人行使同等的自由为限，郭某兵派人在公共场所跟随李某兵、刘某琴，关注其行踪，系出于维护其货款的正当目的，在不影响李某兵、刘某琴正常行使民事权利的情况下，郭某兵亦属于正常行使其应有的民事权利。因此，法院确认郭某兵派人于非营业时间在李某兵、刘某琴的住所内和住所外业主共有区域监视、尾随、跟踪以及强行进入李某兵与刘某琴的小轿车实施尾随的行为侵犯了李某兵与刘某琴的人身自由权。

三、裁判规则提要

（一）公民的人身自由遭受侵犯，赔偿权利人可以基于一般人格权主张权利，起诉赔偿义务人赔偿财产损失和精神损害

人格权是民事主体最基础、最为重要的权利，关系到个人自由和个人尊严，维护公民的人格权是我国法治建设的重要任务。《民法典》第九百九十条第一款对人格权作了列举式的界定，并于该条第二款进行了兜底性规定，将自然人“基于人身自由、人格尊严产生的其他人格权益”一并纳入其保护范围，从而保证了人格权保护体系的开放性，为未来可能出现的各类新型人格利益提供了规范基础和保护空间。[①]财产权利固然重要，但人身权利的位阶更高。在没有法律允许的情形之下，行为人不能以其财产权利受损为由侵犯他人人身自由权。公民享有健康权和人身自由权，如果因为他人的非法行为，公民的人身自由权受到侵害，赔偿权利人可以起诉赔偿义务人赔偿财产损失和精神损害。其中，因为赔偿义务人的非法行为导致赔偿权利人受到精神损害的，权利人可以要求精神损害赔偿。

① 张鸣起：《民法典分编的编纂》，载《中国法学》2020 年第 3 期。

（二）行为人因过错侵害他人民事权益，应当承担侵权责任

一般人格权是指自然人享有的，包括人格平等、人格独立、人格自由、人格尊严全部内容的一般人格利益，并由此产生和规定具体人格权的基本权利。公民的人身自由受到侵害的，有权要求停止侵害、消除影响、赔礼道歉，并可以要求赔偿损失。由于债权人追讨债务或者因为婚姻关系，公民的人身自由被剥夺或者限制，侵犯了公民合法的人身权益，虽然主张债权属于正义行为，但任何权利均不是绝对的，法律在赋予权利主体行使自由权的时候，都规定了行使权利的必要限度，债权人行使其合法权利时应遵循适度性，不应侵害他人的合法权益，采取适当的措施，而不是通过剥夺、限制他人人身自由的方式行使权利。

四、辅助信息

《民法典》

第一百零九条 自然人的人身自由、人格尊严受法律保护。

第一千一百六十五条 行为人因过错侵害他人民事权益造成损害的，应当承担侵权责任。

依照法律规定推定行为人有过错，其不能证明自己没有过错的，应当承担侵权责任。

第一千一百七十二条 二人以上分别实施侵权行为造成同一损害，能够确定责任大小的，各自承担相应的责任；难以确定责任大小的，平均承担责任。

第一千零四十六条 结婚应当男女双方完全自愿，禁止任何一方对另一方加以强迫，禁止任何组织或者个人加以干涉。

第一千零五十二条 因胁迫结婚的，受胁迫的一方可以向人民法院请求撤销婚姻。

请求撤销婚姻的，应当自胁迫行为终止之日起一年内提出。

被非法限制人身自由的当事人请求撤销婚姻的，应当自恢复人身自由之日起一年内提出。

第一千一百八十三条 侵害自然人人身权益造成严重精神损害的，被侵权人有权请求精神损害赔偿。

因故意或者重大过失侵害自然人具有人身意义的特定物造成严重精神损害

的，被侵权人有权请求精神损害赔偿。

《反家庭暴力法》

第二条 本法所称家庭暴力，是指家庭成员之间以殴打、捆绑、残害、限制人身自由以及经常性谩骂、恐吓等方式实施的身体、精神等侵害行为。

《民事侵权精神损害赔偿责任解释》

第一条 因人身权益或者具有人身意义的特定物受到侵害，自然人或者其近亲属向人民法院提起诉讼请求精神损害赔偿的，人民法院应当依法予以受理。

第五条 精神损害的赔偿数额根据以下因素确定：

（一）侵权人的过错程度，但是法律另有规定的除外；

（二）侵权行为的目的、方式、场合等具体情节；

（三）侵权行为所造成的后果；

（四）侵权人的获利情况；

（五）侵权人承担责任的经济能力；

（六）受理诉讼法院所在地的平均生活水平。

人格权纠纷案件裁判规则第 3 条：

医疗机构或者其医务人员因过错未能检查出胎儿存在先天性缺陷或者未尽到说明义务，导致具有先天性缺陷的婴儿出生，缺陷儿父母请求医疗机构赔偿因抚养缺陷子女支出的额外费用以及精神抚慰金等损失的，可予支持

【规则描述】　医疗机构或者其医务人员因过错未能检查出胎儿存在先天性缺陷，或者未向孕妇及家属进行充分告知可能存在先天性缺陷的风险，导致具有先天性缺陷的婴儿出生时，医疗机构应承担相应赔偿责任。司法实践中一般认为，“缺陷出生”诉讼的适格原告为缺陷儿的父母，权利基础为其生育知情权、生育选择权受到了侵害，由此导致其相比于抚养健康后代需要承担额外费用从而遭受财产损失，同时亦遭受精神损害。

一、类案检索大数据报告

数据采集时间：2022 年 2 月 24 日；案例来源：Alpha 案例库；案件数量：81 件；检索条件：法院认为包含“缺陷出生”的民事案件。本次检索共获取 81 篇裁判文书，整体情况如图 3-1 所示。从审理结果分析，法院支持或部分支持“缺陷出生”损害赔偿责任的案件有 38 件，占比 46.91%；全部驳回“缺陷出生”损害赔偿请求的案件 14 件，占比 17.28%；重复或不相关案件 29 件，占比 35.81%。

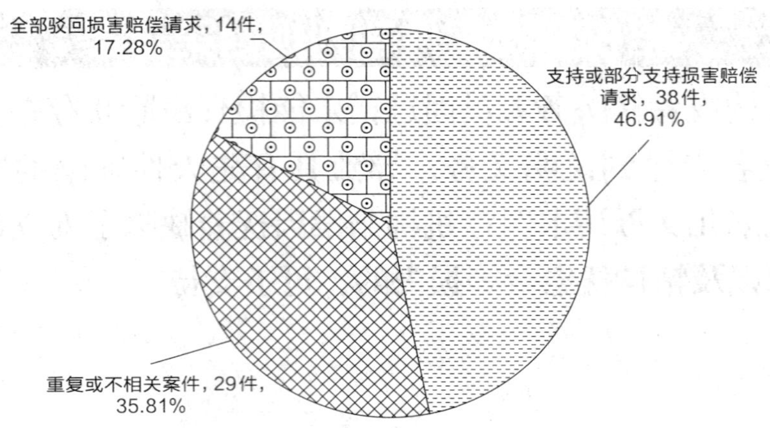

图 3-1　案件裁判结果分布情况

如图 3-2 所示，从案件年份分布情况来看，涉“缺陷出生”民事纠纷数量整体呈逐年增长趋势，近两年稍有回落。

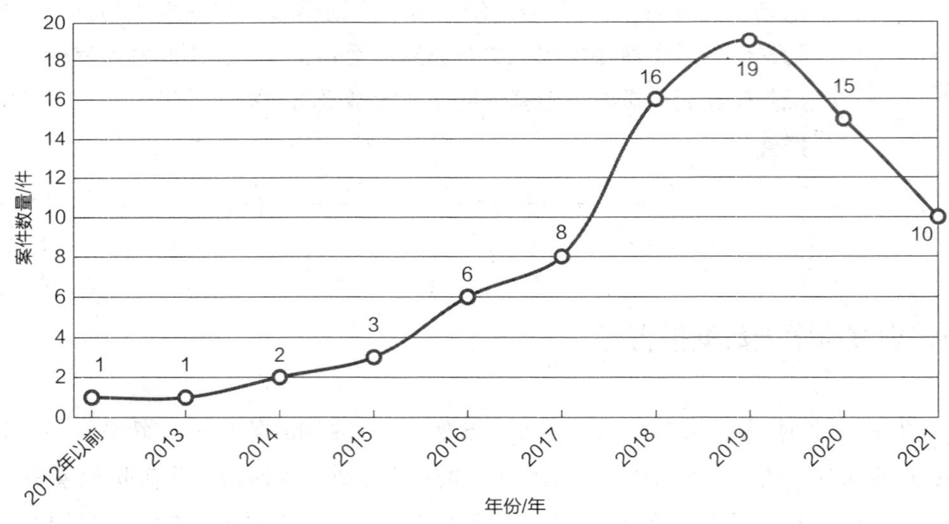

图 3-2　案件年份分布情况

如图 3-3 所示，从案件地域分布情况来看，当前涉“缺陷出生”民事纠纷主要集中在北京市、山东省、重庆市等地区，其中北京市的案件量最多，占比近四成。

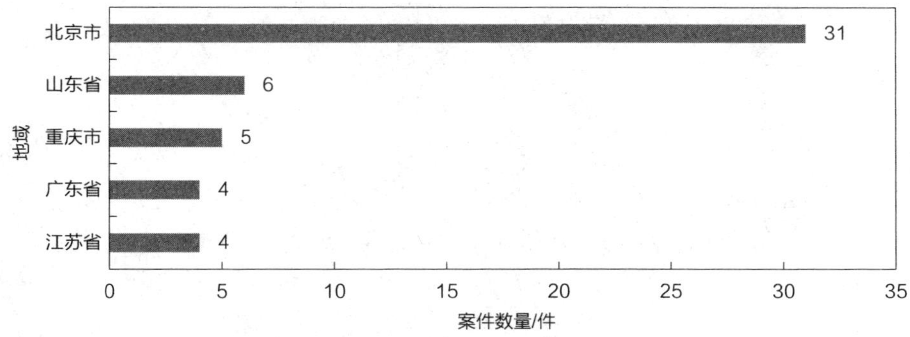

（注：图表只列举了案件数量较多的地区，未逐一列明）

图 3–3 案件地域分布情况

如图 3–4 所示，从案件案由分布情况来看，当前涉“缺陷出生”民事纠纷最主要的案由是侵权责任纠纷和合同、准合同纠纷，其中侵权责任纠纷有 71 件，占比近九成。

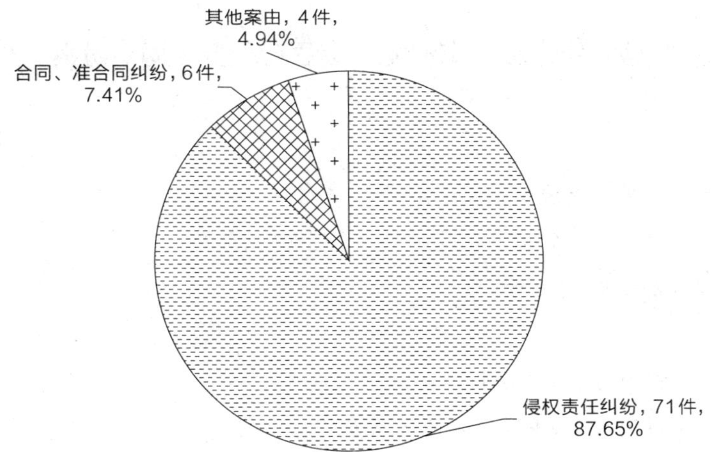

图 3–4 案件案由分布情况

如图 3–5 所示，从案件审理程序分布情况来看，涉“缺陷出生”民事纠纷一审案件 46 件，占比 56.79%；二审案件 32 件，占比 39.51%；再审案件 3 件，占比 3.7%。

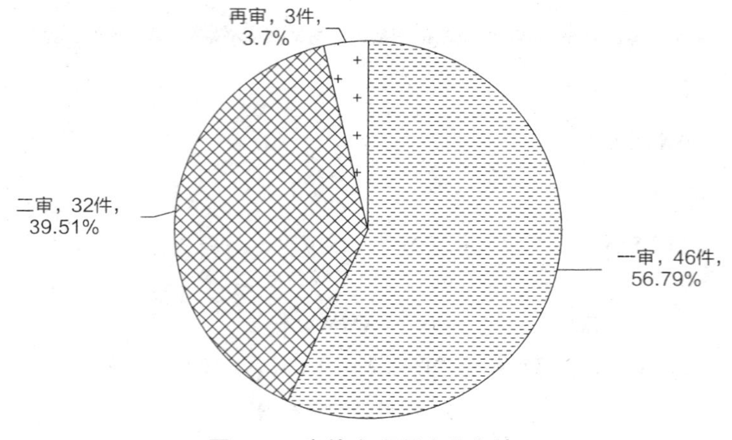

图 3-5　案件审理程序分布情况

二、可供参考的例案

例案一：谭某平与重庆三峡中心医院医疗服务合同纠纷案

【法院】

重庆市第二中级人民法院

【案号】

（2019）渝02民终1742号

【当事人】

上诉人（原审原告）：谭某平

上诉人（原审被告）：重庆三峡中心医院

【基本案情】

2012年10月7日，谭某平到重庆三峡中心医院（以下简称三峡医院）处就诊，诊断为G1P0孕19+2周，并于当日在该院建卡。同日，三峡医院对谭某平进行了常规产检及血清学产前筛查。2012年10月8日，三峡医院出具了《产前筛查报告单》，报告单所载内容中的“样品编号”及“双顶径”一栏均为空白，其载明的唐氏综合征风险率检验结果为1/1014，临床建议为：“产前筛查结果小于截断值，建议动态观察。”报告单载明的“检验者”“审核者”均为该院医生周某。此后，谭某平一直在三峡医院进行常规产检，直至2013年2月16日生下一女夏某曦。2013年4月4日，谭某平之女夏某曦经重庆医科大学附属儿童医院进行了遗传学染色体检验，该院诊断夏某曦患21-三体综合症（唐氏综合征）及先天性心脏病。另查明，周某系三峡医院医生，其职称为临床医学检验技术类中级职称。

本案审理过程中，经谭某平书面申请，一审法院依法委托重庆市渝东司法鉴定中心对夏某曦伤残程度、后期康复费用、护理依赖程度以及残疾辅助器具费进行了司法鉴定，鉴定结论为："1. 被鉴定人夏某曦的残疾程度系四级；2. 被鉴定人夏某曦患有唐氏综合征必要的治疗方法为特殊教育，其费用建议以实际发生额为准；3. 被鉴定人夏某曦需要大部分护理依赖；4. 被鉴定人夏某曦患有唐氏综合征，生长发育迟缓并重度智力障碍，目前检查大小便不能自理，可视情况给予尿垫、尿片和一次性尿裤等排便排尿护理及用品（按每月计算），其计算基数可为近三月实际发生费用的平均数计算为宜。"此后，谭某平又自行委托重庆市万州司法鉴定所对夏某曦大小便失禁所需卫生材料及相关药品费用进行了评估，评估结论为："被鉴定人夏某曦大小便失禁所需卫生材料及相关的外用药品费每月约需750元左右。"

谭某平向一审法院起诉请求：三峡医院向谭某平赔偿护理费745360元、交通费352元、残疾赔偿金450702元、护理用品费196021元、鉴定费5283元（含医院检查费1183元）、精神损失赔偿金10万元，合计1497718元。

一审法院审理认为，本案的争议焦点为：（1）三峡医院在履行涉案医疗服务合同过程中是否存在违约行为；（2）谭某平在本案中主张的各项损失赔偿是否能够得到支持以及三峡医院应当承担的责任比例。

关于争议焦点一的问题。三峡医院为谭某平提供血清学产前筛查保健服务，并就筛查结果向谭某平出具了报告单，双方之间医疗服务合同关系成立，三峡医院应当按照相关规范履行合同义务。WS322.1标准系中华人民共和国卫生部发布的血清学产前筛查与诊断技术的行业标准，可作为评价三峡医院是否存在违约情形的相关依据。

首先，对于三峡医院是否已尽到告知义务的问题。血清学产前筛查系通过中孕期母体血清甲胎蛋白、血清人绒毛膜促性腺激素、血清人绒毛膜促性腺激素游离β亚基拟制素A和非结合雌三醇指标结合孕妇的年龄、体重、孕周、病史等进行综合评估，得出胎儿罹患唐氏综合征、18-三体综合征和开放性神经管缺陷的风险度，其筛查结果并非诊断，仅是风险评估。为保障孕妇对产前筛查性质、目的、必要性和风险性的知情权，WS322.1行业标准对孕妇进行产前筛查前签署《知情同意书》的相关程序、内容进行了明确规定，并要求提前筛查的医疗保健机构保存孕妇签署的知情同意书5年以上。本案审理过程中，经谭某平书面申请，一审法院责令三峡医院提供谭某平进行产前筛查前签署的《知情同意书》，但三峡医院一直未能提供。根据《民事诉讼证据规定》第七十五条[①]“有证据证明一方当事人持有证据无正当理由拒不提供，如果对方当事人主张该证据的内容不利于证据持有人，可以推定该主张成立”之规定，在三峡医院无证据证明该份证据已灭失的情形下，一审法院对谭某平主张三峡医院未充分履行告知义务要求其签署知情同意书的意见予以采纳。

其次，关于三峡医院是否尽到注意义务的问题。根据庭审查明的事实，三峡医院向谭某平出具的《产前筛查报告单》未有胎儿双顶径信息资料以及本次筛查所采集的孕妇标本编号的相关信息，同时报告单所载的检验者与审核者均为同一医生周某，且周某的技术职称等级也未达到副高级以上职称。以上情形均不符合 WS322.1 行业标准对医疗保健机构采集孕妇资料、标本以及实验室检测、筛查结果审核签发、筛查结果告知的相关要求，其出具的报告单存在明显瑕疵。因前述瑕疵，谭某平对三峡医院作出的唐氏综合征风险率筛查结果的数据准确性提出了异议，并要求三峡医院提供其应当按照 W322.1 行业标准进行保存的有关筛查结果的原始资料和实验数据记录。一审法院责令三峡医院提供以上资料，但三峡医院一直未能提供，从而导致无法对三峡医院作出的唐氏综合征风险率筛查结果的数据准确性进行司法鉴定。因此，一审法院对谭某平主张三峡医院未尽注意义务，导致筛查过程及筛查结果存在瑕疵的意见予以采纳。

综上，三峡医院作为开展产前筛查的医疗保健机构在为孕妇进行产前筛查时，应当全面、真实、准确、客观地履行相关义务，确保胎儿父母能够在充分了解各种妊娠风险的基础上自由选择。缺陷出生儿一般均患有先天性疾病，该疾病并非基于医疗机构的医疗行为产生，而是来自父母的遗传基因或本身的畸形所致。因此，不同于一般的医疗服务合同，缺陷出生类医疗服务合同中，医疗机构违约责任的成立在于其是否违反了应尽的注意义务、告知义务。本案中，三峡医院存在履行注意义务、告知义务不到位的情形，导致谭某平丧失了选择是否继续妊娠以及得到医疗机构正确的产前医学意见、产前检查或产前诊断服务的权利，因此其行为已构成违约，一审法院依法予以认定。

关于争议焦点二的问题。本案中，无证据能够反映出谭某平在履行案涉合同过程中存在过错。三峡医院违反合同义务，无法定的免责事由，故一审法院对三峡医

① 该司法解释已于 2019 年 10 月 14 日修正，本条所涉第七十五条修改为第九十五条：“一方当事人控制证据无正当理由拒不提交，对待证事实负有举证责任的当事人主张该证据的内容不利于控制人的，人民法院可以认定该主张成立。”

院辩称自己应承担轻微责任的意见不予采纳。对于谭某平主张的残疾赔偿金，一方面从残疾赔偿金的性质来看，其补偿的权利人主体应当是夏某曦，而本案的违约损失赔偿请求权主体系谭某平，因此谭某平在本案中主张三峡医院赔偿夏某曦残疾赔偿金主体不适格；另一方面，夏某曦所患的唐氏综合征系一种先天遗传性疾病，该疾病并非三峡医院对谭某平进行的产前筛查行为所导致。因此，谭某平在本案中要求三峡医院赔偿残疾赔偿金的请求缺乏法律及事实依据，一审法院不予支持。对于谭某平主张的精神抚慰金，本案系合同纠纷，应当适用《合同法》[①]的相关规定。《合同法》第一百零七条[②]规定："当事人一方不履行合同义务或者履行合同义务不符合约定的，应当承担继续履行、采取补救措施或者赔偿损失等违约责任。"第一百一十三条第一款[③]规定："当事人一方不履行合同义务或者履行合同义务不符合约定，给对方造成损失的，损失赔偿额应当相当于因违约所造成的损失，包括合同履行后可以获得的利益，但不得超过违反合同一方订立合同时预见到或者应当预见到的因违反合同可能造成的损失。"前述法律规定对违约责任造成的损失作出了明确的限定，未包括精神损失，故一审法院对谭某平的该项请求不予支持。对于谭某平主张的护理费及护理用品费，三峡医院的违约行为，导致谭某平丧失了选择是否继续妊娠以及得到医疗机构正确的产前医学意见、产前检查或产前诊断服务的权利。谭某平生育夏某曦后，其用于小孩抚养的相关费用相较于正常小孩势必有所增加，因此三峡医院应当对谭某平就前述两项费用多支出的部分承担赔偿责任。根据重庆市渝东司法鉴定中心、重庆市万州司法鉴定所出具的鉴定结论，夏某曦因患有唐氏综合征需要大部分护理依赖；因疾病导致的大小便失禁所需卫生材料及相关的外用药品费每月约需750元左右。本案中，谭某平主张按80元／天（100元×80%）的标准计算护理费，按25元／天的标准计算尿不湿等护理用品费的请求符合相关规定，法院予以确认。结合夏某曦目前的健康状况以及年龄等因素综合考虑，对前述两项费用的计算期间，一审法院酌情认定为暂计至夏某曦出生后10年。经计算，按一审法院认定的护理费、护理用品费计算标准，前述期间护理费合计为288000元（28800元／年×10年），护理用品费合计为9万元（9000元／年×10年）。同时，考虑到

① 2021年1月1日《民法典》施行，该法已失效。

② 对应《民法典》第五百七十七条，内容未作修改。

③ 参见《民法典》第五百八十四条规定："当事人一方不履行合同义务或者履行合同义务不符合约定，造成对方损失的，损失赔偿额应当相当于因违约所造成的损失，包括合同履行后可以获得的利益；但是，不得超过违约一方订立合同时预见到或者应当预见到的因违约可能造成的损失。"

即便夏某曦未患唐氏综合征，在其婴幼儿阶段也需要其父母进行护理、照顾和使用尿不湿等护理用品，故一审法院酌情按照20%的比例对前述两项费用进行扣减，剩余80%应认定为谭某平因三峡医院违约而多支出的护理费、护理用品费。对于鉴定费，谭某平为确认损失情况，委托鉴定机构进行了相关鉴定，并举示了鉴定费发票，其主张三峡医院应当承担鉴定费共计4100元的请求符合法律规定，一审法院予以支持。针对三峡医院辩称不应将伤残等级鉴定的费用纳入损失赔偿的意见，该院认为谭某平主张的残疾赔偿金虽未获支持，但夏某曦的伤残等级系本案综合认定其他赔偿项目的因素之一，故一审法院对三峡医院的上述辩称意见不予采纳。对于交通费，谭某平虽未举示相应票据，但结合本案实际情况，谭某平主张的数额352元符合日常经验，故一审法院予以认定。对于谭某平因鉴定产生的检查费1183元，三峡医院在庭审中明确表示认可，故一审法院亦予以支持。

综上，因三峡医院的违约行为而造成的谭某平损失包括谭某平为抚养夏某曦所需支出的护理费、护理用品费共计302400元（288000元×80%+90000元×80%）以及鉴定费4100元、检查费1183元、交通费352元，合计308035元，一审法院依法予以认定。

谭某平、三峡医院不服一审判决提出上诉。谭某平上诉请求在一审判决基础上增加赔偿残疾赔偿金450702元、赔偿精神损害抚慰金10万元。三峡医院辩称，缺陷患儿的残疾并非三峡医院的医疗服务行为造成的，二者没有因果关系；本案涉及合同之诉与侵权之诉的竞合，谭某平选择通过合同之诉主张权利，则无权向三峡医院主张精神损害抚慰金。三峡医院上诉请求依法改判三峡医院不承担责任。

【案件争点】

医院是否应就缺陷出生承担损害赔偿责任。

【裁判要旨】

二审法院经审理认为，本案的争议焦点为：（1）三峡医院是否应当向谭某平支付护理费、护理用具费等费用的问题；（2）三峡医院是否应当向谭某平支付残疾赔偿金的问题；（3）三峡医院是否应当向谭某平支付精神损害抚慰金的问题。针对上述问题，二审法院评析如下：

关于三峡医院是否应当向谭某平支付护理费、护理用具费等费用的问题，二审法院认为，合同的双方当事人在履行合同的过程中应当尽到勤勉和忠诚的义务。本案中，作为医疗保健机构的三峡医院在进行产前医学检查过程中，既未如实履行告知义务，也未按照行业内通行的标准对谭某平进行规范的产前筛查，导致检查结论失实，使信赖该项检查结果的谭某平生育缺陷婴儿，额外增加抚育、护理及治疗费用，蒙受纯粹财产上的损失，构成加害给付，应当根据《合同法》第一百零七条[①]的规定，承担包括谭某平为抚养抚育缺陷患儿增加的费用在内的违约损害赔偿责任。三峡医院称医方已经履行了告知义务及注意义务，不存在侵权行为，但其举示的证据并不足以证明该事实。一审法院在本案审理过程中，责令其提供谭某平进行产前筛查前签署的《知情同意书》及应当按照W322.1行业标准进行保存的有关筛查结果的原始资料及实验数据记录，三峡医院均未能提供。因此，二审法院对三峡医院上述上诉理由不予支持，三峡医院应就其违约行为承担向谭某平支付为抚养夏某曦而支出的护理费、护理用品费等费用的责任。

关于三峡医院是否应当向谭某平支付残疾赔偿金的问题。二审法院认为，首先，残疾赔偿金作为受害人因身体遭受损害致残而丧失全部或部分劳动能力的财产赔偿，具有专属性，本案中能够作为权利主体向三峡医院主张残疾赔偿金的主体只有缺陷患儿夏某曦。谭某平作为夏某曦的法定监护人，在本案中系以自己的名义向人民法院提起合同之诉，因此不能直接作为权利主体向三峡医院主张残疾赔偿金。其次，本案夏某曦罹患的唐氏综合征系因先天的染色体异常所导致，与医院不当的诊疗行为并不存在因果关系。谭某平主张该不当诊疗行为侵犯了其知情选择权，即在得知胎儿异常的情况下选择是否继续妊娠的权利。但该权利并非当事人能够自主支配的、对抗任何其他人的权利。因此，对于谭某平要求三峡医院承担残疾赔偿金的上诉请求，二审法院不予支持。

关于三峡医院是否应当向谭某平支付精神损害抚慰金的问题。因本案系合同纠纷，上诉人谭某平主张精神损害抚慰金的请求，于法无据，因此谭某平的该上诉请求不能得到支持。

例案二：北京市仁和医院与王某花、张某雷医疗损害责任纠纷案

【法院】

北京市第二中级人民法院

【案号】

（2017）京02民终4867号

---

① 对应《民法典》第五百七十七条，内容未作修改。

【当事人】

上诉人（原审被告）：北京市仁和医院

被上诉人（原审原告）：王某花、张某雷

【基本案情】

王某花于2012年10月9日在首都医科大学附属北京妇产医院（以下简称北京妇产医院）进行早孕检查，孕周5周，2012年10月25日产科超声检查报告单显示宫内早孕活胎、孕周为7周1天，其在2012年10月9日至2012年11月15日期间在该医院因先兆流产进行服药治疗，2012年11月15日，王某花因皮炎到首都医科大学附属北京中医医院（以下简称北京中医医院）进行治疗，后于2012年11月26日在密云县医院建册，孕周12周。2012年11月28日，王某花到北京市仁和医院（以下简称仁和医院）进行孕检，产科彩色多普勒超声检查报告单（以下简称彩超）显示："单活胎、孕周12W3D。"2012年12月7日，超声医学影像报告单显示："宫内单活胎，孕约13W6d，胎盘低置状态。"2013年1月1日，孕期胎儿唐氏综合征产前筛查报告单显示："唐氏综合征的危险度没有超过筛选阈值，属低危人群；开放性脊柱裂的危险度没有超过筛选阈值，属低危人群；Trisomy18的危险度没有超过筛选阈值，属低危人群。"该报告单载明："筛查结果为低风险，表明孕妇怀有唐氏综合征患儿的概率非常小，属于低危人群，但筛查不能代替诊断，被筛查为低风险时，也有非常小的概率为异常妊娠。"2013年2月7日，彩超显示："单活胎、孕周22W4D，胎盘位置低，脊柱未见明显异常。"2013年3月29日，彩超显示："单活胎臀位、超声孕周（30W1D），脐带绕颈一周。"2013年5月16日，彩超显示："单活胎，孕周37W1D，胎心率偏快、羊水少、AFI为7.4cm，脐带绕颈1周。"2013年5月17日，彩超显示："单活胎，脐带绕颈1周，羊水少，AFI为7.2cm。"2013年5月20日，彩超显示："单活胎，羊水8.8cm。"王某花自2013年5月16日至2013年5月21日期间因羊水少在仁和医院住院治疗，门诊诊断为"宫内孕36+3周，孕2产0，头位，未产，羊水少，脐带绕颈1周"，入院记录显示2013年1月1日医院唐氏筛查为低危，2013年5月21日的出院记录显示"AFI为8.8cm"，同日诊断证明显示医嘱建议事项为："（1）自记胎动；（2）按时产检，3天后门诊复查；（3）不适随诊，有产兆随时入院。2015年5月27日，彩超显示BPD：9.2cm，HC：32.9cm，AC：35.2cm，FL：7.6cm，s/d：2.1，胎盘位于右后底壁，回声Ⅱ度，AFI：12.4cm，单活胎头位；脐带绕颈一周。"2013年6月3日至2013年6月11日，王某花在仁和医院住院，2013年6月6日11时24分，剖宫产一女（名为张某阳）。入院诊断为："宫内孕39周，孕2产0，头位，未产，妊娠合并轻度漏斗骨盆、脐带绕颈1周。单活胎，女，3650g。”2013年6月7日，病历显示双大腿皮纹不对称，左侧大腿多一条皮纹，右侧臀部较左侧腿部稍高，未见明显包块，新生儿双侧大腿皮纹不对称，建议新生儿出院后上级医院进一步检查，除外新生儿先天性髋关节脱位。出院记录显示外观无畸形。

2013年6月13日，张某阳出生后7天，在首都医科大学附属北京儿童医院（以下简称北京儿童医院）进行影像学检查，印象为：“右臀部偏上皮下软组织内包块（考虑脊膜膨出？），建议拍片协诊。”2013年7月12日，张某阳在北京儿童医院进行影像学检查，印象为：“右侧骶尾部脂肪脊髓脊膜膨出可能性大，必要时轴位T2压脂及增强协诊，L2水平以下脊髓中央管扩张，脊髓栓系，骶椎短。”2013年9月16日，张某阳在北京新世纪儿童医院诊断为脊髓脊膜膨出，凝血异常。

2013年9月22日至2013年10月3日，张某阳在北京儿童医院住院治疗，被诊断为脊髓脊膜膨出（脂肪瘤型）并脊髓栓系综合征，张某阳在该医院行脊髓脊膜膨出（脂肪瘤型）切除术+脊髓栓系松解术。该院出院记录显示，张某阳入院时情况为生后起病，病史3月，生后发现骶尾部包块3月余伴有下肢无力，腰骶部右侧可见一肿物，约5cm×6cm，质韧，表面薄，皮肤颜色呈大致正常，突出于皮肤表面，无红肿、破溃，双下肢自主活动较少，肌张力减低，右下肢肌力Ⅳ级，右足稍内翻，双侧腹壁反射正常引出，双侧膝腱反射引出不满意，布氏征、克氏征阴性，双侧巴氏征阳性。北京儿童医院病案显示，该院（2013年7月12日）对患儿行MR检查，右侧骶尾部脂肪脊髓脊膜膨出可能性大，L2水平以下脊髓中央管扩张，脊髓栓系，骶椎短。出院注意事项为：出院带药为鼠神经生长因子每天1支，隔天肌注。定期复查泌尿系B超，定期康复训练。不适随诊，3天后门诊换药。2013年12月20日，右侧骶尾部脊髓脊膜膨出术后；L4以下椎板缺如，其后后方短T1长T2为主不规则混杂信号影，请结合临床；L2水平以下脊髓中央管扩张较2013年7月12日范围略小；脊髓栓系，圆锥地位较前变化不著；骶椎僵直、略短，尾骨显示不清。2013年12月25日，张某阳经影像学检查，印象为：右肾轻度积水，右侧输尿管全程扩张，考虑输尿管远端病变，左侧输尿管远端显示，余未见扩张输尿管显示，膀胱内壁毛糙，未见小梁及憩室形成。2014年6月3日，脊髓脊膜膨出术后，右肾及输尿管积水；残余尿量为38mL。2014年7月1日，脊髓脊膜膨出术后，神经源性膀胱，膀胱容量21mL，无法自主排尿，右肾盂及输尿管积水；左肾及输尿管未见积水。2014年10月27日，右侧肾盂轻度积水，右侧输尿管积水明显。

在本案审理中，王某花、张某雷申请对仁和医院的医疗行为是否存在过错进行鉴定，如存在过错请确定与损害后果的因果关系和参与度。一审法院曾先后委托北京天平司法鉴定中心、北京中正司法鉴定所对上述事项进行鉴定，但均因鉴定材料不完整，无法对委托事项进行鉴定予以退案。王某花为鉴定支付了鉴定费2000元。

王某花主张张某阳至今大小便失禁、右肾积水、右腿右脚严重变形、肌肉萎缩、肌张力低，被医生多次告知目前状态下需要患儿长期间歇性清洁导尿，长期康复训练，避免接种与中枢神经相关的疫苗，今后根据病情变化，需要长期、多次、反复的手术治疗，而且效果不确定，预后很难估计，严重者可瘫痪。对张某阳的缺陷出生，仁和医院存在过错，并提交：（1）病历手册、北京妇产医院2012年10月25日检查报告单、检验结果报告单打印件、处方笺、煤炭总医院检验报告单、北京中医医院处方、心电图、围产手册、诊断证明书、仁和医院检验报告，证明自王某花怀孕起按时在仁和医院处进行产检，仁和医院并未检查出任何问题；仁和医院对上述证据的真实性认可，故对上述证据的真实性，法院予以采信。（2）病历手册、儿童医院影像报告单、建议报告书、北京新世纪儿童医院出院诊断证明、儿童医院处方笺、儿童医院病案，证明张某阳患有脂肪瘤型脊髓脊膜膨出，由于仁和医院在产检中没有筛查出来，其存在医疗行为过错，仁和医院对上述证据的真实性认可，证明目的不认可，故法院对上述证据的真实性予以采信。（3）病历本、诊断报告，证明张某阳需要终身间歇性导尿、长期康复训练，不能排除接种疫苗导致其他疾病的可能及其他病情加重。仁和医院对上述证据的真实性认可，故法院对上述证据的真实性予以采信。（4）医疗费票据、报销审批单、住院费用清单，证明张某阳和王某花的医疗费。仁和医院对上述证据的真实性认可，故法院对上述证据的真实性予以采信。（5）劳动合同、纳税证明、误工证明、营业执照，证明王某花照顾张某阳产生的误工费。仁和医院对营业执照、完税证明真实性认可，对劳动合同、误工证明的真实性不认可，劳动合同上没有写日期，扣发的工资不能单凭误工证明来体现，虽仁和医院对劳动合同及误工证明的真实性不认可，但法院结合上述营业执照及完税证明，对上述证据的真实性予以采信，对王某花的误工费，法院结合本案案情予以酌情确定。（6）北京市统计局城镇单位在岗职工平均工资标准的打印件，证明张某阳的护理费，参照的标准是居民服务业，数额为41868元，每天为168元；仁和医院对上述证据称需要核实，后续未提交质证意见，对张某阳的护理费，法院结合案情予以酌情确定。（7）交通费票据，证明王某花为张某阳治病花费的交通费，具体数额由法院酌定。仁和医院认为王某花主张的交通费不合理，请法院酌定。（8）宾馆账单、房屋租赁合同、银行卡客户交易查询单，证明为张某阳治病花费的住宿费，因上述证据无法显示为张某阳康复治疗所必需的支出，故法院对上述证据与本案的关联性不予采信。(9)发票，证明张某阳的营养费，其免疫力低下，医生让孩子服用这种特殊奶粉。仁和医院主张营养费票据没有医嘱，故不认可，对张某阳的营养费，法院结合张某阳的病情予以酌情确定。(10)残疾辅助器具费发票，证明张某阳花费的残疾辅助器具费，仁和医院对残疾辅助器具费票据的真实性认可。法院结合张某阳的病情，对该笔费用予以酌情确定。(11)照片、残疾证、康复评估意见书、审批表，证明精神抚慰金，对上述证据的真实性，因仁和医院并未提出异议，法院予以采信。(12)打印费票据，证明花费打印费50元。仁和医院对打印费不认可，理由是该票据不是正规发票且没有法律依据。因上述票据并非国家正式票据，故对上述票据的真实性，法院不予采信。(13)病历复印件，证明仁和医院没有为王某花进行唐氏筛查，院方存在过错，在医院提供的病历中前面说了没有为王某花进行唐氏筛查，病历前后矛盾，存在不真实情况，且王某花的报告中也没有医师本人签字，只是系统的一个默认名字；仁和医院称该证据和本案无关，证明目的不认可，在王某花入院记录第一页中主诉部分是王某花自己陈述说唐氏筛查未作，病历中2013年1月1日显示仁和医院为王某花作了唐氏筛查的报告单，证明王某花作过唐氏筛查的。对上述证据与本案的关联性，法院不予采信。(14)产前诊断技术管理规范、王某花总结的工作流程图，根据相关规范我方在流程图中标注了应当进行但没有作的项目，医院没有进行相关流程告知，证明仁和医院存在过错。因仁和医院对上述证据的真实性认可，法院对上述证据予以采信。(15)产前超声检查指南、卫生部发布的2000年462号文件，根据指南的规定，从事中晚期妊娠系统胎儿超声检查的医师应当符合大专以上学历具有中级以上超声医学专业技术职称，接受过超声诊断系统培训且需要在岗位从事妇产科超声检查工作5年以上，接受过系统的培训，卫生部发布的文件对中级职称需要具备的条件需具备本科学历，且从事医师工作满4年，仁和医院提交的王某颖医生的资质，该医生取得执业资格时间是2011年8月2日，王某花产检时间是2012年年底到2013年6月间，医生不具备中晚期妊娠筛查的资质，导致仁和医院无法通过B超对张某阳病情进行筛查的原因，是仁和医院违规之处。仁和医院对上述证据的真实性认可，但称其医院依据的是之前向法院提交的产前筛查规范，该规范是符合北京市产前检查要求的，为王某花进行检查的医生也是符合规范要求的。对上述证据的真实性，法院予以采信。

仁和医院为证明其产前筛查行为符合相关规范，提交：(1)病案，王某花、张某雷对该证据真实性认可，对证明目的不认可，称2013年6月7日住院病案中的9

点24分的病历记录中的查体未见明显包块与事实不符，张某阳在2013年6月6日出生后在洗澡时就发现臀部有明显包块，但是病案中没有写明包块。病历中最早记有包块是北京儿童医院在2013年6月13日记录的，该疾病是产检可以发现的，是可以提前预防的，对上述证据，法院予以采信。（2）光盘、产前诊断与筛查工作规范，王某花、张某雷对上述证据的真实性认可，对证明目的不认可，该证据只能证明国家是这么规定的，但不能证明医院是按照该规范进行的，且上面规定严重开放性脊柱裂是在20~24周期间必须检查出来的6种疾病之一。对上述证据，法院予以采信。（3）王某颖产前筛查超声技术培训考核合格证书、产前筛查超声技术培训考核合格证书（中孕期）、王某颖医师资格证书、业务能力考评合格证、王某颖医师执业证书、王某琪产前筛查技术培训考核合格证书、王某琪专业技术资格证书、产前唐氏筛查申请单、北京市产前筛查技术基本标准、医疗卫生法律法规文件，王某花、张某雷对王某颖证书的真实性认可，王某颖的证书显示其具备中孕期检查资质，王某花在孕晚期的时候还是王某颖作的检查，王某颖不具备孕晚期检查资质的，按照王某颖毕业时间，其也取得不了中级职称，王某花在2013年2月7日进行检查的时候，王某颖还不具备孕中期检查的资质，其在2015年7月1日才具备孕中期检查资质，仁和医院应提供送检医师、检验者的相关资质。对王某琪的证书真实性无法确认，王某琪和本案无关；产前唐氏筛查申请上王某花名字底下的日期与本案没有关系；对医疗卫生文件的内容不认可，该文件是北京市发布的，王某花提交的是卫生部的，卫生部规定了医师要经过培训且需要具备中级以上职称，该规定只是针对某一类检查，并不是王某花的中晚期检查，B超是二维超声检查，孕中晚期检查应当是更先进的三维或四维，二维不适用本案。

另查，张某阳为治疗自费支付医疗费55081.89元、王某花在仁和医院为孕检及生产花费医疗费3168.7元。

王某花、张某雷向一审法院起诉请求：赔偿医疗费90034.48元、误工费95813.07元、护理费190298元、交通费13768元、住宿费15195元、住院伙食补助费2900元、营养费4443元、残疾辅助器具费36283元、特殊抚养费732840元、打印费50元及精神损害抚慰金20万元，以上共计1381624.55元。

一审法院认为，根据我国母婴保健及产前诊断技术相关法律的规定，孕妇经产前检查，医师发现或者怀疑胎儿异常的，应当对孕妇进行产前诊断；如未开展产前诊断技术，开展产前检查、助产技术的医疗保健机构在为孕妇进行早孕检查或产前检查时，发现孕妇和胎儿有异常的，应当进行有关知识的普及，提供咨询服务，并如实告知孕妇或其家属，建议孕妇进行产前诊断。由于缺陷出生的患儿一般均患有先天性疾病，该疾病并非基于医疗机构的医疗行为产生，而是来自父母的遗传基因或本身的畸形所致。因此，不同于一般的医疗损害赔偿责任，缺陷出生类医疗损害赔偿责任的成立，在于医疗机构违反了应尽的注意义务，未能履行产前检查或进行产前检查发现异常后，未能履行进一步的告知或诊断义务，侵犯了孕妇获得适当产前保健服务的合法权益。该产前保健服务权益不仅限于选择是否继续妊娠的权利，还有得到医疗机构适当的产前医学意见、产前检查和产前诊断服务的权利。关于仁和医院在对王某花进行产前检查时，是否存在过错的问题。首先，根据本案查明的事实，王某花在2013年5月17日，彩超显示羊水少，且2013年5月16日至2013年5月21日期间因羊水少在仁和医院住院治疗，该情况并未引起医院的重视，亦未建议王某花进行产前诊断；其次，根据仁和医院提交产前诊断与产前筛查工作规范显示超声检查的内容之一应为观察脊柱的连续性、弯曲度、骨化程度，但从本案中所涉超声检查报告单，无法看出脊柱的具体情况，报告单存在瑕疵；最后，仁和医院提交的王某花唐筛检查报告单中检验者中并未有检验医师签名，存在瑕疵，故仁和医院在对王某花产前检查过程中存在履行注意义务、告知义务不到位的情况，客观上侵犯了王某花获得产前保健服务的权利。对于仁和医院承担的责任比例，因该案无法通过鉴定结论予以确定，故一审法院结合本案案情予以酌情确定。关于缺陷出生的赔偿范围问题。缺陷出生医疗损害赔偿责任侵害的是孕妇获得适当产前保健服务的权益，该权益包括得到医疗机构适当的产前医学意见、产前检查和产前诊断服务的权利以及是否选择继续妊娠的权利，该行为一定程度上侵害了王某花、张某雷的知情权、选择权，影响了其妊娠期间是否选择终止妊娠，并最终导致了张某阳的畸形出生。张某阳的畸形出生，使王某花、张某雷用于孩子抚养的相关费用相较于正常孩子有所增加，而且孩子的畸形出生势必造成其严重的精神损害，仁和医院应就其医疗过错行为向王某花、张某雷承担相应的侵权责任。因此，王某花因产前保健服务权益被侵害而具体产生的财产损害，仁和医院应当按照责任比例予以赔偿，包括怀孕费用、因患儿残疾而需支出的医疗费、交通费、营养费、残疾辅助器具费等特殊抚养费，一审法院结合王某花的实际支出，参考上一年度北京市城镇居民人均消费性支出，按照20年年限予以确定。对王某花、张某雷要求的医疗费，一审法院予以酌情支持。王某花、张某雷主张的住院伙食补助费，一审法院结合王某花和张某阳的住院天数予以酌情确定。王某花、张某雷带张某阳就诊产生的医疗费、交通费、误工费及王某花、张某雷主张的营养费、辅助器具费、抚养费、护理费、住宿费等费用，系因张某阳患有疾病而增加的费用，一审法院依照仁和医院的责任比例予以酌情确定。张某阳的畸形出生势必造成王某花、张某雷严重的精神损害，仁和医院应赔偿精神损害抚慰金，具体金额由一审法院酌情确定。对王某花要求的复印费，无法律依据，法院不予支持。仁和医院不服一审判决提出上诉。

【案件争点】

医院是否应就缺陷出生承担损害赔偿责任。

【裁判要旨】

二审法院审理认为，根据我国母婴保健及产前诊断技术相关法律的规定，孕妇经产前检查，医师发现或者怀疑胎儿异常的，应当对孕妇进行产前诊断；如未开展产前诊断技术，开展产前检查、助产技术的医疗保健机构在为孕妇进行早孕检查或产前检查时，发现孕妇和胎儿有异常的，应当进行有关知识的普及，提供咨询服务，并如实告知孕妇或其家属，建议孕妇进行产前诊断。由于缺陷出生的患儿一般均患有先天性疾病，该疾病并非基于医疗机构的医疗行为产生，而是来自父母的遗传基因或本身的畸形所致。因此，不同于一般的医疗损害赔偿责任，缺陷出生类医疗损害赔偿责任的成立，在于医疗机构违反了应尽的注意义务，未能履行产前检查或进行产前检查发现异常后，未能履行进一步的告知或诊断义务，侵犯了孕妇获得适当产前保健服务的合法权益。

本案仁和医院上诉主张其在对王某花产检过程中，已尽到了谨慎注意义务，不存在过错。对此，法院认为，首先，根据《产前诊断技术管理办法》的规定，孕妇羊水过少的，经治医师应当建议其进行产前诊断。本案王某花在产检过程中数次显示羊水少，仁和医院对此未予以重视，亦未建议王某花进行产前诊断。其次，从王某花的超声检查报告单中，无法明确看出仁和医院对胎儿脊柱筛查的具体情况。最后，仁和医院认为应由鉴定机构审阅王某花的产检超声照片后作出专业的鉴定结论，由此判断其是否尽到谨慎注意义务。王某花、张某雷对仁和医院递交的彩超照片是否属于王某花本人以及是否完整持有异议，经法院现场勘验并操作，仁和医院无法就彩超照片的唯一指向性及完整性作出合理解释，故本案在一审审理中无法进行司法鉴定的责任应由仁和医院承担。一审法院结合案情酌定了仁和医院应承担的责任比例，并据此确定了应赔偿的数额，无明显不当。

例案三：刘某栋、白某梅与鄂尔多斯市第二人民医院、鄂尔多斯市中心医院医疗服务合同纠纷案

【法院】

内蒙古自治区鄂尔多斯市东胜区人民法院

【案号】

（2017）内0602民初2140号

【当事人】

原告：刘某栋、白某梅

被告：鄂尔多斯市第二人民医院、鄂尔多斯市中心医院

【基本案情】

刘某栋、白某梅系夫妻，白某梅怀孕后分别于2015年11月19日、12月31日，2016年4月29日在鄂尔多斯市第二人民医院（以下简称二医院）进行产前B超检查3次；分别于2016年6月7日、6月28日在鄂尔多斯市中心医院（以下简称中心医院）进行产前B超检查2次，以上检查均未发现胎儿缺陷。2016年7月16日，白某梅在东胜区人民医院顺产一男活婴取名刘某睿，出生后见新生儿刘某睿左上肢远端短缩，左手缺如。

刘某栋、白某梅起诉请求判决二被告赔偿缺陷儿的产检、生产费用3123.99元，住院伙食补助费300元，按照对缺陷儿出生的侵害结果的参与度为20%计算，共计684.8元；赔偿残疾赔偿金58512元（按2018年城镇居民人均可支配收入36570×20年×40%×20%）以及残疾辅助器具费（以鉴定机构出具的鉴定意见为准）、护理费（以鉴定机构出具的鉴定意见为准）等损失共计59196.8元（最终损失以鉴定意见为依据计算）；赔偿精神损害抚慰金5万元等。

二原告申请法院对二医院、中心医院对白某梅的诊疗中是否违反了对白某梅怀有畸形胎儿的告知义务，是否存在医疗过错行为以及过错行为与白某梅之子刘某睿的缺陷出生之间是否存在因果关系，参与度是多少进行鉴定。法院委托天津市津实司法鉴定中心对原告的上述申请进行鉴定，结论为二医院对白某梅诊疗过程中存在未告知进行产前三级超声检查的过错，建议对此承担轻微责任。中心医院超声检查未检出胎儿刘某睿左上肢远端短缩，左手缺如，不属于诊疗过错。轻微责任的赔偿范围为1%~20%，为此原告支出鉴定费11000元。之后原告又申请对刘某睿的伤残等级进行鉴定，法院委托内蒙古医科大学司法鉴定中心进行了鉴定，结论为刘某睿左上肢远端短缩，左手缺失评定为六级伤残，原告为此支出鉴定费990元。因刘某睿构成六级伤

残，原告又申请对刘某睿的护理期限、护理依赖程度及人数进行鉴定，法院委托内蒙古医科大学司法鉴定中心进行了鉴定，内蒙古医科大学司法鉴定中心以鉴定人仅有2周岁，目前在正常情况下尚需成人长期护理及看护，此外，缺少护理人数的相关国家鉴定标准，因此无法完成委托项目为由，退回鉴定申请。另查，庭审中原告自认，经其咨询，对于安装残疾辅助器具费的时间应当在患儿5周岁后才能进行。

【案件争点】

医院是否应就缺陷出生承担损害赔偿责任。

【裁判要旨】

法院审理认为：原告白某梅在二被告处进行产前检查，与二被告形成了医疗服务合同，在履行医疗服务合同过程中，二医院未检出原告白某梅所怀胎儿存在缺陷，违反了告知义务，存在违约，其侵害了原告的知情权和生育选择权，因此本案属于违约之诉与侵权之诉两种请求权的竞合，原告选择侵权之诉起诉，符合法律规定，法院予以准许。依照侵权之诉，缺陷出生带来的损害主要包括财产损害和精神损害。关于损害赔偿的范围，法院认为，不论子女健康还是残疾，父母均负有抚养的义务，医疗机构的过错与缺陷儿的出生有因果关系，就必然与父母抚养缺陷儿遭受的损失有因果关系，父母的愿望是养育一个健康的孩子，而非不养育孩子，故不应当将父母承担的一般抚养费的义务转嫁他人，因此医疗机构的过错给父母带来的损失仅限于精神损失费及特别抚养费，即比照抚养一个残疾孩子比抚养一个健康孩子多支出的额外费用来计算的，而非全部的抚养费。根据《侵权责任法》第十六条[①]及《人身损害赔偿解释》第十七条[②]的规定，侵权损害赔偿包括医疗费、护理费、交通费、住院伙食补助费、误工费、残疾赔偿金、残疾辅助器具费、被抚（扶）养人生活费以及因抚养缺陷儿多支出的护理费及后续治疗费等。上述费用中，残疾赔偿金及被抚（扶）养人生活费补偿的对象是受害人残疾导致劳动能力下降，继而引发的收入减损，因残疾儿的残疾与医院的诊疗行为之间并无直接的因果关系，缺陷儿劳动能力的丧失并非由于不当的诊疗行为导致，即二医院的诊疗行为与刘某睿左上肢远端短缩，左手缺如的产生没有因果关系。残疾赔偿金及被抚（扶）养人生活费不能作为缺陷儿财产损失的赔偿范围，故原告在本案中要求被告赔偿残疾赔偿金的诉讼请求不予支持。关于二原告主张的白某

① 参见《民法典》第一千一百七十九条规定："侵害他人造成人身损害的，应当赔偿医疗费、护理费、交通费、营养费、住院伙食补助费等为治疗和康复支出的合理费用，以及因误工减少的收入。造成残疾的，还应当赔偿辅助器具费和残疾赔偿金；造成死亡的，还应当赔偿丧葬费和死亡赔偿金。"

② 该司法解释已于2022年2月15日修正，本案所涉第十七条规定被修正后的司法解释删除。

梅为检查、分娩缺陷儿所支出的费用，这部分费用是比照缺陷儿不出生的情况计算的损失，因此不属于额外支出的费用，故该费用不在赔偿范围之内。关于原告主张的护理费及残疾辅助器具费，属于缺陷儿父母为抚养缺陷儿需要多支出的费用，应属赔偿范围，但因缺陷儿年龄尚小，目前在正常情况下尚需成人长期护理及看护，护理费亦无法鉴定，残疾辅助器具费原告自认5周岁后才能安装，故原告主张的上述费用现不具备赔偿条件，待条件成就后再行主张。关于原告主张的精神损害抚慰金，根据《母婴保健法实施办法》第四条的规定，公民享有母婴保健的知情权。国家保障公民获得适宜的母婴保健服务的权利。刘某睿在出生时存在左上肢远端短缩，左手缺如，经天津市津实司法鉴定中心鉴定，二医院对白某梅诊疗过程中存在未告知进行产前三级超声检查的过错，建议对此承担轻微责任。因此二医院在产前检查活动中存在未告知进行产前三级超声检查的过错，其过错侵害的是二原告的知情权及生育选择权，二医院在产前检查活动中的过错导致二原告丧失了自行选择处理畸形胎儿的机会，给二原告造成了精神损害，故二原告要求赔偿精神损害抚慰金的理由正当，予以支持，其损失金额应根据本案实际情况予以酌情确定，刘某睿经鉴定已构成六级伤残，结合鉴定结论二医院对此承担轻微责任，故法院酌情认定二医院赔偿原告精神损害抚慰金3万元。关于原告要求中心医院承担责任的诉讼请求，根据天津市津实司法鉴定中心的鉴定结论，中心医院超声检查未检出胎儿刘某睿左上肢远端短缩，左手缺如，不属于诊疗过错，故中心医院在本案中不承担责任。

三、裁判规则提要

（一）缺陷出生与生育选择权

1. 缺陷出生

医学水平的不断提高使通过产前超声检查等手段预先发现或判断胎儿出生后是否会带有先天缺陷或者疾病成为可能。但由于医院疏忽或者处置不当，也可能导致原本能够提前发现的胎儿先天缺陷或者疾病实际上未能发现，从而使缺陷儿出生，进而引发纠纷。对于该类纠纷，理论和实务上一般称为“缺陷出生”诉讼。有观点将“缺陷出生”纠纷定义为：医疗检查中因过失而未能检查出胎儿存在先天性缺陷，或者未向孕妇及家属进行充分告知可能存在先天性缺陷的风险，致使孕妇没有选择

实施堕胎手术而是生下缺陷婴儿所引发的纠纷。[①]本条规则即采纳该定义。

“缺陷出生”诉讼一般发生在缺陷儿之父母与医疗机构之间，具有以下特征：医疗机构和医生对孕妇产前诊断中未能检查出先天缺陷儿的诊断以及未能履行谨慎、告知的义务，其后果是导致孕妇或胎儿父亲未能在充分了解和知悉相关信息的基础上评估风险并选择是否生育。但是缺陷出生儿是先天的缺陷，父母自身状况是根本的原因，跟医方产前的诊断行为没有直接关系。从相关案例来看，司法实践中普遍认为“缺陷出生”侵害的权益对象为缺陷儿父母的知情权和生育选择权。

2. 生育选择权

国际上普遍认为生育权是一项基本人权。1968 年，在德黑兰召开的联合国国际人权会议上通过的《国际人权会议最终决议书》明确，夫妻享有自由地和负责地决定他们的子女的数量和间隔、获得这方面的足够教育和信息的基本权利。1974 年，《世界人口行动计划》指出，所有夫妻和个人都有自由地和负责地决定他们的子女的数量和间隔并获得这样做所需的信息、教育和方法的基本权利；夫妻和个人在行使该权利时有责任考虑他们现有子女和将来子女的需要、他们对社会所负的责任。1994 年,《国际人口与发展大会行动纲领》指出，生育权所包含的某些人权已经得到各国法律、国际人权文件、其他协商一致通过的文件的承认。[②]

我国关于生育权利的法律规定，主要见于公法，私法上鲜有提及。《宪法》第二十五条规定：“国家推行计划生育，使人口的增长同经济和社会发展计划相适应。”《人口与计划生育法》第十七条规定：“公民有生育的权利，也有依法实行计划生育的义务，夫妻双方在实行计划生育中负有共同的责任。”《妇女权益保障法》第五十一条规定：“妇女有按照国家有关规定生育子女的权利，也有不生育的自由。育龄夫妻双方按照国家有关规定计划生育，有关部门应当提供安全、有效的避孕药具和技术，保障实施节育手术的妇女的健康和安全。国家实行婚前保健、孕产期保健制度，发展母婴保健事业。各级人民政府应当采取措施，保障妇女享有计划生育技术服务，提高妇女的生殖健康水平。”虽然目前我国并未从私法上就生育权作出明确规定，但理论界已多有讨论，司法实践中也不乏案例。

对于生育权的性质、主体、权能内容等，理论上仍存在较大争议。有观点认为，

---

① 刘亮、范贞：《从产前超声检查案析出生缺陷的法律风险预防》，载《医学与法学》2019 年第 6 期。

② 柴丽杰、贺小苗：《论生育权：以公私法分野为视角》，载《中华女子学院学报》2018 年第 3 期。

生育权是基于合法的婚姻关系成立之后形成的配偶权而产生的，以丈夫和妻子的特定身份为基础，其性质应为身份权，属于身份权中的配偶权。也有观点认为，生育权属于人格权，是人的身体自由和精神自由的重要组成部分，是主体的独立性和自主性的重要体现，并非基于夫妻婚姻关系的建立而产生，而是每个自然人自出生便享有的权利，是人格权的一部分，并批评身份权说将婚姻关系和夫妻身份作为生育选择权的前提和基础，是将权利的享有和实现混淆了，同时否定了单身人士和同性恋者繁衍后代的权利，也否定了那些无法生育但借助辅助生殖技术能够实现生育者的生育权。[①] 笔者赞同生育权性质上属于人格权的观点。从权利内容来说，生育权理论上包含生育决定权（或生育选择权）、生育知情权、生育请求权等。其中，生育决定权包含是否生育的决定权、生育时间决定权、生育方式决定权、生育数量决定权、性别选择权等。当然，上述权利并非完全不受限制，例如，性别选择权、生育数量决定权等往往要受到来自法律、政策和公序良俗等方面的限制。

有观点认为，生育决定权（生育选择权）还包括生育质量决定权。优生是一项重要的国家人口政策，借助 B 超、染色体、基因诊断技术等医疗技术筛查控制先天性疾病新生儿，达到逐步改善和提高人口遗传素质的目的也早已成为现实。作为父母，至少在后代出生之前，无不期盼诞育健康的后代。对于父母为避免缺陷胎儿出生而堕胎的权利，许多国家的法律选择予以尊重。

（二）缺陷出生的责任承担

司法实践认为，缺陷出生的损害后果既非孩子出生本身，也非孩子的缺陷（缺陷系先天性因素造成），而是医疗机构因过失而未能检查出胎儿存在先天性缺陷或者未向孕妇及家属进行充分告知可能存在先天性缺陷的风险，使缺陷儿父母的知情权、生育选择权受到侵害，从而使其遭受精神或物质损失。医疗机构的过错，首先直接侵害的是父母对相关信息的知情权，而由于知情权受到侵害，父母失去了对是否生下孩子作出选择的机会，故最终侵害的是父母的生育选择权。因此，缺陷儿并非缺陷出生诉讼的适格原告，缺陷儿的父母可以基于合同或侵权请求损害赔偿。

违约损失赔偿的构成要件一般为违约行为（不履行合同义务或者履行合同义务不符合约定）、守约方受有损失以及二者之间存在因果关系；侵权责任的构成要件为医疗机构的诊疗行为存在过错、患者受到损害及二者之间存在因果关系。判断医疗

---

① 刘湘：《夫妻生育选择权的法律保护》，首都经济贸易大学 2015 年硕士学位论文。

机构是否违约或者是否存在过错的标准差异不大，主要看其是否尽到与当时的医疗水平相应的诊疗义务。实践中面临的主要难题是如何认定缺陷出生损害赔偿的范围。实践案例认为，父母本来的愿望是养育一个健康孩子，医疗机构的过错导致父母要养育一个缺陷儿，加重了父母的抚养义务和精神负担，医疗机构应对加重部分的抚养义务和精神负担承担赔偿责任，并将加重部分的抚养费损失称为“特别抚养费”。特别抚养费包含孩子因先天性缺陷必须接受特殊教育而比接受普通教育多支出的特殊教育费、为治疗孩子先天性缺陷发生的医疗相关费用等。①

当事人主张侵权损害赔偿的，除特别抚养费等财产损失外，可以同时主张精神损害赔偿。在违约中能否请求精神损害赔偿，我国在《民法典》颁行前曾持否定态度，认为精神损害赔偿原则上只适用于侵权行为领域，而极少适用于违约行为。《民法典》第九百九十六条规定：“因当事人一方的违约行为，损害对方人格权并造成严重精神损害，受损害方选择请求其承担违约责任的，不影响受损害方请求精神损害赔偿。”该规定突破了违约责任与精神损害赔偿不能并行的一般原则，意味着在涉及人身权利或以精神利益满足为主要目的的合同发生违约的场合，守约方可以同时主张赔偿精神损害。笔者认为，这一规定可适用于“缺陷出生”的违约赔偿中。

四、辅助信息

《民法典》

第九百九十条 人格权是民事主体享有的生命权、身体权、健康权、姓名权、名称权、肖像权、名誉权、荣誉权、隐私权等权利。

除前款规定的人格权外，自然人享有基于人身自由、人格尊严产生的其他人格权益。

第九百九十五条 人格权受到侵害的，受害人有权依照本法和其他法律的规定请求行为人承担民事责任。受害人的停止侵害、排除妨碍、消除危险、消除影响、恢复名誉、赔礼道歉请求权，不适用诉讼时效的规定。

第九百九十六条 因当事人一方的违约行为，损害对方人格权并造成严重精神损害，受损害方选择请求其承担违约责任的，不影响受损害方请求精神损害赔偿。

① 肖荣远：《缺陷出生损害赔偿责任分析——从董某乙缺陷出生损害赔偿案说起》，载《法律适用》2017 年第 24 期。

第一千二百一十九条　医务人员在诊疗活动中应当向患者说明病情和医疗措施。需要实施手术、特殊检查、特殊治疗的，医务人员应当及时向患者具体说明医疗风险、替代医疗方案等情况，并取得其明确同意；不能或者不宜向患者说明的，应当向患者的近亲属说明，并取得其明确同意。

医务人员未尽到前款义务，造成患者损害的，医疗机构应当承担赔偿责任。

第一千二百二十一条　医务人员在诊疗活动中未尽到与当时的医疗水平相应的诊疗义务，造成患者损害的，医疗机构应当承担赔偿责任。

第一千二百二十二条　患者在诊疗活动中受到损害，有下列情形之一的，推定医疗机构有过错：

（一）违反法律、行政法规、规章以及其他有关诊疗规范的规定；

（二）隐匿或者拒绝提供与纠纷有关的病历资料；

（三）遗失、伪造、篡改或者违法销毁病历资料。

《母婴保健法》

第十七条　经产前检查，医师发现或者怀疑胎儿异常的，应当对孕妇进行产前诊断。

第十八条　经产前诊断，有下列情形之一的，医师应当向夫妻双方说明情况，并提出终止妊娠的医学意见：

（一）胎儿患严重遗传性疾病的；

（二）胎儿有严重缺陷的；

（三）因患严重疾病，继续妊娠可能危及孕妇生命安全或者严重危害孕妇健康的。

《民事侵权精神损害赔偿责任解释》

第五条　精神损害的赔偿数额根据以下因素确定：

（一）侵权人的过错程度，但是法律另有规定的除外；

（二）侵权行为的目的、方式、场合等具体情节；

（三）侵权行为所造成的后果；

（四）侵权人的获利情况；

（五）侵权人承担责任的经济能力；

（六）受理诉讼法院所在地的平均生活水平。

人格权纠纷案件裁判规则第 4 条：

公民的身心健康受法律保护，行为人以精神控制手段侵害受害人心理健康造成严重后果的，应当承担相应侵权责任

【规则描述】 公民的心理健康受法律保护，行为人以精神控制手段对受害人心理健康造成损害的，应承担侵害受害人健康权的法律责任。受害人因行为人的精神控制行为作出自伤、自残、自杀行为的，虽不能证明行为人构成刑法意义上的杀害、伤害，但应承担对应的侵害受害人身体权、生命权等人格权利的责任。法律保护公民的人格尊严不受侵犯，行为人通过各种手段损害受害人人格尊严的，必须承担法律责任，赔偿受害人精神损失。

一、类案检索大数据报告

数据采集时间：2022 年 3 月 4 日；案例来源：Alpha 案例库；案件数量：17 件。本次检索获取 2022 年 3 月 4 日前共 17 篇裁判文书，整体情况如图 4-1 所示。从精神控制侵犯人格权案件涉及的后果来看，造成被侵权人死亡（含自杀或因精神状态不佳产生死亡后果的）3 件，占比 17.65%；造成严重精神困扰的 8 件，占比 47.06%；造成其他后果的 6 件，占比 35.29%。

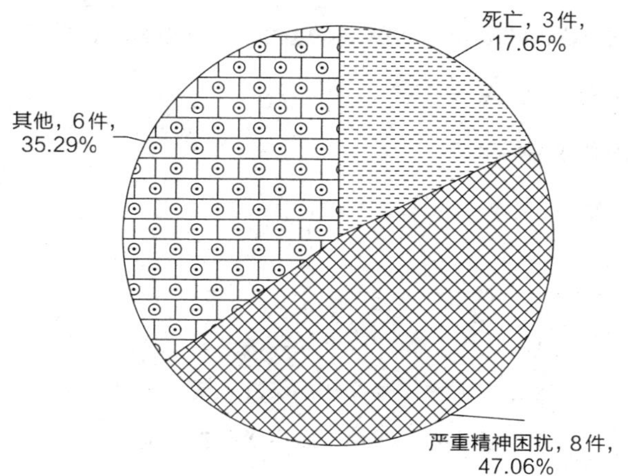

图 4–1　精神控制案件后果分布情况

如图 4–2 所示，从案件年份分布情况可以看出当前条件下案件数量的变化趋势。

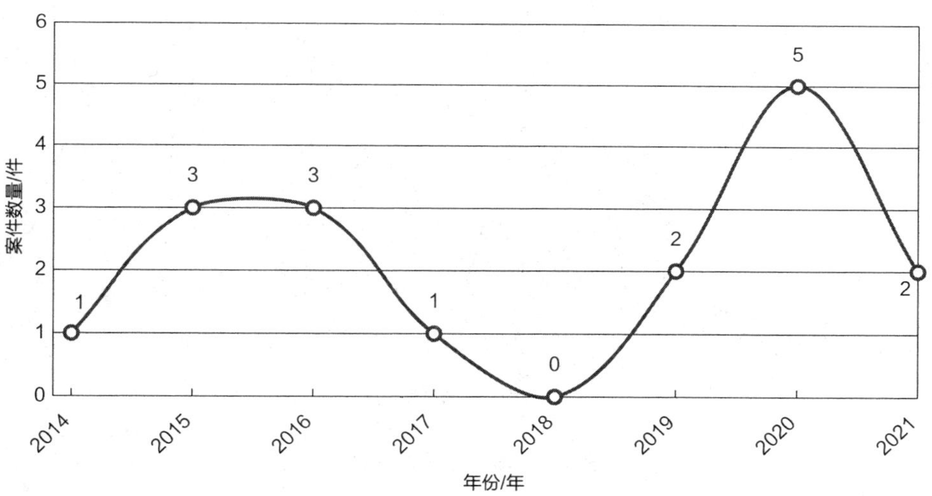

图 4–2　案件年份分布情况

如图 4–3 所示，从案件地域分布情况来看，当前案例主要集中在北京市、广东省、陕西省，分别占比 41.18%、11.76%、11.76%。其中北京市的案件量最多，达到 7 件。

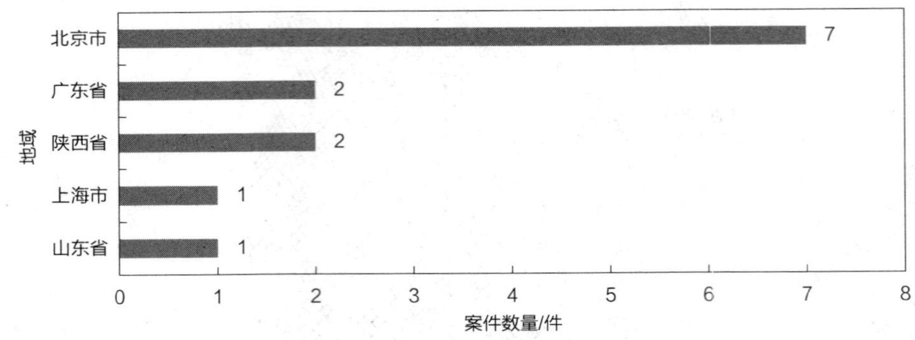

（注：该图只列举了部分地区案件数量，未逐一列明）

图 4–3　案件地域主要分布情况

如图 4–4 所示，从精神控制侵犯人格权的客体角度来看，相关纠纷当前的案由分布由多至少分别是名誉权纠纷，生命权、身体权、健康权纠纷，一般人格权纠纷。

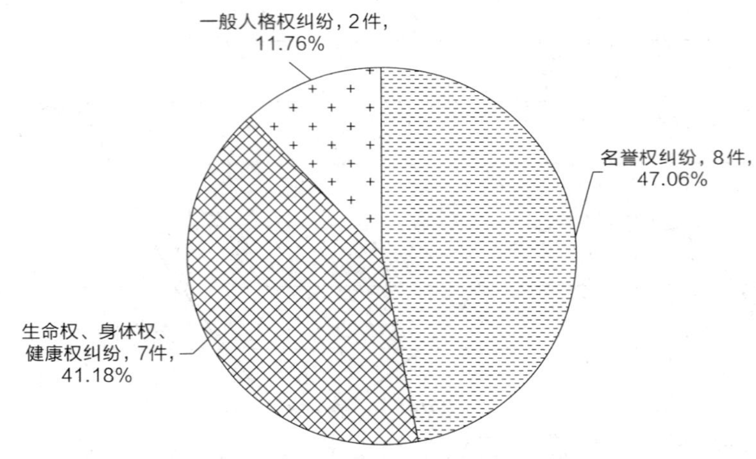

图 4–4　案件案由分布情况

如图 4–5 所示，案件审理程序中，一审案件 10 件，二审案件 7 件。

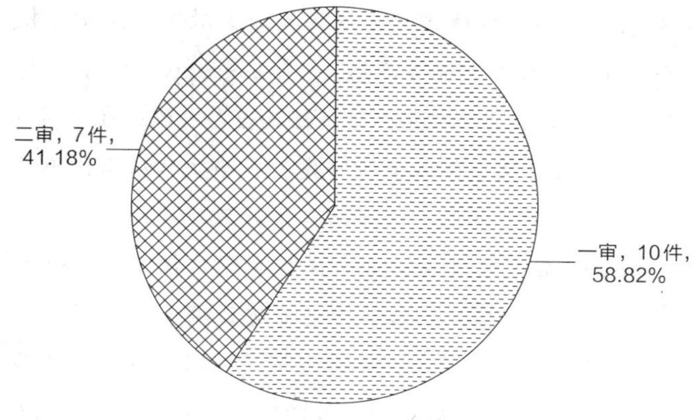

图 4-5 案件审理程序分布情况

二、可供参考的例案

例案一：成都南院文化传播有限公司与林某忠教育培训合同纠纷案

【法院】

四川省成都市中级人民法院

【案号】

（2020）川 01 民终 4903 号

【当事人】

上诉人（原审被告）：成都南院文化传播有限公司

被上诉人（原审原告）：林某忠

【基本案情】

一审法院经审理认定事实如下：2017 年 7 月，原告通过微信与被告股东王某某联系，并向被告支付 29800 元学费购买被告“浪迹教育”的培训课程。庭审中，（1）原告陈述其参训两天后发现被告的培训内容违背公序良俗，故未再继续参加培训。被告对原告的陈述不予认可，认为原告已经培训完所有课程，被告的培训内容为如何与女性聊天、搭讪、穿衣搭配等内容，并未违反公序良俗。（2）原告陈述，由于现场培训已结束，被告把原告踢出了微信群，导致原告无法提供培训内容。（3）被告陈述，被告 2017 年开设培训课程，课程名称叫“导师培训计划”，一共开设 5 期，每期培训时间为 7 天。每期的授课内容、导师一致。每期参训人员建立一个微信群，培训结束解散微信群。授课方式为现场授课，微信群里发送相关教程。另被告开始使用过一个 App，名称叫“浪迹情感”，现在该 App 已经停止使用。

以上事实有微信聊天记录、转款凭证等证据及当事人陈述在案佐证。

一审法院认为：《民法总则》第八条[①]规定，民事主体从事民事活动，不得违反法律，不得违背公序良俗。《合同法》第五十二条第五项[②]规定，违反法律、行政法规的强制性规定的合同无效。本案中，成都南院文化传播有限公司（以下简称南院公司）不认可其培训内容违反公序良俗，但未提交证据予以证明，经一审法院调查了解案外人许某于 2017 年 6 月接受南院公司培训的内容违反公序良俗，结合南院公司关于其 2017 年承办的 5 期培训内容均为一致的陈述，一审法院认定本案中南院公司对林某忠的培训内容违反社会公德和善良风俗，故双方的培训合同应属无效。《合同法》第五十八条[③]规定，合同无效后，因该合同取得的财产应当予以返还。故，对林某忠要求返还学费 29800 元的诉讼请求，一审法院予以支持。一审法院判决：一、确认林某忠与南院公司签订的合同无效；二、南院公司于判决发生法律效力之日起 10 日内返还林某忠学费 29800 元。案件受理费 545 元，由南院公司负担。

上诉人不服一审判决，上诉至二审法院。二审法院查明的事实与一审法院查明的事实一致。

【案件争点】

上诉人开设相关课程，是否涉及对于女性的“精神控制”，是否侵犯了相关主体的人格权，该课程是否违背社会公序良俗原则。

【裁判要旨】

四川省成都市中级人民法院经审理后认为，本案中，被上诉人参与的是南院公司开展的“导师培训计划”。南院公司陈述，“导师培训计划”结束后，符合培训要求的学员有留在公司任职的机会。即“导师培训计划”的目的之一，是为南院公司培训选拔导师。结合（2018）川 0105 民初 7701 号案中认定南院公司开展的培训内容

---

① 对应《民法典》第八条，内容未作修改。

② 参见《民法典》第一百五十三条第一款规定：“违反法律、行政法规的强制性规定的民事法律行为无效。但是，该强制性规定不导致该民事法律行为无效的除外。”

③ 参见《民法典》第一百五十七条规定：“民事法律行为无效、被撤销或者确定不发生效力后，行为人因该行为取得的财产，应当予以返还；不能返还或者没有必要返还的，应当折价补偿。有过错的一方应当赔偿对方由此所受到的损失；各方都有过错的，应当各自承担相应的责任。法律另有规定的，依照其规定。”

违反公序良俗，和南院公司关于其2017年承办的5期培训内容均为一致的陈述，一审法院认定南院公司对被上诉人“导师培训计划”的培训内容违反公序良俗并无不当。根据《民法总则》第一百五十三条第二款[①]“违背公序良俗的民事法律行为无效”的规定，一审认定双方合同无效，进而判令南院公司返还学费正确，二审法院予以维持。

例案二：张某某与卓某生命权、健康权、身体权纠纷案

【法院】

广东省深圳市罗湖区人民法院

【案号】

（2021）粤0303民初2871号

【当事人】

原告：张某某

被告：卓某

第三人：周某

【基本案情】

广东省深圳市罗湖区人民法院依法查明的事实：原告与第三人之女周某某生前与丁姓女同事合租住在深圳市罗湖区某酒店（以下简称酒店）公寓901室。周某某与卓某自2020年4月起建立情侣关系，期间因感情问题以及与此相关的人际关系产生矛盾，时有争执、复合之举。2020年8月1日约21点，卓某打电话让周某某到其上班地方，并在下班后与其朋友吃饭喝酒。8月2日凌晨2点多，一行人去“EDEN”酒吧继续喝酒。周某某后自行离开酒吧，卓某的朋友以及酒吧工作人员目睹双方脸上有生气表情，周某某坐上出租车后抹眼泪。周某某离开之后，与卓某互有拨通电话以及发微信行为。卓某在微信中表示怀疑周某某与其他人有染，周某某一直否认说“我没有”，卓某所发微信中有对周某某各种不堪入目的辱骂内容，并有“在见到你我沙了你”“你自己死掉可以吗？”等语（句中笔误出于原记录）；周某某至2日凌晨4时48分还在拨打卓某电话。8月2日5时3分，卓某致电周某某说要去找她。5时16分，卓某到达周某某租住的酒店楼下，打电话给周某某，周某某到一楼大堂

① 对应《民法典》第一百五十三条第二款，内容未作修改。

接卓某，两人回到901房。大约10分钟后周某某自901房坠楼。5时40分左右，警方到达酒店处理坠楼事件。

据警方的询问笔录，卓某陈述：因为心中有气，他和周某某分别搭乘不同的电梯，周某某开门，两人进入901房间，周某某问他是不是不相信她？卓某连说“我不相信你，不要跟我说了，我压根不想听”。

询问笔录中，警方要求卓某对901房间地上有翻倒的垃圾桶和打火机作出解释，卓某陈述不知道。警方询问卓某在与周某某交往中有没有其他感情纠纷，卓某答没有。

庭审中卓某补充，周某某来一楼接他时，还与保安聊天聊得嘻嘻哈哈的。因卓某喝酒太多，因此进901房间后躺倒休息，直至听到异常响声，到处找寻周某某，最后发现周某某从阳台坠楼。卓某到大堂与酒店值守保安一起在酒店B座4楼楼顶的平台上发现周某某，随后打120电话，再将周某某抬下来。

据值守保安警方调查中陈述，周某某当时衣着完整，但已受伤严重。抬回大堂不久后周某某死亡。另，周某某租住的901房间阳台半封闭，护栏正常高度，有1.5米左右。

广东省深圳市公安司法鉴定中心出具《鉴定书》，简要案情一栏内容为：2020年8月2日凌晨6时许，罗湖公安分局刑警大队接黄贝所报称在沿河路某酒店一名女子高坠死亡，经查该女子系周某某，女，20岁，四川人，其与男友卓某（男，广东人，29岁）凌晨5时许从酒吧回到住处发生口角争吵，随后周某某高坠死亡。

卓某在向警方陈述以及本案庭审中均陈述，他此前已有女朋友刘某，并且以结婚为目的；在与周某某交往中，也一直与刘某保持男女朋友关系。卓某在警方的询问笔录中承认周某某此前与其争吵、分手，系因为周某某知道卓某另有女朋友。

【案件争点】

卓某对死者生前的行为是否构成对其非法的精神控制，卓某对于周某某之死，是否有责任，是否构成侵权的问题。

【裁判要旨】

广东省深圳市罗湖区人民法院认为，本案为生命权、健康权、身体权纠纷。原告、第三人作为死者周某某的近亲属，向2020年8月2日凌晨与周某某同处一室的卓某提出诉讼请求，要求其承担因周某某之死给其带来的物质损害和精神损害的赔偿义务，卓某不予认可，认为系意外事件，因此其无需承担责任。综合双方诉辩意见，本案焦点在于卓某对于周某某之死，是否有责任，是否构成侵权的问题。庭审查明事实显示，卓某一直有准备结婚的女朋友，但依然与周某某保持情侣关系；周某某因此与卓某出现多次争执，二人多次分手、和好；2020 年 8 月 1 日晚，卓某约周某某一起和朋友喝酒，至凌晨 2 时左右周某某一个人返回住处，其上出租车后垂泪被人目睹；周某某返回住处后，与卓某继续发微信及拨打电话，在两人的微信记录中，卓某认为周某某与他人有染，多次以极其难听的语言辱骂周某某，周某某一再分辩没有卓某所认为的事；8 月 2 日凌晨 5 时 3 分、5 时 16 分，卓某到达周某某住处一楼，周某某来一楼接卓某，二人上楼进入 901 房间后，约 10 分钟左右，周某某坠楼。从上述事实可以看出，周某某坠楼与卓某当晚对其人格羞辱存在关联，卓某微信上发给周某某的“在见到你我沙了你”“你自己死掉可以吗？”（句中笔误出于原记录）等语，在人与人的情感关系中此类言辞实属令人寒心，言辞透露出的不信任，以及拒绝沟通的言行，造成被辱骂之人的心理伤害是显而易见的。卓某有准备结婚的女朋友，又长期与周某某保持情侣关系；8 月 1 日至 2 日质疑周某某与他人关系的言辞，以非常羞辱人格的方式多次表现出来，期间又多次拒绝沟通；8 月 2 日凌晨 5 点多到达周某某住处 901 房间，卓某对二人此前的争议没有采取降温或者解释的合理举动，未与周某某建立有效的沟通，也没有合理注意到周某某在被辱骂、沟通无果、丧失信任后的心理创伤，而是继续施予言语暴力，拒绝对话沟通，最后周某某坠楼死亡。因此，卓某仅仅说周某某坠楼系意外事件的答辩意见，是不客观的，也远不是事实的全部，因为卓某的答辩意见忽略了 8 月 1 日至 2 日期间双方矛盾激化后，其言行对于周某某的心理伤害。卓某作为周某某的情侣，屡次发让周某某去死的信息，以成年人的理解程度当知道这些侮辱性、损害性的言辞对于任何人来说都意味着伤害，何况作为情侣；卓某应该但并未意识到周某某受此反复羞辱刺激有主动结束生命的可能。本案庭审中卓某对周某某之死依然没有认识到自己的责任，对于其所发羞辱信息内容等仅仅归结于醉酒，这是不诚恳的行为。卓某 2020 年 8 月 1 日至 2 日期间的言行与周某某高空坠楼之间存在联系，此行为的因果关系亦非高深智识才可以理解，而存在于普通人普遍的常识常理之中。卓某未构成犯罪，但并未免除其在民事上的赔偿责任。法院依据深圳公安部门提供《周某某跳楼案》卷宗副本对于周某某高坠死亡“跳楼”的表述，在查明事实的基础上，考虑到周某某跳楼的主观性，以及卓某在周某某坠楼后的救援行动，酌定被告卓某承担周某某死亡 30% 的责任。

原告、第三人作为周某某的近亲属，其要求被告卓某承担周某某丧葬费、支付死亡赔偿金的诉讼请求，理由部分成立，卓某应承担 30% 的责任。原告和第三人按照2020年上一年度2019年深圳城镇居民人均可支配收入62522元/年的标准，按照《人身损害赔偿解释》第十五条[①]规定，按20年计算死亡赔偿金，法律依据充分，予以支持；根据《广东省2019年度人身损害赔偿计算标准》规定，深圳2019年城镇居民人均可支配收入为62522元，故被告卓某应承担的费用为62522元/年×20年×30％＝375132元。关于丧葬费，原告、第三人按《广东省人力资源和社会保障厅、广东省财政厅、国家税务总局广东省税务局、广东省统计局关于公布2019年全省从业人员月平均工资和职工基本养老保险缴费基数上下限有关问题的通知》全口径从业人员月平均工资计算，法律依据充分，予以采纳；深圳属第一类片区，全口径从业人员月平均工资为7880元/月，按照《人身损害赔偿解释》第十四条[②]的规定，以6个月总额计算丧葬费，被告卓某应承担的费用为7880元/月×6个月×30％＝14184元。关于精神损害赔偿费，死者周某某的姓名、肖像、名誉、隐私、遗体等并未受到被告卓某的侵害，卓某所承担的死亡赔偿金、丧葬费已对应其过错，因此原告与第三人要求被告支付精神损害赔偿金的诉讼请求，法院不予支持。原告、第三人关于律师费的请求，因原告、第三人未向法院提交其支付律师费依据的相关合同以及支付票据，根据证据规则，法院不予支持。原告、第三人诉讼请求理由部分成立，予以支持；被告答辩理由不成立，不予采纳。

例案三：陶某与顾某服务合同纠纷案

【法院】

北京市海淀区人民法院

【案号】

（2019）京0108民初22298号

【当事人】

原告：陶某

被告：顾某

---

① 该司法解释已于2022年2月15日修正，本案所涉第十五条修改为："死亡赔偿金按照受诉法院所在地上一年度城镇居民人均可支配收入标准，按二十年计算。但六十周岁以上的，年龄每增加一岁减少一年；七十五周岁以上的，按五年计算。"

② 该司法解释已于2022年2月15日修正，本案所涉第十四条内容未作修改。

【基本案情】

北京市海淀区人民法院依法查明：顾某系北京某教育科技有限公司（以下简称亿人教育）法定代表人，该公司经营范围包括技术开发、技术咨询、教育咨询（中介服务除外）、公共关系服务等。公司网站的审核通过时间为2013年7月8日。顾某提交的该网站截图显示：网站栏目内容包括无限制社交、搭讪口才、陌拜销售、老师示范、学生记录、学生总结。其中，主页—培训内容列表中有如下介绍：搭讪口才（7~15天），适合上班族时间少。理论课：亿人搭讪口才学核心概念、亿人搭讪口才实用开场白、亿人搭讪口才话题分析、亿人搭讪口才注意事项、亿人搭讪口才礼仪指导、搭讪目标种类、搭讪学生核心原理、搭讪打工族核心原理、邀约核心原理、约会核心原理。亿人心理辅导：分析学生内心世界找出心理问题、陌生人心理讲解、自信心如何建立、改变过去思维模式、如何通过亿人心理分析判断陌生人，等等。实践课：手把手带学员进入陌生人对话、学员搭讪实践、每天对你搭讪进行分析、纠正致命错误、各种场景练习（车站、商场、学校、书店、街道）等。学费为3万元。

2018年9月30日，陶某请求添加顾某为微信好友，陶某表示是在百度百科上查到亿人教育的，除了关注亿人教育之外，也看过其他的，但是因为顾某将学员的视频放在网上，其他机构没有将视频放到网上，陶某看了认为比较靠谱，真实性还是很高的。陶某于2018年10月5日向顾某转账9000元，10月6日转账21000元，总计转账3万元。顾某认可收到陶某转账的3万元，并表示所有学员的费用都是3万元，但双方未签订书面合同。陶某表示其找顾某学习的目的是找到一个女朋友，学习交女朋友的正确方式，并以结婚为导向。对此，顾某予以认可，并表示陶某通过学习已经找到了女朋友，并让其拍摄了视频，故即使是分手了，陶某也已经实现了约定的目的，掌握了找女朋友的方法。

10月6日转账交纳费用之后，陶某在顾某家学习理论课，后顾某带陶某前往商场、大学等地进行搭讪实践。从顾某提交的视频光盘中可以看出，在到达搭讪地点后，陶某独自一人上前与选定的搭讪对象进行交流，顾某则在远处用自带的DV对陶某的搭讪过程进行拍摄；一天之内有多次搭讪实践，搭讪对象主要为异性；搭讪结束后，顾某会与陶某进行交流。根据视频录像内容以及法庭询问，双方当事人均认可：实践课程至少有8次，每天搭讪对象约十几个。

对于搭讪对象及搭讪场所的选择、搭讪内容的确定、顾某总结答疑的内容等，经法院询问，陶某在庭审中有如下陈述：搭讪地点是顾某选定的，他觉得那些地方适合搭讪；搭讪对象是我随机选取走动或是坐着的女孩，主要是学校的学生，还有商场的女性，职业不限，找借口搭话、加微信；聊天内容是自己想的，主要就是跟女孩说她身上有东西很好看，夸奖几句，然后要联系方式，基本就是这样；搭讪完一个就和顾某说，因为很紧张，让顾某鼓励我；培训结束后的总结就是看我要了多少电话号码，要到电话号码就算是达到一定效果，但我并不知道下一步该怎么办。对此，顾某表示：搭讪地点是陶某自己选定的，搭讪对象也是他自己选的，我没有教过其只搭讪女孩，我教的是如何与陌生人正常开展交流，如何开场白，留下联系方式；他和陌生人交流的时候我就在远处看着；陌生人拒绝陶某之后，陶某受到打击，总结答疑时我会逐个给他分析，为什么有人拒绝他，有人接受他。

对于搭讪过程拍摄视频是否经过学员许可一节，陶某表示：每次见面都录视频，顾某说这是在他那里学习的规定，既然是规定，我也就没说什么。在顾某提交的亿人教育网站截屏页面有如下内容：声明一点，亿人教育顾老师教会每一个学生付出的心血非常多！所以你的成果也就是亿人教育的成果，学习过程产生的视频归亿人教育所有，我们没有按学生的资质收费，没有按培训难度大小收费，我们一视同仁。

对于要求退还 3 万元学费的理由，陶某表示：顾某所教授的内容违反社会公序良俗，违反合同约定，没有达到约定的服务效果，没有实现找到女朋友的目的。陶某就此提交其与顾某的相关微信聊天记录予以佐证。

【案件争点】

双方签订合同是否违反公序良俗原则。

【裁判要旨】

北京市海淀区人民法院认为，依法成立的合同，自成立时生效。有下列情形之一的，合同无效：（1）一方以欺诈、胁迫的手段订立合同，损害国家利益；（2）恶意串通，损害国家、集体或者第三人利益；（3）以合法形式掩盖非法目的；（4）损害社会公共利益；（5）违反法律、行政法规的强制性规定。《民法总则》第一百四十三条①规定：具备下列条件的民事法律行为有效：（1）行为人具有相应的民事行为能力；（2）意思表示真实；（3）不违反法律、行政法规的强制性规定，不违背公序良俗。本案中，陶某与顾某之间虽未订立书面合同，但双方均认可存在口头约定，即陶某交纳 3 万元向顾某学习搭讪技巧和交女朋友的方法，由此可知，陶某与顾某通过口头形式形成了合同关系。至于该合同的性质，陶某主张系教育培训，顾某主张

① 对应《民法典》第一百四十三条，内容未作修改。

系咨询服务，双方对此持不同意见。从陶某与顾某聊天记录的内容来看，本案陶某请求添加的系顾某的个人微信，时间为2018年9月30日，且表示主要是对亿人老师的思维感兴趣。此后，无论是合同关系的最终形成、3万元款项的收取，还是咨询服务的实际提供，亦均指向顾某个人。而顾某作为法人的亿人教育成立时间为2019年1月25日，远远晚于双方合意的形成时间和本案服务的提供时间。故从客观情况来看，为陶某提供其所谓培训服务的并非学校等教育机构，亦非顾某作为法人的亿人教育，而是顾某个人。不仅如此，整个培训过程中没有固定的教材，没有固定的教学场所，更没有固定的上课时间，授课形式主要为实践操作和咨询点评。故由此可以认定，陶某与顾某之间并非受教育者交纳学习培训费用到学校等培训机构接受教育的教育培训关系，而仅仅是咨询服务关系。在此情况下，陶某提出双方之间的合同违反了《教育法》《民办教育促进法》等相关法律规定的主张，缺乏相应的事实和法律依据，法院不予采信。

关于该咨询服务合同的效力问题，首先，从微信聊天记录可以看出，陶某自述在添加顾某微信之前已经关注了亿人教育近两年，对亿人老师的思维很感兴趣，且通过观看顾某放在网上的学员视频认为顾某的培训内容比较真实可靠，故不存在陶某因了解不够、盲目追崇或过于草率，从而轻信亿人教育网站信息的情形。其次，关于3万元的培训费，从顾某提交的网页截图画面来看，在亿人教育的网站上亦有明确公示，陶某自愿交纳相关费用学习搭讪技巧和交女朋友的方法，顾某亦予以接受，应当视为双方就服务内容及费用标准已达成一致意见，在目前没有相反证据证明本案存在欺诈、胁迫等情节的情况下，应当认为该一致意见系双方当事人的真实意思表示。最后，关于陶某所述的顾某的培训内容违反公序良俗一节，陶某提交了2018年10月13日双方的微信聊天记录予以佐证，其中包含顾某建议其与搭讪对象拉手、搂抱、最好往小树林走走等内容，但从顾某提交的相关视频画面以及双方当事人的陈述来看，顾某带陶某进行搭讪实践的场所基本都是公开场合，搭讪对象为陶某自行选定，搭讪过程中亦未见陶某使用肢体强制性的不当动作以达到交友目的，故仅凭该次微信聊天记录以及陶某的单方陈述，不足以认定顾某在本案的咨询服务过程中教授了陶某诱骗女性进而获得不正当利益的话术和方法。

应当说，公序良俗作为民法的基本原则，其主要作用在于弥补法律漏洞、克服成文法局限，通过对合同自由进行限制，从而协调个人利益和社会公共利益之间的冲突，故只有在具体的法律行为确实违反了公共秩序和善良风俗，并有可能造成严重社会后果的情况下，才应使用公序良俗原则对其进行否定性评价。而本案中，陶某所提交的证据不足以证明顾某在咨询服务过程中所教授的内容违反了公序良俗，故法院对其该项主张不予采信。综合上述分析，陶某要求确认双方之间的合同无效之主张，缺乏事实和法律依据，法院不予支持。

关于陶某要求顾某退还其3万元学费之诉请，经法院询问，陶某在庭审中明确表示当时觉得顾某教授的内容挺好，提高了自信，敢于说话了，且从双方2018年11月12日的微信聊天内容可以看出，陶某在本案纠纷产生前亦多次为自己约会成功、有女朋友了而向顾某表达谢意，甚至表示自己“还想要个女朋友，搞定一个，二话不说，直接补学费”。陶某虽解释上述表示系为了搜集证据、把顾某约出来而作出，并非其内心的真实意思，但该解释明显违反了民事主体从事民事活动时所应遵循的诚信原则，如果认可陶某的上述解释成立，则无异于对民事交易主体在市场交易过程中可以随意进行虚伪意思表示，且事后无需任何证据即能予以推翻之行为进行正面的肯定性评价，这与相关法律所要求和追求的契约精神及诚信原则明显是相悖的。不仅如此，上述部分聊天内容在一定程度上也暴露出陶某本人对于交友的动机明显没有正确的认识，更未对两性关系予以认真对待，故法院在此一并指出并对其给予严肃批评。

对于陶某主张的顾某的服务没有达到约定效果一节，法院认为，是否找到女朋友这一问题，本身不是一个可以从法律上进行评价和衡量的标准，每一个体对人际交往关系的需求和亲密度感受是不同的，对于不同交往对象之间的关系定性亦会存在不同的看法，因此法律不应该也不可能就该问题作出评价。更何况，如前所述，陶某在与顾某的微信聊天过程中也自认找到了女朋友，要请顾某吃饭表示感谢，其现又以没有找到女朋友为由要求顾某退还全部学费，明显违反了民事诉讼的禁反言原则。而陶某把要到电话号码、搭讪成功的结果完全归因于随机事件的主张，从逻辑上来说，亦明显与其所述每搭讪完一个就告知顾某，让顾某给其鼓励的做法相矛盾。综上，陶某要求顾某返还全部学费3万元之诉请，缺乏事实和法律依据，法院亦不予支持。

最后需要指出的是，虽然本案中法院未认定陶某与顾某之间的咨询服务合同无效，但双方自身存在的相关问题亦应各自予以充分重视。从顾某的角度来讲，通过自己的研究、总结与探索，将一些良好的搭讪技巧和沟通方法传授给他人，在帮助他人改善人际关系、提高交往能力的同时实现自身价值的行为出发点，本身是可取的。但在今后进行市场化运作的时候，顾某无法回避的问题就是，如何通过规范缔约过程、明确服务内容、细化收费标准、强化法律意识等措施，一方面减少甚至避免类似本案这样的纠纷产生，另一方面逐步提高自身服务的价值和被认同感。而从陶某的角度来讲，在努力学习和不断实践搭讪技巧的过程中，亦应当深刻反省和多方面总结与人交往的正确方法。言谈举止恰如其分固然重要，亦确实可通过学习获得；但真正美好而持久的情感，必然是建立在真心付出与相互信任的基础之上。正所谓，信赖，往往创造出美好的境界。做人也好，经商也罢，诚信为本，方能善始善终。同时，陶某亦应知晓，任何成功都不会是随机性事件。万物尚可以姿态分美丑，而人不同，学与不学、是否修身立德，其结果会大不一样。

三、裁判规则提要

（一）健康权及相关概念辨析

1. 健康权的概念

健康权，是指自然人以其身体的生理机能的完整性和保持持续、稳定、良好的心理状态为内容的权利。[①] 健康权，亦指国家有义务保障公民享有能达到一定的身体和心理健康的标准。[②]

健康权的基础是自然人的健康状态。健康不仅是肢体健全与器官功能健全，更包含了心理健康这一更高水平的标准。因此，健康权的客体应当包含身体健康与心理健康。从侵权保护的对象来看，正是由于保证心理健康的出发点，精神损害赔偿制度才有的放矢。[③]

2. 心理健康的特殊概念——精神控制（PUA）

正常健康的自然人的心理状态应当是平和自主的，自然人自身可以通过合理掌控自身行为从而实现自身价值，满足自身价值需求，从而获得人格尊严和社会化的存在感满足感，进而形成良性的心理健康循环，其核心要义是自我对于自己行为和精神的自主掌控。但精神控制的出现，是行为人对于权利人思想自主性的侵害。所谓精神控制的概念，起源于近年来较为热门词汇 PUA。

PUA，全称“Pick-up Artist”，原意是指“搭讪艺术家”，最早源于 20 世纪 70 年

---

① 参见王利明主编：《人格权法新论》，吉林人民出版社 1994 年版，第 288 页。

② 参见王利明：《人格权重大疑难问题研究》，法律出版社 2019 年版，第 423 页。

③ 参见尹飞：《人身损害赔偿概述》，载王利明主编：《人身损害赔偿疑难问题：最高人民法院人身损害赔偿司法解释之评论与展望》，中国社会科学院出版社 2004 年版，第 10 页。

代的美国。2008 年前后 PUA 作为一门社交技巧的分享课程被引入中国，初衷是教授男性如何通过应用谈话技巧和心理学原理，去接近、搭讪喜欢的人，为一些在人际交往与发展亲密关系方面有困难的男性提供辅导，帮助他们克服社交障碍并快速结成亲密关系。[①] PUA 课程本义是帮助部分男性克服“社交恐惧症”，从不敢、不会、不擅长与异性交流，逐步成长为敢于、擅于与异性交流，从而增强男性的沟通表达能力，帮助他们增加寻找到心仪对象的可能。其本质是好的，但建立完善的 PUA 培训体系需要前期大量资金的投入和较长运行周期的测试，加之引进国外项目带来的商业模式本土化不彻底，所以 PUA 产业在国内并没有得到太多的认可和推广。[②]

因此，部分不法分子利用已有的课程模型，设计了一套专为控制操控女性为目的不良的 PUA 速成班发展起来，他们将培训的目的由“交往”偷换为“恶意控制”，在对异性施加精神控制的同时获得满足感与掌控感。[③]

（二）精神控制（PUA）的行为模式

精神控制（PUA）的核心行为模式是行为人通过塑造自身人设，吸引异性交友，之后通过贬损对方人格、强行控制对方行动、为对方增加精神束缚压力等手段使对方对自己产生高强度的依赖性，并最终实现诸如骗取财物、实施性行为，甚至教唆异性自伤自残等目的。其行为模式分为如下几个步骤：

1. 创造印象

行为人通过建立自身人设，为自己增添符合异性交友中对方对于异性的完美形象的标签，通过对少数关键特质的放大和具体化，在社交媒介中向目标群体展示交往后的预期收益，从而树立自身系优质择偶对象的虚假印象。[④]

2. 吸引对象

个体之间的交换源于社会吸引，不良 PUA 通过合理地运用曝光效应，利用各种方式多次重复有特定价值的交换信息，充分展示自身已拥有资源或潜在可支配资源，

---

① 参见孙鹏飞：《PUA 江湖里的扭曲和挣扎：浪迹教育线下求生，行业第一人试图切割过去》，载《IT 时报》2019 年 12 月 20 日。

② 参见肖丽萍：《社会交换论视角下不良 PUA 交往过程分析》，载《法制与社会》2020 年第 10 期。

③ 2019 年北大女学生包某自杀案，引起社会广泛思考，包某受到其男友的 PUA 精神控制，最终包某于 2019 年 10 月 9 日服药自杀，被宣布脑死亡，于 2020 年 4 月 11 日去世。相关案件涉案人已被公安机关采取强制措施。

④ 参见肖丽萍：《社会交换论视角下不良 PUA 交往过程分析》，载《法制与社会》2020 年第 10 期。

引起受害人的好奇心，促使其进一步主动探索行为人的生活。[1]

3. 控制对象

由于大部分不良 PUA 的身份和经历都是伪造的，所以为达“控制”目的必须快速获得女性信任。这一阶段的关键策略是迅速找到关键点控制对方的思想节奏。行为人通常分为三步走：第一步是进行特意性表演，即在不经意间展示出自己与预设人设不相同的一面，展现其脆弱与无助感，引发异性的关心关爱情绪。第二步是进行成瘾性链接，通过言语话术进行高压攻击，使行为人与受害人的感情迅速升温，促使受害人主动对行为人进行情感索取和物质付出。第三步是降维打击，行为人通过物质与精神双重感情压力对被害者进行精神捆绑，行为人开始主动制造和寻找矛盾，通过表现出“与之前一样的”受伤、心理压力、感情疲惫等状态，使被害者感到“自责”“内疚”“对不起他”等情感，从而占据道德制高点，对被害者进行精神压榨。[2]行为人还可能在这个阶段对被害人进行人格贬损和思想、能力否定，逐步使被害人对自身质疑，不断对自身产生负罪感，从而进一步加深对行为人的依赖。

4. 实现不法目的

在经历了好奇——探索——着迷——摧毁的行为循环之后，PUA 行为人已经使受害人陷入自我意识模糊、思考能力较低的状态，此时行为人再提出一系列不法行为目的，如索取财物、要求发生性关系甚至是进一步的人格控制。[3]

（三）精神控制行为侵犯的人格权类型

精神控制行为对于受害人影响颇深，部分受害人甚至长期不能意识到自己处于他人精神控制之中，更有甚者即使发现自身处境，也深感难以逃离，最终选择自伤或者自杀的方式来规避痛苦，引人扼腕叹息。精神控制（PUA）问题目前的法律难题：一是行为具有隐蔽性，定性较难；二是事实调查难度大，相关行为易与正常交往行为相混淆；三是证据查明难，很多证据难以被固定；四是法律适用难，关于 PUA 的立法和司法解释尚不完善，直接导致了司法机关对于 PUA 使用者的危害行为并不能嵌入一个完美契合的罪名。

但相关行为未能由《刑法》管控，不代表不构成民事法律关系中的侵权。PUA 行为会侵犯公民个人的健康权、身体权、生命权、性自主权以及人格尊严，应当受

---

① 参见李可、张喆：《PUA 法律规制的困境与出路》，载《喀什大学学报》2021 年第 5 期。

② 参见李可、张喆：《PUA 法律规制的困境与出路》，载《喀什大学学报》2021 年第 5 期。

③ 参见王霖等：《PUA 受害者自杀行为及其干预谈判策略研究》，载《心理月刊》2020 年第 15 期。

到社会谴责与负面评价，更应由法律进行规制，责令认定相关课程培训违反社会公序良俗，相关行为严重侵犯公民人格权利，应承担侵权责任。

四、辅助信息

《民法典》

第一百零九条 自然人的人身自由、人格尊严受法律保护。

第一百三十条 民事主体按照自己的意愿依法行使民事权利，不受干涉。

第一千零二条 自然人享有生命权。自然人的生命安全和生命尊严受法律保护。任何组织或者个人不得侵害他人的生命权。

第一千零三条 自然人享有身体权。自然人的身体完整和行动自由受法律保护。任何组织或者个人不得侵害他人的身体权。

第一千零四条 自然人享有健康权。自然人的身心健康受法律保护。任何组织或者个人不得侵害他人的健康权。

《人身损害赔偿解释》

第十四条 丧葬费按照受诉法院所在地上一年度职工月平均工资标准，以六个月总额计算。

第十五条 死亡赔偿金按照受诉法院所在地上一年度城镇居民人均可支配收入标准，按二十年计算。但六十周岁以上的，年龄每增加一岁减少一年；七十五周岁以上的，按五年计算。

人格权纠纷案件裁判规则第 5 条：

未成年人个人承诺不能当然地豁免责任人因管理失责所导致的相关责任。人民法院判决侵权人赔礼道歉的，应综合考虑履行的方式方法，避免对未成年人造成扩大伤害

【规则描述】　未成年人在人格权保护工作中居于重要地位，应给予更多保护。未成年人长时间在各类教育机构处学习生活，教育机构无论是日常教学的全日制中小学还是周末的补习班、托管班等场所，均应担负起对未成年人的特殊保护责任。未成年人之间发生冲突导致侵犯人格权事实发生的，除双方责任承担外，教育机构也应承担因管理不善所导致的补充责任。未成年人受到教育机构及其工作人员的人格权侵害时，尤其是发生对于未成年人名誉权、隐私权侵权等较之身体权和健康权侵权而言更为隐蔽的侵权行为时，更应受到法律保护，教育机构应承担直接责任。若因为教育机构管理不善导致未成年人被“校外人员”侵权的，教育机构应承担补充责任。考虑到未成年人心智发育尚不健全，未成年人所作的免除教育机构或特定场所责任的承诺，不具有当然的免责效力，教育机构或特定场所及其责任人仍应承担相应的侵害未成年人人格权的责任。人民法院处理侵权人与被侵权人双方都是未成年人的案件时，应综合考虑赔偿行为的方式方法，更大程度上保护更多未成年当事人，对于赔礼道歉的方式可酌定在现场、当面履行，避免登报道歉等方式使得案件知悉范围被进一步扩大，从而对未成年人造成其他扩大性伤害。

一、类案检索大数据报告

数据采集时间：2022 年 3 月 13 日之前；案例来源：Alpha 案例库；案件数量：369

件；本次检索获取 2022 年 3 月 13 日前共 369 篇裁判文书，将未成年人在校园生活中可能被侵犯人格权的侵权主体进行划分，发现有 324 件案件能够区分出明确的侵权主体，得到图 5–1。从图中可以看出，侵权主体来自教师及校园职工的有 198 件，占比 61.11%，侵权主体来自共同学习生活的同学的 102 件，占比 31.48%，侵权主体来自校外人员的 24 件，占比 7.41%。

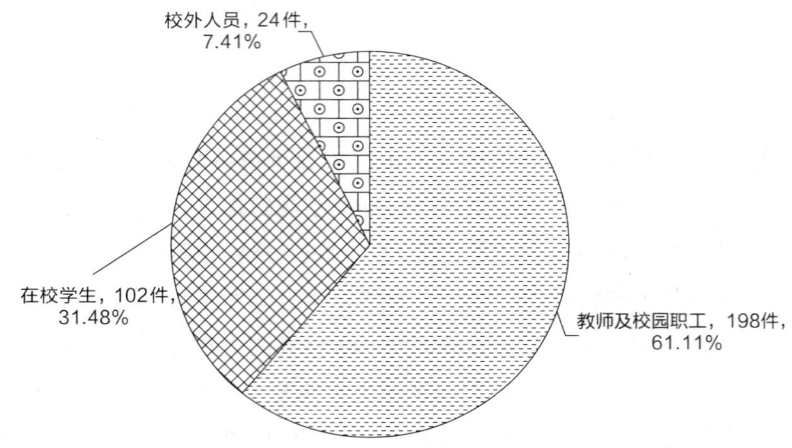

图 5–1　侵权主体分布情况

如图 5–2 所示，从案件年份分布情况可以看出当前条件下案件数量的变化趋势。

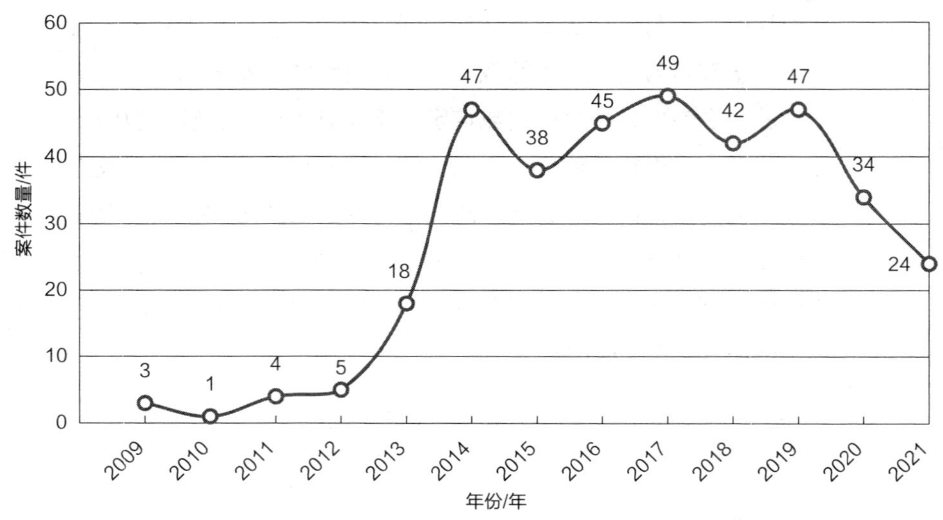

图 5–2　案件年份分布情况①

① 截至 2022 年数据统计期有 12 件案件，除去 2022 年的 12 件案件，共 357 件案件以年份分布图呈现。

如图 5-3 所示，从案件地域分布情况来看，当前人格权纠纷案例主要集中在江苏省、湖南省、安徽省，分别占比 26.29%、7.86%、7.59%。其中江苏省的案件量最多，达到 97 件。

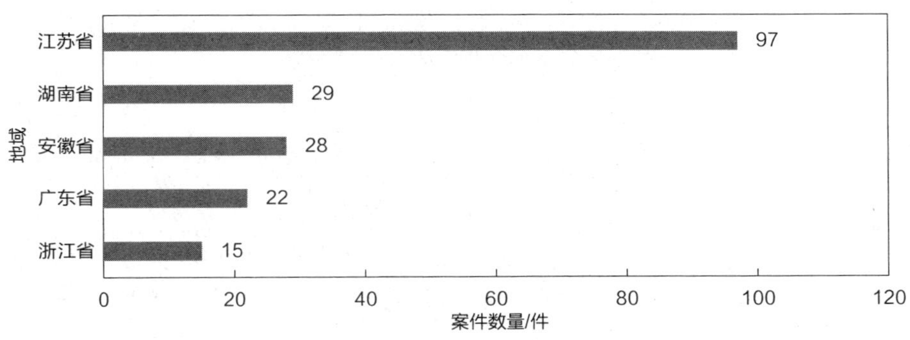

（注：该图只列举了部分地区案件数量，未逐一列明）

图 5-3　案件地域主要分布情况

如图 5-4 所示，从未成年人人格权保护的案由来看，最主要的案由是生命权、身体权、健康权纠纷，有 191 件，占一半以上，其次是一般人格权纠纷，其他案由，名誉权纠纷，隐私权、个人信息保护纠纷。

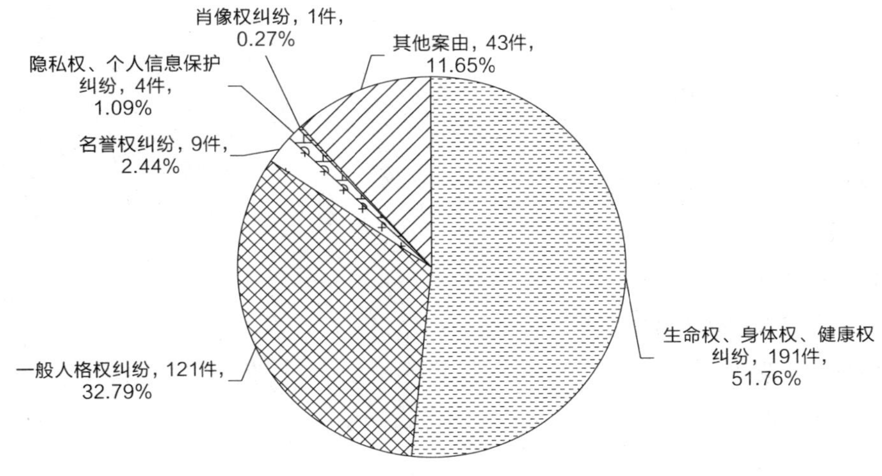

图 5-4　案件案由分布情况

如图 5-5 所示，从案件审理程序分布状况来看，一审案件有 249 件，二审案件有 109 件，再审案件有 4 件，执行案件有 1 件，其他案件有 6 件，除了其他案件，确定审理程序的案件共 363 件。

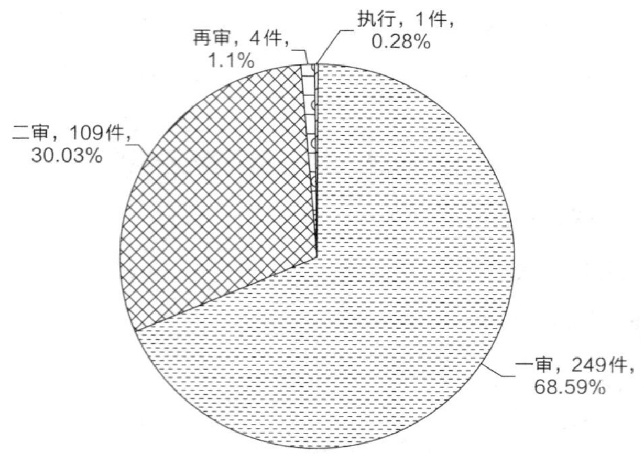

图 5-5 案件审理程序分布情况

二、可供参考的例案

例案一：河北省涞源县东团堡中学校园霸凌人格权纠纷案

【法院】

河北省涞源县人民法院

【案号】

（2019）冀 0630 民初 772 号

【当事人】

原告：仲某 1

法定代理人：仲某 4

被告：仲某 2

法定代理人：仲某 3

被告：田某 1

法定代理人：田某 3

被告：陈某 1

法定代理人：陈某 2

被告：王某 1

法定代理人：王某 2

被告：刘某1

法定代理人：刘某2

被告：田某2

法定代理人：田某4

被告：李某1

法定代理人：李某2

被告：武某1

法定代理人：武某2

被告：张某1

法定代理人：张某2

被告：涞源县东团堡中学

【基本案情】

原告仲某1与被告仲某2、田某1、陈某1、王某1、刘某1及案外人常某如同为河北省涞源县东团堡中学（以下简称东团堡中学）女生宿舍206房间室友，被告田某2、李某1、武某1、张某1亦为东团堡中学学生，住该校女生宿舍。原告因智力方面的问题，于2010年9月4日被评定为智力一级残疾。

被告仲某2、陈某1、刘某1因住宿期间的琐事与原告产生矛盾，2019年4月22日18时许，常某如以整理内务为由将原告骗回206宿舍，被告仲某2、田某1、陈某1、王某1、刘某1对原告进行逼问、推搡、搜身、打耳光等行为，因原告反抗激烈，住在隔壁205宿舍的田某2、李某1、武某1、张某1被喊到206宿舍，该4人到达206宿舍后亦对原告实施了推搡、揪头发、殴打等行为，期间仲某2拽下原告的外裤、内裤，用牙刷对原告阴部实施了捅、刷等猥亵行为。事后，东团堡中学在调查事件发生过程中联系各方家长协调处理，同年4月24日刘某1的父亲刘某2和田某2的父亲田某4共同将原告送至涞源县医院，各被告集资为原告垫付了2100元的医疗费用。2019年6月18日，原告方（乙方）与被告东团堡中学（甲方）就本次事件达成协议并签订协议书，协议书约定由东团堡中学一次性补偿乙方医疗费、护理费、住院伙食补助费、营养费、二次治疗费、交通费、精神抚慰金等所有费用共计15万元，现该15万元已经给付原告。

原告被侵害后先后到涞源县医院、中国人民解放军总医院就诊，就诊的病例、诊断证明记载的出生年月虽部分与实际不一致，但并不影响医院检查诊疗结果和过程的真实性，且其就医在原因上与本次事故发生具有因果关系，在就诊时间上符合先后次序，故法院对原告所提交的各医院病例、诊断证明及检查材料的真实性予以采信。

根据涞源县医院病例记载，2019 年 4 月 24 日 14 时原告入院治疗，2019 年 4 月 30 日办理出院手续，住院 6 天，原告在家人陪同下到北京安定医院、中国人民解放军总医院、北京大学第六医院门诊治疗，因无床位于 2019 年 4 月 30 日到河北省第六人民医院门诊治疗，自当年 5 月 1 日始住院，在该院住院治疗 49 天，主要诊断为急性应激反应，其他诊断为精神发育迟缓。河北省第六人民医院住院病案记载原告入院精神检查情况："接触被动，语量减少，存在床上负性事件，有明显回避症状，尤其是与他人交往及回忆学校事件时，智力水平偏低，情绪焦虑，有消极观念，意志减退，存在阵发性抽搐发作，自知力缺乏。"病历记载出院医嘱为继续服药，定期复查。原告就医期间由其父亲仲某 4 进行了护理，事发前仲某 4 在北京美团从事兼职工作。

原告仲某 1 提出诉讼请求：（1）判令被告向原告赔礼道歉、消除影响；（2）判令被告向原告支付护理费 6 万元；（3）判令被告向原告支付精神损害赔偿 45 万元；（4）判令诉讼费用由被告承担。

【案件争点】

在发生校园暴力甚至校园霸凌的案件中，如何确定施暴者和教育机构及其责任人的侵权责任划分。对于侵权人亦为未成年人的情况，如何确定赔偿行为的方式方法更能多角度保护本案中更多未成年当事人。

【裁判要旨】

河北省涞源县人民法院经审理认为，自然人的身体健康、人格尊严受法律保护，侵犯自然人的人格权的，侵权人应当赔偿被侵权人的物质损失及精神损失。本案原告与各被告均为同校同学，应当团结友爱、互帮互助，既然明知原告存在智力残疾，在平时的学习生活中更应当予以关心和照顾，在因琐事与其发生矛盾时应当采取和缓、妥当的方式处理。该案部分被告与原告产生矛盾后，用欺骗的方式将原告骗到宿舍，并对原告实施推搡、逼问、殴打等欺凌行为，甚至出现猥亵的恶性行为。该事件属于社会上极为关注的校园欺凌事件，性质恶劣，影响极坏，不仅对原告的身体健康造成了侵害，更重要的是对原告在精神上和心理上造成了严重摧残，各被告应当对在本次事件中的侵权行为产生的后果承担损害赔偿责任。东团堡中学作为教育机构，为寄宿式、封闭式学校，在平时对学生的教育、生活方面应当对原告及仲某 2 等 9 名学生尽到监督、教育和安全管理的义务，针对原告智力发育迟缓的情况制定相应的预案，采取特殊的保护、管理和教育措施，防止其因智力问题而成为校园欺凌的对象，成为校园矛盾的诱因，被告东团堡中学在本次事件中存在过错，未尽到妥善管理的义务，应当对原告的损失承担相应的责任。

关于原告的损失数额，其物质损失部分，原告所主张的护理费系原告住院就医及出院后照料所必然产生的费用，原告主张护理期限为6个月，其主张的护理时间符合实际情况，法院酌定原告的护理期为6个月。原告护理人为其父亲仲某4，虽然仲某4在北京美团从事外卖兼职工作，但未能提交其最近三年的收入状况，依据《人身损害赔偿解释》第二十一条①、第二十二条②之规定，参照河北省2019年度道路交通事故人身损害赔偿相关数据，仲某4从事的服务行业在岗职工年平均工资为39947元，原告的护理费数额为39947元 ÷12个月 ×6个月＝19973.5元。其精神损失部分，各被告在学生宿舍内对原告所实施的侵权行为，对原告身心造成了严重的伤害，也对其继续接受教育产生了较大影响，是本次校园欺凌事件中应当赔偿的项目，对精神损害抚慰金方面应当依法予以支持，但原告主张的45万元数额过高，且关于主张的数额不能提供相应的合法依据，参照《民事侵权精神损害赔偿责任解释》第九条、第十条之规定，综合考量侵权人的年龄、过错程度、实施侵权行为的手段、场合、行为方式及所在地平均生活水平，法院酌情确定本案的精神损害抚慰金为5万元。上述损失共计19973.5元+50000元＝69973.5元，法院酌定由被告东团堡中学承担该损失40%的赔偿责任，由9名实施侵害的学生连带承担该损失60%的赔偿责任，即69973.5元 ×60% ＝ 41984.1元。鉴于该学校在原告起诉前已经与原告方达成协议，并已实际给付了原告15万元的补偿款，故东团堡中学已无需在本案中承担责任。在9名参与的学生中，因仲某2直接对原告实施了猥亵行为，存在较大过错，对本次事件中产生的侵权后果应承担较大责任，法院酌定由被告仲某2一方赔偿原告6984.1元，其余8名学生每家赔偿原告4375元，依照《民法通则》第一百三十条③、第一百三十三条④之规定，实施侵害的9个学生之间就赔偿原告损失

① 该司法解释已于2022年2月15日修正，本案所涉第二十一条修改为第八条，内容未作修改。

② 该司法解释已于2022年2月15日修正，本案所涉第二十二条修改为第九条，内容未作修改。

③ 参见《民法典》第一千一百六十八条规定："二人以上共同实施侵权行为，造成他人损害的，应当承担连带责任。"

④ 参见《民法典》第一千一百八十八条规定："无民事行为能力人、限制民事行为能力人造成他人损害的，由监护人承担侵权责任。监护人尽到监护职责的，可以减轻其侵权责任。有财产的无民事行为能力人、限制民事行为能力人造成他人损害的，从本人财产中支付赔偿费用；不足部分，由监护人赔偿。"

方面依法互负连带责任，无财产的限制行为能力人应承担的责任由其父母承担。该9名学生的侵权行为严重侵害了原告的身心健康，造成了恶劣的社会影响，应当对自己的侵权行为向原告赔礼道歉，消除影响，考虑到侵权人与被侵权人系同学关系，且均为未成年人，属限制行为能力人，为了兼顾双方未成年人合法权益，有利于他们的健康成长，故法院酌定由9名学生向原告书面赔礼道歉较为适宜。

例案二：董某与泗阳县教育局、泗阳县来安初级中学生命权、健康权、身体权纠纷案

【法院】

江苏省泗阳县人民法院

【案号】

（2014）泗民初字第0835号

【当事人】

原告：董某

法定代理人：董某甲

被告：泗阳县教育局

被告：泗阳县来安初级中学

【基本案情】

原告董某原系泗阳县来安初级中学初三学生，腿脚有残疾、行走不便。张某某时任原泗阳县来安初级中学年级主任。2008年5月9日下午，泗阳中学送喜报到原泗阳县来安初级中学，学校要求全体同学下楼迎接，在同学下楼集合过程中，张某某大声对楼上同学喊“小瘸腿都下来了，你们还不快点”。当时张某某意识到语言不当，向原告董某表示道歉。2008年5月10日，班主任发现原告董某行为有点反常，即通知原告家长。2008年5月11日，原告家长把原告董某接回家，原告董某出现多疑、乱语等症状。2008年5月14日，原告董某被送至淮安市第三人民医院治疗，入院诊断为分裂样精神病。2008年8月19日出院时，出院诊断为精神分裂症（混合型）等。

2009年2月26日，无锡市精神卫生中心司法鉴定所就被告张某某的言语对原告疾病的发生原因力大小进行评定，并作出锡精卫司（2008）法鉴字第1155号精神疾病鉴定书，分析说明认为：（1）如果既往精神分裂症的诊断明确成立，目前则考虑

为精神分裂症缓解期。被鉴定人发病前有一定的心理社会因素，但根据现有的学术资料分析，精神分裂症是一组病因未明的精神病，目前无充分的资料证实社会因素与精神分裂症之间存在直接的因果关系，难以确定二者原因力大小。（2）适应障碍：如果既往精神分裂症诊断不成立，被鉴定人的表现较符合适应障碍，起病与精神刺激因素有一定的关系，属于轻中度精神刺激因素，但该病通常预后良好。鉴定意见为：（1）如果既往精神分裂症的诊断明确成立，目前则考虑为精神分裂症缓解期，难以确定二者原因力大小；（2）如果既往精神分裂症诊断不成立，被鉴定人的表现较符合适应障碍，起病与精神刺激因素有一定关系，属于轻中度精神刺激因素，通常预后良好。

2009年5月30日，法院作出（2008）泗民一初字第2507号民事判决，判决泗阳县来安初级中学赔偿原告医疗费等共计24417.98元。后泗阳县来安初级中学不服该判决，上诉至宿迁市中级人民法院，二审法院经审理后认为，应当认定张某某的不当言语是董某发生精神疾病的直接因素，泗阳县来安初级中学应当承担60%的赔偿责任，故驳回上诉，维持原判。2010年5月11日，原告因“多疑、乱语、行为乱2年，加重3天”至淮安市第三人民医院住院治疗，入院诊断为：精神分裂症（混合型），9月11日，原告出院，出院诊断为精神分裂症（混合型），出院后建议包括加强饮食，增加营养。2012年7月16日，原告被送至淮安市第三人民医院住院治疗，入院诊断为精神分裂症（混合型）。2012年12月3日出院时，出院诊断为精神分裂症（混合型），支付医疗费17023.65元。上述相关费用已经法院依法作出判决，且生效。2013年10月29日，原告董某至淮安市第三人民医院住院治疗，住院时间从2013年10月29日至2014年1月20日，出院诊断为精神分裂症，支付医疗费19919.96元。就该次费用原告因索要未果，遂诉至法院。

另查明，2014年8月5日，泗阳县机构编制委员会作出泗编发（2014）27号文件，内容为：关于撤销泗阳县来安初级中学等学校的通知——县教育局：经研究，决定撤销泗阳县来安初级中学、泗阳县葛集初级中学。特此通知——泗阳县机构编制委员会——2014年8月5日。

【案件争点】

侵权人教师张某某的行为是否构成对原告的人格权侵权，本次损害赔偿是否可参照在先判决确定的案件事实和裁判结论。

【裁判要旨】

学生人格尊严应当受到教师的尊重和保护。教师以学生生理缺陷称呼学生，导致学生发生精神疾病，应根据教师言行对学生发生精神疾病原因力的大小及教师的过错程度来确定学校应承担的损害赔偿责任和精神损害抚慰金数额。

江苏省泗阳县人民法院认为，发生法律效力的民事判决书对当事人具有约束力。原告本次所诉损害是原来损害的延续，泗阳县来安初级中学应按其上一次的责任比例即60%赔偿原告相关损失。但泗阳县来安初级中学现已被撤销，故法院认为泗阳县来安初级中学应承担的赔偿责任应由作为其主管部门即被告泗阳县教育局承担。关于损失部分，依据《人身损害赔偿解释》所确定的赔偿范围、项目、标准及结合原告诉讼请求作如下确定：医疗费19919.96元、护理费4150元（50×83）、交通费法院酌定300元、营养费830元（10×83）、住院伙食补助费1494元（18×83），以上合计26693.96元。因此，被告泗阳县教育局应赔偿原告各项损失16016.38元。

例案三：徐某1与吴某某、徐某某健康权、身体权纠纷案

【法院】

浙江省衢州市中级人民法院

【案号】

（2018）浙08民终473号

【当事人】

上诉人（原审原告）：徐某1

法定代理人：徐某2

法定代理人：周某

上诉人（原审被告）：吴某某

被上诉人（原审被告）：徐某某

【基本案情】

法院经审理查明：徐某1就读于江山市城东实验学校。吴某某、徐某某系夫妻关系，吴某某在江山市虎山街道解放南路经营繁龙文身店。2017年，未满13周岁的徐某1陆续到吴某某经营的文身店及周边其他文身店进行大面积文身。其中，吴某某为徐某1所纹的有左、右手指上的各一个圈，脚上的鬼面，左胸的龙及左手臂的图案。父母得知吴某某为徐某1文身后，特地向吴某某嘱咐过不能再为徐某1进行文身，但吴某某仍再次为徐某1进行了左手臂大面积的文身。由于徐某1身体外露部位的文身面积过大，同年9月1日，学校向徐某1及其父母发出休学通知书，表示

因徐某1的文身对学校的校容校貌有较大影响，故决定徐某1暂时休学，建议对徐某1全身文身进行清洗，同时必须清洗至身体外露部位不再有明显文身时方可继续上学，保证在校期间不得裸露文身部位，并承诺不再进行文身。另查明，文身超过一定面积，参军、招录公务员体检不合格。

原告徐某1起诉至人民法院，请求法院判令：（1）吴某某、徐某某共同赔偿徐某1文身费1000元以及已发生的医疗恢复等费用10000.27元（包括治疗费9040.27元、交通费510元、误工费300元、住宿费150元）；后续治疗费待实际发生后另行主张，残疾赔偿金待治疗终结依法鉴定后再行主张。（2）吴某某、徐某某共同赔偿徐某1精神损害抚慰金5万元。（3）吴某某、徐某某对徐某1书面赔礼道歉，道歉内容在县级媒体刊登。

被告吴某某、徐某某辩称：首先，徐某某不是文身店的经营者，也没有为徐某1文身。徐某1到店里文身完全出于自愿，吴某某从未对徐某1进行诱导，相反其还多次阻止徐某1文身。徐某1监护人监护责任严重缺失，在发现徐某1有文身之后未进行适当的引导，却责怪文身机构，显属不当。其次，在吴某某为徐某1文身前，徐某1其他部位的文身均已经完成多时，完全有理由相信徐某1父母已默许徐某1文身。徐某1父母未向吴某某作任何交涉，吴某某也未向徐某1父母作出任何承诺。吴某某与徐某1父母在文身之前并不认识，也没有任何通讯记录。虽然徐某1向法庭提交了一份谈话录音，但当时徐某1本人并不在场，吴某某根本不知道是谁的父母。再次，文身属于一种美容行为，系任何公民都享有的一项人身自由，现有法律并未禁止未成年人进行文身。文身行为自古就有，最著名的有岳母刺字，其行为性质上属于一种美容行为而不是侵权行为。徐某1到吴某某处自愿文身，吴某某也不是强迫徐某1文身，并不会造成精神损害，徐某1主张精神损失无事实和法律依据。最后，徐某1认为自己系限制民事行为能力人，对文身后果不能作出正确判断，该行为属于无效行为。但无效行为与侵权行为系两种完全不同的概念，徐某1不能依据无效行为向吴某某主张赔偿权利。吴某某仅对徐某1的手指部位及脚上鬼面进行了文身，收取了徐某1文身费用200元，其他部位的文身并非吴某某完成。

一审法院判决：一、吴某某返还徐某1文身费用1000元，并赔偿徐某1医疗费、交通费、误工费、住宿费等合理损失合计10000.27元的50%即5000元；二、吴某某赔偿徐某1精神损害抚慰金15000元；三、驳回徐某1的其他诉讼请求。

双方均不服一审法院判决，上诉至二审法院。

徐某1上诉请求：撤销原判，依法改判吴某某、徐某某共同赔偿徐某1文身费用 1000 元及已发生的医疗恢复等费用 10000.27 元，赔偿精神损害抚慰金 5 万元。事实和理由：（1）一审判决认定徐某某不是共同侵权人，不承担侵权责任错误。①徐某某对是否承担侵权责任并未提出异议，可直接判令其承担责任。②文身店是吴某某、徐某某夫妻共同经营，经营过程中产生的债务，应由夫妻共同承担。③徐某某有共同侵权的故意，且从侵权行为中获益，系共同侵权。（2）一审判决认定徐某 1 及其监护人有过错而减轻对方的责任不当。①徐某 1 本人无过错。徐某 1 作为限制民事行为能力人，不能认识到文身对自己身体及人格利益造成的影响，一审判决以徐某 1 的学习阶段界定对事物的识别能力并不严谨。②徐某 1 的监护人无过错。监护人无法在行为上直接阻止徐某 1 文身，在思想上对其文身的引导和教育是不可能完成的，也是不必要的。③吴某某、徐某某应承担全部过错。吴某某、徐某某系为商业利益实施文身行为，侵权的主观状态是直接故意，且在监护人明确告知的情况下继续给徐某 1 文身。与未成年的徐某 1 相比，吴某某、徐某某明显处于强势地位。其行为不仅是对徐某 1 的侵权，还侵犯了国防利益和社会公共利益。（3）一审判决仅支持 15000 元精神损害抚慰金过低。（4）一审判决认定精神损害抚慰金可替代书面道歉不当。二者是不同的民事责任承担方式，精神损害抚慰金侧重于财产方面的补偿，书面赔礼道歉不仅是精神上的慰藉，更是对社会良好风尚的引导。

吴某某上诉请求：撤销一审判决第一项、第二项，改判驳回徐某 1 一审对吴某某的诉讼请求。事实和理由：（1）一审事实认定错误。①一审判决认定“原告左手臂文身为被告吴某某所纹”是错误的。②一审判决认定“手臂（指左手臂，因为原告的右前臂是没纹的）”是错误的，徐某 1 右手臂有文身。③一审判决认定“证人祝某、郑某、杨某也曾表示徐某 1 左手臂文身为吴某某所纹。吴某某虽对此予以否认，但并未提出相反的证据予以反驳”是错误的。祝某只是听徐某 1 父母说手臂文身是吴某某所为，但徐某 1 提供的录音资料显示，吴某某并未认可这一事实。一审中，吴某某已向法庭提供郑某和杨某的录音录像资料，郑某称接受徐某 2 询问时迷迷糊糊，实际上其记不清楚是在哪里做的文身。杨某则表示在徐某 1 的律师调查前，徐某 2 曾到杨某处教其如何陈述。④一审以吴某甲在接受法庭调查时的陈述认定徐某 1 左胸的龙系吴某某所纹是错误的。吴某某一审提交的录像资料，可以证明法庭调查前，徐某 2 已找到吴某甲教其如何陈述。⑤一审判决认定“原告的父母得知被告为原告文身后，特地向被告嘱咐不能再为原告进行文身，但被告仍再次为原告进行了左手臂大面积的文身”是错误的。除 2017 年 8 月 18 日交涉外，双方并无交涉，而徐某 1 左臂文身是在之前就完成的。⑥一审判决认定本案实施的文身行为属于无效民事法律行为是错误的。⑦一审认定“文身清洗属于医疗服务范围，要到医院进行，清洗的复杂性、困难性，必然会给原告带来身体的痛苦和精神折磨。国家公务员体检及征兵体检标准对文身范围亦有明确规定，禁止超范围文身……综上分析，可以认定文身行为不仅侵害了原告的身体权，也给原告的学习、就业、社交等造成了较大的影响，使原告的人格权益受到了损害”，该认定是错误的。文身是一种美容行为，不一定需要清洗，也没有证据证明文身清洗非常困难和复杂。学校不能以文身拒绝上学。徐某 1 成年后从事的行业仍有多种选择。（2）一审认定上诉人承担 50% 的过错责任是错误的。正常的文身行为不会对身体造成损害，现有法律没有禁止对未成年人进行文身的规定，徐某 1 文身有十几处之多，这些文身不可能一蹴而就，其父母显然是允许徐某 1 文身的。（3）一审判决支持徐某 1 主张的精神损害抚慰金没有事实和法律依据。即使文身行为对徐某 1 造成一定精神上的痛苦，一审认定的 15000 元精神损害抚慰金过高。

【案件争点】

一是徐某 1 左胸的龙图案及左前臂的图案是否为吴某某所纹，二是一审判决吴某某对徐某 1 因文身造成的损失承担 50% 的赔偿责任是否妥当，三是一审判决吴某某承担 15000 元的精神损害抚慰金是否妥当，四是吴某某是否应向徐某 1 书面赔礼道歉，五是徐某某是否应当承担连带责任。

【裁判要旨】

1. 未成年人的心智成熟程度、认知能力不足以对文身的性质、后果作出正确判断，行为人对未成年人进行文身，应承担相应的侵权责任。

2. 未成年人的监护人对未成年人文身造成的损害存在过失的，可减轻侵权人的侵权责任。未成年人自身存在的过失不具有归责性，不能因此减轻侵权人的侵权责任。

二审法院经审理认为：

1. 徐某 1 左前臂的图案及左胸的龙图案确系吴某某所纹。

2. 一审判决吴某某对徐某 1 因文身造成的损失承担 50% 的赔偿责任处理妥当。徐某 1 在吴某某处文身时仅 12 周岁，为限制民事行为能力人，其与吴某某之间成立的文身服务合同，明显与其年龄、智力、精神健康状况不相适应，在法定代理人同意或追认之前，为效力待定的民事合同。吴某某明知徐某 1 系限制民事行为能力人，其年龄、智力、精神健康状况不足以对文身的性质、后果作出判断，但吴某某在未经徐某 1 法定代理人同意的情况下，基于营利之目的，擅自接受徐某 1 的请求，对徐某 1 身体进行较大面积的文身，甚至在徐某 1 父亲找到吴某某并明确表示不同意徐某1文身后，吴某某仍继续为徐某1进行文身，存在明显过错，吴某某对徐某1的文身行为造成明显的损害后果，应当承担相应赔偿责任。法律规定，被侵权人对损害的发生也有过错的，可以减轻侵权人的责任。无民事行为能力人和限制民事行为能力人的过错更多地体现为监护人监护责任的缺失。监护人对无民事行为能力人和限制民事行为能力人具有法定的教育、监督、保护和照顾的义务，其疏于履行监护职责，致使被监护人受到损害的，应当适用过失相抵原则，减轻侵权人的赔偿责任。本案徐某1多次主动寻求文身服务，在遭父母劝阻后仍坚持文身，该行为与其监护人平时未充分尽到教育、监督的监护责任不无关系。监护人在发现徐某1文身后，未采取有效的教育、管控和保护措施，致使徐某1继续文身，文身的面积不断扩大。徐某1一方在上诉中称不可能也无必要对徐某1进行引导和教育，进一步体现了监护人在履行监护责任上存在明显缺失。徐某1的监护人对徐某1文身的损害后果亦存在明显过错，可相应减轻吴某某的赔偿责任。一审法院酌情确定吴某某承担50%的赔偿责任，属于合理的自由裁量权范围。

3. 一审判决吴某某承担15000元的精神损害抚慰金并无不当。文身者在入学、就业等方面存在诸多限制，文身者要清除文身，要经历长时间的清洗。特别是未成年人在心智成熟后，可能后悔曾经作出的文身决定，但文身对未成年人身体和精神造成的伤害和不利影响难以逆转。基于此，并参考吴某某文身的部位和面积、双方各自的过错、造成损害的原因力大小等因素，一审法院酌情确定吴某某赔偿15000元的精神损害抚慰金，并无不妥。

4. 吴某某无需向徐某1书面赔礼道歉。本案吴某某侵犯的主要是徐某1的身体权和健康权，无需采用书面赔礼道歉的方式。对徐某1的精神损害，通过赔偿精神损害抚慰金予以弥补，亦无必要进行书面赔礼道歉。

5. 徐某某不应承担连带责任。根据案件查明的事实，案涉的几处文身是吴某某单独实施，徐某某并未参与，亦未支持吴某某的文身行为，徐某1方要求徐某某承担连带责任，于法无据。

二审法院最终判决：驳回上诉，维持原判。

三、裁判规则提要

未成年人是国家和民族发展的未来，也是各类法律关系中需要着重保护的客体。

在《刑法》中，存在对于未成年人刑事责任年龄和刑事责任能力的认定[①]以及对于刑罚制度中的特殊保护。[②]在民法中，亦存在对于未成年人各项权利的保护内容。但未成年人由于其心智尚未成熟且涉世未深，他们正处于敏感、冲动、心智尚未成熟的年龄，[③]加之中小学普遍对于学生的法律意识培养工作开展得不够深入，导致大部分未成年人对于自身权利，尤其是较为抽象的隐私权、名誉权、身体权等人格权利的法律概念知之不详，法律应给予未成年人更多特殊保护。

中华文化几千年来的传统是"尊师重道"，认为"严师出高徒""打是亲、骂是爱"，但由此却引发一系列问题。未成年人绝大部分时间是在学校中学习生活度过，学校环境和校内人员环境这两大因素将陪伴未成年人很长时间，未成年人在这个环境中不断健全其世界观、人生观、价值观，逐渐形成完整的人格，而家庭成员对于未成年人的保护在这段时间处于管控的真空期，未成年人能否平安健康成长，学校和各类教育机构责任重大。

（一）可能侵权主体

未成年人在学校和教育机构学习生活期间可能面临的人格权侵害的主体，主要来自三个方面：

1. 学校等教育机构及其工作人员

校园环境是未成年人长期接触的第一环境，校园内教师及其他教工人员应该对学生提供各方面的保护。但学生在受到来自学校的侵害后，鲜有自身权利遭到"侵害"的认识和意识，这也和学校缺乏对学生正当权利享有的教育有很大关系。作为人民教师，本应树立师范师德，尤其在对待学生问题时应一视同仁。但一些教师却单纯以学习成绩将学生划分三六九等，尤其是在对待"坏学生"时态度冷漠，甚至

---

① 《刑法》第十七条规定，已满16周岁的人犯罪，应当负刑事责任。已满14周岁不满16周岁的人，犯故意杀人、故意伤害致人重伤或者死亡、强奸、抢劫、贩卖毒品、放火、爆炸、投放危险物质罪的，应当负刑事责任。已满12周岁不满14周岁的人，犯故意杀人、故意伤害罪，致人死亡或者以特别残忍手段致人重伤造成严重残疾，情节恶劣，经最高人民检察院核准追诉的，应当负刑事责任。对依照前三款规定追究刑事责任的不满18周岁的人，应当从轻或者减轻处罚。因不满16周岁不予刑事处罚的，责令其父母或者其他监护人加以管教；在必要的时候，依法进行专门矫治教育。

② 《刑法》第四十九条规定，犯罪的时候不满18周岁的人和审判的时候怀孕的妇女，不适用死刑。第六十五条规定，被判处有期徒刑以上刑罚的犯罪分子，刑罚执行完毕或者赦免以后，在5年以内再犯应当判处有期徒刑以上刑罚之罪的，是累犯，应当从重处罚，但是过失犯罪和不满18周岁的人犯罪的除外。

③ 参见王利明：《人格权重大疑难问题研究》，法律出版社2019年版，第24页。

有时恶语相向，拳脚相加，虐待体罚[①]，有的老师使用所谓“攻心”策略，号召或变相号召其他学生孤立某一学生，势必给被孤立学生造成各方面伤害，甚至影响其健康成长。更有甚者，身为学校教职工，却利用自身身份条件向未成年学生提出一些无礼甚至非法要求，严重影响未成年人身心健康。

2. 共同学习生活的同学校友

未成年人在校学习生活期间，由于本身世界观、人生观、价值观还未完全树立，加上对于自身行为不能很好控制，极易给身边的同学校友，也即其他未成年人造成伤害，轻则因为言语冲突侵犯他人名誉权、隐私权，重则因为肢体碰撞、冲突造成损害后果，侵犯他人身体权、健康权，乃至生命权。而后者之中，既包含了未成年人因为下手没有轻重导致的过失致他人伤害，亦包含了未成年人在“明知”的前提下，故意实施的校园霸凌行为。无论哪种行为都给他人造成一定伤害，都是未成年人校园保护问题的重点考量方向。

3. 校外人员

未成年人在校期间或多或少会接触到一定校外人员或校外因素，如外卖员、小卖店工作人员、来校施工人员甚至是其他未成年人的家属。未成年人放学离开学校后的课外时间，也会接触到餐饮场所、娱乐场所、公共交通空间等场合。校内接触到校外人员遭受人格权损害的，自然应由学校及侵权人承担责任，但校外时间在上述场所遭受侵权应如何确定侵权责任，除了侵权人当然地承担责任外，特定场所及其责任人是否也应尽到合理注意义务，多加留心保障未成年人安全，值得作进一步思考。

（二）责任阻却

根据相关法律规定，行为人因过错侵害他人民事权益造成损害的，应当承担侵权责任。依照法律规定，如行为人已经尽到合理注意义务的，可以认定为不存在过错，从而阻却侵权责任。但未成年人自身对于侵权行为的许可承诺，不能当然地认为具有完全的法律效力，从而阻却行为人的责任。因未成年人心智并不成熟，对于很多行为和事件缺乏统筹考虑和长远考虑的视野，甚至会基于较为浅显的考量作出一定承诺。行为人不能借此承诺便实施侵权行为。相反，行为人本应站在未成年人的角度去保护未成年人，利用言语或行为引导或变相误导未成年人作出承诺，从而实施侵权行为更是法律所不容许的。

---

① 参见王非:《浅析未成年的人格权保护问题》，载《陕西广播电视大学学报》2014 年第 4 期。

（三）责任承担

1. 校园内教职工侵犯未成年人人格权

未成年人在幼儿园、学校或者其他教育机构学习、生活期间受到人格权损害的，幼儿园、学校或者其他教育机构应当承担侵权责任；但是，能够证明尽到教育、管理职责的，不承担侵权责任。

未成年人在幼儿园、学校或者其他教育机构学习、生活期间，受到幼儿园、学校或者其他教育机构以外的第三人人格权侵权的，由第三人承担侵权责任；幼儿园、学校或者其他教育机构未尽到管理职责的，承担相应的补充责任。幼儿园、学校或者其他教育机构承担补充责任后，可以向第三人追偿。

2. 未成年人侵犯其他未成年人的人格权

未成年人造成他人损害的，由监护人承担侵权责任。监护人尽到监护职责的，可以减轻其侵权责任。监护人将监护职责委托给他人的，监护人应当承担侵权责任；受托人有过错的，承担相应的责任。

3. 校外生活期间遭遇人格权侵权的

未成年人在校外生活期间遭受人格权侵权的，应由侵权人承担侵权责任，特定场所及其责任人应承担一定的补充责任，但特定场所已经尽到合理注意义务的，可以适当减轻或者免除其侵权责任。

（四）侵权责任的合理判决方式：从保护未成年人角度出发

法律规定，承担民事责任的方式主要有停止侵害、排除妨碍、消除危险、返还财产、恢复原状、继续履行、赔偿损失、消除影响、恢复名誉、赔礼道歉，而在人格权侵权中，以人格尊严为根本出发点，人民法院更多会作出赔礼道歉的判项。但实务操作中，如何妥善把握处理“赔礼道歉”的“度”，要分情况探讨。

1. 侵权人是未成年人的

出于保护未成年人健康成长的目的，未成年人实施侵权行为，尤其是侵犯他人人格权的，应以批评教育为主，故对于赔礼道歉的判项，可让双方线下履行，当面赔礼道歉，既能起到维护受害人人格尊严的作用，又能使侵权人真正从内心受到触动，认识到自身行为的不恰当，更有利于保护侵权人与受害人两方未成年人主体。

2. 被侵权人是未成年人的

人民法院在判处侵犯他人人格权尤其是名誉权等案件时，若受害人请求侵权人登报道歉的，人民法院一般会选择准许，但对于登报内容应事先经人民法院审核。

但在未成年人作为受害人的案件中，人民法院应尽量避免上述处理方法，因为案件登报无疑会使得案件的知悉范围被扩大，使得受害人很大程度上会成为他人议论、评价的对象，对其健康成长带来一定影响。故人民法院可酌情判决侵权人线下赔礼道歉或者提高精神损害赔偿金的数额，将部分赔礼道歉的赔偿方式变相进行量化进赔偿金中，以实现“损益平衡”[①]的理念。

四、辅助信息

《民法典》

第九百九十一条 民事主体的人格权受法律保护，任何组织或者个人不得侵害。

第九百九十六条 因当事人一方的违约行为，损害对方人格权并造成严重精神损害，受损害方选择请求其承担违约责任的，不影响受损害方请求精神损害赔偿。

第九百九十八条 认定行为人承担侵害除生命权、身体权和健康权外的人格权的民事责任，应当考虑行为人和受害人的职业、影响范围、过错程度，以及行为的目的、方式、后果等因素。

第一千条 行为人因侵害人格权承担消除影响、恢复名誉、赔礼道歉等民事责任的，应当与行为的具体方式和造成的影响范围相当。

第一千零四条 自然人享有健康权。自然人的身心健康受法律保护。任何组织或者个人不得侵害他人的健康权。

第一千一百六十五条 行为人因过错侵害他人民事权益造成损害的，应当承担侵权责任。

依照法律规定推定行为人有过错，其不能证明自己没有过错的，应当承担侵权责任。

第一千一百六十六条 行为人造成他人民事权益损害，不论行为人有无过错，法律规定应当承担侵权责任的，依照其规定。

第一千一百八十八条第一款 无民事行为能力人、限制民事行为能力人造成他人损害的，由监护人承担侵权责任。监护人尽到监护职责的，可以减轻其

---

① 参见郑晓剑：《比例原则在现代民法体系中的地位》，载《法律科学（西北政法大学学报）》2017年第6期。

侵权责任。

第一千一百八十九条 无民事行为能力人、限制民事行为能力人造成他人损害，监护人将监护职责委托给他人的，监护人应当承担侵权责任；受托人有过错的，承担相应的责任。

第一千一百九十九条 无民事行为能力人在幼儿园、学校或者其他教育机构学习、生活期间受到人身损害的，幼儿园、学校或者其他教育机构应当承担侵权责任；但是，能够证明尽到教育、管理职责的，不承担侵权责任。

第一千二百条 限制民事行为能力人在学校或者其他教育机构学习、生活期间受到人身损害，学校或者其他教育机构未尽到教育、管理职责的，应当承担侵权责任。

第一千二百零一条 无民事行为能力人或者限制民事行为能力人在幼儿园、学校或者其他教育机构学习、生活期间，受到幼儿园、学校或者其他教育机构以外的第三人人身损害的，由第三人承担侵权责任；幼儿园、学校或者其他教育机构未尽到管理职责的，承担相应的补充责任。幼儿园、学校或者其他教育机构承担补充责任后，可以向第三人追偿。

《人身损害赔偿解释》

第一条第一款 因生命、身体、健康遭受侵害，赔偿权利人起诉请求赔偿义务人赔偿物质损害和精神损害的，人民法院应予受理。

第二十一条第一款 人民法院应当在法律文书中明确定期金的给付时间、方式以及每期给付标准。执行期间有关统计数据发生变化的，给付金额应当适时进行相应调整。

《民事侵权精神损害赔偿责任解释》

第五条 精神损害的赔偿数额根据以下因素确定：

（一）侵权人的过错程度，但是法律另有规定的除外；

（二）侵权行为的目的、方式、场合等具体情节；

（三）侵权行为所造成的后果；

（四）侵权人的获利情况；

（五）侵权人承担责任的经济能力；

（六）受理诉讼法院所在地的平均生活水平。

人格权纠纷案件裁判规则第 6 条：

生前未表示不同意捐献的自然人近亲属，可以共同决定捐献，部分近亲属共同决定并实现捐献的，只要其行为不存在过错，一般不追究其侵犯死者及其他近亲属的人格权责任。器官捐献的受益人自愿适当向捐献者及近亲属以物质和精神方式表达感谢的，不应认定为非法买卖或交易

【规则描述】 自然人生前明确表示不同意器官捐献的，任何组织或个人不得强迫、欺骗、利诱其捐献。自然人生前未表示不同意捐献的，自然人死亡后，法律规定的近亲属可以共同决定捐献。但由于器官捐献具有很高的时效性要求，实践中追求做到法律中规定的“自然人配偶、成年子女、父母”同时同地共同明确表示同意并采用书面形式签署捐赠协议的难度较大，若一味强调完整性，很可能拖延捐献，客观上形成了本不愿发生的“悔捐”现象。[①] 部分近亲属集体决定捐献死者器官，决定的作出并未损害其他近亲属的经济利益和人格权益。反而因死者器官的捐献使得死者生前人格利益得到了升华，体现出更大的社会价值，是一种值得尊重和鼓励的公益善举，作为死者的家属应该为之骄傲和光荣。因此，只要同意捐献的几位近亲属并非出于贬损死者名誉的目的也即不存在侵权过错的前提下同意捐献的行为，不应受到谴责或批评，不应承担侵害死者及未同意捐献器官的近亲属的人格权利的责任。

此外，我国明确规定不允许以任何形式买卖人体细胞、人体组织、人体器官和遗体。但受限于我国人体器官移植的巨大需求和较少的供给体系的矛盾，获得捐献的自然人及其亲属自愿向捐献者或其近亲属以物质或精神形式表达感谢的，不应认定为双方的非法买卖或交易行为。这种合理的经济激励补偿机制，与无偿捐献的原则并不违背。

---

① 参见吴冠华、吴奇飞：《遗体器官捐献中悔捐现象分析及对策建议》，载《医学与社会》2020 年第 5 期。

一、类案检索大数据报告

数据采集时间：2022年3月13日；案例来源：Alpha案例库；案件数量：81件。本次检索获取2022年3月13日前共81篇裁判文书，将器官捐献可能涉及的具体器官进行分类统计，可以明确统计出的有60件案件，如图6-1所示。从图中可以看出，相关案件涉及捐献的器官有心脏15件，占比25%；肾脏16件，占比26.67%；肝脏11件，占比18.33%；角膜8件，占比13.33%；其他器官10件，占比16.67%。

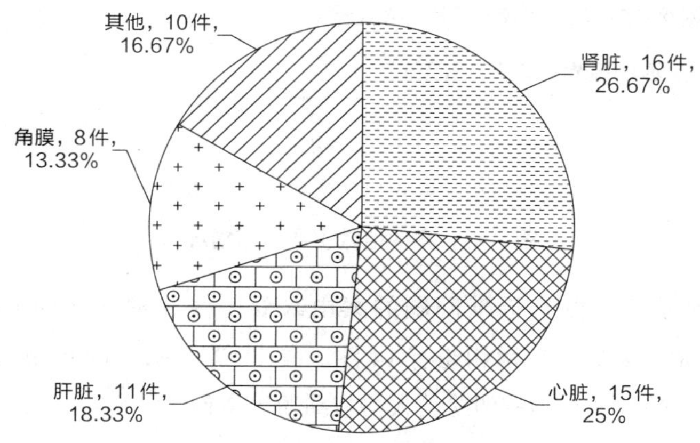

图6-1 器官捐献涉及的具体器官分布情况

如图6-2所示，从案件年份分布情况可以看出当前条件下案件数量的变化趋势。

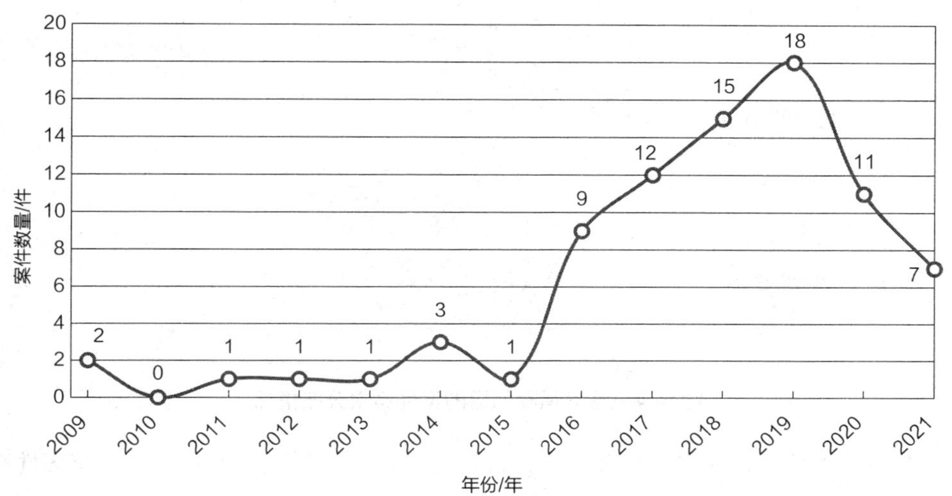

图6-2 案件年份分布情况

如图 6–3 所示，从案件地域分布情况来看，当前案例主要集中在河南省、湖北省、北京市，分别占比 12.35%、9.88%、8.64%。其中河南省的案件量最多，达到 10 件。其他省份也有涉及共累计有 45 件。

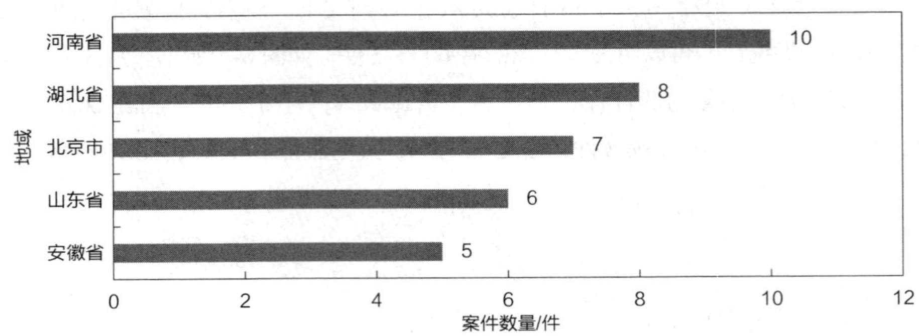

（注：该图只列举了部分地区案件数量，未逐一列明）

图 6–3　案件地域主要分布情况

如图 6–4 所示，从器官捐献问题的案由来看，侵权责任纠纷有 32 件，占比 39.5%；其次是婚姻家庭、继承纠纷有 14 件，占比 17.28%；合同、准合同纠纷案件 10 件，占比 12.35%，还有物权纠纷、人格权纠纷等案件。

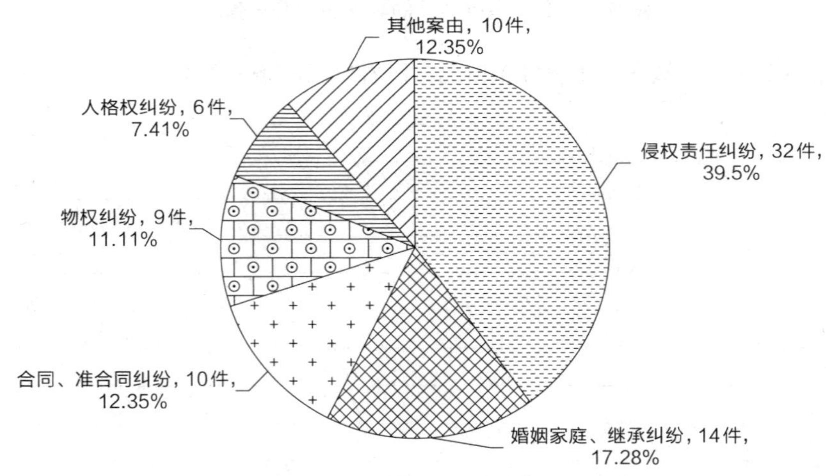

图 6–4　器官捐献问题的案件案由分布情况

如图 6–5 所示，从案件审理程序分布状况来看，一审案件有 54 件，二审案件有 24 件，再审案件有 3 件。

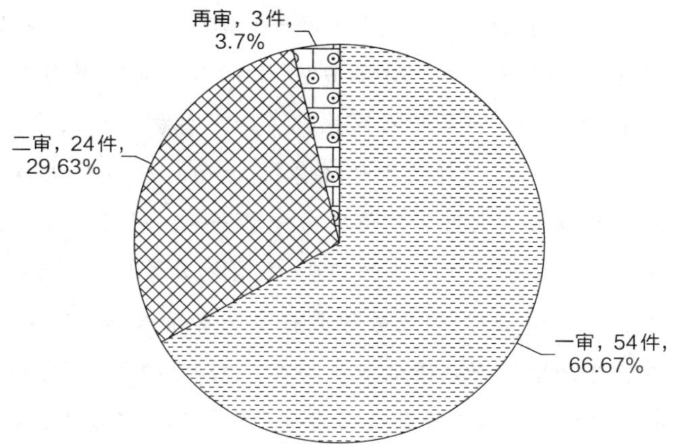

图 6-5　案件审理程序分布情况

二、可供参考的例案

例案一：谢某、曾某与佛山市第一人民医院、广东省红十字会一般人格权纠纷案

【法院】

广东省佛山市禅城区人民法院

【案号】

（2016）粤 0604 民初 5410 号

【当事人】

原告：谢某

原告：曾某

被告：佛山市第一人民医院（中山大学附属佛山医院）

被告：广东省红十字会

第三人：曾某 1

第三人：谢某 2

第三人：曾某 2

【基本案情】

广东省佛山市禅城区人民法院经审理后查明：原告谢某与曾某甲于 2000 年 5 月

12日登记结婚，两人于2001年1月17日育有一女曾某。第三人曾某1、谢某2系曾某甲的父母，曾某2系曾某甲之弟。2014年10月19日，曾某甲因“车祸致伤头部、全身多处半小时”入被告佛山市第一人民医院（以下简称市一医院）抢救治疗，入院诊断为：创伤性脑出血、头颅外伤、颅底骨折。2014年10月23日，被告市一医院在患者曾某甲的门诊病历中向患者家属发出知情告知，载明：“患者病情危重，家属拒绝住院进一步治疗，并拒绝复查头颅CT、气管切开等治疗，予签字。继续予监护、低温毯、脱水、止血等治疗。”原告谢某在上述知情告知上签名。2014年10月24日12时20分许，患者曾某甲病情进一步加重，生命体征极不稳定，神志呈昏迷。同日13时40分许，被告市一医院在患者门诊病历中向患者家属发出知情告知，内容如下：“再次将病情告示之家属，表示理解，要求放弃治疗，签字为证。”第三人曾某2在上述门诊病历上签名。同日14时38分，曾某甲经诊断心死亡。

2014年10月24日，第三人曾某1、谢某2、曾某2在《中国人体器官捐赠登记表》上签名确认同意无偿捐赠死者曾某甲的肝脏、肾脏用于临床医疗、教学和科学研究。上述登记表亲属签名一栏有“谢某”字体。庭审中，第三人陈述，“谢某的签名是我父亲委托人签署的，指模也不是谢某的”“登记表在医院的办公室签的，父母在场，调解员是在场的。当时原告谢某的要求拿回去签字，故其签名是拿回去才签的。当时我有原告谢某的委托书”。当日14时40分，被告市一医院开始实施器官切取手术，手术结束时间为15时50分许。

另查明一，2014年10月23日，原告谢某向第三人曾某2出具委托书一份，内容如下：“曾某甲，身份证号码，谢某，身份证号码是夫妻关系，现委托曾某2，身份证号码处理相关一切事宜。”2014年10月24日，第三人曾某1、谢某2向第三人曾某2出具委托书一份，内容如下：“曾某1，身份证号码，谢某2，身份证号码是夫妻关系，现委托曾某2，身份证号码处理相关一切事宜。”

另查明二，2013年9月3日，国家卫生计生委办公厅作出国卫办医函〔2013〕202号《国家卫生计生委办公厅关于核定广东省佛山市第一人民医院心脏死亡捐献器官肝脏、肾脏移植资质的通知》，确定经审核，同意市一医院心脏死亡器官捐献肝脏、肾脏移植资质。2013年11月19日，广东省卫生和计划生育委员会作出粤卫办函〔2013〕319号《关于核定佛山市第一人民医院心脏死亡捐献器官肝脏、肾脏移植资质的通知》，该通知确定经公示，核定市一医院具备开展心脏死亡捐献器官肝脏、肾脏移植资质。

【案件争点】

1. 二被告在摘取器官时是否存在过错、是否尽到了审查义务。

2. 三名第三人是否侵害了二原告的人格权。

【裁判要旨】

广东省佛山市禅城区人民法院认为，本案系因遗体器官捐献而引发的一般人格权纠纷。

关于二被告在摘取器官时是否存在过错、是否尽到了审查义务的问题。原告主张器官的捐赠需要在活体中进行，被告的行为侵害了死者的身体权，且被告在明知原告毫不知情的情况下违法摘取了死者的器官也侵害了二原告的权益。对此，法院分析如下：首先，针对原告提出的器官捐赠需要活体中进行的问题，器官捐献包括活体器官捐献和尸体器官捐献。而本案中根据第三人的陈述及被告提交的证据，本案的器官摘取是在依法判定尸体器官捐献人即曾某甲死亡后进行的，属于尸体器官捐献，原告提出的被告在活体中摘取器官的主张，缺乏事实依据，法院不予采纳。第二，根据《人体器官移植条例》第八条第二款规定，公民生前未表示不同意捐献其人体器官的，该公民死亡后，其配偶、成年子女、父母可以以书面形式共同表示同意捐献该公民人体器官的意愿。根据上述规定，公民死亡后，其配偶、父母、成年子女若同意捐献其人体器官，可以以书面形式作出共同意思表示即可。换言之，作为接受人体器官捐献的市一医院、广东省红十字会（以下简称红十字会）只需要审查两个内容，一是公民死亡前是否有不同意捐献的意思表示，二是死者家属或相关人员是否有提交上列人员共同意思表示的书面意见。本案中，并没有证据证实死者生前有作出不同意捐献人体器官的意思表示，那么被告方只需要审查死者家属或相关人员有否提交共同签署的书面意见书。从形式上看，市一医院收到的《中国人体器官捐献登记表》有曾某甲父母及配偶的签名，市一医院及红十字会形式审查的义务应该已经完成。其次，向被告提交《中国人体器官捐献登记表》的是死者的父母及弟弟，被告有理由相信《中国人体器官捐献登记表》上原告的签名的真实性，且原告亦无证据证实被告存在明知原告不知情仍然接受人体器官捐献的情形，即被告不存在侵权的故意。最后，法律也没有规定有捐献决定权的死者家属必须到场签署登记表方为有效。综上，法院认为二被告已尽到了必要的审查义务，不存在过错，并不构成对二原告人格权的侵害，故对原告提出要求二被告承担赔偿责任的请求，法院不予支持。

关于三名第三人是否侵害了二原告的人格权的问题。原告认为，第三人未征得其同意，代为在登记表上签名同意捐献死者器官，亦侵害了原告的权益，故应承担赔偿责任。第三人则认为原告有向其签署授权委托书，代为处理死者的一切事宜，故其有权代为作出人体器官捐献的决定。法院认为，首先，原告在其丈夫因交通事故入院治疗后，确有向第三人曾某2签署授权委托书，同意第三人曾某2代为处理一切事宜。虽然该授权委托书没有特别注明可以代为决定捐献死者人体器官，但至少也没有否定或注明不同意捐献。且该捐献死者器官决定的作出并未损害原告的经济利益和人格权益，相反，因为死者器官的捐献使得死者生前人格利益得到了升华，体现出更大的社会价值，是一种值得尊重和鼓励的公益善举，作为死者的家属应该为之骄傲和光荣。原告认为其人格受损缺乏事实和理由支撑。其次，三名第三人作为死者的父母和弟弟，其对于死者逝去的悲痛之情绝不会亚于原告，他们作出捐献死者器官的决定也不会出于贬损死者名誉的目的，简言之，第三人也不存在侵害原告人格权的主观过错。再次，三名第三人在有原告授权委托书的前提下，代原告名义作出捐献曾某甲的部分器官用于拯救他人生命和健康，不违背法律规定和社会善良风俗，且该捐献决定对于社会、家庭、个人来说均是一种积极的处分行为，不应受到谴责或批评。最后，人体器官捐献具有很强的时效性，三名第三人出于此目的，在原告缺席而第三人又持有原告授权委托书的情况下，代为签署登记表也是情有可原。综上，对原告提出的要求三名第三人承担赔偿责任的诉请，法院不予支持。

例案二：范某1等与中国人民解放军第三〇九医院、王某医疗服务合同纠纷案

【法院】

北京市第一中级人民法院

【案号】

（2018）京01民终1357号

【当事人】

上诉人（原审原告）：范某2

上诉人（原审原告）：范某3

上诉人（原审原告）：范某4

上诉人（原审原告）：范某1（兼范某2、范某3、范某4委托诉讼代理人）

被上诉人（原审被告）：中国人民解放军第三〇九医院

被上诉人（原审被告）：王某

【基本案情】

范某 2 系范某某之妻，范某 4 系范某某之女，范某 3、范某 1 系范某某之子。范某某于 2016 年 3 月 5 日因尿毒症至中国人民解放军第三〇九医院（以下简称 309 医院）进行同种异体肾移植手术，术后出现移植肾功能延迟恢复情况，范某某于 2016 年 11 月 7 日至 309 医院住院 33 天，诊断：肺炎、移植肾功能不全、菌血症、心功能不全、肝功能不全、凝血功能异常、消化道出血、肾性高血压、肾性贫血、低蛋白血症、电解质紊乱、高钾血症、高胆红素血症、血小板减少症、抑郁症。范某某于 2016 年 12 月 11 日死亡。

范某 1、范某 2、范某 3、范某 4 称范某某在进行肾移植前向 309 医院支付了肾源费 35 万元，后 309 医院退回 14 万元，提交了其与 309 医院医生王某的对话录音。309 医院、王某对该录音合法性不认可，称系偷录。在庭审过程中，经法院询问，范某 1、范某 2、范某 3、范某 4 称王某告知其所有接受移植的病人要向供体买肾，把钱支付给供体。309 医院、王某称当时是与范某某家属说明了要将 35 万元给供体，但并没有说是买肾，因为买卖肾脏是禁止的。

309 医院、王某提交了器官捐献相关流程及红十字会网站新闻，称红十字会拟以经济补偿刺激器官捐献。范某 1、范某 2、范某 3、范某 4 对真实性不予认可。另经法院询问，309 医院、王某称无法提供支付 21 万元相关花费明细，称根据伦理规范是需要保密的。309 医院、王某另称器官移植采取的原则是禁止买卖、适当补偿。器官保存等成本应由范某某负担，范某某支付的费用不是交给医生或医院，是交给供体用于相应花费的，花费的票据无法向供体要。其中有些钱是通过协调员给，但是协调员也无法提供相关票据。

范某 2、范某 3、范某 4、范某 1 向一审法院起诉请求：（1）判令 309 医院、王某返还肾源费 21 万元；（2）判令 309 医院、王某支付自 2016 年 3 月 7 日开始至肾源费全部返还之日止的利息（以 21 万元为基数，按照同期贷款利率计算）；（3）诉讼费由 309 医院、王某负担。

一审法院认为，依法成立的合同，对当事人具有法律约束力，当事人应当按照合同约定履行自己的义务。王某系 309 医院医生，事发时系履行职务行为，故相应的责任应由 309 医院承担。我国现行的器官移植法律制度倡导自愿、无偿的器官捐献原则，明令禁止器官买卖，但并未禁止接受器官一方对供体家属自行进行补助。现根据庭审情况可以认定 309 医院已经向范某某家属告知要获得肾源进行肾脏移植需向供体提供部分经济补偿，范某某家属表示同意并自愿将相应金额交付309医院。309医院在收到相应费用后为范某某寻找到肾源、进行了肾脏移植手术，并将多余金额返还给了范某某用于支付住院押金，故可以认定309医院已经完成了自己应尽的义务，现范某1、范某2、范某3、范某4要求返还肾源费并支付相应利息的诉讼请求于法无据，法院不予支持。综上所述，根据《合同法》第八条[①]、《民事诉讼证据规定》第二条[②]之规定判决：驳回范某1、范某2、范某3、范某4全部诉讼请求。

上诉人不服一审判决，上诉至二审法院。二审法院查明的事实与一审法院查明的事实一致。

【案件争点】

309医院告知要获得肾源进行肾脏移植需向供体提供部分经济补偿，是否涉及违反相关法律规定。

【裁判要旨】

北京市第一中级人民法院经审理后认为，民事主体从事民事活动，应当遵循诚信原则，秉持诚实，恪守承诺，不得违反法律，不得违背公序良俗。本案中，范某1、范某2、范某3、范某4自愿申请做肾移植手术，并且309医院已经向范某某家属告知要获得肾源进行肾脏移植需向供体提供部分经济补偿，范某1、范某2、范某3、范某4同意并自愿交纳35万元，此笔款项系范某1、范某2、范某3、范某4对供体的经济补偿，309医院在找到供体完成手术后已履行了应尽的义务。范某1、范某2、范某3、范某4要求返还肾源费并支付相应利息的诉讼请求于法无据，一审法院未支持其该项请求并无不当，法院予以维持。

本案对于医疗实践中已经存在的器官捐赠经济补偿机制的肯定是弥足珍贵的。具体而言，本案法院先肯定了进行器官移植医疗服务合同属性。随后，其认识到在我国的医疗实践中，人体组织器官方面存在巨大需求，且与我国实际捐赠数量难相匹配，在实际治疗过程中亦存在金钱补偿激励的现象发生。与其对于这些情况视而不见，否定合同效力，不如通过裁判的方式，对于实践中业已形成的无偿捐献处理方式予以认可。其认为这种合理的经济激励补偿机制，与无偿捐献的原则并不违背。本案裁判以尊重现实社会习惯的开放心态，直面我国在人体组成部分医疗资源短缺

① 参见《民法典》第四百六十五条规定："依法成立的合同，受法律保护。依法成立的合同，仅对当事人具有法律约束力，但是法律另有规定的除外。"

② 该司法解释已于2019年10月14日修正，本条所涉第二条被修正后的司法解释删除。

方面的问题，支持了受体一方对供体家属自行进行补助的做法，值得肯定。[①]

例案三：张某某、李某与刘某 1、刘某 2、侯某不当得利纠纷案

【法院】

湖南省张家界市永定区人民法院

【案号】

（2017）湘 0802 民初 540 号

【当事人】

原告：张某某

原告：李某

被告：刘某 1

被告：刘某 2

被告：侯某

【基本案情】

一审法院认定事实：原告李某与刘某于 2009 年 5 月 4 日登记结婚，原告李某婚前育有一女即原告张某某，原告张某某一直跟随原告李某和刘某居住生活。2016 年 4 月 26 日刘某因交通事故受伤，经张家界市人民医院抢救无效于 2016 年 4 月 29 日去世，死者刘某父母即被告刘某 2、侯某于当日向中国红十字会捐献了刘某的遗体器官，中国红十字会总会和中国人体器官捐献管理中心给刘某家属颁发了荣誉证书，当日广东省国顺慈善基金会向被告刘某 1 的账户汇入了慈善救助金 12 万元，死者刘某弟弟被告刘某 1 受被告刘某 2、侯某的委托领取该笔款项，三被告均未给原告李某、张某某给付慈善救助款，二原告多次找到被告刘某 1、刘某 2、侯某协商未果，原告李某、张某某遂向法院提起诉讼，要求被告刘某 1、刘某 2、侯某退还慈善救助款 6 万元。

【案件争点】

1. 关于原告张某某的主体资格问题。

2. 本案定性是否构成不当得利，被告刘某 1 是否应承担相应责任，慈善救助款

---

① 参见杨立新：《中华人民共和国民法典释义与案例评注：人格权编》，中国法制出版社 2020 年版，第 156~157 页。

是否应对二原告予以返还的问题。

【裁判要旨】

湖南省张家界市永定区人民法院经审理认为：（1）关于原告张某某的主体资格问题。被告刘某1、刘某2、侯某认为原告张某某不是刘某的婚生女，不应作为本案的原告而享有慈善救助金。依据《婚姻法》第二十七条第二款[①]“继父或继母和受其抚养教育的继子女间的权利和义务，适用本法对父母子女关系的有关规定”之规定，原告张某某在原告李某与刘某结婚后，一直跟随刘某居住生活长达13年，系刘某有扶养关系的继子女，其应享有与婚生子同等的权利和义务。故，原告张某某可作为刘某的继女参与慈善救助款的分配。（2）关于本案定性是否构成不当得利，被告刘某1是否应承担相应责任，慈善救助款是否应对二原告予以返还的问题。不当得利的成立要件有四点：①一方取得财产利益；②一方受有损失；③取得利益与所受损失之间有因果关系；④没有法律上的根据。中国红十字会对刘某家属捐赠遗体器官的行为补偿了慈善救助款，该慈善救助款属于对刘某家属的补助，虽不是遗产性质，但应参照《继承法》[②]的相关规定在继承人之间进行分配，原告李某、张某某与被告刘某2、侯某都属于第一顺位继承的直系亲属，对该救助款都应享有分配权。现12万元救助款全部汇入了被告刘某1的账户，且被告刘某2、侯某也授权被告刘某1领取此款，而此款是否已经取出，款项的去向三被告并未提交证据证实，而三被告拒绝给二原告分配其应享有的部分，确实损害了二原告对该财产的权益，符合不当得利的要件，故对于三被告侵占的应由二原告享有的部分财产应予以返还。该笔12万元的慈善救助款应平均分配给原告李某、张某某与被告刘某2、侯某两个家庭，但考虑到被告刘某2、侯某年事已高，已丧失劳动能力，对其可予以多分，其享有8万元救助款为宜。

三、裁判规则提要

所谓器官捐献，是指自然人自愿、无偿地捐献自己的器官、血液、骨髓、角膜等身体的组成部分，甚至捐献遗体的行为。[③]各国和地区法律均普遍对器官买卖和变

① 参见《民法典》第一千零七十二条第二款规定：“继父或者继母和受其抚养教育的继子女间的权利义务关系，适用本法关于父母子女关系的规定。”

② 2021年1月1日《民法典》施行，该法已失效。

③ 参见王利明：《人格权重大疑难问题研究》，法律出版社2019年版，第408页。

相买卖行为予以否定评价。但法律对器官捐赠则普遍持鼓励态度。器官捐赠对于挽救生命，促进医学发展与研究等具有重大意义。[①] 依据我国立法和司法实践，符合器官捐献的法定条件如下：

（一）捐赠者必须系完全民事行为能力人

该规则主要是为了保护未成年人。因为未成年人并不具备完全的行为能力，且谈不上自愿问题，对于自身承诺没有清醒、明确、有效的认识。此外，未成年人的器官处于发育状态，倘若允许未成年人进行活体器官[②] 捐赠，将影响未成年人的身体健康，也势必影响未成年人的身心发展。

《人体器官移植条例》第八条中特意强调了撤回捐赠意愿的规定，同样体现了尊重捐赠人的意思自主和意思表述自由原则。

（二）捐赠者必须为完全自愿

人体器官捐献从总体上而言，分为活体捐献与遗体捐献两种。纵观各国和地区民事法律立法，对于活体器官捐献方面，均作出了“捐赠人必须明示同意捐献器官的意思表示要求”的立法规定。而对于遗体器官捐献方面，有的国家采用“推定同意”模式，这种推定同意往往是可拒绝的。即只要死者生前或者其家属没有作出拒绝器官捐献的意思表示，则认为其同意自愿捐献，医生有权摘取所需的器官。实际上这种模式赋予了自然人相对应的拒绝权。[③]

虽然有部分学者认为推定同意的模式应被我国借鉴利用，[④] 但我国立法依然采用民事统一模式，规定无论是活体器官捐献还是遗体器官捐献，均需当事人作出明确同意的意思表示。从立法者角度分析，器官捐献的受体往往是风险与收益共存，其一般甘愿承担器官移植手术带来的风险。而由于我国法律明确规定不允许任何关于身体器官和组织的买卖交易，所以器官捐献的供方，尤其是在活体捐献领域，并不能获得捐献器官而带来的收益，即使获得一定的补偿和事后关照，也大多是出于人道的角度，并非所付出器官的合理对价，其获得的可能更多是精神上的收益。但要

---

① 参见张海燕：《人体器官移植立法问题研究——兼论我国〈人体器官移植条例〉的完善》，载《东岳论丛》2008 年第 6 期。

② 但此处仅限于对活体器官捐赠的规制，未成年人死亡后其器官可否被捐赠，应遵从《民法典》第一千零六条第三款的规定，与成年人死亡后的情形一致，统一采用“自然人”的概念。

③ 参见霍原：《为民法典对器官捐献自己决定权的规范回应》，载《学术交流》2017 年第 6 期。

④ 参见陶若愚：《器官捐献推定同意制度的近亲属处分权研究》，载《医学与法律》2021 年第 1 期。

付出和面临的风险是来自身体、健康权益的受损。因此，社会应对于器官捐献者作出更多的保护，尤其是要保护他们的人格尊严，充分尊重他们捐献与否的意愿。即便某些捐献人在作出捐献承诺后反悔，撤回捐献的承诺，也不应遭受社会的负面评价，甚至是谴责。[①] 法律允许捐赠者随时撤销捐赠的意思表示。[②]

对于遗体捐赠层面，应当尊重自然人生前对于捐赠的意思表示，如自然人生前明确表示不同意捐赠的，其近亲属不得以《民法典》第一千零六条第三款的规定集体决定替死者捐赠，其共同决定并签署的捐赠协议系无效，因与死者生前真实意思表示相违背。[③]

（三）捐献的意思表示须有书面形式或遗嘱形式

人体器官捐赠不是等闲小事，关系到自然人对于自己身体权利的处分以及人格尊严，必须经过充分考虑，慎之又慎，且允许自然人随时撤回自己的意思表示，因此必须以书面形式固定下来，或者选择可以固定成文的遗嘱形式在遗嘱中进行明确的表达。同样地，上述意思表示的文件皆允许自然人进行意思表示的撤销。[④]

（四）人体捐献须为无偿捐献

人体器官捐献必须为无偿，不能以交易或者变相交易的形式进行，此处的无偿是指不存在对于所捐器官的合理商业化对价。因为如果允许器官买卖，将引发一系列道德和社会问题。[⑤] 但对于捐献人捐献以后，接受人对其给予一定的生活补助和感谢等，法律并不禁止。获得捐献的自然人及其亲属自愿向捐献者或其近亲属以物质或精神形式表达感谢的，不应认定为双方的非法买卖或交易行为。这种合理的经济激励补偿机制，与无偿捐献原则并不违背。

---

① 参见朱姝尧、杨芳：《民法典时代活体器官移植供体权力的法律保护》，载《南京中医药大学学报（社会科学版）》2021 年第 3 期。

② 参见韩大元、于文豪：《论人体器官移植中的自我决定权与国家义务》，载《法学评论》2011 年第 3 期。

③ 参见王泽鉴：《人格权法：法释义学、比较法、案例研究》，北京大学出版社 2013 年版，第 106 页。

④ 参见王利明：《人格权重大疑难问题研究》，法律出版社 2019 年版，第 411 页。

⑤ 参见申卫星、王琦：《论人体器官捐献与移植的立法原则》，载《比较法研究》2005 年第 4 期。

（五）器官捐献的其他法定要求①

1. 医疗机构及医疗人员的义务

在捐献器官过程中，根据《人体器官移植条例》第十九条第一款的规定，从事人体器官移植的医疗机构及其医务人员摘取活体器官前，应当履行下列义务：

一是向活体器官捐献人说明器官摘取手术的风险、术后注意事项、可能发生的并发症及其预防措施等，并与活体器官捐献人签署知情同意书。二是查验活体器官捐献人同意捐献其器官的书面意愿、活体器官捐献人与接受人存在法律所许可关系的证明材料。三是确认除摘取器官产生的直接后果外不会损害活体器官捐献人其他正常的生理功能。

2. 需要审核的相关材料

根据《卫生部关于规范活体器官移植的若干规定》的要求，从事活体器官移植的医疗机构应当要求申请活体器官移植的捐献人与接受人提交以下相关材料：

一是由活体器官捐献人及其具有完全民事行为能力的父母、成年子女（已结婚的捐献人还应当包括其配偶）共同签署的捐献人自愿、无偿捐献器官的书面意愿和活体器官接受人同意接受捐献人捐献器官的书面意愿。二是由户籍所在地公安机关出具的活体器官捐献人与接受人的身份证明以及双方第二代居民身份证、户口本原件。三是由户籍所在地公安机关出具的能反映活体器官捐献人与接受人亲属关系的户籍证明。四是活体器官捐献人与接受人属于配偶关系，应当提交结婚证原件或者已有生育子女的证明。五是省级卫生行政部门要求的其他证明材料。

四、辅助信息

《民法典》

第一百零九条　自然人的人身自由、人格尊严受法律保护。

第一百三十条　民事主体按照自己的意愿依法行使民事权利，不受干涉。

第一千零六条　完全民事行为能力人有权依法自主决定无偿捐献其人体细胞、人体组织、人体器官、遗体。任何组织或者个人不得强迫、欺骗、利诱其捐献。

---

① 参见杨立新主编：《中华人民共和国民法典释义与案例评注：人格权编》，中国法制出版社 2020 年版，第 152～153 页。

完全民事行为能力人依据前款规定同意捐献的，应当采用书面形式，也可以订立遗嘱。

自然人生前未表示不同意捐献的，该自然人死亡后，其配偶、成年子女、父母可以共同决定捐献，决定捐献应当采用书面形式。

第一千零七条 禁止以任何形式买卖人体细胞、人体组织、人体器官、遗体。

违反前款规定的买卖行为无效。

《人体器官移植条例》

第三条 任何组织或者个人不得以任何形式买卖人体器官，不得从事与买卖人体器官有关的活动。

第七条 人体器官捐献应当遵循自愿、无偿的原则。

公民享有捐献或者不捐献其人体器官的权利；任何组织或者个人不得强迫、欺骗或者利诱他人捐献人体器官。

第八条 捐献人体器官的公民应当具有完全民事行为能力。公民捐献其人体器官应当有书面形式的捐献意愿，对已经表示捐献其人体器官的意愿，有权予以撤销。

公民生前表示不同意捐献其人体器官的，任何组织或者个人不得捐献、摘取该公民的人体器官；公民生前未表示不同意捐献其人体器官的，该公民死亡后，其配偶、成年子女、父母可以以书面形式共同表示同意捐献该公民人体器官的意愿。

第九条 任何组织或者个人不得摘取未满18周岁公民的活体器官用于移植。

第十条 活体器官的接受人限于活体器官捐献人的配偶、直系血亲或者三代以内旁系血亲，或者有证据证明与活体器官捐献人存在因帮扶等形成亲情关系的人员。

第十五条 医疗机构及其医务人员从事人体器官移植，应当遵守伦理原则和人体器官移植技术管理规范。

第十六条 实施人体器官移植手术的医疗机构及其医务人员应当对人体器官捐献人进行医学检查，对接受人因人体器官移植感染疾病的风险进行评估，并采取措施，降低风险。

第十九条　从事人体器官移植的医疗机构及其医务人员摘取活体器官前，应当履行下列义务：

（一）向活体器官捐献人说明器官摘取手术的风险、术后注意事项、可能发生的并发症及其预防措施等，并与活体器官捐献人签署知情同意书；

（二）查验活体器官捐献人同意捐献其器官的书面意愿、活体器官捐献人与接受人存在本条例第十条规定关系的证明材料；

（三）确认除摘取器官产生的直接后果外不会损害活体器官捐献人其他正常的生理功能。

从事人体器官移植的医疗机构应当保存活体器官捐献人的医学资料，并进行随访。

第二十条　摘取尸体器官，应当在依法判定尸体器官捐献人死亡后进行。从事人体器官移植的医务人员不得参与捐献人的死亡判定。

从事人体器官移植的医疗机构及其医务人员应当尊重死者的尊严；对摘取器官完毕的尸体，应当进行符合伦理原则的医学处理，除用于移植的器官以外，应当恢复尸体原貌。

第二十一条　从事人体器官移植的医疗机构实施人体器官移植手术，除向接受人收取下列费用外，不得收取或者变相收取所移植人体器官的费用：

（一）摘取和植入人体器官的手术费；

（二）保存和运送人体器官的费用；

（三）摘取、植入人体器官所发生的药费、检验费、医用耗材费。

前款规定费用的收取标准，依照有关法律、行政法规的规定确定并予以公布。

人格权纠纷案件裁判规则第 7 条：

民事主体之间签订的有偿代孕服务合同，违背我国公序良俗，一般应当认定为无效

【规则描述】 代孕行为涉及对自然人人格利益的侵犯，容易引发法律、伦理难题，违背我国公序良俗，因此，民事主体之间签订合同约定一方提供代孕服务，另一方支付对价的，合同一般应为无效。合同无效后，当事人因该合同取得的财产，应当予以返还；不能返还或者没有必要返还的，应当折价补偿。有过错的一方应当赔偿对方由此所受到的损失；各方都有过错的，应当各自承担相应的责任。法律另有规定的，依照其规定。

一、类案检索大数据报告

数据采集时间：2022 年 2 月 7 日；案例来源：Alpha 案例库；案件数量：153 件。检索条件：法院认为包含“代孕”的民事案件。本次检索共获取 153 篇裁判文书，其中有偿代孕服务合同相关纠纷 71 件。如图 7–1 所示，从主体身份来看，71 件有偿代孕服务合同纠纷中，被告为个人的有 29 件，占比 40.85%；被告为医院等正规医疗机构的有 23 件，占比 32.39%；被告为医疗服务公司、咨询公司等的 17 件，占比 23.94%；其他 2 件，占比 2.82%。

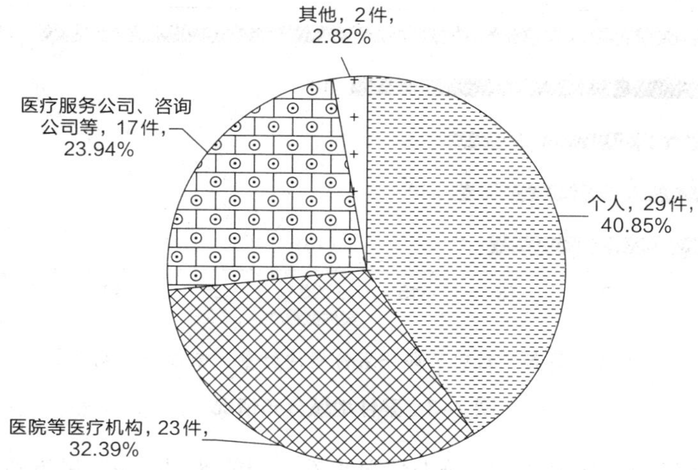

图 7–1　代孕合同纠纷被告情况

如图 7–2 所示，从案件年份分布情况来看，涉“代孕”民事纠纷数量整体呈逐年增长趋势。

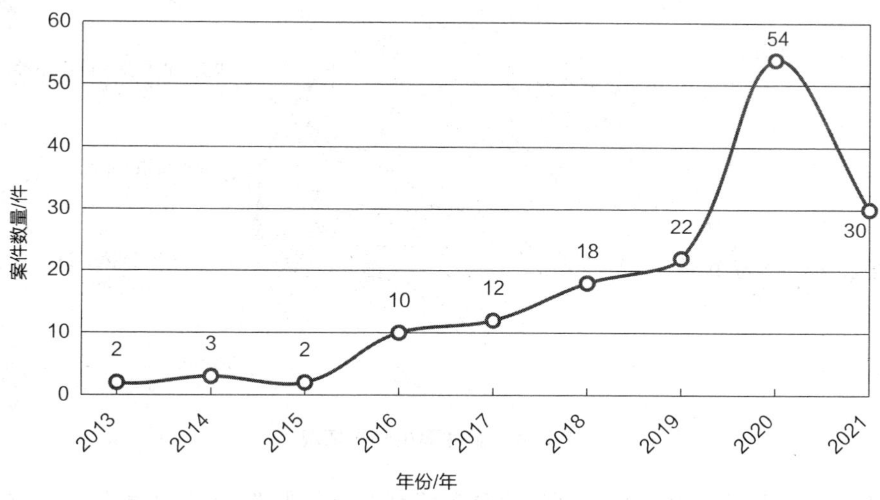

图 7–2　案件年份分布情况

如图 7–3 所示，从案件地域分布情况来看，当前涉“代孕”民事纠纷主要集中在广东省、四川省、上海市、北京市、江苏省等地区，其中广东省的案件量最多。

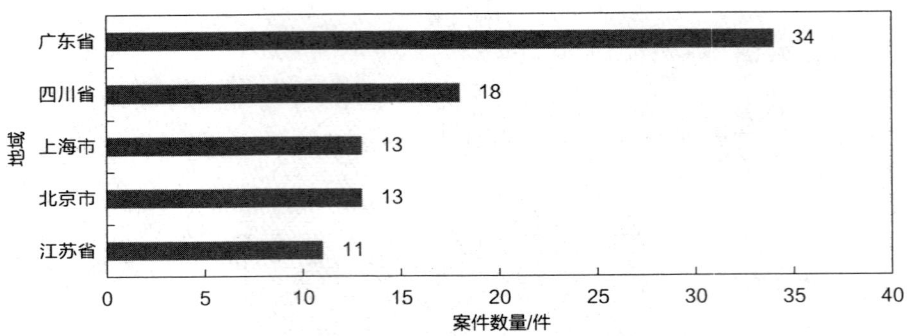

（注：图表只列举了部分省份案件数量，未逐一列明）

图 7–3 案件地域分布情况

如图 7–4 所示，从案件案由分布情况来看，当前涉“代孕”民事纠纷最主要的案由是合同、准合同纠纷，有 98 件，占六成以上，其次是婚姻家庭、继承纠纷等纠纷。

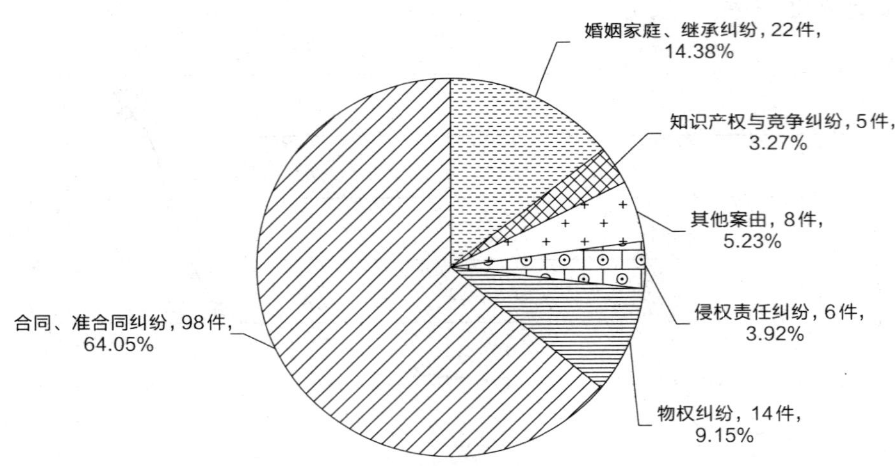

图 7–4 案件案由分布情况

如图 7–5 所示，从案件审理程序分布情况来看，涉“代孕”民事纠纷一审案件 94 件，占比 61.44%；二审案件 58 件，占比 37.91%；再审案件 1 件，占比 0.65%。

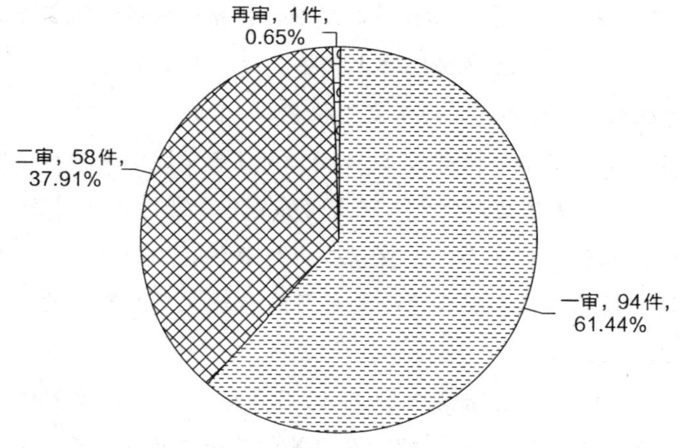

图 7-5 案件审理程序分布情况

二、可供参考的例案

例案一：李某、张某与北京大学第三医院医疗服务合同纠纷案

【法院】

北京市海淀区人民法院

【案号】

（2021）京 0108 民初 3506 号

【当事人】

原告：李某

原告：张某

被告：北京大学第三医院

【基本案情】

张某与李某系夫妻关系。2003 年 10 月，张某前往北京大学第三医院（以下简称北大三院）就诊，诊断为“原发不孕症”。2003 年 10 月 31 日，张某签署《体外受精—胚胎移植（IVF-ET）术前协议书》。2003 年 11 月 30 日，张某进行阴道 B 超取卵手术，取卵 9 枚，形成胚胎 5 枚。2003 年 12 月 3 日，二原告与北大三院签署《冻存胚胎协议书》，确定移植 2 个胚胎，移植后剩余 3 个胚胎可冷冻保存，分为 1 根麦管。张某移植 2 胚未孕，于 2004 年 9 月再次前往北大三院要求解冻胚胎，进行移植。

2004年9月20日，北大三院在审核证件时发现，拟接受胚胎移植者并非患者张某本人，北大三院向李某告知卫生部法规禁止代孕。后北大三院将本周期未移植并将解冻的3枚卵裂期胚胎继续培养，最终形成1枚囊胚（D5）并冻存。2004年9月22日，二原告再次签署《冻存胚胎协议书》，约定解冻后D5囊胚1枚放入1根麦管冷冻保存于北大三院。后二原告陆续向北大三院支付冻存费。2011年1月24日，张某再次就诊于北大三院，入院检查高血压，建议心内科评估。2013年11月28日，张某拟行解冻胚胎移植，后未移植。现二原告要求解除与北大三院签订的《冷冻胚胎协议书》，要求北大三院返还胚胎。

北大三院辩称：（1）患者张某2003年10月4日（时年34岁）首次就诊于该院生殖中心，入院诊断为“原发不孕症”。在完善相关检查及评估后，患者“子宫内膜异位症、子宫腺肌症”符合体外受精—胚胎移植（IVF-ET）助孕指征。2003年10月31日，患者签署“体外受精—胚胎移植（IVF-ET）术前协议书”后予助孕治疗。11月30日，患者张某进行阴道B超取卵手术，获卵9枚，形成胚胎5枚。12月3日，移植卵裂期胚胎（D3）2枚，剩余3枚胚胎放入1根麦管内冻存由我院保存，患者签署“冻存胚胎协议书”。此后患者早孕期自然流产。2004年9月20日，患者返院再次行解冻胚胎移植。医院在审核证件时发现，拟接受胚胎移植者并非患者张某本人。由于患者夫妇找人“代孕”的行为，医院向患者家属告知我国人类辅助生殖技术管理办法明确规定医疗机构和医务人员不得实施任何形式的代孕技术。因此，本周期未移植并将解冻的3枚卵裂期胚胎继续培养，最终形成1枚囊胚（D5）并冻存。2004年9月22日，患者再次签署“冻存胚胎协议书”，约定解冻后D5囊胚1枚放入1根麦管冷冻保存于该院。2011年1月24日，张某6年后再次就诊于该院。入院检查高血压，建议心内科评估。患者又2年余未就诊，再次就诊时间为2013年11月28日，拟行解冻胚胎移植。2014年5月8日，移植日行超声检查发现检查结果与既往病史不符，考虑拟接受胚胎移植者仍非患者张某本人，予取消胚胎移植。患者末次就诊时间为2015年3月23日。（2）被答辩人自身妊娠风险极高，且不能排除实施代孕的可能性，返还胚胎不利于患者权益保障，也可能违背医学伦理。张某现年51岁，早已过妊娠的最佳年纪。且其早在2003年12月移植入胚胎后即发生自然流产，2011年1月经检查又确诊为高血压。此时若本人再接受人工辅助生殖，无疑会极大地增加妊娠的风险。无论是对产妇抑或是胎儿都可能产生伤害。再者，张某此前在医院的诊疗过程中已多次欲通过“代孕”的方式孕育子女，均被医务人员及时察觉并制止。我国《人类辅助生殖技术管理办法》第三条明确规定，医疗机构和医务人员不得实施任何形式的代孕技术。原告此时要求返还胚胎，更是不能排除“代孕”的可能性。此外，没有正规的医疗机构会接受私自带来的胚胎去实施后续的治疗，而在缺乏国家严格监管和定期的校验检查的地下代孕市场，如果患者尝试代孕将可能面临违法违规实施该项技术的风险，患者的利益将更没有保障，也违背了国内所公认的医疗伦理原则。（3）医院返还胚胎后，可能滋生后续胚胎交易、买卖的违法行为。我国《人类辅助生殖技术管理办法》第三条明确规定，禁止以任何形式买卖配子、合子、胚胎。医院若将冷冻胚胎返还原告后，可能给原告买卖、赠与胚胎创造条件，滋生后续地下交易的违法犯罪行为。再者，原告要求私自将胚胎带走，可能将使胚胎处于不利环境。胚胎的保存条件要求极高，除需特定的容器、特定的环境外，还需定期监测环境变化以实时进行维护，确保珍贵的资源不受损失，而原告不具备上述条件，不利于胚胎保护。（4）胚胎系在医院培养而成，原告的违法违规行为可能导致医院被牵连。《人类辅助生殖技术管理办法》中对于医疗机构实施辅助生殖规定了严格的责任和限制条件。虽然胚胎是从被答辩人处获取的生殖细胞培育而来，但现行立法中对于冷冻胚胎的法律地位仍未有明确的定性。对于胚胎本身是否为民法意义上的“物”、患者是否享有“返还原物请求权”，在理论上也有争议。人类胚胎不同于民法上的一般物，它包含人类尊严和伦理价值，是具有生命属性的特殊物，应受到法律的特别尊重和特殊保护。且该胚胎是在医院取出并培养而成，被告作为公立医疗机构也理应有义务、有责任承担起相应的监督职责。此外，胚胎是在医院培养形成，若原告实施了后续违法违规行为，可能导致被告受无辜牵连，进而处于不利的地位，甚至面临着行政责任及民事被诉的风险。（5）胚胎培养是人工辅助生殖的重要环节，而非完整的诊疗活动，被告如返还胚胎，可能产生医疗道德风险。胚胎培养是后续诊疗行为开展的前提条件。因此该环节无论是对于培养条件抑或是技术标准的要求更高。若在胚胎培养完毕之后将其返还患者，无疑是将整个诊疗行为割裂开来，变相地向社会传递一个信号：可以先在医院培养胚胎再去外院移植。倘若允许医疗机构将胚胎返还个人，再由个人进行私下的处分，无疑会对医疗伦理形成正面的冲击，甚至可能引发公众错误的变相解读，不利于维护医疗秩序，滋生医疗道德风险。（6）若法院判决返还胚胎，恳请一并签发司法建议，禁止将该胚胎用于代孕、买卖、赠与等一系列行为。被告可以配合返还冷冻胚胎，但需法院明确原告后续行为与被告无关。

【案件争点】

患者请求解除与医疗机构之间的医疗服务合同关系，并请求医疗机构返还冷冻胚胎的，是否应予支持。

【裁判要旨】

法院审理认为，公民的合法民事权益受法律保护。本案中，张某前往北大三院就医，张某、李某与北大三院签署《冻存胚胎协议书》，双方形成医疗服务合同关系。我国现行法律对胚胎的法律属性虽未作出明确规定，但二原告与胚胎具有生命伦理上的密切关联性，二原告对胚胎享有民事权益。现二原告明确表示不愿继续将冷冻胚胎保存于北大三院处，北大三院应将胚胎予以返还，法院对二原告的诉请予以支持。

另需向二原告说明，依据相关法律规定，禁止以任何形式买卖配子、合子、胚胎，禁止代孕。张某、李某在取得本案冷冻胚胎后，应当遵守相关法律规定，不得违背公序良俗且不得损害他人利益。张某、李某还应按照约定向北大三院支付冻存期间的冻存费用。此外，因胚胎需要冷冻保存，张某、李某在接收胚胎时，应自行准备冷冻胚胎所需设备。

例案二：刘某英与谢某霞、四川爱贝家健康管理咨询有限公司合同纠纷案

【法院】

四川省成都市锦江区人民法院

【案号】

（2019）川0104民初5965号

【当事人】

原告（反诉被告）：刘某英

被告（反诉原告）：谢某霞

被告（反诉原告）：四川爱贝家健康管理咨询有限公司

【基本案情】

2018年4月11日，刘某英通过微信联系四川爱贝家健康管理咨询有限公司（以下简称爱贝家公司）法定代表人谢某霞，称想用其子的精子及他人卵子，通过代孕方式为其子作二代试管婴儿，代孕妈妈已经找好，想让谢某霞为其找供卵者。谢某霞同意。

2018年4月20日，刘某英（甲方）与爱贝家公司（乙方）签订了一份《医疗

健康咨询及生育互助管理委托协议书》，该协议约定乙方为甲方提供试管婴儿全程的医疗咨询服务、为甲方预约资深辅助生殖科医师、建立试管婴儿诊疗档案、提供试管婴儿诊疗期间相关事宜的陪同与沟通、根据甲方提供的身体检查报告结果制定合适的试管婴儿诊疗方案、甲方进行IVF疗程期间影响乙方支付所涉及或可能涉及的检查、药品及IVF医师手术等相关费用包括促卵泡药费、排卵检测费、激素检查费、取卵手术费、精子处理费、IVF手术费、PGD手术费、IVF移植费、胚胎冷冻费；若第1次胚胎移植后妊娠失败，在有甲方胚胎剩余情况下第2次由乙方负责免费移植1次，若第2次移植后妊娠实拍甲方要求再增加以此移植，免费移植；若甲方无剩余胚胎，要求进行第2次促排的，需向乙方另行支付单次促排费20万元；协议总金额为20万元，签订之日支付1万元，促排当日支付3万元，取卵当日支付6万元，移植当日支付10万元，乙方保证在2018年5月10日做好胚胎，若没有，属乙方违约，退还所有费用。

谢某霞找到提供卵子的女士后，联系刘某英，随后双方协商供卵者及代孕妈妈体检、取卵、移植胚胎事宜。2018年4月30日，谢某霞通知刘某英，供卵者第二天取卵。2018年6月20日，刘某英将显示怀孕的验孕棒发给谢某霞，告知谢某霞代孕妈妈怀孕，刘某英很高兴并对谢某霞表示感谢。6月21日、6月22日，刘某英都将当日测试的显示怀孕的验孕棒发给谢某霞。6月25日，刘某英发了一份检验报告给谢某霞，问谢某霞该报告是什么意思，谢某霞回答怀上了，但生化了，告诉刘某英要停针停药。7月16日，刘某英问谢某霞，代孕妈妈哪天移植胚胎，谢某霞告知刘某英第2天移植。7月26日，刘某英再次问谢某霞代孕妈妈是否怀上，谢某霞回复“对”。刘某英将代孕妈妈的检验报告发给谢某霞，谢某霞告知刘某英需要等检验报告上指标数值翻倍。但之后代孕妈妈再次终止妊娠。8月1日，刘某英问谢某霞，若换一个代孕妈妈何时可以移植胚胎，谢某霞回复8月15日左右可以。8月16日，刘某英问谢某霞是否移植胚胎，谢某霞告知正在复查。9月25日，刘某英问谢某霞是否又要重新取卵、取精，谢某霞回复“是”。9月26日，刘某英要谢某霞帮忙找供卵者和代孕妈妈。谢某霞于10月2日告知刘某英已找到合适供卵者和代孕妈妈；于11月6日告知刘某英供卵者第2天取卵；于11月26日告知刘某英做好了7个女性胚胎，应于次月安排移植胚胎；于12月17日告知刘某英当日下午移植，刘某英回复“好”，尽量移植两个胚胎。之后谢某霞告知刘某英代孕再次以失败告终。

刘某英于2018年4月20日向谢某霞支付1万元；于4月21日支付3万元；于5月2日支付6万元；于6月15日支付10万元。

另查明，爱贝家公司的经营范围为健康咨询（不包含治疗与诊断）、商务信息咨询、大型活动组织服务、会议服务、展示展览服务、公共礼仪服务。

刘某英起诉请求确认其与爱贝家公司签订的《医疗健康咨询及生育互助管理委托协议书》无效，判令爱贝家公司返还代孕费用20万元及损失3万元，谢某霞对上述款项承担连带责任等。爱贝家公司、谢某霞反诉请求刘某英向爱贝家公司、谢某霞支付第2次促排产生的费用20万元。

【案件争点】

代孕服务合同的效力及无效法律后果。

【裁判要旨】

四川成都市锦江区人民法院审理认为：

关于合同效力问题。爱贝家公司与刘某英于2018年4月20日签订了一份《医疗健康咨询及生育互助管理委托协议书》，从该份合同来看，爱贝家公司仅为刘某英提供试管婴儿的医疗咨询、预约生殖科医师、制订适合刘某英的试管婴儿诊疗方案、为试管婴儿建档等服务。然而，从刘某英与爱贝家法定代表人签订合同之前的聊天记录可以知道，刘某英已经明确告知爱贝家公司，要找人代孕，要求爱贝家公司提供供卵者并进行胚胎移植，代孕女子刘某英已经找好。爱贝家公司同意的情况下，双方签订了该协议。协议签订之后，刘某英一直与爱贝家公司沟通的都是代孕事宜，包括供卵者的条件、排卵时间、胚胎成功个数、胚胎移植时间。在两次移植均失败后，刘某英要求爱贝家公司同时提供代孕妈妈和供卵者，双方再次对代孕事宜进行协商。由此可见，该协议以医疗健康咨询及生育互助之名，行协助实施代孕之实。代孕，代孕者通过出让子宫的使用权，以获得商业利益，其行为侵害了代孕者的身体健康及人格尊严，其后果更是对社会公德、伦理道德的损害，且在原卫生部《人类辅助生殖技术管理》第三条明确规定“禁止以任何形式买卖配子、合子、胚胎。医疗机构和医务人员不得实施任何形式的代孕技术”。因此，刘某英与爱贝家公司所签订的《医疗健康咨询及生育互助管理委托协议书》目的非法，根据《合同法》第五十二条第三项[①]的规定，以合法形式掩盖非法目的的合同无效。故刘某英主张刘某英与爱贝家公司签订的《医疗健康咨询及生育互助管理委托协议书》无效的诉讼请求，法院予以支持。

---

① 参见《民法典》第一百四十六条规定："行为人与相对人以虚假的意思表示实施的民事法律行为无效。以虚假的意思表示隐藏的民事法律行为的效力，依照有关法律规定处理。"

刘某英与爱贝家公司签订《医疗健康咨询及生育互助管理委托协议书》之际，双方均知晓合同目的非法，对该协议的签订具有同等过错，故根据《合同法》第五十八条[①]的规定，合同无效或者被撤销后，因该合同取得的财产应当予以返还；不能返还或者没有必要返还的，应当折价补偿；有过错的一方应当赔偿对方因此而受到的损失，双方都有过错的，应当各自承担相应的责任。本案中，爱贝家公司协助刘某英指定的代孕妈妈排卵、移植胚胎，刘某英因此而支付给爱贝家公司20万元，故爱贝家公司与刘某英应当各自承担50%的责任，爱贝家公司应当返还刘某英10万元。对于刘某英主张的损失3万元，因无证据证明，法院不予支持。刘某英主张谢某霞承担连带责任，因谢某霞并非合同主体，谢某霞仅是爱贝家公司的法定代表人，谢某霞与刘某英沟通属于职务行为，其要求谢某霞承担连带责任于法无据，法院不予支持。爱贝家公司、谢某霞主张按照双方协议约定，爱贝家公司再次为刘某英提供促排服务，刘某英应当向其支付20万元。因双方合同无效，且爱贝家公司、谢某霞无证据证明提供了再次促排，并因此产生了损失，故其该项诉请，法院不予支持。

例案三：深圳西尔斯国际商务咨询有限公司与孙某服务合同纠纷案

【法院】

广东省深圳市中级人民法院

【案号】

（2018）粤03民终9212号

【当事人】

上诉人（原审被告）：深圳西尔斯国际商务咨询有限公司

被上诉人（原审原告）：孙某

【基本案情】

2017年3月14日，孙某和深圳西尔斯国际商务咨询有限公司（以下简称西尔斯公司）签订《美国自体移植（含PGD）合同》。该合同约定："一、双方信息。甲方（客户方）系孙某，乙方（服务商）系西尔斯公司。二、双方职责：（1）孙某提供办

① 参见《民法典》第一百五十七条规定："民事法律行为无效、被撤销或者确定不发生效力后，行为人因该行为取得的财产，应当予以返还；不能返还或者没有必要返还的，应当折价补偿。有过错的一方应当赔偿对方由此所受到的损失；各方都有过错的，应当各自承担相应的责任。法律另有规定的，依照其规定。"

证所需的资料，包括但不限于护照、身份证、结婚证、财产证明等资料，以便西尔斯公司为孙某准备完善资料以供赴美签证所用；（2）孙某应按照西尔斯公司的要求提供真实的健康信息，由孙某信息虚假引起的后果由孙某自行承担；（3）孙某必须严格执行美国洛杉矶医疗中心生殖专家的治疗方案，期间不得委托其他相同或者相似的机构进行 IVF 相关治疗，若由此造成的不良后果由孙某自行承担；（4）如果孙某选择在国内完成前期促排卵及监测排卵，必须按照西尔斯公司安排的时间到指定的医院完成验血、查性激素、B 超等检查项目，相关的费用由孙某负责；（5）一旦进入取卵周期，孙某不得对委托内容作出修改，孙某因个人原因中途取消治疗方案的，所交费用不予退款；（6）西尔斯公司承诺提供美国洛杉矶医疗中心最全面、专业的医疗服务及咨询服务；（7）西尔斯公司承诺对孙某的信息及隐私保密；（8）西尔斯公司承诺为孙某提供两次与美国医生远程视频医疗会议；（9）西尔斯公司提供全程咨询服务，并协助孙某办理签证，指导填写美国签证表格，并预约美国签证面谈的时间，代缴签证工本费，协助准备签证所需的材料，审阅及修正；（10）西尔斯公司为孙某提供一对一面签注意事项培训；（11）西尔斯公司为孙某提供一对一入境事项培训，并协助准备入境所需要的材料；（12）西尔斯公司不提供医疗服务。三、合同金额及服务内容：西尔斯公司提供美国自体移植一条龙服务 20 万元；中国、美国服务内容如下：A. 签订合同后一次性支付服务费 5 万元整，提供前期的服务；B. 签证通过后支付第二笔费用 10 万元整，提供入境、订机票、邮寄药物；C. 挑选代孕者支付第三笔费用：/ 元整，提供中期服务；D. 代孕者孕 6 个月后支付剩余的费用 5 万元整，月子中心预留房间和月嫂。双方对于前期服务约定以下内容：（1）免费办理美国签证（有签证保障）；（2）协助乙方预约中国医院检查；（3）赠送两人两次往返经济舱机票；（4）协助客户入境，并提供一对一的入境培训；（5）协助客人订购国际往返机票，协助客人预订酒店 / 民宿；（6）与客人确定医院，并与指定的美国医院医生联系，发送客人诊疗体检报告，协调远程预诊（一次），调理药品寄送、协调；（7）与院方协调确定客人的具体诊疗计划；（8）制定在美国期间具体行程时间规划；（9）客户到达美国的接送机各一次（接送机场需要与医院同城）；（10）医院就诊全程服务（协助客户完成院方促排、移植、验孕各治疗环节，陪同，协调，翻译）；（11）代孕公司服务（协调代孕者筛选、会见代孕者、代孕者背景调查、律师协调、购买保险）；（12）协调精子、卵子购买，境外留精服务。双方对于中期服务约定如下内容：（1）孕母验孕成功到生产过程中孕母的产检跟踪，胎儿健康信息跟踪，实地探访，信息反馈；（2）建立孕母与生父母之间的远程联系，确保双方在孕母怀孕过程中的良性沟通；（3）孕母入院生产陪同，接生陪同；（4）陪同准父母及宝宝作亲子鉴定；（5）孕母生产后，新生儿接到西尔斯月子会所。双方对于后期服务约定如下内容：（1）孩子出生后，协助鉴定；（2）入驻西尔斯月子中心一个月；（3）安排月嫂一对一24小时贴身照顾；（4）月子期间准父母一日三餐的饮食；（5）办理宝宝出入院手续；（6）生产第二天翻译，填写宝宝文件；（7）联系儿科医院，宝宝出生后送儿科复查；（8）提供存储脐带血，宝宝保险咨询服务；（9）超市购物；（10）新生儿证件办理服务（出生纸、社会安全号码、护照三级认证、旅行证）；（11）满月送机回国。四、合同终止与解除约定：（1）如孙某的签证被拒签，西尔斯公司将在3个工作日内全额退款给孙某，同时本合同终止；（2）如孙某被美国海关原机遣返无法入境，西尔斯公司将扣除5000元，剩余费用5个工作日内退还孙某，同时本合同终止；（3）孙某因其他个人原因终止合同，费用不予退还；（4）如孙某未按预定时间赴美，西尔斯公司保留医院重新安排之权利。”

孙某于2017年3月14日支付西尔斯公司52208元服务费用，其中5万元用于订购涉案服务的IVF套餐，2208元是孙某和案外人杨某二人办理去美国签证的工本费用，西尔斯公司收到该款项后，同日开具编号为627550的收款收据。2017年4月25日，孙某通过九江银行向西尔斯公司转账支付10万元服务费用。西尔斯公司确认已经收到上述两笔共计15万元的服务费用。

西尔斯公司是在深圳注册成立的有限责任公司，其经营范围包括商务信息咨询、健康养生管理咨询、经济信息咨询、房地产信息咨询、财务咨询、投资咨询、投资管理（均不含证券、期货、基金、金融及限制项目）、文化活动策划、家政服务、房地产经纪、物业管理（凭资质许可经营）、旅行信息咨询、教育信息咨询。

根据双方当事人在《美国自体移植（含PGD）合同》中的约定，该合同前期、中期和后期服务费用共计20万元，前期服务和中期服务共计服务费用15万元。在该合同实际履行过程中，西尔斯公司没有提供前期服务中的第七项与院方协调孙某的具体诊疗计划、第十一项代孕公司服务（协调代孕者筛选、会见代孕者、代孕者背景调查、律师协调、购买保险）和第十二项协调精子、卵子购买、境外留精服务以及中期服务、后期服务。

双方当事人确认西尔斯公司已经为孙某提供以下涉案《美国自体移植（含PGD）合同》第一项至第十项前期服务：第一，双方当事人确认西尔斯公司已经为孙某和案外人杨某办理了前往美国的签证，西尔斯公司收取了二人2208元的签证成本费用。第二，西尔斯公司已经为孙某和案外人杨某提供了往返中国上海到美国洛杉矶的机票。

第三，西尔斯公司为孙某和案外人杨某提供了二人到美国后的一次接机服务。第四，西尔斯公司为孙某和案外人杨某提供了二人在美国一个月的住宿。第五，孙某在本案庭审时确认，西尔斯公司有带孙某去到美国的医院就诊，也与美国的医生有过交流。

本案双方当事人存在争议的事实为：（1）西尔斯公司是否已经按照涉案《美国自体移植（含 PGD）合同》的约定提供了完整的前期服务；（2）西尔斯公司有无超经营范围提供涉案的代孕服务。对以上争议事实，一审法院依据双方提供的证据、庭审质证情况，依照相关的证据认定规则，分析判定如下：（1）……认定西尔斯公司在履行涉案《美国自体移植（含 PGD）合同》中为孙某和案外人杨某提供了以下服务：为孙某和案外人杨某办理了前往美国的签证，提供了二人来回中国上海和美国洛杉矶的机票，为孙某和案外人杨某提供了入境的必要培训以及一次介绍国内检查和美国就医细节问题的远程视频预诊，为孙某和案外人杨某提供了到美国后的接机服务，免费为二人提供了在美国一个月的食宿，在美国期间为孙某联系了洛杉矶当地的医院并带孙某去医院就诊、检查，为孙某和案外人杨某在美国的出行提供了必要服务。（2）……西尔斯公司属于超越其经营范围提供涉案的各项代孕服务。

广东省深圳前海合作区人民法院一审认为：本案双方当事人争议的事实是西尔斯公司是否在美国为孙某提供完整且符合涉案《美国自体移植（含 PGD）合同》约定的相关代孕服务。本案有关产生、变更或者消灭民事关系的法律事实发生在中华人民共和国领域外，本案系涉外服务合同纠纷。双方当事人并没有明确约定本案适用的准据法，根据《涉外民事关系法律适用法》第四十一条的规定，本案双方当事人的住所地、涉案合同的签订地、部分合同的履行地都在中华人民共和国内地，一审法院依据最密切联系原则，适用中华人民共和国内地法律作为本案的准据法。本案的争议焦点为：（1）涉案《美国自体移植（含 PGD）合同》的效力；（2）孙某诉请西尔斯公司返还 15 万元服务费用及相应利息应否支持。

1. 涉案《美国自体移植（含 PGD）合同》的效力

关于涉案《美国自体移植（含 PGD）合同》的效力，孙某主张该合同是西尔斯公司以欺诈的方式订立的，违反了《合同法》第五十二条第一项[①]“一方以欺诈、胁迫的手段订立合同，损害国家利益”的规定，同时签订涉案《美国自体移植（含 PGD）合同》的主旨是提供代孕服务，在我国涉嫌侵犯人格权以及我国相关立法的法律精神，明显地违反了社会公共利益以及公序良俗的原则。西尔斯公司则认为涉

① 参见《民法典》第一百四十八条、第一百四十九条。

案《美国自体移植（含PGD）合同》不存在违反《合同法》第五十二条[①]规定的合同无效的情形，涉案合同合法有效，即使西尔斯公司没有按照合同约定提供完整的服务，也只是产生违约责任的问题，不存在西尔斯公司欺诈孙某的情形。

《民法总则》第八条[②]规定："民事主体从事民事活动，不得违反法律，不得违背公序良俗。"第一百五十三条第二款[③]规定："违背公序良俗的民事法律行为无效。"《合同法》第七条[④]规定："当事人订立、履行合同，应当遵守法律、行政法规，尊重社会公德，不得扰乱社会经济秩序，损害社会公共利益。"根据上述规定可知，我国的民事主体在从事民事活动，订立有关民事合同时应当遵守法律的规定，不得违反社会的公共秩序以及我国传统的社会风俗和道德。我国卫生部颁布的《人类辅助生殖技术管理办法》第三条规定："人类辅助生殖技术的应用应当在医疗机构中进行，以医疗为目的，并符合国家计划生育政策、伦理原则和有关法律规定。禁止以任何形式买卖配子、合子、胚胎。医疗机构和医务人员不得实施任何形式的代孕技术。"在我国，代孕行为涉及代孕者的生命、身体、健康等多种重大的物质性人格利益，也涉及代孕孕母和委托代孕的父母之间关于代孕所生的子女亲属关系的确立、子女抚养的纠纷以及履行代孕合同过程中产生的多种不可预知的风险，因此，我国的相关立法已经明确规定，不允许医疗机构和医务人员从事任何形式的代孕技术，也不允许在市场上以任何形式买卖配子、合子、胚胎，在市场交易中，应严禁将相关代孕的行为商业化，并杜绝相关机构因从事代孕有关的服务而从中谋取商业利益。从事代孕有关的行为与我国传统的社会伦理、道德以及公序良俗的基本原则明显相违背。在我国普遍的司法实践中，因代孕孕母和委托代孕的父母之间签署的涉及代孕权利义务关系的合同，或者以谋取商业利润为目标的中介商业代孕机构和委托代孕的父母之间签订的有关代孕的居间服务合同均会因违反我国现行立法的规定以及公序良俗的基本原则而被认定为无效合同。

回到本案中，孙某主张西尔斯公司在签订涉案合同过程中存在欺诈，但并未对此举示任何证据予以证明，一审法院不予采信。涉案《美国自体移植（含PGD）合同》约定由西尔斯公司为孙某提供美国洛杉矶最全面、专业的医疗服务及咨询服务，

① 参见《民法典》第一百四十六条、第一百四十八条、第一百四十九条、第一百五十条、第一百五十三条、第一百五十四条。

② 对应《民法典》第八条，内容未作修改。

③ 对应《民法典》第一百五十三条第二款，内容未作修改。

④ 参见《民法典》第八条。

西尔斯公司为孙某在美国的代孕提供协调代孕者筛选、会见代孕者、代孕者背景调查、律师协调、购买保险，西尔斯公司为孙某协调精子、卵子购买，提供境外留精服务，在孕母验孕成功到整个生产过程中，西尔斯公司全程跟踪，确保代孕者与委托代孕的父母之间的远程联系。西尔斯公司在涉案《美国自体移植（含 PGD）合同》中的主要合同义务就是为孙某去美国进行代孕提供各项代孕的前期准备、为孙某和代孕者之间提供居间性质的商业化服务，且以盈利为目的收取服务费用，赚取商业利润。因此，一审法院认定涉案《美国自体移植（含 PGD）合同》因违反我国现行立法的规定以及公序良俗的基本原则而无效。

2. 孙某诉请西尔斯公司返还 15 万元服务费用及相应利息应否支持

如前所述，一审法院已经认定涉案《美国自体移植（含 PGD）合同》无效，《合同法》第五十六条[①]中规定："无效的合同或者被撤销的合同自始没有法律约束力。"该法第五十八条[②]规定："合同无效或者被撤销后，因该合同取得的财产，应当予以返还；不能返还或者没有必要返还的，应当折价补偿。有过错的一方应当赔偿对方因此所受到的损失，双方都有过错的，应当各自承担相应的责任。"因此，涉案《美国自体移植（含 PGD）合同》自始不产生约束力，西尔斯公司超过其经营范围违法从事前往美国代孕的涉案中介服务，对涉案合同的无效存在重大过错，其因该合同取得的财产应当向孙某返还，且不应从履行涉案《美国自体移植（含 PGD）合同》中获取盈利。但本案中，西尔斯公司在履行涉案《美国自体移植（含 PGD）合同》的过程中确实为孙某提供了部分有关代孕的服务，产生了一定的成本费用的支出，孙某作为完全民事行为能力人，明知涉案《美国自体移植（含 PGD）合同》存在违反我国法律规定和公序良俗原则的情形，依旧自愿去签订涉案合同，孙某在签订涉案《美国自体移植（含 PGD）合同》的过程中亦存在过错，故孙某诉请西尔斯公司返还涉案 15 万元全部的服务费用及利息缺乏事实依据。故一审法院结合双方当事人在签订涉案《美国自体移植（含 PGD）合同》中的过错程度以及履行该合同的实际情况认定孙某可诉请西尔斯公司返还除西尔斯公司为履行涉案合同支出的合理成本费用之外的其他涉案服务费用，孙某诉请西尔斯公司返还已经支付的 15 万元涉案服务费用的利息，一审法院不予支持。

关于西尔斯公司履行涉案《美国自体移植（含 PGD）合同》产生的合理成本费

① 参见《民法典》第一百五十五条。

② 参见《民法典》第一百五十七条。

用，依法应由西尔斯公司举证证明。在本案一审开庭时，西尔斯公司主张其花费了有关签证（包括签证工本费、签证涉及的服务费、人工工资、房租）的费用 2 万元、孙某和案外人杨某来回中国和美国的机票 3 万元、提供入境服务的费用、孙某和案外人杨某在美国一个月的租金 5690 美元、美国的人工（包括出行、吃饭等）费用等。对于西尔斯公司主张的上述成本费用，一审法院在本案开庭时以及庭后都多次明确要求西尔斯公司提交相关的证据，尤其是关于西尔斯公司为孙某和案外人杨某办理签证的费用、来回中国和美国产生机票费用的凭证、在美国食宿的证据等，但西尔斯公司庭后向一审法院书面回复，因涉及西尔斯公司的商业信息或者商业秘密，其没有其他证据补充提交。而根据西尔斯公司在本案中提交的孙某和案外人杨某的签证信息、机票信息，其中并没有显示相关的费用成本，西尔斯公司提交的孙某在美国就医的视频截图以及相关生活资料、美国医生的邮件信息都无法直接证明其主张的成本，西尔斯公司的员工和孙某的聊天记录中提到的各项成本的构成也都没有其他证据尤其是相关票据凭证予以佐证，故依法应由西尔斯公司自行承担举证不能的后果。一审法院根据上述已经认定的西尔斯公司实际已经为孙某提供涉案代孕服务的事实，酌定西尔斯公司已经为孙某涉案的代孕服务花费合理的成本 5 万元，具体包括为孙某和案外人杨某办理签证的人工费用 2000 元、参考中国往返美国的机票市场价酌定西尔斯公司为孙某和案外人杨某花费机票费用 14000 元、为孙某和案外人杨某提供美国一个月的食宿 4000 美元并按照同期人民币兑换美元的汇率计算为人民币 27500 元，以及西尔斯公司提供的其他入境服务、接机服务、远程视频培训、联系美国医院和医生和提供必要出行等花费 6500 元。除去上述合理的成本费用后，西尔斯公司应向孙某返还其余的涉案服务费用 10 万元。

西尔斯公司不服广东省深圳前海合作区人民法院（2017）粤 0391 民初 1893 号民事判决，向广东省深圳市中级人民法院提起上诉。

【案件争点】

代孕服务合同的效力及无效法律后果。

【裁判要旨】

广东省深圳市中级人民法院审理认为：

《民法总则》第八条[①] 规定："民事主体从事民事活动，不得违反法律，不得违

① 对应《民法典》第八条，内容未作修改。

背公序良俗。”第一百五十三条第二款[①]规定：“违背公序良俗的民事法律行为无效。”《合同法》第七条[②]规定：“当事人订立、履行合同，应当遵守法律、行政法规，尊重社会公德，不得扰乱社会经济秩序，损害社会公共利益。”根据上述法律规定，我国民事主体在订立有关民事合同时不得违反我国社会的公序良俗。涉案合同的主要内容是西尔斯公司以营利为目的，为孙某提供去美国代孕的各项前期准备及居间服务。代孕行为涉及代孕者的人格权益，也涉及代孕孕母和委托代孕的父母与代孕所生的子女之间亲属关系确立、抚养等法律与伦理难题。从事代孕有关的行为与我国传统的社会伦理、道德以及公序良俗的基本原则相违背。对此，一审判决已作详细论证，法院不再赘述。涉案服务合同内容违背我国社会的公序良俗，自始无效。

《合同法》第五十六条[③]中规定：“无效的合同或者被撤销的合同自始没有法律约束力。”第五十八条[④]规定：“合同无效或者被撤销后，因该合同取得的财产，应当予以返还；不能返还或者没有必要返还的，应当折价补偿。有过错的一方应当赔偿对方因此所受到的损失，双方都有过错的，应当各自承担相应的责任。”西尔斯公司提供赴美国代孕的中介服务，对涉案合同的无效存在重大过错。孙某明知涉案合同内容，而自愿与西尔斯公司订立合同，对合同的无效亦存在过错。双方应当各自承担相应的责任。一审法院根据查明的事实，酌定西尔斯公司因为孙某提供服务支出合理成本5万元恰当，法院予以确认。该部分费用应由孙某自行承担。西尔斯公司应当向孙某返还其余的涉案服务费用10万元。

例案四：刘某与林某霞合同纠纷案

【法院】

广东省深圳市中级人民法院

【案号】

（2019）粤03民终6372号

【当事人】

上诉人（原审被告）：刘某

---

① 对应《民法典》第一百五十三条第二款，内容未作修改。

② 参见《民法典》第八条。

③ 参见《民法典》第一百五十五条。

④ 参见《民法典》第一百五十七条。

被上诉人（原审原告）：林某霞

【基本案情】

2017年6月，林某霞通过中介唐某介绍，由刘某联系代孕事宜，林某霞于2017年6月12日通过微信转账1万元给唐某，于2017年6月20日通过银行转账155000元给刘某，同日，刘某出具收条“今收到林某霞移植费15.5万（儿子），其中包括养囊费一万元、代妈移植、若有多移胚胎二次移植收取一万元整”给林某霞。此后，林某霞与刘某及中介因只筛选三个男胚以及孕妈最后未能怀孕成功产生争议，林某霞称刘某承诺时有夸大欺骗，给林某霞身体和精神造成极大痛苦，起诉请求刘某返还155000元代孕费及相应利息，并赔偿精神损失费及其他经济损失155000元等。林某霞另提交贵阳往返深圳的动车票、深圳酒店住宿票、医疗费单据等证明已支出相关费用。

广东省深圳市宝安区人民法院审理认为，根据刘某出具的收条，林某霞、刘某之间的协议核心内容为林某霞向刘某支付155000元，委托刘某进行代孕儿子的相关事宜，故本案系委托合同纠纷。代孕涉及社会伦理、道德、婚姻家庭等一系列问题，与现行法律法规、社会伦理道德相违背，林某霞、刘某之间的委托合同明显有违公序良俗和社会公德，应属无效。合同自始无效，刘某收取林某霞的155000元理应返还，由于双方均有过错，故不予退还相关利息。林某霞主张的经济及精神损失亦无法律依据，一审法院不予支持。

刘某不服广东省深圳市宝安区人民法院（2018）粤0306民初13309号民事判决，向广东省深圳市中级人民法院提起上诉。在二审调查程序中，刘某主张其已经完成代孕行为，试管婴儿已经植入代孕者体内，只是胚胎没有在代孕者体内存活；林某霞主张刘某仅为其完成取卵手术，因未成功怀孕，无法确认刘某是否按协议约定进行了胚胎移植和养囊。

【案件争点】

代孕服务合同的效力及无效法律后果。

【裁判要旨】

广东省深圳市中级人民法院审理认为：本案为合同纠纷，林某霞、刘某之间订立的合同内容为林某霞委托刘某为其提供代孕相关服务并支付对价。代孕行为涉及社会伦理道德、婚姻家庭等诸多问题，与社会公序良俗相悖，为我国现行法律法规所明确禁止，基于此，林某霞、刘某订立的委托代孕合同自始无效，其权利义务应当按照合同无效的法律后果予以处理。

根据《合同法》第五十八条[①]的规定，合同无效后，因合同取得的财产，应当予以返还，同时各方应当按照过错比例对因合同产生的损失承担相应的责任。也就是说，合同无效的法律后果包括返还财产及赔偿损失两个部分。本案中，就财产返还而言，刘某因合同从林某霞处取得代孕费用155000元，应当由刘某予以返还。刘某上诉主张其只应当返还其中一半的费用，与法律规定不符，法院不予支持。

就赔偿损失而言，林某霞主张其从贵阳到深圳进行取卵等活动，支出了交通、住宿等费用，应当由刘某予以赔偿，并就相关费用的支出提供了部分证据，该部分费用的支出系林某霞因履行涉案无效合同所产生的损失，应当由各方按照过错比例予以承担。关于该部分的具体数额，法院参照林某霞所提供的证据，并结合其在履约过程中必然发生的相关费用的情况，酌定为1万元。林某霞同时主张精神损失，但其并未提交证据证明其人身权受到侵害，同时，代孕行为为我国法律所禁止，当事人无权因实施非法行为而主张精神损害赔偿，故该项主张缺乏事实及法律依据，法院不予支持。

刘某上诉主张其为履行涉案无效合同，支出了相关费用，该部分主张从性质上应当认定为对因履行合同而产生的损失的赔偿主张，应当在合同无效的法律后果当中予以一并解决。刘某未能提交证据证明其因履行合同所遭受损失的具体数额，但本案中，双方确实进行了代孕手术的相关操作，林某霞认可刘某为其提供了取卵等服务，刘某在为林某霞提供服务的过程中，必然要支出相应的费用，其损失客观存在，如不予认定，将会在双方当事人之间产生权利义务失衡的后果。法院综合考虑各方面因素，酌定刘某因履行合同所产生的损失为9万元。由此，双方因履行涉案无效合同而遭受的损失合计为10万元，应当根据双方的过错程度进行分担。代孕为违法行为，双方对于合同无效均具有同等过错，故该部分损失应当由林某霞与刘某各自承担一半即5万元，将该金额与双方实际遭受的损失金额进行相应扣减，林某霞还应当向刘某赔偿损失4万元。该部分金额可在刘某应当向林某霞返还的金额当中予以抵扣，抵扣之后，刘某仍应当向林某霞返还115000元。

三、裁判规则提要

（一）何谓代孕

近年来，明星弃养代孕子女的新闻，以及司法实践中不断出现的“无锡冷冻胚

---

① 参见《民法典》第一百五十七条。

胎案”“全国首例代孕引发的监护权纠纷案”等新类型纠纷，使得代孕这一话题越来越频繁地走进公众的视野，引起了广泛关注。代孕是伴随着人工授精、试管婴儿等人类辅助生殖技术的发展应用而兴起的一种衍生技术。作为一种非自然的生殖方式，代孕在为不孕夫妻带来生育子女希望的同时，也因割裂了血缘与妊娠分娩之间的联系，不仅对传统伦理观念及社会、家庭秩序形成了巨大冲击，也启发了学者对于“生命”“母亲”等概念新的思考。如何处理代孕纠纷，规范和调整代孕引起的法律关系，则是法律面临的挑战。

何谓代孕？有观点认为，代孕是指女子以为他人生育小孩为目的而怀孕生子的行为。[①]也有观点认为，代孕是人工生殖技术衍生出来的一种表现形式，即由代理孕母在人工生殖技术的辅助下，为委托人怀孕并分娩子女，代理孕母将子女交付委托人抚养的过程。《布莱克法律词典》对代孕的定义：代孕是指通过代孕契约约定，由一名妇女为其他夫妻怀孕并生产子女，将子女交付该对夫妻并放弃对该子女的亲权的过程，从事代孕的妇女即是代理孕母。[②]可见，对于代孕的定义目前尚未完全达成共识，最广义的解释甚至延伸到“自然代孕”。[③]

由于概念自身的模糊性，以及实践中代孕情形的复杂性，仅凭上述定义还难以准确厘清代孕的外延。或许可以通过考察代孕的具体类型获得更加直观的认识。人类异性生殖本质上是卵子与精子的结合，有学者从卵子、精子来源两个维度将代孕分为理论上的6种具体情形［（委托方、代孕母、捐献）卵子 ×（委托方、捐献）精子］。[④]如果考虑到代孕委托人可能为夫妻、单身男女或者同性伴侣，那么组合类型会更多。目前对代孕的主流分类标准有两个：一是按照代理孕母与所怀子女是否有基因上的联系将代孕分为妊娠代孕与基因代孕。其中，前者孕母仅代为怀孕生产而不提供卵子，精子与卵子来源于委托人或者捐献，因此代理孕母与胎儿无血缘关系。后者孕母使用自己之卵子和委托人的精子或第三人捐精进行人工授精而为怀孕生产。[⑤]二是按照是否收费的角度将代孕分为无偿代孕和有偿代孕。[⑥]

① 王贵松：《中国代孕规制的模式选择》，载《法制与社会发展（双月刊）》2009 年第 4 期。

② 康茜：《代孕关系的法律调整问题研究》，西南政法大学 2011 年博士学位论文。

③ 任巍、王倩：《我国代孕的合法化及其边界研究》，载《河北法学》2014 年第 2 期。

④ 王贵松：《中国代孕规制的模式选择》，载《法制与社会发展（双月刊）》2009 年第 4 期。

⑤ 康茜：《代孕关系的法律调整问题研究》，西南政法大学 2011 年博士学位论文。

⑥ 王贵松：《中国代孕规制的模式选择》，载《法制与社会发展（双月刊）》2009 年第 4 期。

（二）代孕的合法性

目前各国法律对于代孕合法性的态度不尽相同。有的国家完全禁止代孕，有的国家有限度地认可代孕，有的国家甚至允许商业代孕。例如，法国、德国等国法律将代孕视为一种违法行为。美国部分州允许代孕，部分州认为代孕是犯罪，部分州认为代孕协议无效，并禁止缔结带有报酬和对价的代孕协议，但并不反对自愿的代孕。英国不承认代孕协议的强制性，但允许非商业性的代孕。[①]我国尚未在法律层面对代孕作出规定，仅由部门规章对医疗机构及医疗人员实施代孕技术的行为进行了规制。2001 年卫生部《人类辅助生殖技术管理办法》第三条规定："人类辅助生殖技术的应用应当在医疗机构中进行，以医疗为目的，并符合国家计划生育政策、伦理原则和有关法律规定。禁止以任何形式买卖配子、合子、胚胎。医疗机构和医务人员不得实施任何形式的代孕技术。"2003 年卫生部修订《人类辅助生殖技术规范》《人类辅助生殖技术和人类精子库伦理原则》等均规定医务人员（实施技术人员）禁止实施代孕技术。由于代孕在某种程度上是不孕症患者生育子女的唯一手段，因此即便立法者对代孕采取禁止态度，也仅是使其转入地下，而不可能真正禁绝。从司法实践来看，我国法院裁判基本均以"从事代孕有关的行为与我国传统的社会伦理、道德以及公序良俗的基本原则相违背"等理由否认代孕行为的合法性。

无论立法者是否已经表达了自己的态度，关于代孕合法性的争论短期内都不会停歇，因为代孕的合法性不仅取决于其与现行法律的一致性，更取决于其是否合乎法律所蕴含的"正当标准"。讨论观点中，否定代孕合法性的理由主要有两方面：其一，代孕对代孕母亲以及生育子女的人格尊严构成了侵犯，使孕母沦为"生产的工具"并造成婴儿的商品化，更是对经济条件差的女性的剥削。代孕作为一种严重违背传统生殖方式以及传统生命伦理的行为，客观上无法抹杀基于代孕而可能产生的一子多母甚或多父亲的事实，也无法消弭孩子基于其自身特殊性而可能招致社会非议与歧视的事实。要求代母在孩子分娩后基于一纸契约而将孩子交付他人，也违背了人类天性。[②]其二，代孕违背公序良俗，对道德伦理及社会、家庭秩序等形成冲击。

而支持代孕合法性的观点也主要是围绕人格权、公序良俗两大方面给出理由：其一，承认代孕合法性是对自我决定权、生育权等人格权的尊重和保护，代孕并不

---

① 王贵松：《中国代孕规制的模式选择》，载《法制与社会发展（双月刊）》2009 年第 4 期。

② 刘长秋：《有限开放代孕之法理批判与我国代孕规制的法律选择》，载《法治研究》2016 年第 3 期。

是非自愿的奴役，禁止不能怀孕者寻求代孕的协助等于剥夺了其孕育子女的可能性。其二，主张代孕违反公序良俗的观点过于武断，事实上部分问卷调查显示社会公众对于代孕的接受度是较高的，考虑到我国历来有“不孝有三，无后为大”等香火观念，不孕者苛求子嗣的心情能够引起较为广泛的共情。此外，公序良俗本身也是一个弹性概念，具有极为丰富的内涵和极强的流变性。因此，随着社会大众对代孕问题的熟悉程度、生物医学技术的不断进步，法律调整态度的变化，家庭、人伦观念也在悄然改变，认为代孕是对善良风俗中的家庭、人伦观念的违反的观点站不住脚。然而即便如此，支持代孕合法性的观点一般也承认人的自我决定权并非完全不受限制。还有批评意见认为，支持代孕合法性观点所主张的不孕患者的生育权是一种伪权利，理由是：首先，法律所认可的权利只能是一种不对他人造成伤害的权利，而借助代孕来体现的不孕者的所谓生育权则是一种会对他人造成伤害的权利。其次，权利的实现需要以具备必要的能力为前提，即便是天赋人权也必须依赖于必要的能力才有实际的意义。经由代孕才得以实现的所谓的不孕者的生育权实际上是一项伪权利，其没有自己合法的基础，而法律对代孕的禁止也不会构成对这种所谓权利的侵犯。①

上述两方观点各有道理，观点之间的交锋具有使真理越辩越明的积极意义，但显然任何一方都无法建立绝对严密的论证，从根本上驳斥对方的观点。笔者认为，双方无妨首先达成初步的共识：其一，关于代孕合法性的论证无法回避对人格权和公序良俗的讨论；其二，法律既不应粗暴地全盘否定一切形式的代孕，也不可能轻率地完全放开，此种情况下应首先讨论能否有条件地认可代孕合法性。有观点主张有限开放代孕：第一，只对不孕不育夫妻开放，不对同性恋伴侣和单身开放。第二，首先向妊娠代孕开放。第三，对代理孕母的补偿必须限制在合理范围内，即禁止商业代孕。②

（三）代孕合同及其效力

在实施代孕过程中，至少会涉及委托方、代理孕母、医疗机构三者，有时还会涉及中介服务机构。因此，有学者将代孕契约法律关系的构成归纳为三种：个别契约关系、单一契约关系和两个契约关系。个别契约关系是指代孕会在委托方、代理

① 刘长秋：《有限开放代孕之法理批判与我国代孕规制的法律选择》，载《法治研究》2016 年第 3 期。

② 参见康茜：《代孕关系的法律调整问题研究》，西南政法大学 2011 年博士学位论文。

孕母、医疗机构三方之间两两形成个别的合同关系；单一契约关系是将各主体间的个别契约关系结合为一个多重法律关系；两个契约关系是将委托人、代理孕母与医疗机构之间同具医疗行为性质的契约合并为人工协助生殖医疗契约，委托人与代理孕母之间则单独成立代孕契约。[①] 可见，代孕合同涉及多种合同类型，本规则侧重于讨论代孕委托人与中介服务、医疗机构之间签订的代孕合同。

抛开理论上的争论，一般认为我国目前对代孕的法律规制采取完全禁止的态度。不仅若干部门规章明确规定禁止医疗机构和人员实施代孕技术，在司法实践中，法院也基本判定代孕合同无效。法院认为，代孕行为涉及代孕者的人格权益，也涉及代孕孕母和委托代孕的父母与代孕所生的子女之间亲属关系确立、抚养等法律、伦理难题。“代孕合同当事人是将代孕方的子宫作为‘物’来出租使用，将胎儿作为交易对象，且约定胚胎性别需检测为男孩”，无疑是将人格权益作为商品进行交易，与我国传统的社会伦理、道德以及公序良俗的基本原则相违背。

（四）代孕服务合同无效的法律后果

《民法典》第一百五十七条规定：“民事法律行为无效、被撤销或者确定不发生效力后，行为人因该行为取得的财产，应当予以返还；不能返还或者没有必要返还的，应当折价补偿。有过错的一方应当赔偿对方由此所受到的损失；各方都有过错的，应当各自承担相应的责任。法律另有规定的，依照其规定。”根据该条规定，合同无效后可能引起三种后果：返还财产、折价补偿以及损害赔偿，其中折价补偿属于“不能返还或者没有必要返还的”情况下返还财产的替代手段。在代孕服务合同中，一般委托方付出的是金钱，受托方提供的是服务，金钱作为种类物一般不存在无法返还的问题。因此，代孕服务合同无效后主要产生两个问题：一是委托方支付的金钱如何返还？二是受托方已经提供的服务，或者支出的费用成本等如何处理？此外，由于损害赔偿需要根据双方过错比例分担责任，因此还涉及双方过错比例分配问题。

从上述参考案例来看，多数案例认为委托方与受托方对于代孕服务合同无效均具有过错，且认定双方过错比例相当，要负同等责任。但对于财产返还及损害赔偿的处理方式存在差异，可以归纳为三种模式：模式一，直接判决受托方按照过错比

---

① 苏坤成：《论代孕契约之损害赔偿》，转引自康茜：《代孕关系的法律调整问题研究》，西南政法大学 2011 年博士学位论文。

例返还价款，而该模式混淆了返还财产与损害赔偿是两种不同的后果和责任类型；模式二，区分返还财产与损害赔偿责任，但判决受托方仅返还扣除支出费用后的价款，而该模式实际上等于让委托方全部承担了已经支出的费用损失，并未体现“按过错比例分担损失”的原则，不足以显示法律对医疗机构代孕服务行为的否定评价；模式三，先判决受托方返还全部价款，然后将受托方已经支出的费用作为损失，在双方之间按照过错比例分担。笔者赞同第三种模式。

四、辅助信息

《民法典》

第八条　民事主体从事民事活动，不得违反法律，不得违背公序良俗。

第一百四十三条　具备下列条件的民事法律行为有效：

（一）行为人具有相应的民事行为能力；

（二）意思表示真实；

（三）不违反法律、行政法规的强制性规定，不违背公序良俗。

第一百五十三条　违反法律、行政法规的强制性规定的民事法律行为无效。但是，该强制性规定不导致该民事法律行为无效的除外。

违背公序良俗的民事法律行为无效。

第一百五十七条　民事法律行为无效、被撤销或者确定不发生效力后，行为人因该行为取得的财产，应当予以返还；不能返还或者没有必要返还的，应当折价补偿。有过错的一方应当赔偿对方由此所受到的损失；各方都有过错的，应当各自承担相应的责任。法律另有规定的，依照其规定。

《人类辅助生殖技术管理办法》

第三条　人类辅助生殖技术的应用应当在医疗机构中进行，以医疗为目的，并符合国家计划生育政策、伦理原则和有关法律规定。

禁止以任何形式买卖配子、合子、胚胎。医疗机构和医务人员不得实施任何形式的代孕技术。

人格权纠纷案件裁判规则第8条：

自然人依法享有肖像权，但并不代表其当然享有因肖像权而产生关于肖像的影视、艺术作品等的著作权。自然人行使肖像权权利不能以牺牲他人其他合法民事权利为代价

【规则描述】 自然人的肖像权依法受法律保护。未经本人授权或同意，任何组织、个人不得利用他人肖像进行营利，也不能随意利用他人肖像，通过各种技术手段和表现形式进行歪曲丑化。自然人有权利保持自己的肖像积极正面，且对于自己肖像的一切物质性利益享有对应的收益的权利。但是，自然人拥有肖像权并不当然地等同于拥有关于自己肖像作品的著作权，自然人行使保护肖像权的权利以保护自身肖像不被他人获利和不被丑化歪曲为限，不能侵害他人其他权利的行使。个人、组织在合理使用范围内使用自然人肖像权的，不构成对于自然人肖像权的侵害，不承担侵权责任。

一、类案检索大数据报告

数据采集时间：2022年3月13日；案例来源：Alpha案例库；案件数量：152件。本次检索获取2022年3月13日前共152篇裁判文书，整体情况如图8-1所示。将上述案件中分析法院是否认可肖像权人享有相应影视作品的著作权，可以看出，法院认可肖像权人享有著作权的有15件，占比9.87%；不认可的有67件，占比44.08%，未提及的有70件，占比46.05%。

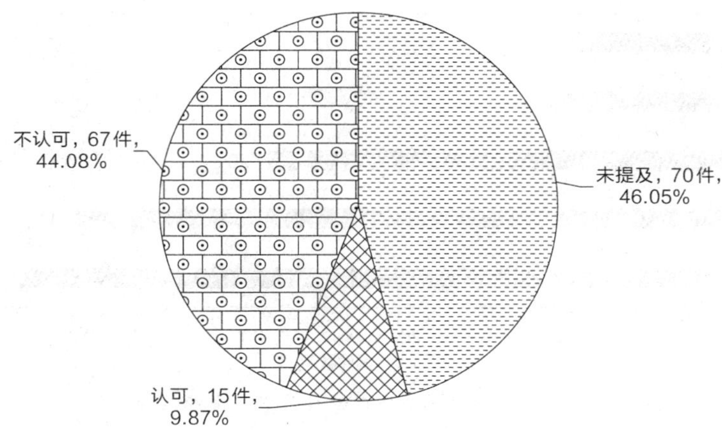

图 8–1　统计是否认可其享有著作权分布情况

如图 8–2 所示，从案件年份分布情况可以看出当前条件下案件数量的变化趋势。

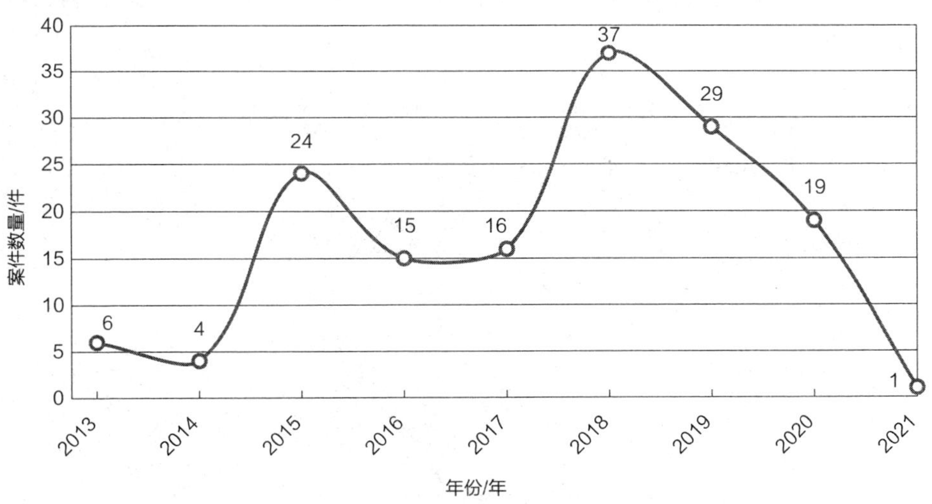

图 8–2　案件年份分布情况①

如图 8–3 所示，从案件地域分布情况来看，当前人格权纠纷案例主要集中在江苏省、北京市、浙江省，分别占比 29.61%、26.97%、19.08%。其中江苏省的案件量最多，达到 45 件。其他省份也有涉及，共累计有 16 件。

① 截至 2022 年数据统计期有 1 件案件，除去 2022 年的 1 件案件，共 151 件案件，以年份分布图呈现。

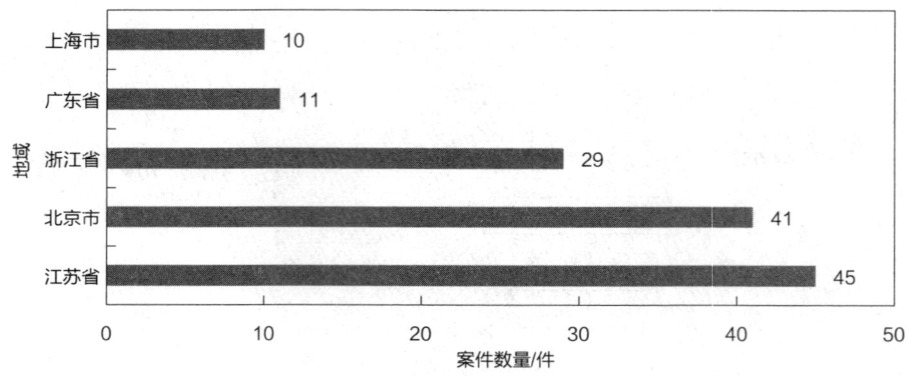

（注：该图只列举了部分地区案件数量，未逐一列明）

图 8-3 案件地域主要分布情况

如图 8-4 所示，从涉及人格权侵权客体角度来看，当前最主要的案由是肖像权纠纷 114 件，占比 75%；其次是一般人格权纠纷、名誉权纠纷、其他人格权纠纷、姓名权纠纷。

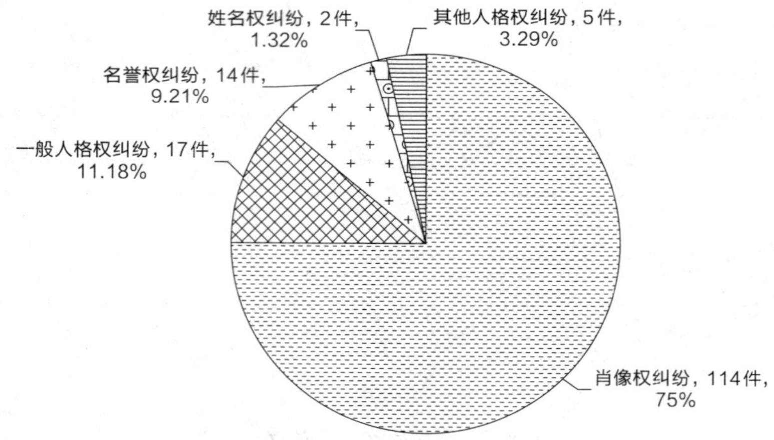

图 8-4 案件案由分布情况

如图 8-5 所示，从案件审理分布情况可以看出，人格权纠纷下当前的审理程序分布状况，其中一审案件有 125 件，占比 82.24%；二审案件有 26 件，占比 17.11%；其他案件有 1 件，占比 0.65%。

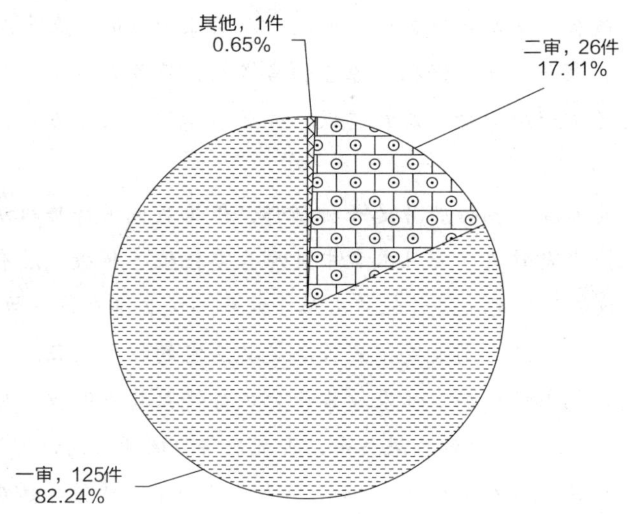

（注：截至数据统计期2022年有1件案件，除去2022年的1件案件共151件案件，以审理程序分布图呈现）

图8–5　案件审理程序分布情况

二、可供参考的例案

例案一：李某某与某公主照相馆肖像权纠纷案

【法院】

江苏省溧阳市人民法院

【案号】

（2016）苏0481民初6039号

【当事人】

原告：李某某

被告：某公主照相馆

【基本案情】

原告诉称：原告于2016年6月10日预定拍摄写真，由店内工作人员收取相应款项后，于7月21日在文化公园内完成拍摄。2016年8月8日，原告意外在他人微信圈看到被告为原告拍摄的写真照片，并且满屏的水印“Marryme”，用于商业团购的宣传。为此，原告主动联系被告负责人，要求说明处理并赔礼道歉，但对方拒绝协商。原告认为，被告利用其履行合同的便利，以商业为目的，在未经原告同意情况下把原告肖像用作商业宣传，侵犯了原告的肖像权，故原告诉至法院，要求被告停止侵害、恢复名誉、消除影响、赔礼道歉，并赔偿精神损失1万元，退还拍摄服务款项并销毁底片。

被告辩称：其为原告拍摄照片是一种创作，根据我国《著作权法》规定，摄影作品的著作权人应当是作者，而且本案中是原告委托被告拍摄，没有约定著作权归谁，根据《著作权法》规定，著作权应当属于被告，被告享有著作权利中的财产权，即拥有展览权，被告在朋友圈展览摄影作品是其法定的权利，且朋友圈是一个封闭的环境，不存在大范围的传播。如果原告认为被告侵犯其肖像权，应当举证证明其损害结果以及与被告行为之间的因果关系，否则应当驳回原告的诉讼请求。

法院经审理查明，2016年6月10日，原告在溧阳市溧城镇煤建路1-114号，门头为韩国蜜摄影（工商登记载明实际名称为某公主照相馆）的照相馆支付499元用于拍摄写真，后于7月份完成拍摄。2016年8月，原告发现被告将其所摄照片公布于微信圈，用于商业宣传，遂与被告进行交涉。因双方协商未果，引发本案争议。

【案件争点】

被告某公主照相馆是否有权将自己拍摄的作品用于商业活动，是否侵犯了原告的肖像权。

【裁判要旨】

江苏省溧阳市人民法院经审理认为，公民依法享有肖像权，未经本人同意，不得以营利为目的使用公民的肖像。本案中，被告利用其履行与原告之间服务合同的便利，在未征得原告同意的情形下，出于营利目的，将以原告肖像为内容的摄影照片上传到微信朋友圈，构成对原告肖像权的侵犯，依法应当承担相应的法律责任。因此，对于原告提出的停止侵害、恢复名誉、消除影响、赔礼道歉的主张，法院予以支持。对于精神损害抚慰金，因原告无法证明被告行为对其造成的损害程度，但被告确实又有侵权行为，故法院酌情认定抚慰金为2000元。对于原告要求被告退还拍摄服务款项并销毁底片的主张，是基于原、被告间的服务合同，属于另一法律关系，而本案是侵权纠纷，故对于原告该主张法院在本案中不予支持。

法院最终判决：一、被告某公主照相馆于本判决生效之日起10日内删除发布于微信圈的以原告肖像为内容的摄影照片，并以书面方式向原告李某某赔礼道歉，为原告恢复名誉、消除影响。被告逾期未删除照片或未向原告书面赔礼道歉的，法院将在征求原告意见后自行决定为原告消除影响、恢复名誉的时间和方式，相关费用由被告负担。二、被告某公主照相馆于本判决生效之日起10日内向原告李某某赔偿精神损害抚慰金人民币2000元。三、驳回原告李某某的其他诉讼请求。

例案二：奚某与某数码影像有限公司肖像权纠纷案

【法院】

上海市第一中级人民法院

【案号】

（2012）沪一中民一（民）终字第563号

【当事人】

上诉人（原审原告）：奚某

被上诉人（原审被告）：某数码影像有限公司

【基本案情】

2011年7月10日，奚某的母亲郃某与某数码影像有限公司经营管理的星点星专业儿童摄影乐园签订摄影预约单，约定为奚某拍摄398元的摄影套餐项目，预约定金100元，拍付298元，拍摄内容为8×8寸规格Q版相册入册16张、8寸水晶1个、3寸皮夹照2张、小花框3个、CD入册22张照片。2011年7月16日实际拍摄后，奚某付清全部款项。拍摄共计产生了112张照片底片，后双方就约定入CD的22张照片之外的90张照片使用产生争议。2011年8月12日，奚某的父亲奚某甲至星点星专业儿童摄影乐园交涉，要求复制全部照片底片，但星点星专业儿童摄影乐园坚持如需剩余照片应以每张30元价格购买，否则将销毁剩余照片。后奚某甲拨打110报警，要求民警到场处理。随后，上海市公安局浦东分局洋泾派出所民警出警调处纠纷，但双方仍未能协商一致。奚某认为，其对拍摄产生的所有照片享有肖像使用和再现的权利，现某数码影像有限公司行为侵犯了其肖像权，故提起诉讼，请求判令某数码影像有限公司将为奚某拍摄的全部照片复制给奚某，并赔偿其精神损害抚慰金1万元。

原审法院审理后认为，公民依法享有民事权利，承担民事义务，但不应以享有权利为由妨碍他人权利的行使。本案中，某数码影像有限公司接受奚某母亲郃某的委托，根据其要求创作反映奚某形象特征的摄影艺术作品，郃某按约给付报酬，某数码影像有限公司交付工作成果。奚某的母亲与某数码影像有限公司之间构成承揽关系，“摄影预约单”即是确立双方承揽关系的合同性文件。订约双方应当按照约定享有权利、履行义务。根据合约单，某数码影像有限公司交付约定的工作成果“CD入22张照片”，即是履行了合同约定的该项义务。至于未作约定的多余照片，奚某认为其对拍摄产生的所有照片包括多余照片享有肖像使用和再现的权利，某数码影像有限公司未将多余照片复制给奚某即是侵犯了奚某的肖像权。对此，原审法院认为，首先，并不否认奚某对自己的形象享有肖像权，但其行使权利不应妨碍他人权利的行使。本案中，某数码影像有限公司以获取报酬为目的，为奚某拍摄照片。就双方已经约定的拍摄内容而言，奚某也并没有仅凭肖像权而无偿获取照片，而是付出相应的对价。某数码影像有限公司超过约定多拍照片是为了让消费者有更多更好的选择，多余的照片里面必然增加影楼工作人员相应的工作量、劳动付出及耗材成本等。因此，奚某仅以享有肖像权为由，要求无偿复制多拍照片，缺乏公平性与合理性，故对其该项请求难以支持。其次，法律规定，公民享有肖像权，未经本人同意，不得以营利为目的使用公民的肖像。而本案中，某数码影像有限公司并没有将剩余的照片用于营利用途。而奚某主张其向某数码影像有限公司索要多拍照片，某数码影像有限公司不给就对其造成了精神伤害，难以认同，故对奚某要求赔偿精神损害抚慰金的请求，不予支持。原审法院遂判决：驳回奚某的诉讼请求。案件受理费300元，减半收取计150元，由奚某负担。

奚某不服上海市浦东新区人民法院（2011）浦民一（民）初字第32678号民事判决，向二审法院提起上诉。

上诉人诉称，对于选剩的90张照片，具有所有权和肖像权，被上诉人某数码影像有限公司理应复制交付上述相片，且上诉人不应当就此另行支付费用。

被上诉人某数码影像有限公司不同意上诉人奚某的上诉请求，要求维持原判。被上诉人辩称，双方约定入册22张照片，对于剩余的照片归谁及付费问题，合同中并没有约定，之所以多拍照片，系该公司为了为客户提供更好的服务，并不强求上诉人购买，上诉人要求无偿赠与剩余照片没有依据，故请求法院驳回上诉人的全部诉讼请求。

二审法院查明的事实与一审法院查明的一致。

【案件争点】

一审法院认定奚某仅凭肖像权不能获得约定入册22张照片以外的照片是否适当。

【裁判要旨】

上海市第一中级人民法院经审理认为，就90张未入选的相片问题，一审法院对此已作全面详尽的阐述，二审法院予以认同。上诉人奚某要求被上诉人某数码影像有限公司将该剩余相片无偿复制给上诉人的上诉请求，与事理常情不符，亦无法律依据，法院不予支持，原审判决并无不当，二审应予维持。

例案三：北京时尚锋迅信息技术有限公司与曹某某网络侵权责任纠纷案

【法院】

北京市第四中级人民法院

【案号】

（2021）京04民终831号

【当事人】

上诉人（原审被告）：北京时尚锋迅信息技术有限公司

被上诉人（一审被告）：曹某某

【基本案情】

一审法院认定事实：曹某某系我国相声演员。北京时尚锋迅信息技术有限公司（以下简称时尚锋迅公司）系微信公众号“OnlyLady女人志”的账号主体。2020年12月15日，曹某某代理人申请电子证据保全，北京版权家科技发展有限公司签发的电子数据保全证书显示：涉案公众号于2019年6月14日发布了标题为《曹某某唐某离婚，有些男人注定是女人不该跳的坑》的文章，使用了曹某某5张肖像作为配图，阅读量3万。文章尾部有展览活动的介绍及微信号二维码的推介。

曹某某向一审法院起诉请求：（1）判令时尚锋迅公司立即删除涉嫌侵权链接及侵权图片，停止侵害；（2）判令时尚锋迅公司在《法治日报》等全国公开发行的报纸上及微信号为×××的微信公众号连续一个月刊登、发布经法院审查的道歉信向曹某某道歉；（3）判令时尚锋迅公司赔偿经济损失30万元及维权成本3000元（律师费2500元、取证费500元），以上共计303000元；（4）由时尚锋迅公司承担全部诉讼费用。庭审中，曹某某撤回了第一项诉讼请求。

一审法院认为，自然人享有肖像权，有权依法制作、使用、公开或者许可他人使用自己的肖像。肖像是通过影像、雕塑、绘画等方式在一定载体上所反映的特定自然人可以被识别的外部形象。任何组织或者个人不得以丑化、污损，或者利用信息技术手段伪造等方式侵害他人的肖像权。未经肖像权人同意，不得制作、使用、公开肖像权人的肖像。本案中，根据曹某某提供的证据及其身份材料，能够证明涉案图片与曹某某肖像的同一性。时尚锋迅公司未经曹某某许可，在其微信公众号发布的文章中使用了曹某某的肖像，且文章中有时尚锋迅公司的介绍和广告推介语，阅读量高达3万，借曹某某个人网络热度吸引相关公众关注、阅读，构成了对曹某某肖像权的侵犯，时尚锋迅公司应承担相应的侵权责任。涉案图片虽然来源于公开的网络，但系时尚锋迅公司主动发布在其运营的微信公众号中且未取得曹某某许可，不符合法律规定的合理使用肖像权的范围，时尚锋迅公司系涉案公众号文章中肖像图片的发布者，不是网络服务提供者，不适用“通知—删除”的规则，对时尚锋迅公司的辩解意见不予采信。自然人的肖像权受到侵害的，有权要求侵权人停止侵害、消除影响、赔礼道歉，并可以要求赔偿损失。庭审中经核实，侵权图片已经删除，曹某某撤回了停止侵权的诉讼请求，一审法院不再进行处理。关于赔礼道歉，一审法院认为，赔礼道歉的方式应与侵权行为的性质和所造成的影响范围相当，一审法院将综合考虑前述因素，依法确定赔礼道歉的具体方式。关于赔偿损失的具体数额，曹某某作为艺人其肖像具有一定商业价值，但其未提供证据证明其因涉案侵权行为受到的损失或者时尚锋迅公司因此获得的利益，故一审法院将综合考虑曹某某的知名度，时尚锋迅公司的过错程度，涉案肖像被使用的数量、范围、用途，涉案公众号影响力及当前的市场因素酌情确定。关于维权成本等合理开支，曹某某未提供相应证据，一审法院不予支持。

时尚锋迅公司上诉请求：(1) 请求判令撤销一审判决。(2) 改判驳回被上诉人的全部诉讼请求。(3) 一审、二审诉讼费均由被上诉人承担。事实和理由：(1) 上诉人没有实施侵权行为，不应当承担赔偿责任。根据《信息网络传播权保护条例》的规定，网络服务提供者接到权利人的通知书后，应当立即删除涉嫌侵权的作品、表演、录音录像制品，或者断开与涉嫌侵权的作品、表演、录音、录像制品的链接。本案中涉案图片为在互联网上公开在人民法院向上诉人转来被上诉人起诉书之前。被上诉人从未向上诉人发出过侵权通知。上诉人在收到被上诉人起诉书之后，立即按照规定进行了处理，没有侵害被上诉人的合法权益，不应承担赔偿责任。(2) 本案中涉案链接内容上诉人不应当承担赔偿责任。虽然页面展示在上诉人网站中，但是上诉人没有侵权的故意，更没有侵权的行为，上诉人不应当承担赔偿责任。(3) 被上诉人要求赔偿经济损失没有事实和法律依据。根据法律规定，当事人对自己提出的诉讼请求所依据的事实有责任提供证据加以证明。本案中涉案图片为新闻图片，并且涉案图片在互联网上公开。被上诉人提交的证据未就侵权事实和损害结果提供证据，被上诉人要求的赔偿数额也没有法律依据，并且上诉人没有任何营利。

【案件争点】

时尚锋迅公司的行为是否侵害曹某某的肖像权，一审法院判决时尚锋迅公司承担的责任是否合理。

【裁判要旨】

二审法院认为，时尚锋迅公司未经肖像权人同意，在其微信公众号中使用肖像权人的肖像，侵害了曹某某的肖像权。曹某某有权依照法律规定要求时尚锋迅公司消除影响、赔礼道歉并要求赔偿损失。行为人因侵害人格权承担消除影响、恢复名誉、赔礼道歉等民事责任的，应当与行为的具体方式和造成的影响范围相当，因时尚锋迅公司系在其微信公众号侵害曹某某的肖像权，一审法院判决时尚锋迅公司在其微信公众号上公开赔礼道歉，符合法律规定；关于经济损失，司法解释明确规定，被侵权人因人身权益受侵害造成的财产损失以及侵权人因此获得的利益难以确定的，人民法院可以根据具体案情在50万元以下的范围内确定赔偿数额，一审法院结合曹某某的知名度，时尚锋迅公司主观过错程度，使用曹某某肖像的数量、时间、用途，微信公众号影响力及当前的市场因素酌情确定经济损失，亦符合法律规定，并无不当，法院予以维持。关于时尚锋迅公司主张其已履行“通知－删除”义务，不应承担侵权责任的上诉意见，二审法院认为，时尚锋迅公司系涉案侵权行为的实施者，不是网络服务提供者，不适用该规则。综上，时尚锋迅公司的上诉理由不能成立。

综上所述，时尚锋迅公司的上诉请求不能成立，应予驳回；一审判决认定事实清楚，适用法律正确，应予维持。

例案四：艺龙网信息技术（北京）有限公司与葛某某肖像权纠纷案

【法院】

北京市第一中级人民法院

【案号】

（2018）京01民终97号

【当事人】

上诉人（原审被告）：艺龙网信息技术（北京）有限公司

被上诉人（原审原告）：葛某某

【基本案情】

葛某某为我国知名演员，其曾在电视剧《我爱我家》中扮演纪春生（二混子），角色特点为懒惰耍赖骗吃骗喝。该角色在剧中将身体完全摊在沙发上的放松形象被称为“葛某某躺”，成为2016年网络热词。“艺龙旅行网”微博号实名认证为“艺龙网公司”，截至2016年8月，该微博有粉丝232万人，发布近2万条微博。

2016年8月1日，葛某某申请公证，证实7月25日上述微博发布如下内容：“不经历周一的崩溃，怎知道周五的可贵。为了应对人艰不拆的周一，小艺爆出葛某某躺独家教学，即学即躺，包教包会！”该微博共使用7幅原告图片共18次，文字内容包括直接使用文字和在图片上标注文字，其中第一张不是剧照，为原告个人身着西服给其他企业代言的照片，所配文字内容为“如何用一招学葛某某躺出人生新高度”，并有嘴部文字“一般人我不告诉他”。其余图片除一张为其他剧照外，均为《我爱我家》剧中人物纪春生在沙发上瘫坐的截图（其中一张为三人照片），最后几张图配了大床、浴室等酒店背景，微博后附“订酒店用艺龙”的文字，并附二维码和艺龙网标识。该微博转发4次，评论4次，点赞11次。葛某某认为上述文字中提到“葛某某”的名字，并非剧中人物名称，宣传内容为商业性使用。同年8月18日，艺龙网信息技术（北京）有限公司（以下简称艺龙网公司）收到通知后删除了上述微博。

2016年12月7日，艺龙网公司未经葛某某审核同意，在其微博发布致歉信，内容为：“真诚向人民艺术家葛某某先生致歉。葛某某老师是喜剧界瑰宝，给当代人塑造了太多形象，让小编铭记于心。小编微博使用过葛某某躺图片，给葛某某老师造成困扰，在此诚挚地道歉。招来官司实非小编所愿，实属对葛某某老师的个人崇拜犹如滔滔江水连绵不绝，一发不可收拾。小编以后一定严格控制自己的情绪，将对葛某某老师的崇拜之情放在心里不再炫耀。21世纪什么最贵？服务。艺龙将继续给消费者带来最舒适的服务和享受，借用葛某某老师的一句经典台词：帝王般的享受，就是把脚当脸伺候着。Fighting，fighting!”该致歉微博转发24次，评论197次，点赞58次，网友评论多认为该致歉态度不端正，还有“花40万做了个400万广告”“关注频频上涨”“小编被提拔，这事已经热搜了，广告打得好”“建议再深刻一点”等，葛某某认为上述内容说明网友也认为此为广告宣传。葛某某提交上述致歉信打印件，证明艺龙网公司承认侵权事实，并就此作出极不诚恳的名为致歉，实为再次利用葛某某进行商业宣传的内容，其致歉没有诚意。

葛某某向一审法院起诉，请求判令艺龙网公司在其新浪微博“艺龙旅行网”账号中置顶位置向葛某某公开赔礼道歉不少于30日，赔偿经济损失40万元，维权合理开支1万元。

一审法院认为，肖像是通过绘画、摄影、电影等艺术形式使自然人的外貌在物质载体上再现的视觉形象。肖像权，是指自然人对自己的肖像享有再现、使用或许可他人使用的权利。其载体包括人物画像、生活照、剧照等。剧照涉及影视作品中表演者扮演的剧中人物，当一般社会公众将表演形象与表演者本人真实的相貌特征联系在一起时，表演形象亦为肖像的一部分，影视作品相关的著作权与肖像权并不冲突。《我爱我家》中的“葛某某躺”造型确已形成特有网络称谓，并具有一定的文化内涵，但一般社会公众看到该造型时除了联想到剧目和角色，也不可避免地与葛某某本人相联系，该表现形象亦构成原告的肖像内容，并非如艺龙网公司所称完全无肖像性质。即便该造型已成为网络热点，商家亦不应对相关图片进行明显的商业性使用，否则仍构成对葛某某肖像权的侵犯。本案中艺龙网公司在其官方微博中使用了多幅系列剧照，并逐步引导与其业务特征相联系，最终将“葛某某躺”图片的背景变更为床、浴室等酒店背景，附艺龙网宣传文字和标识、二维码，虽然上述方式并不能使网友认为葛某某为艺龙网公司进行了代言，但仍有一定商业性使用的性质，且该微博还同时使用了一张葛某某此前的单人广告照片，故艺龙网公司在涉案微博中的使用行为侵犯了葛某某的肖像权，应承担相应的法律责任。

一审法院判决：一、本判决生效后10日内，被告艺龙网公司在其运营的“艺龙旅行网”微博账号，针对未经许可使用原告葛某某剧照及照片的行为公开发布致歉声明，置顶72小时，30日内不得删除；声明内容需经本院审核；如不能履行本项判决，本院将在相关媒体公开判决书的主要内容，费用由艺龙网公司负担。二、被告艺龙网公司赔偿原告葛某某经济损失7万元，支付其维权合理支出5000元，以上共计75000元，本判决生效后10日内给付。

艺龙网公司不服一审判决，向二审法院上诉，请求撤销一审判决，依法改判驳回葛某某的诉讼请求或发回重审。事实和理由：（1）一审判决要求艺龙网公司于公司微博中再次向葛某某道歉缺乏法律依据。艺龙网公司接到葛某某的通知后立即删除了涉案剧照，向葛某某表达了歉意并尝试协商解决。针对一审法院认定的事实已于公司微博中公开进行了道歉，充分尊重了葛某某的合法权益，并使公众知晓了公司微博对于涉案剧照的错误使用。一审法院仅因葛某某对道歉内容不满即让艺龙网公司再次在微博中道歉，没有任何法律依据。（2）一审判决赔偿数额过高，超出合理范围。涉案剧照使用仅为24天时间，浏览量、评论量、转载量以个位数计，影响极度有限，与同类案件相比侵权情节轻微，一审法院判决赔偿75000元过分高于葛某某因此造成的损失，应予以调整。

二审法院查明的事实与一审法院查明的一致。

【案件争点】

一是一审法院判决艺龙网公司在其微博中向葛某某赔礼道歉是否适当；二是一审法院认定的赔偿数额是否过高。

【裁判要旨】

二审法院认为：

第一，关于一审法院判决艺龙网公司在其微博中向葛某某赔礼道歉是否适当。艺龙网公司二审主张其在接到葛某某起诉后及时删除了涉案微博且发表了致歉声明，故法院不应判决其再次于微博中道歉。二审法院认为，艺龙网公司该项上诉主张不应予以支持，理由有二：其一，赔礼道歉作为一种向对方表示歉意进而请求对方原谅的表达行为，既是道德责任，也是法律责任，两种责任的区别在于，作为民事法律责任承担方式，法律赋予了其强制性的力量。当赔礼道歉作为民事责任承担方式以法院判决的形式作出时，能够更有效地平息当事人之间的纷争，并对社会形成行为指引，其起到的社会效果、公示效果及法律效果与当事人在诉讼之外的道歉显然不同。因此，艺龙网公司认为其诉讼之外的主动道歉等同于法院判决赔礼道歉的观点不能成立。其二，赔礼道歉作为民事责任承担方式的一种具有承认错误、表示歉意并请求对方谅解的功能，是对被侵权人内心伤害的一种填补，与其他责任承担方式不同的是，赔礼道歉的效果难以量化。因此，当一方当事人在诉讼之外已经进行赔礼道歉，但并未得到被侵权人的谅解，且被侵权人在诉讼中仍然坚持要求法院判决赔礼道歉时，法院应对诉讼外的道歉予以审查，确定道歉是否已经达到了应达到的效果，即是否对被侵权人的内心伤害予以弥补。本案中，艺龙网公司确实发布了含有致歉内容的微博，但从整体来看，上述致歉微博的语气表达轻松诙谐，缺乏严肃性，且再次涉及宣传品牌的表述。在葛某某不认可该致歉微博且坚持要求法院判决赔礼道歉的情况下，二审法院认为，上述致歉微博不能达到相应的致歉效果。故在艺龙网公司确实侵犯了葛某某肖像权的情形下，一审法院判决艺龙网公司在其微博上公开发布致歉声明并无不当。

第二，关于一审法院认定的赔偿数额是否过高。二审法院认为，关于经济损失部分，葛某某作为著名演员具有较高的社会知名度，其肖像已具有一定商业化利用价值，艺龙网公司对葛某某肖像权的侵害，必然导致葛某某肖像中包含的经济性利益受损。一审法院综合考虑葛某某的知名度、侵权微博的公开程度、艺龙网公司使用照片情况、主观过错程度以及可能造成的影响等因素，酌情确定艺龙网公司赔偿葛某某经济损失7万元处理适当。关于公证费、律师费事宜，根据《审理利用信息网络侵权规定》第十八条第一款[①]规定："被侵权人为制止侵权行为所支付的合理开支，可以认定为侵权责任法第二十条规定的财产损失。合理开支包括被侵权人或者委托代理人对侵权行为进行调查、取证的合理费用。人民法院根据当事人的请求和具体案情，可以将符合国家有关部门规定的律师费用计算在赔偿范围内。"本案中，葛某某为制止涉案侵权行为，确实有所花费，一审法院依据相关证据酌定合理维权成本5000元亦无不妥，二审法院予以维持。

例案五：宫某某与陈某某肖像权纠纷案

【法院】

湖北省孝感市中级人民法院

【案号】

（2021）鄂09民终468号

【当事人】

上诉人（原审原告）：宫某某

被上诉人（原审被告）：陈某某

【基本案情】

宫某某系应城市长江高级中学职工，2018年夏天，应城市教育局准备为宫某某办理养老保险手续时需照片，遂安排时任长江学区主任的陈某某为宫某某拍摄后交应城市教育局职员肖某，因宫某某本人未到场不能办理相关手续，此后照片被肖某遗失。

宫某某一审诉讼请求：（1）陈某某非法以手机拍摄宫某某照片，应将已制成的照片若干张交还给宫某某。手机里成像要当宫某某之面，有监督人在场清除。（2）陈某某以欺诈卑鄙无耻手段拍摄宫某某照片，严重侵犯了宫某某的肖像权，应登门向宫某某赔礼道歉，并在侵权现场当众和长江中、小学全体员工中承认错误，所写检讨书在相关媒体上刊登。（3）陈某某是本案局外人，与该案毫无关系，却插手拍照

① 该司法解释已于2020年12月23日修正，本案所涉第十八条第一款修改为第十二条第一款："被侵权人为制止侵权行为所支付的合理开支，可以认定为民法典第一千一百八十二条规定的财产损失。合理开支包括被侵权人或者委托代理人对侵权行为进行调查、取证的合理费用。人民法院根据当事人的请求和具体案情，可以将符合国家有关部门规定的律师费用计算在赔偿范围内。"

侵权，个人应赔偿宫某某人民币15000元、精神损失费5000元。（4）本案诉讼费等一切费用由陈某某个人承担。

一审法院认为，公民享有肖像权，公民的人格尊严受法律保护，公民有权禁止他人非法使用自己的肖像权或对肖像权进行损害和玷污，未经本人同意，不得以营利为目的使用公民的肖像，侵害公民肖像权，应当承担侵权责任。侵犯肖像权属于一般侵权行为，适用过错责任原则，即请求人应当对其主张的侵权构成提供证据证明。本案中，陈某某为宫某某拍摄照片系为宫某某办理养老保险手续，是为维护宫某某合法权益，并非用于营利目的，且宫某某也没有证据证明陈某某因使用其照片营利，故宫某某主张陈某某的行为侵犯其肖像权，明显缺乏事实根据，也于法无据，未予支持。因此，对宫某某以陈某某侵犯其肖像权为由要求陈某某赔礼道歉、赔偿损失等诉讼请求，一审法院未予支持。

上诉人宫某某不服一审判决，上诉请求改判支持其诉讼请求。

二审法院查明的事实与一审法院查明的事实一致。

【案件争点】

陈某某未经允许拍摄宫某某照片用于办理宫某某养老保险手续的行为是否侵害宫某某的肖像权。

【裁判要旨】

二审法院认为，公民享有肖像权，未经本人同意，不得以营利为目的使用公民的肖像。本案中陈某某系按照应城市教育局安排为宫某某拍摄照片，用以办理宫某某的养老保险相关手续，并未用于营利目的。且宫某某亦未提供证据证明陈某某拍摄照片后存在以丑化、污损等方式侵害其肖像权的情形，故一审未予支持宫某某的诉讼请求，具有事实根据，亦符合法律规定。《民法典》第一千零二十条规定："合理实施下列行为的，可以不经肖像权人同意：……（五）为维护公共利益或者肖像权人合法权益，制作、使用、公开肖像权人的肖像的其他行为。"因此，即便按照《民法典》的相关规定，陈某某出于为宫某某办理养老保险手续的目的拍摄宫某某的照片属于《民法典》规定的合理使用肖像权的范畴，可以不经肖像权人同意。综上所述，宫某某的上诉请求不能成立，应予驳回。一审判决认定事实清楚，适用法律正确，应予维持。

三、裁判规则提要

（一）肖像权概念及其权能体系

肖像权，是指自然人以自己的肖像所体现的人格利益为内容的权利，肖像权是以肖像所体现的人格利益及财产利益为内容的民事权利，它直接关系到自然人的人格尊严及其形象的社会评价，是自然人所享有的一项重要的具体人格权。[①] 关于肖像的概念，《民法典》第一千零一十八条第二款给出了明确的表述，即“是通过影像、雕塑、绘画等方式在一定载体上所反映的特定自然人可以被识别的外部形象”。从中可以判定出肖像的要素及特点：

一是个体差异性。肖像以形象标记着自然人的特征。肖像反映自然人身体的外部形象，是某个人与其他人相区别的重要标志。肖像应当是个人形象的再现，虚构的故事人物形象不属于法律意义上的肖像范畴。[②]

二是载体固定性。肖像之所以可以被自然人作为区别于其他自然人的有利工具，是因为肖像必须要脱离肖像权人且固定在一定的物质载体上，才能被独立使用，并能体现出一定的财产性价值。如果一个自然人的外貌形象不能被固定下来，则既不能使用，也不存在肖像权的问题。[③]

三是可识别性。肖像应当可被识别，肖像具有人格标识的作用，可以通过固定在载体上的形象区分本人与他人人格特征的不同，因此才具有肖像权意义上的“肖像”。

理论上的肖像权是自然人享有的具体人格权，具有完善的权能体系，具体表现在：

（1）肖像保有权。肖像保有权是民事主体保持、维护其肖像人格特征，并借以区别该民事主体与其他民事主体的权利。肖像保有权的客体是肖像利益，这个利益既包含精神利益，即占有、保持、维护肖像不受侵害，又包含财产利益，即对肖像利益的开发利用。

（2）肖像专用权。未经权利人准许，任何人都不得非法使用他人的肖像。肖像权人不仅对自己的肖像有权以任何合法方式进行利用，还有权禁止非权利人非法使

---

① 参见王利明：《人格权重大疑难问题研究》，法律出版社 2019 年版，第 494 页。

② 参见马卉等：《对民法意义上的“肖像”之认识》，载《建材高教理论与实践》2001 年第 2 期。

③ 参见杨立新：《人身权法论》，人民法院出版社 2002 年版，第 462 页。

用自己的肖像。

（3）肖像支配权。肖像支配权是权利人对自己肖像利益所具有的管领和支配的权利。权利人可以采用合法方式，许可、授权他人使用其肖像，并获取应得的利益。

（4）肖像维护权。包括维护肖像的完整与完善、维护肖像精神利益不受侵害、维护肖像物质利益不受他人侵害。

（二）侵害肖像权的构成要件

1. 存在侵害肖像权的违法行为

一是使用。包括对他人肖像的使用、复制、模仿等。

二是未经本人同意。未经权利人许可，擅自对他人肖像进行使用，即构成侵权。

三是违反法定义务。对于肖像权的权利主体而言，除自身外任何人都是该权利的义务主体，都负有不得侵犯的义务。

2. 侵权行为给权利人造成损害事实

所谓损害事实，是指肖像权的完整性受到了损害。损害事实中，既包含了精神利益的损失，也包含了财产利益的损失。

3. 侵权行为与损害事实后果间存在因果关系

侵害肖像权的行为一经实施，肖像及其利益被非法使用、复制、模仿，其二者之间就具有引起与被引起的因果关系。

4. 侵权行为存在主观故意或过失的过错

肖像权侵权案件中，侵权人的过错主要是故意，是明知他人享有肖像权而主观故意使用他人肖像，侵害他人肖像利益。此外，也不排斥过失侵害肖像权的形态，侵权人无意中违反注意义务，尽管没有主观故意，但一旦造成损害后果的，也同样构成侵权责任。

有学者对侵害肖像权的行为判断方法作出一定总结，即凡是以营利为目的使用他人的肖像都构成侵权，除此以外，未经本人同意恶意利用他人的肖像，对他人进行歪曲、丑化等，亦构成侵害肖像权。[①]

（三）侵害肖像权的抗辩事由

《民法典》第一千零一十九条第二款规定："未经肖像权人同意，肖像作品权

---

① 参见王利明：《人格权重大疑难问题研究》，法律出版社 2019 年版，第 519 页。

利人不得以发表、复制、发行、出租、展览等方式使用或者公开肖像权人的肖像。”《民法典》第一千零二十条则对合理使用肖像权作出了说明性规定。由此可见，肖像作品的著作权人并不当然地享有对于侵害肖像权的抗辩事由，肖像作品著作权人对于相关作品的利益性权利的获得，依然要受到肖像权人在前顺位的权利制约。

因此，对于侵害肖像权行为构成的抗辩条件就仅剩下《民法典》第一千零二十条中的几款规定，也即合理使用的概念。肖像的合理使用是对肖像权消极权能的限制，也是肖像权侵权的免责条款，其本质是给予特定事项、特殊情况下对肖像权人的肖像可以不经其同意而使用的权利，但这种使用必须是有法律的明确规定且要受到一定的制约。①

具体而言，主要有如下几类：

（1）为个人学习、文化教育、科学研究等目的而在一定范围内使用他人肖像的。许多国家法律规定，基于教育科学文化发展的需要可以合理使用他人肖像。②最高人民法院发布的有关答复中，亦出现过类似的指导精神，③科学研究和文化教育的目的可以作为一定阻却违法的事由。但值得注意的是，此处的肖像应当是已经公开发布的肖像，不能使用行为人自己制作的他人肖像，否则亦会构成侵权。

（2）为新闻报道或舆论监督，不可避免地制作、使用、公开肖像权人的肖像。新闻报道具有现场性、时效性、真实性的特点，不可避免要对新闻事件现场进行报道，如不利用肖像很可能影响正当的新闻报道工作。故即便新闻报道等行为未经许可使用了他人的肖像，一般也不构成对他人肖像权的侵害。④实施新闻报道必须出于维护公共利益的目的，而不能以营利、人身攻击为目的。⑤如果人们对社会生活中出现的各种消极腐败与丑恶违法现象不能借助于新闻报道、舆论监督等工具予以大胆披露和批评，势必会纵容各种不法行为，损害社会公共利益。因此，法律与个人在特定情况下出于正当需要合理使用他人肖像。⑥

（3）国家机关为依法履行职责而使用自然人肖像。国家机关从事特定职务活动

---

① 参见王明达：《论〈民法典〉肖像权保护体系》，载《山西青年职业学院学报》2021 年第 2 期。

② 参见赵徽：《浅谈我国肖像权保护中的“合理使用”问题》，载《天津市政法干部管理学院学报》1999 年第 4 期。

③ 参见 1990 年《最高人民法院（1990）民他字第 28 号复函》。

④ 参见张红：《人格权各论》，高等教育出版社 2016 年版，第 206 页。

⑤ 参见张民安：《无形人格侵权责任研究》，北京大学出版社 2012 年版，第 710～711 页。

⑥ 参见王利明：《人格权重大疑难问题研究》，法律出版社 2019 年版，第 521～522 页。

时，如公安机关制作通缉令，司法机关使用当事人的肖像作为证据材料，行政机关制作相关权利文件证书等行为，均不构成对肖像权人的侵权。

（4）为展示特定公共环境，公共场所必要限制所造成的不可避免地制作、使用、公开肖像权人的肖像。一般而言，自然人既然出现在公共环境中，即表明其已具有被他人“看见”的合理预期。若他人对公共场所进行拍摄，其目的就是拍摄事件及景色，而非特定人物，此时因该人物仅为事件及景色的点缀，并没有起到突出强调作用，故出于保护他人创作自由的考量，应于必要范围内，认为他人可合理使用权利人的肖像。[①] 如某自然人出现在诸如天安门、奥运会转播等场所或场合时，不可避免地会因他人拍摄相关场所或场合的场景而被载入其中，若该自然人只是众多人群“背景版”中的一个元素，而非专门被单独拍摄，且确定处在公共场所参加集会游行等活动而非私密场所，则也不构成对于该自然人肖像权的侵犯。[②]

（5）为维护公共利益或者肖像权人合法权益，制作、使用、公开肖像权人的肖像的其他行为。基于维护公共利益而使用肖像的情形，譬如，纪念馆、档案馆、博物馆、美术馆等为陈列或保存版本的需要，可复制本馆收藏的肖像作品，展示、复制具有特殊价值和意义的肖像作品。[③] 基于维护肖像权人合法权益，如某自然人离家出走、音信全无，家属或派出所、居委会等组织张贴寻人启事，在电视台播放寻人短片等，虽不可避免地使用该自然人的肖像，但由于相关行为系为其本人利益出发，当然不可归为侵犯该自然人的肖像权。[④]

四、辅助信息

《民法典》

第一百二十条　民事权益受到侵害的，被侵权人有权请求侵权人承担侵权责任。

---

① 参见温世扬、刘昶：《肖像权的特质与规则表达》，载《上海政法学院学报（法治论丛）》2021 年第 4 期。

② 参见王泽鉴：《侵权行为法》，北京大学出版社 2001 年版，第 137 页。

③ 参见陈甦、谢鸿飞主编：《民法典评注（人格权编）》，中国法制出版社 2020 年版，第 239 页。

④ 参见王利明、程啸、朱虎：《中华人民共和国民法典人格权编释义》，中国法制出版社 2020 年版，第 67 页。

第一百七十九条　承担民事责任的方式主要有：

（一）停止侵害；

（二）排除妨碍；

（三）消除危险；

（四）返还财产；

（五）恢复原状；

（六）修理、重作、更换；

（七）继续履行；

（八）赔偿损失；

（九）支付违约金；

（十）消除影响、恢复名誉；

（十一）赔礼道歉。

法律规定惩罚性赔偿的，依照其规定。

本条规定的承担民事责任的方式，可以单独适用，也可以合并适用。

第一千零一十八条　自然人享有肖像权，有权依法制作、使用、公开或者许可他人使用自己的肖像。

肖像是通过影像、雕塑、绘画等方式在一定载体上所反映的特定自然人可以被识别的外部形象。

第一千零一十九条　任何组织或者个人不得以丑化、污损，或者利用信息技术手段伪造等方式侵害他人的肖像权。未经肖像权人同意，不得制作、使用、公开肖像权人的肖像，但是法律另有规定的除外。

未经肖像权人同意，肖像作品权利人不得以发表、复制、发行、出租、展览等方式使用或者公开肖像权人的肖像。

第一千零二十条　合理实施下列行为的，可以不经肖像权人同意：

（一）为个人学习、艺术欣赏、课堂教学或者科学研究，在必要范围内使用肖像权人已经公开的肖像；

（二）为实施新闻报道，不可避免地制作、使用、公开肖像权人的肖像；

（三）为依法履行职责，国家机关在必要范围内制作、使用、公开肖像权人的肖像；

（四）为展示特定公共环境，不可避免地制作、使用、公开肖像权人的肖像；

（五）为维护公共利益或者肖像权人合法权益，制作、使用、公开肖像权人的肖像的其他行为。

第一千一百六十五条 行为人因过错侵害他人民事权益造成损害的，应当承担侵权责任。

依照法律规定推定行为人有过错，其不能证明自己没有过错的，应当承担侵权责任。

第一千一百六十六条 行为人造成他人民事权益损害，不论行为人有无过错，法律规定应当承担侵权责任的，依照其规定。

第一千一百六十七条 侵权行为危及他人人身、财产安全的，被侵权人有权请求侵权人承担停止侵害、排除妨碍、消除危险等侵权责任。

第一千一百八十二条 侵害他人人身权益造成财产损失的，按照被侵权人因此受到的损失或者侵权人因此获得的利益赔偿；被侵权人因此受到的损失以及侵权人因此获得的利益难以确定，被侵权人和侵权人就赔偿数额协商不一致，向人民法院提起诉讼的，由人民法院根据实际情况确定赔偿数额。

第一千一百八十三条 侵害自然人人身权益造成严重精神损害的，被侵权人有权请求精神损害赔偿。

因故意或者重大过失侵害自然人具有人身意义的特定物造成严重精神损害的，被侵权人有权请求精神损害赔偿。

第一千一百八十四条 侵害他人财产的，财产损失按照损失发生时的市场价格或者其他合理方式计算。

第一千一百九十四条 网络用户、网络服务提供者利用网络侵害他人民事权益的，应当承担侵权责任。法律另有规定的，依照其规定。

第一千一百九十五条 网络用户利用网络服务实施侵权行为的，权利人有权通知网络服务提供者采取删除、屏蔽、断开链接等必要措施。通知应当包括构成侵权的初步证据及权利人的真实身份信息。

网络服务提供者接到通知后，应当及时将该通知转送相关网络用户，并根据构成侵权的初步证据和服务类型采取必要措施；未及时采取必要措施的，对损害的扩大部分与该网络用户承担连带责任。

权利人因错误通知造成网络用户或者网络服务提供者损害的，应当承担侵权责任。法律另有规定的，依照其规定。

第一千一百九十六条 网络用户接到转送的通知后，可以向网络服务提供者提交不存在侵权行为的声明。声明应当包括不存在侵权行为的初步证据及网络用户的真实身份信息。

网络服务提供者接到声明后，应当将该声明转送发出通知的权利人，并告知其可以向有关部门投诉或者向人民法院提起诉讼。网络服务提供者在转送声明到达权利人后的合理期限内，未收到权利人已经投诉或者提起诉讼通知的，应当及时终止所采取的措施。

第一千一百九十七条　网络服务提供者知道或者应当知道网络用户利用其网络服务侵害他人民事权益，未采取必要措施的，与该网络用户承担连带责任。

《民事侵权精神损害赔偿责任解释》

第一条　因人身权益或者具有人身意义的特定物受到侵害，自然人或者其近亲属向人民法院提起诉讼请求精神损害赔偿的，人民法院应当依法予以受理。

第二条　非法使被监护人脱离监护，导致亲子关系或者近亲属间的亲属关系遭受严重损害，监护人向人民法院起诉请求赔偿精神损害的，人民法院应当依法予以受理。

第三条　死者的姓名、肖像、名誉、荣誉、隐私、遗体、遗骨等受到侵害，其近亲属向人民法院提起诉讼请求精神损害赔偿的，人民法院应当依法予以支持。

第四条　法人或者非法人组织以名誉权、荣誉权、名称权遭受侵害为由，向人民法院起诉请求精神损害赔偿的，人民法院不予支持。

第五条　精神损害的赔偿数额根据以下因素确定：

（一）侵权人的过错程度，但是法律另有规定的除外；

（二）侵权行为的目的、方式、场合等具体情节；

（三）侵权行为所造成的后果；

（四）侵权人的获利情况；

（五）侵权人承担责任的经济能力；

（六）受理诉讼法院所在地的平均生活水平。

人格权纠纷案件裁判规则第 9 条：

构成性骚扰的受害人无性别要求，且认定行为人是否存在性骚扰行为，应看其实施的与“性”相关的行为是否违背受害人意愿，受害人拒绝的意思表示不应以要求“当场表露”或“明确表露”为限

【规则描述】 性骚扰案件中，法律应保护受害人的合法权益。性骚扰由于行为方式不同，侵犯的客体也不尽相同，包含身体权、健康权、名誉权、隐私权等权利，根本上是侵害了受害人的人格尊严，对受害人的工作、学习、生活造成极大影响。性骚扰案件的受害人不应仅局限于女性，男性亦可成为该类案件的受害人，男性的性自主、性自由、人格尊严等权利同样值得法律保护，但男性出于性羞耻心以及自身社会评价和名誉权等考量，往往更多不会选择诉诸法律，而是默默承受，更是无形中助长了性骚扰行为的发生。机关、企业、学校等单位发生职工性骚扰行为的，该单位有责任与义务做好事前预防、事中监管、事后处置的相关工作，以尽可能避免或遏制性骚扰行为的发生。相关单位没有做到上述工作的，可认定为失职，即存在过错，根据过错责任原则应承担一定的民事责任。

一、类案检索大数据报告

数据采集时间：2022 年 3 月 13 日；案例来源：Alpha 案例库；案件数量：266 件。本次检索获取 2022 年 3 月 13 日前共 266 篇裁判文书。笔者详细分析上述案件中性骚扰行为的具体行为类型，并将可以明确的行为进行统计，共 185 件案件，制作成图 9-1。从图 9-1 可以看出，行为人发微信进行骚扰的占大多数，有 108 件，占比

58.38%；采取打电话的方式进行骚扰的有 50 件，占比 27.03%；拥抱的有 10 件，占比 5.41%；拍照的有 8 件，占比 4.32%；当面言语挑逗的有 6 件，占比 3.24%；抚摸的有 3 件，占比 1.62%。

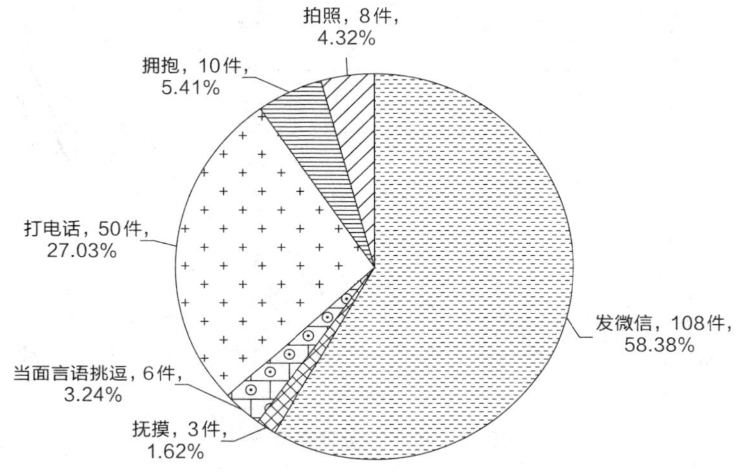

图 9-1　行为人性骚扰行为类型分布情况

此外，笔者分析了上述案件中被性骚扰侵权的受害人性别，得到图 9-2。由此可以看出，男性作为性骚扰受害者 18 件，占比 6.77%，女性作为受害者则有 248 件，占比 93.23%，虽然女性作为性骚扰案件的受害人的案件仍占绝大比例，但也应看到，男性作为受害人的案件比例仍然不容忽视，男性在性骚扰案件中被侵害的人格权益，同样值得社会关注与法律保护。

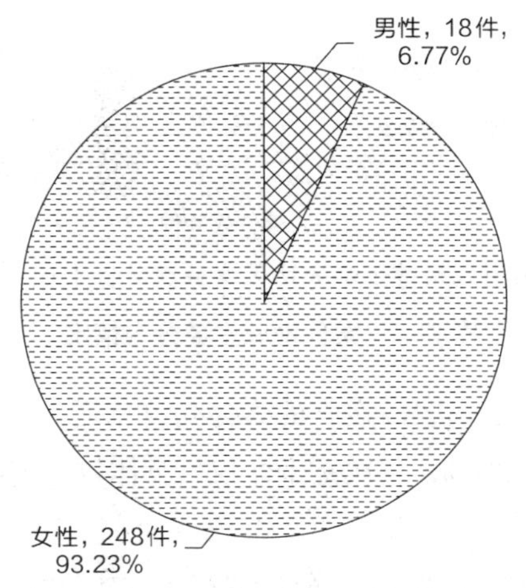

图 9-2　性骚扰案件受害者性别分布情况

如图 9–3 所示，从案件年份分布情况可以看出当前条件下案件数量的变化趋势。

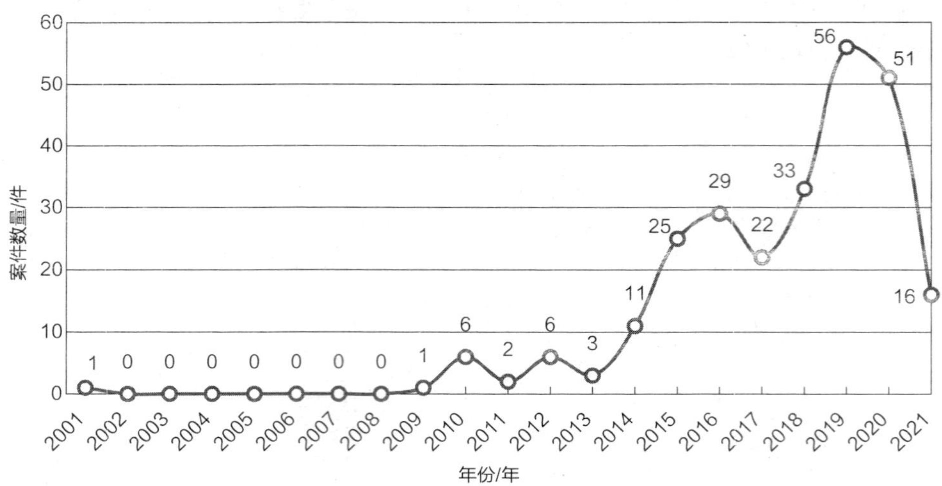

图 9–3　案件年份分布情况①

如图 9–4 所示，从案件地域分布情况来看，当前案例主要集中在北京市、上海市、江苏省，分别占比 16.54%、10.53%、7.89%。其中北京市的案件量最多，达到 44 件。

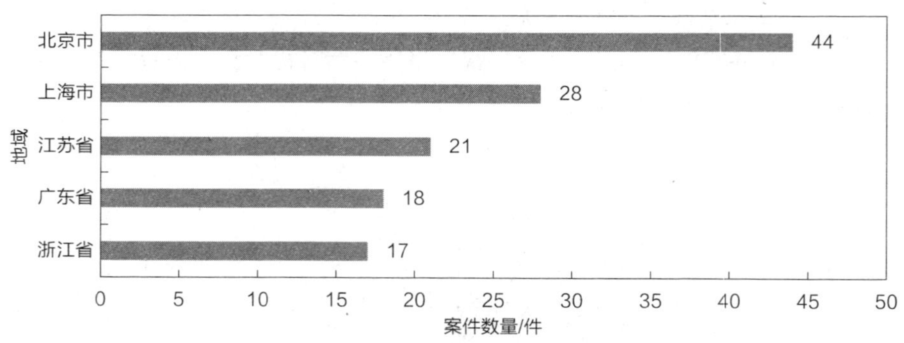

（注：该图只列举了部分地区案件数量，未逐一列明）

图 9–4　案件地域主要分布情况

如图 9–5 所示，从性骚扰案件侵害的客体角度来看，当前最主要的案由是名誉权纠纷有 157 件，占比 59.02%；其次是生命权、身体权、健康权纠纷有 87 件，占比

① 截至 2022 年数据统计期有 4 件案件，除去 2022 年的 4 件案件，共 262 件案件以案件年份分布图呈现。

32.71%；其余各类案由有一般人格权纠纷，隐私权、个人信息保护纠纷等。

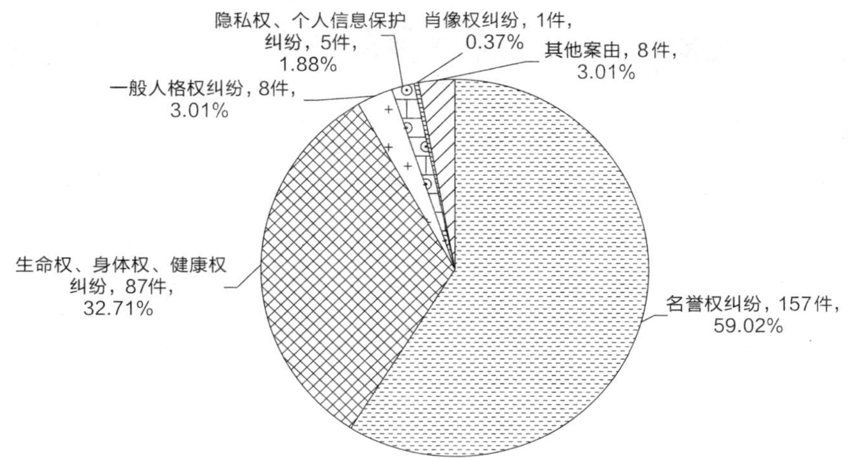

图 9–5　信骚扰案件案由分布情况

如图 9–6 所示，从案件审理分布情况可以看出，人格权纠纷下当前的审理程序分布状况。一审案件有 191 件，占比 71.8%；二审案件有 64 件，占比 24.06%；再审案件有 10 件，占比 3.76%；其他审理程序案件 1 件，占比 0.38%。

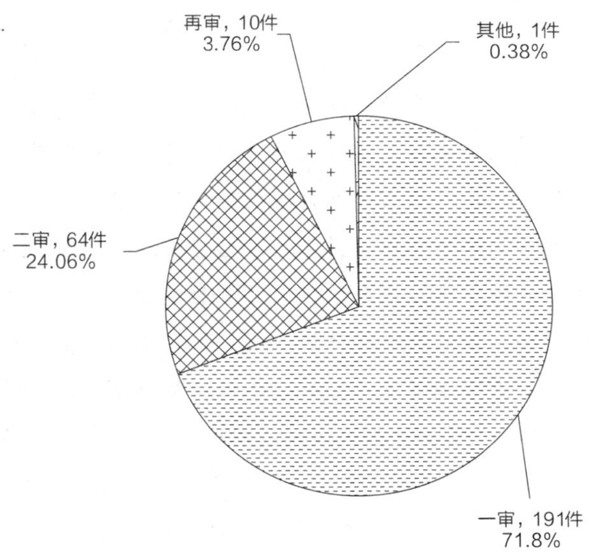

图 9–6　案件审理程序分布情况

二、可供参考的例案

例案一：吕某与杜某某性骚扰损害责任纠纷案

【法院】

北京市大兴区人民法院

【案号】

（2021）京0115民初39号

【当事人】

原告：吕某

被告：杜某某

【基本案情】

吕某诉称：（1）依法判令杜某某立即赔偿吕某医疗费、营养费、误工费、交通费、精神损害抚慰金等共计人民币3万元；（2）本案诉讼费用由杜某某承担。原告吕某自述与杜某某共同在锦江富园大酒店后厨工作，杜某某系厨师长。自从杜某某2019年6月入职以来，在原告工作期间长期实施摸手、摸胸、摸屁股、搂肩膀等恶劣行为性骚扰原告，造成其长期焦虑、精神压力较大、体重下降、睡眠障碍、抑郁综合征等严重后果。

杜某某辩称：其对吕某并无语言挑逗，所以根本不存在性骚扰事实的存在；其在天华路派出所所作“保证书”并非自认性骚扰的事实，而是反省自身，提醒自己以后要注意自己的言行；其对吕某是否构成性骚扰的事实缺乏证据来证明；吕某并无证据证明其侵害了吕某的姓名权、肖像权、名誉权或荣誉权，所以吕某要求其赔礼道歉的主张并无相应的事实及法律依据；吕某的病情与其并无因果关系，所以其治疗费用不应由其赔偿；吕某在庭审中的陈述与在天华路派出所所陈述的事实有重大出入，重要情节上不应有不一致，足以证明性骚扰一事纯属子虚乌有；吕某是为了抹黑其而提起虚假诉讼；诉讼费用应该由吕某承担，故不同意吕某的诉讼请求。

法院查明事实：吕某与杜某某系同事关系。2020年9月17日上午9时左右，吕某去杜某某办公室拿厨师帽，吕某拿完厨师帽后随即离开。吕某于2020年9月18日向北京市公安局大兴分局天华路派出所报警要求处理，北京市公安局大兴分局天华路派出所对双方作了询问笔录后，杜某某在北京市公安局大兴分局天华路派出所出具保证书一份，载明：“就员工吕某报警称我对其性骚扰一次（事），我认真反省，以后一定安心工作，事事处处为员工着想，决不做影响公司形象和员工身心健康的事情，决不通过语言肢体骚扰她人。除工作之外决不和吕某有任何接触。保证人：杜某某，2020 年 9 月 18 日。”

【案件争点】

被告是否存在对于原告的性骚扰行为；被告的保证书是否可以作为本案的事实证据使用。

【裁判要旨】

北京市大兴区人民法院认为，公民的人格尊严受法律保护。本案中，保证书系杜某某本人签名，杜某某主张事发当天没有任何违背吕某意愿的猥亵行为，相关保证书仅是自己对过往工作的反思。结合杜某某申请法院在天华路派出所调取的证据，虽不能认定吕某主张的杜某某用手摸吕某胸部和屁股这一事实，但可以说明杜某某在事发当时的行为具有侵犯女性权利的情形，法院据此推定杜某某的行为侵犯了吕某的人格尊严，应当承担相应的民事责任。当事人对其诉讼主张有责任提供相应的证据加以证实，吕某未提供充足证据证实吕某的抑郁状态与该事件有因果关系，依法应当承担举证不能的法律后果。同时，精神损害抚慰金应当根据侵权人的过错程度、侵权行为所造成的法律后果、本地区实际情况等因素加以确定，故法院综合本案已有证据酌情认定由杜某某赔偿吕某精神损害抚慰金 5000 元。

法院最终判决：一、被告杜某某于本判决生效之日起 10 日内赔偿原告吕某精神损害抚慰金 5000 元；二、驳回原告吕某的其他诉讼请求。

例案二：刘某某、徐某某与成都市某某社会工作服务中心性骚扰损害责任纠纷案

【法院】

四川省高级人民法院

【案号】

（2020）川民申 4679 号

【当事人】

再审申请人（一审被告、二审上诉人）：刘某某

被申请人（一审原告、二审上诉人）：徐某某

一审被告、二审被上诉人：成都市某某社会工作服务中心

【基本案情】

刘某某申请再审称：（1）二审判决认定的基本事实缺乏证据证明。① 2015 年夏季，双方短暂的拥抱不属于性骚扰。首先，这次拥抱不具有骚扰的法定特征，不存在反复实施的频率，不存在触及女性隐私或敏感部位等问题，实际上是徐某某拥抱刘某某而被刘某某推开。二审判决认定刘某某违背徐某某意志实施了拥抱行为，缺乏证据证明。其次，是否构成性骚扰，应当考虑双方的亲疏关系、双方性格和行为表现等情况。在 2015 年 6 月 1 日，徐某某曾在朋友圈记载刘某某安慰她的过程，对于那次刘某某主动实施的拥抱，徐某某是充满感激的。在行业内，为了彼此鼓励或肯定，从业人员之间可能会以拥抱的方式给予彼此支持。而本案拥抱行为的程度轻于 2015 年 6 月 1 日的拥抱，符合双方交往的实际情况，且是徐某某主动拥抱刘某某。最后，徐某某已向第三人明确双方的拥抱不是性骚扰，这一认识及给周围人的认识已经持续了三四年之久，现在又出尔反尔地指责不符合情理。②二审法院对于谁主动拥抱谁以及拥抱的具体真相这一基础事实认定不清。本案诸多证据证实徐某某在说谎，其应当承担举证不能的法律后果。徐某某的陈述出尔反尔，与刘某某及其证人的陈述冲突。徐某某曾主动联系刘某某表达亲昵，在 2015 年拥抱发生后与刘某某仍积极互动。徐某某在上海读书期间仍邀请刘某某作为其督导，其从大学毕业、恋爱、结婚、工作、生活顺利正常，看不出 2015 年的拥抱带来的伤害。徐某某希望尽量公开本案案情，不是一个性骚扰受害者的正常表现。证人李某的证言与在案其他证据相互印证，足以证明 2015 年至 2017 年间徐某某主动与刘某某来往，双方关系良好。（2）二审判决适用法律确有错误。刘某某在录音中的道歉系为了放低姿态达成和解，以维护名誉避免形成负面热点新闻，并非对徐某某指控性骚扰事实的认可。根据《民事诉讼证据规定》第六十七条[①]“在诉讼中，当事人为达成调解协议或者和解的目的作出妥协所涉及的对案件事实的认可，不得在其后的诉讼中作为对其不利的证据”之规定，刘某某在与徐某某男友沟通中作出的致歉姿态不属于对案件事实的认可，法院将道歉视为承认是错误的。徐某某因丢失刘某某的代步车心生矛盾，因善济中心倒卖社会物资牟利等事与刘某某发生矛盾，因此利用多年前的一个拥抱抹黑刘某某，意图毁掉刘某某热爱的公益事业。请求法院以事实为依据，以法律为准绳，撤销一审、二审判决，驳回徐某某的全部诉讼请求。综上，刘某某依据《民

① 该司法解释已于 2019 年 10 月 14 日修正，本条所涉第六十七条被修正后的司法解释删除。

事诉讼法》第二百条[①]第二项、第六项的规定，申请再审。

【案件争点】

二审法院认定2015年8月刘某某对徐某某的拥抱构成性骚扰是否不当。

【裁判要旨】

四川省高级人民法院经审查认为：（1）关于二审判决认定2015年8月刘某某对徐某某的拥抱构成性骚扰，是否属于认定基本事实缺乏证据证明的情形。根据一审、二审法院查明的事实，本案拥抱事件发生后，徐某某联系了其男友赵某某及一天公益的主要负责人李某表达了刘某某的拥抱行为带来的不适感，并向同事徐某甲倾诉。经过公证的聊天记录以及刘某某与赵某某的通话录音可以看出，刘某某多次向徐某某表达歉意。说明刘某某对徐某某的拥抱行为确实给徐某某内心造成了伤害。刘某某虽称该拥抱行为系徐某某主动实施，刘某某曾两次推开徐某某，但刘某某在一审答辩意见中并未提及该情节，且该主张与其代理人在一审庭审中认可该拥抱行为但认为该拥抱系礼节性的、拥抱性的安慰行为之陈述相矛盾。因此，刘某某关于本案拥抱系徐某某主动实施的主张，法院不予支持。二审法院根据公证书、通话记录、证人证言等证据，结合庭审时双方的陈述认定刘某某的拥抱行为违背了徐某某的意志，构成性骚扰不属于认定基本事实缺乏证据证明的情形。（2）刘某某在诉讼前作出的道歉行为并非在诉讼中为了达成调解协议或和解作出的让步，不能适用《民事诉讼证据规定》第六十七条[②]“在诉讼中，当事人为达成调解协议或者和解的目的作出妥协所涉及的对案件事实的认可，不得在其后的诉讼中作为对其不利的证据”之规定。若按照刘某某的主张，徐某某是为了故意抹黑刘某某才旧事重提，则被冤枉或被误解后刘某某理应为自己作出辩解。而在徐某某将拥抱事件公布后，刘某某在与徐某某的微信往来以及跟赵某某的通话中均未作辩解，反而多次向徐某某道歉，并称其道歉仅仅是为了避免网络负面影响扩大，不符合常理。

法院最终裁定：刘某某的再审申请不符合《民事诉讼法》第二百条[③]第二项、第六项规定的情形。驳回刘某某的再审申请。

---

① 该法已于2021年12月24日第四次修正，本案所涉第二百条第二项、第六项修改为第二百零七条第二项、第六项。

② 该司法解释已于2019年10月14日修正，本条所涉第六十七条被修正后的司法解释删除。

③ 该法已于2021年12月24日第四次修正，本案所涉第二百条第二项、第六项修改为第二百零七条第二项、第六项。

例案三：广东邦达实业有限公司与凌某某劳动合同纠纷案

【法院】

广东省中山市中级人民法院

【案号】

（2015）中法民六终字第235号

【当事人】

上诉人（原审原告）：广东邦达实业有限公司

被上诉人（原审被告）：凌某某

【基本案情】

一审法院查明：凌某某于2006年10月10日入职广东邦达实业有限公司（以下简称邦达公司），双方已签订劳动合同，最后一份劳动合同的期限为2009年8月1日至2014年7月31日。2014年5月30日，凌某某利用电脑软件将两张公司集体活动照片添加上粗俗的对白文字与主题，并通过公司内部电子邮件发送给照片当事人和另几位同事。当日，照片上的女员工肖某、许某、梁某等人向邦达公司总裁办和行政部投诉。2014年6月6日，依当事人女员工的申请，邦达公司就此事展开调查。

2014年6月10日，凌某某因再次将上述照片向他人传阅遭到投诉，同日，邦达公司发出内部公文《关于停止品质部原质检领班凌某某工作的通知》（以下简称《通知》），决定：（1）在凌某某2014年5月份绩效奖金中减发200分，以示惩戒；（2）从2014年6月11日起免除其品质部检验领班职务，并予以其放假，其放假期间的工资待遇为1310元／月；（3）从2014年6月10日起责令其搬离南区分公司宿舍。

2014年6月19日，邦达公司又发出内部公文《关于对品质部原检验领班凌某某不续签劳动合同的通告》（以下简称《通告》），认为凌某某的先前行为属于对同事的性骚扰行为，并称经调取南区分公司监控录像发现，凌某某2014年2月至3月期间存在打卡后返回宿舍休息、超过上班时间才去本岗位工作的情况，前后有12次打卡时间与实际上班时间不一致，凌某某的上述行为违反了公司《奖惩管理制度》第5.4.3.8条“对同事有性骚扰行为者，予以扣分处罚，视情况予以解雇，且公司不给予任何补偿”及公司《考勤管理制度》第5.2.4条、第5.3.3条和《奖惩管理制度》第5.4.3.12条的规定，属于严重违反公司规章制度的行为，根据《劳动合同法》第三十九条第二项、第四十四条第一项之规定，邦达公司通告决定：（1）从2014年6

月 11 日起给予凌某某放假，放假至 2014 年 7 月 31 日，放假期间工资待遇为 1310 元/月。（2）凌某某于 2014 年 7 月 31 日准时来公司人力资源部办理不续签劳动合同等离职手续；若其未按时办理离职手续的，将视为其放弃正当权利。

二审法院查明的事实与一审法院查明的一致。

【案件争点】

凌某某的行为是否能被认定为性骚扰行为。

【裁判要旨】

二审法院认为，《妇女权益保障法》第四十条规定“禁止对妇女实施性骚扰。受害妇女有权向单位和有关机关投诉”，而《广东省实施〈中华人民共和国妇女权益保障法〉办法》第二十九条规定“禁止违反妇女意志以带有性内容或者与性有关的行为、语言、文字、图片、图像、电子信息等任何形式故意对其实施性骚扰”，上述法律条文明确禁止特别是在劳动场所进行性骚扰。劳动场所的性骚扰行为一般包含三方面：一是此行为带性色彩；二是此行为对承受方而言是不受欢迎的，是有损于其人格和尊严的；三是这种行为可导致承受人在工作场所产生一种胁迫、敌视、羞辱性的工作环境。本案中，凌某某利用电脑软件在照片上添加对白文字和主题，该文字和主题以公司女同事为对象，带有明显的与性有关的文字故意对照片中的女同事实施上述行为，且从女同事向公司领导投诉和哭诉的事实能够确认凌某某的行为造成行为对象的羞辱和不适，明显违背了女同事的意志，造成女同事精神上的压力，上述行为应认定为性骚扰行为。

如前所述，凌某某的行为已构成性骚扰。且在三名女受害人向邦达公司投诉后调查期间，凌某某再次将照片在同事中传播，再次实施性骚扰行为，情节较为恶劣，严重违反了公司规章制度，邦达公司可根据该公司上述规定解除双方劳动合同。邦达公司作为用人单位，有义务为员工提供正常的工作环境。邦达公司于 2014 年 6 月 10 日发出《通知》，接着又于 6 月 19 日发出《通告》，从该《通告》发出的背景和原因来看，邦达公司在该《通告》中“不续签劳动合同”的意思表示应理解为解除劳动关系，即“不续签劳动合同”实际是解除双方劳动关系的一种方式，且该种处理方式并不损害劳动者合法利益。而邦达公司于 2014 年 8 月 1 日签署和出具的《终止劳动合同协议书》、离职证明只是对前述处理结果的一个事实确认，而非新的独立的处理结果。邦达公司因凌某某严重违反公司规章制度，解除与其的劳动合同。

例案四：代某与霍尔果斯达达影视文化传媒有限公司合同纠纷案

【法院】

北京市朝阳区人民法院

【案号】

（2018）京0105民初60246号

【当事人】

原告：代某

被告：霍尔果斯达达影视文化传媒有限公司

【基本案情】

原告代某与被告霍尔果斯达达影视文化传媒有限公司（以下简称达达公司）因合同纠纷诉至法院。

一审法院认定事实：2017年8月15日，达达公司法定代表人聂某给代某发微信，在微信中称代某“宝宝”，表示他几乎没有一分钟是平静的，在代某面前，聂某控制不住自己，想要代某过得更好，想要代某过得开心，想要照顾代某，他不想等到下辈子，也不想只是这辈子，他希望代某永远都是他唯一珍惜的公主，他明白代某的顾虑，他的心理压力更大，但他把一切都想清楚了，请代某给他一个机会，或者直接拒绝他，让他滚开，反正他的心也彻底碎在代某这里了。当日，聂某给代某发送十余条微信，代某回复称“不想这样，别说了”；聂某表示“你到底怎么想的和我说一下啊”，代某回复“我想的就是不想这个话题继续下去”，聂某表示“是因为顾虑到我和静姐的问题，还是无法接受我”，代某表示“都有”，聂某表示“因为无法接受我，那我离开吧，我是真的爱你”；聂某表示想要打电话或者过几天到剧组找代某，代某回复称过几天会很忙，没有精力跟聂某聊这些，并求聂某“别逼我了，人是有道德约束的”，聂某表示在其没有解决好自己的事情之前，不会要求代某跟他在一起，但不想听到代某跟别的男生在一起，代某表示其不会接受跟聂某暧昧的关系等；之后，聂某继续给代某发微信，询问代某在做什么，为何不回复，并表达爱意，代某回复称接受不了这种状态。8月28日，聂某表示：第一，短期内他不会再提恋爱的事情，顺其自然，但永远不会放弃，如果代某谈了男朋友，他会不遗余力想办法毁了代某的男朋友；第二，他尽量不给代某压力，之前总想把代某抓在怀里，对不起；第三，希望代某别只是像好朋友对待他，他是这个世上最爱代某的人等。10

月 27 日，聂某发微信让代某接电话，代某表示不想接聂某狂轰滥炸的电话等。11 月、12 月，聂某继续单方面给代某发送微信。12 月 8 日，代某表示宣传方面的费用要跟聂某沟通一下，目前的分成方式太不公平，而演出的作品都是通过代某自己试戏成功的，聂某表示不赞同。2018 年 2 月 21 日，龙口市心理康复医院出具《诊断书》，载明：代某于 20 天前开始出现夜间少眠、烦躁、整日闷闷不乐、悲观、兴趣减少、少语、少动、病情逐渐加重的症状，诊断为 ××× 等。

【案件争点】

聂某的行为是否构成对原告代某的性骚扰。

【裁判要旨】

北京市朝阳区人民法院认为，关于达达公司的法定代表人聂某长期骚扰代某问题。代某与达达公司签订《演员经纪合同》，达达公司应当为代某提供相应的工作条件和保护。从聂某和代某之间的微信聊天记录看，聂某持续给代某发微信、打电话，向代某表达好感，追求代某，代某拒绝后，聂某仍未停止，并表示如果代某谈了男朋友，他会不遗余力想办法毁了代某的男朋友等。聂某的行为构成对代某的骚扰，从双方的微信聊天记录看，骚扰期间自 2017 年 8 月至 12 月，后根据龙口市心理康复医院出具的《诊断书》，代某被诊断为 ××× 疾病。代某患 ××× 疾病与聂某的骚扰行为有因果关系，骚扰行为的实施者聂某系达达公司的法定代表人及控股股东，其行为必然对《演员经纪合同》的履行造成影响。合同履行过程中，代某因聂某的骚扰行为患 ××× 疾病，证明达达公司未对代某尽到保护责任，达达公司在相关条款的履行上构成违约。必须强调的是，聂某系有家庭之人，应具有基本的家庭责任意识，其对婚外异性展开持续的追求并最终演变成骚扰的行为突破了道德的底线，其行为不利于影视行业的健康发展，法院对其相关行为予以谴责。

三、裁判规则提要

（一）性骚扰相关概念辨析

1. 性骚扰的概念

性骚扰一词，最早由美国女权主义法学家凯瑟琳·麦金农在 1974 年率先提出，其定义为：“出于权利关系下强加的讨厌的性要求，其中包括语言的性暗示或戏弄，不断送秋波或者做媚眼，强行接吻，用使雇员丢失工作的威胁作后盾，提出下流的要求并强迫发生性关系。”[①] 美国最初关于其定义主要界定于职场中，此后各国和地区关于职场中性骚扰的问题都有其不同的定义。性骚扰并不单纯局限于工作场所，也即从特定的“职场性骚扰”的概念中跳脱出来。[②] 目前性骚扰的概念，通常是指以身体、语言、动作、文字或图像等方式，违背他人意愿而对其实施的以性为取向的有辱其尊严的性暗示、性挑逗以及性暴力等行为。[③] 从实践来看，性骚扰行为通常会侵害受害人的人格尊严，该行为不仅仅是侵犯自然人身体权的行为，还很大程度上包括了对受害人人格权的侵害，尤其是对于受害人因受到过“性骚扰”而遭受社会评价降低的名誉权损害。性骚扰不仅存在于职场中，任何符合上述概念的行为都应认定为性骚扰行为，但职场与校园确系性骚扰案件的高发场域。

2. 性自主权及性利益

性自主权是自然人保持其性纯洁的良好品行，依照自己的意志支配其性利益的具体人格权。我国《刑法》中对于性犯罪的保护客体即包括了公民的性自主权，而性自主权的客体是性利益，是权利人就自己在性的问题上所享有的利益。

性利益是自然人的性的品行，在性的问题上，保持自己性的纯洁，具有高尚的性品行，也就是性利益的含义。性利益是一种男女平等的人格利益性，包括性的不可侵犯与自由支配。性利益是一种人格利益，而不是义务。性利益的实质是自然人的性自由。[④]

3. 性骚扰的行为构成认定

（1）必须存在与“性”有关的行为。性骚扰与日常生活中的骚扰的最大区别即是必须围绕于“性”或者“性话题”展开，仅对他人实施困扰行为但不涉及“性”方面的，只能界定为普通的骚扰行为，而非性骚扰。性骚扰包含口头、书面、动作、暗示等形式，其主观上必须是故意的，这种故意是否给自身带来愉悦在所不问，只看其是否追求骚扰他人的故意，[⑤] 即行为人明知其行为是涉及“性方面”的行为，并且以追求特定损害后果为目的。

---

① 参见张新宝、高燕竹：《性骚扰法律规制的主要问题》，载《法学家》2006 年第 4 期。

② 参见王毅纯：《民法典人格权编对性骚扰的规制路径与规则设计》，载《河南社会科学》2019 年第 7 期。

③ 参见王利明：《人格权重大问题研究》，法律出版社 2019 年版，第 414 页。

④ 参见杨立新主编：《中华人民共和国民法典释义与案例评注・人格权编》，中国法制出版社 2020 年版，第 168 页。

⑤ 参见王成：《性骚扰行为的司法及私法规制论纲》，载《政治与法律》2007 年第 4 期。

行为人实施性骚扰的动机是多元的，如单纯为了展示自己所谓的幽默感，或者仅仅是为了从他人的难堪中满足某种低级趣味，无论如何，只要其行为能满足性骚扰的构成要件，不论其主观动机如何，均应当认定构成性骚扰。行为人的主观动机是难以证明的，如果考虑行为人的主观动机，就不利于对受害人进行救济，也不利于对行为人进行追责。①

（2）必须违背受害人的意愿。性骚扰的行为必须违背了受害者的意愿，这种意愿的表达是出自受害者内心的，受害者不愿意的意思表达，不应要求“当场表露”或“明确表露”②为限。一旦作出这样的规制，很可能会造成行为人为了阻却性骚扰行为的构成和认定，而当场要求受害者明确表示自己系自愿的意思表示的情况发生。而在基于工作关系、从属关系的职场性骚扰中，受害人可能出于多种原因不敢或不能进行当场明确表露反对，甚至难以进行举证，一旦作出“当场、明确”的构成要件的需求，会给侵权人一定可乘之机，不利于保护本就处于性骚扰行为中弱势一方的受害人。

（3）必须侵害了他人的人格尊严。此处强调人格尊严，是将性骚扰行为侵犯的客体作出明确区分。性骚扰侵犯的法律客体应是受害人的人格权，而非财产权。一旦模糊了两种客体的概念，就可能形成将“性行为”或与“性”相关行为与财产性利益挂钩的不良价值导向，偏离性自主和性自由等法益保护的立法原意。司法实务中，由于侵权人可能采取的不同行为方式，性骚扰行为可能侵害受害人的人格尊严权、性自主权、隐私权、身体权、名誉权、人身自由权等各项人格权利，③但其主要侵害的还是人格尊严。换言之，正是因为性骚扰行为使特定受害人的人格尊严受到了侵犯，才有必要使行为人承担民事责任。

（4）必须存在明确的受害人。关于性骚扰行为的侵害对象，必须是特定的、明确的受害人。如相关行为是利用一定媒介为不特定的多数人所知悉，即便该行为可能涉及“性行为”或与性相关的话题，也对某人或某些人造成了性羞耻心和不适感，因行为人没有指定特定的、明确的受害人，也无法认定为性骚扰。

关于受害人的身份问题，虽然我国目前立法偏向于将女性作为保护中心，④但伴

① 参见王利明：《民法典人格权编性骚扰规制条款的解读》，载《苏州大学学报（哲学社会科学版）》2020年第4期。

② 参见王利明：《人格权重大问题研究》，法律出版社2019年版，第417页。

③ 参见张绍明：《反击性骚扰》，中国检察出版社2003年版，第75页。

④ 参见《妇女权益保障法》第四十条、第五十八条，以及《女职工劳动保护特别规定》第十一条。

随着2015年《刑法修正案（九）》的通过，也将男性遭受性侵犯和性骚扰的问题真实、客观地展现出来。男性，尤其是青年男性在性骚扰受害人群体中的比例逐年攀升，而且这种骚扰不仅来源于异性，更有显著比例来源于同性。[①]但男性出于性羞耻心以及自身社会评价和名誉权等考量，往往更多不会选择诉诸法律，而是默默承受，更是无形中助长了性骚扰行为的发生，因此男性作为性骚扰受害者的问题也不容忽视，男性的性自主权和性自由权同样值得社会关注和法律保护。

（二）关于性骚扰多发场域的法律分析

如前所述，职场与高校是性骚扰的多发场域，究其原因，主要是上级与下级、领导与员工、雇主与雇员以及老师与学生等双方关系之间存在权力和地位上的差异、不平等，导致后者多受制于前者。而在这种不平等关系下，后者所遭受的性骚扰会变得更为隐蔽且不易察觉，产生较大不良社会影响。[②]

1. 高校性骚扰

近年来，高等院校被曝光知名教授、学者性侵、性骚扰学生的案例不在少数，2018年1月，北京航空航天大学女学生罗某实名举报教授、博导、长江学者陈某性骚扰罗某等多名女学生；同年4月，时任北京大学中文系教授沈某被举报曾对学生高某进行性骚扰并导致高某自杀。两起事件曝光后在社交媒体长期保持较高热度，[③]《人民日报》就“校园性侵案”发表了专门评论《让每一个青春都能走进春天》。由此反观，高校教师性骚扰长期被忽略、被合理化、被容忍而免于实质性惩处。[④]

校园性骚扰案件中，行为人与受害人之间存在某种特定的权力关系，这是高校教师性骚扰与其他类型性骚扰之间的主要区别。这种权力关系，即行为人基于担任学校职务、承担任务等而与受害人所产生的关联，并且优势方能够通过这类关系给弱势方施加影响。[⑤]

---

① 参见王成：《性骚扰行为的司法及私法规制论纲》，载《政治与法律》2007年第4期。

② 参见唐安然：《论性骚扰的侵权责任——以〈民法典草案（分编）为基础〉》，载《广西政法管理干部学院学报》2019年第1期。

③ 参见杨军、保琰：《高校教师性骚扰的行为类型与法律属性》，载《荆楚学刊》2020年第3期。

④ 参见李佳源、方苏宁：《高校性骚扰：特征、现状、成因与应对机制——以女研究生为重点的实证分析》，载《广州大学学报（社会科学版）》2016年第15期。

⑤ 参见任海涛、孙冠豪：《“校园性骚扰”的概念界定及其立法意义》，载《华东师范大学学报（教育科学版）》2018年第36期。

2. 职场性骚扰

2017 年女星艾丽莎·米兰诺等人针对美国金牌制作人哈维·温斯坦性侵多名女星丑闻发起的运动 Me Too，呼吁所有曾遭受性侵犯的女性挺身而出说出惨痛经历，在全球范围内引起巨大反响，也进一步唤醒了国内性骚扰受害者的维权意识。职场性骚扰具有两大特点：

（1）职场性骚扰维权率偏低关系性骚扰的受害者往往需要在人格尊严和生存压力面前作出抉择，相当大一部分人无奈选择牺牲前者。[①] 此外，舆论中长期存在的"受害者有害论"等荒谬思想造成受害者不敢反抗。同时，性骚扰案件中举证责任往往由受害者承担，而大多数受害者并没有形成收集证据的习惯以及具备固定证据的知识与能力，即便下定决心诉至人民法院，但在"谁主张，谁举证"的证据规则面前，也只能承担不利的诉讼后果，久而久之，维权率不断走低。

（2）职场性骚扰影响较深远关系受害者一方面要忍受来自加害者的长期、多次骚扰压力而身心俱疲，备受煎熬；另一方面也要承担性骚扰与升迁、调岗等工作机会联系在一起时所面临的双重压迫，更可能让受害者面临在被侵犯与升职之间作选择。

如此逼迫受害者将自己的身份活生生从性骚扰的受害人变为自愿"投怀送抱"的共谋者，是对受害者人格尊严和性自主权、自由权的灭顶打击。此外，受害者在很长一段时间内，都要承受来自他人的议论和点评，在名誉权受到影响的同时，精神状态会受到极大干扰。

（三）性骚扰的责任承担

根据我国民事法律规定，性骚扰案件中，加害人无疑应当承担侵权责任。性骚扰行为的侵权责任方式是停止侵害、赔礼道歉和赔偿损失。涉及名誉受损的，还应采取合理措施恢复名誉。

性骚扰侵权产生的后果通常包括三种情形：第一，受害人产生不愉悦的感受但身体上未受损害；第二，受害人身体上受到损害，但未遭受严重的精神损害；第三，受害人既遭受身体上的损害，还遭受严重的精神损害。第一种情形的责任承担方式主要为赔礼道歉，后两种情形的责任承担方式主要为赔礼道歉和损害赔偿。当然，

① 参见田野、张宇轩：《职场性骚扰中的雇主责任——兼评〈中华人民共和国民法典〉第 1010 条、第 1191 条》，载《天津大学学报（社会科学版）》2021 年第 4 期。

倘若性骚扰在对受害人性自主权造成损害的同时，也对受害人的名誉权、隐私权等产生损害，受害人亦可请求停止侵害、恢复名誉等责任承担方式。

（四）用人单位的法定义务

在性骚扰案件中，用人单位承担的是过错责任原则。何为过错？笔者认为，用人单位处于控制性骚扰的最佳位置，法律应充分利用这一力量，明确用人单位负有合理预防义务和及时救济义务。① 因此，用人单位想要阻却责任构成，必须做到“无过错”，也即注意到自身的合理预防和及时救济义务。

对职场和高校教师性骚扰而言，用人单位完全有条件也有能力通过事前预防、事中监管和事后处置等手段来预防和控制性骚扰。从这个意义上说，要求有关单位承担预防性骚扰的义务，有助于从源头上预防和减少性骚扰的发生。

1. 事前预防

为实现防止性骚扰发生的目的，预防是最为重要的环节。单位对于性骚扰的预防主要应当通过完善的制度建设来实现。比如，用人单位应当制定或完善管理制度，如高校加强师德师风培训，向学生开启性教育讲座，树立起学生的“性保护”意识，企业提倡健康向上的企业文化，明确禁止性骚扰行为；应当发布禁止性骚扰的书面声明，号召全体员工签署禁止性骚扰的承诺书。目前许多用人单位逐步采取开间式办公的方式，这既可以提升办公空间的利用效率，又可以有效预防可能发生的性骚扰。②

2. 事中监管

用人单位应当确保投诉、反馈渠道的畅通，如可设置意见反馈箱、开展线上保密谈话、及时联络公安机关调查取证等工作，做到公平公正公开且中立，在接受投诉后不得推诿、拖延或压制，应当积极、快速地查清事实真相，同时尽可能避免信息泄露，保护当事人的隐私。用人单位还应当注意不能借调查性骚扰案件的机会大搞隐私调查，否则会陷入新的人格权难题。③

---

① 参见最高人民法院法典贯彻实施工作领导小组主编：《中华人民共和国民法典人格权编理解与适用》，人民法院出版社 2020 年版，第 179 页。

② 参见王利明：《民法典人格权编性骚扰规制条款的解读》，载《苏州大学学报（哲学社会科学版）》2020 年第 4 期。

③ 参见江苏省南通市中级人民法院（2002）通中民一终字第 1470 号“姜某诉时某等侵犯隐私权案”，公司召开职工大会，调查员工是否存在性骚扰行为，构成侵犯员工的隐私权。隐私权作为一项人身权，只要权利人未言明放弃自己的禁止权，任何人均无权泄露和公开与此相关的信息和内容。

3. 事后处置

在经过调查发现确有性骚扰的，用人单位应当在内部进行处理，或选择请求公安、司法机关介入处理。但对于经调查确系诬告行为的，也应当考虑给予投诉人一定的处罚，防止性骚扰维权机制被别有用心之人滥用，从而影响该项制度的应有之义和实践途径。

四、辅助信息

《民法典》

第九百九十一条　民事主体的人格权受法律保护，任何组织或者个人不得侵害。

第九百九十六条　因当事人一方的违约行为，损害对方人格权并造成严重精神损害，受损害方选择请求其承担违约责任的，不影响受损害方请求精神损害赔偿。

第九百九十八条　认定行为人承担侵害除生命权、身体权和健康权外的人格权的民事责任，应当考虑行为人和受害人的职业、影响范围、过错程度，以及行为的目的、方式、后果等因素。

第一千条第一款　行为人因侵害人格权承担消除影响、恢复名誉、赔礼道歉等民事责任的，应当与行为的具体方式和造成的影响范围相当。

第一千零四条　自然人享有健康权。自然人的身心健康受法律保护。任何组织或者个人不得侵害他人的健康权。

第一千零一十条　违背他人意愿，以言语、文字、图像、肢体行为等方式对他人实施性骚扰的，受害人有权依法请求行为人承担民事责任。

机关、企业、学校等单位应当采取合理的预防、受理投诉、调查处置等措施，防止和制止利用职权、从属关系等实施性骚扰。

第一千一百九十一条　用人单位的工作人员因执行工作任务造成他人损害的，由用人单位承担侵权责任。用人单位承担侵权责任后，可以向有故意或者重大过失的工作人员追偿。

劳务派遣期间，被派遣的工作人员因执行工作任务造成他人损害的，由接受劳务派遣的用工单位承担侵权责任；劳务派遣单位有过错的，承担相应的责任。

《人身损害赔偿解释》

第一条第一款 因生命、身体、健康遭受侵害，赔偿权利人起诉请求赔偿义务人赔偿物质损害和精神损害的，人民法院应予受理。

《民事侵权精神损害赔偿责任解释》

第五条 精神损害的赔偿数额根据以下因素确定：

（一）侵权人的过错程度，但是法律另有规定的除外；

（二）侵权行为的目的、方式、场合等具体情节；

（三）侵权行为所造成的后果；

（四）侵权人的获利情况；

（五）侵权人承担责任的经济能力；

（六）受理诉讼法院所在地的平均生活水平。

人格权纠纷案件裁判规则第 10 条：

在机关、企业、学校等单位发生性骚扰行为时，性骚扰行为的受害者可以“性骚扰损害责任纠纷”为案由起诉，用人单位应当履行性骚扰行为防治义务，必要时可解除用工合同

【规则描述】　性骚扰通常是指以身体、语言、动作、文字或者图像等方式，违背他人意愿而对其实施的以性为取向的有辱其尊严的性暗示、性挑逗以及性暴力等行为。《民法典》第一千零一十条第二款规定，机关、企业、学校等单位负有预防性骚扰的义务。从单位角度而言，单位应当采取相应的手段和措施避免性骚扰行为的发生。该条写明了单位具有性骚扰防治义务，违反了相应的义务，则单位应当承担民事责任，但该义务不同于单位的安全保障义务。性骚扰中的损害赔偿多为精神损失层面的弥补，性质上属于抚慰金。《民法典》中并没有明确说明违反该义务后，单位应当承担何种民事责任。在发生性骚扰行为之后，大部分单位会采取“解除劳动合同”的方式解雇性骚扰行为的实施者。

需要注意的是，单位并非对所有发生在单位场合的性骚扰行为承担责任。若机关、企业、学校等单位未能采取合理的预防性骚扰行为的措施，防止性骚扰发生的，应当以自己的过错为限，对被性骚扰行为人承担独立责任。但是，若性骚扰的行为人不属于该单位人员的，单位应当承担其过错范围内的补充责任。

一、类案检索大数据报告

数据采集时间：2022 年 3 月 14 日；案例来源：Alpha 案例库；案件数量：101 件。本次检索获取 2022 年 3 月 14 日前共 101 篇裁判文书。案件裁判结果分布情况如

图 10–1 所示，从机关、企业、学校等单位在处理职场或校园性骚扰时，对于实施性骚扰的员工予以解雇的角度来看，法院认为用人单位应当解雇实施性骚扰行为员工的案件 34 件，占比约 33.67%；法院认为用人单位不应当解除劳动合同的案件 45 件，占比约 44.55%；法院认为性骚扰并不是劳动争议中需要考虑的因素或者认为用人单位不是适格被告的案件为 9 件，占比约 8.91%；不相关案件为 13 件，占比约 12.87%。

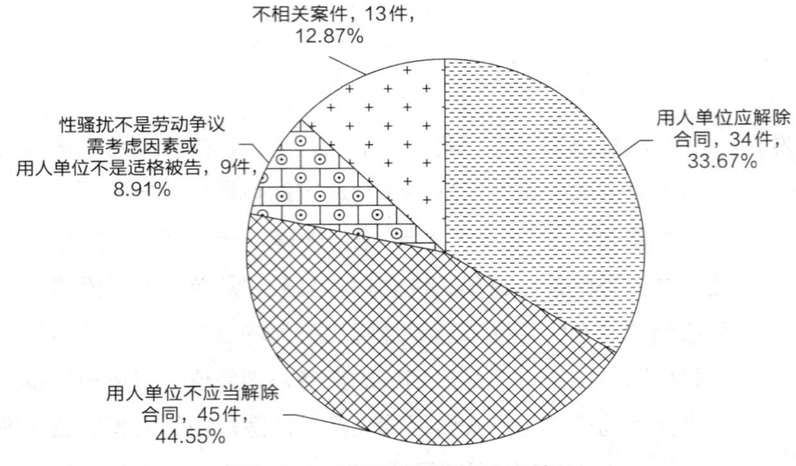

图 10–1　案件裁判结果分布情况

如图 10–2 所示，从案件年份分布情况可以看出，当前条件下案件数量的变化趋势。

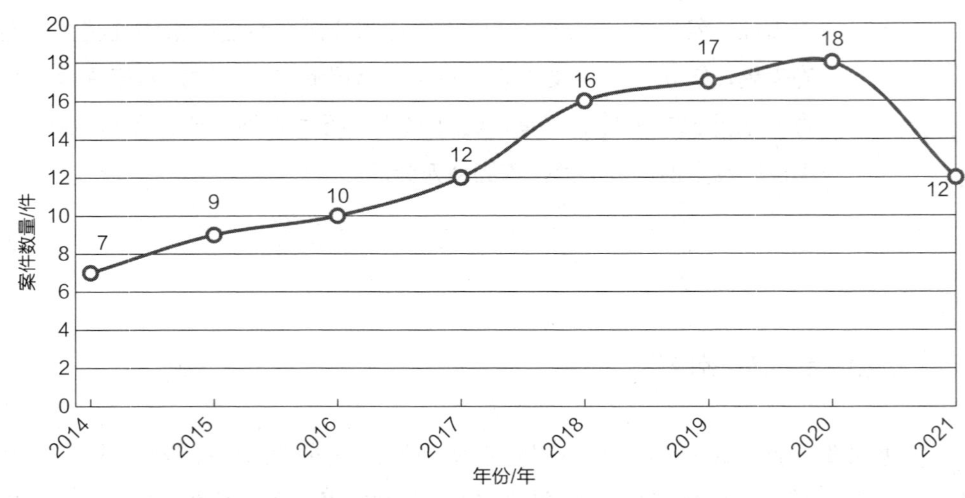

图 10–2　案件年份分布情况

如图 10–3 所示，从案件地域分布情况来看，当前条件下案件主要集中在广东省、江苏省、上海市和北京市，其中广东省的案件数量最多，达到 24 件，占比约 23.76%。

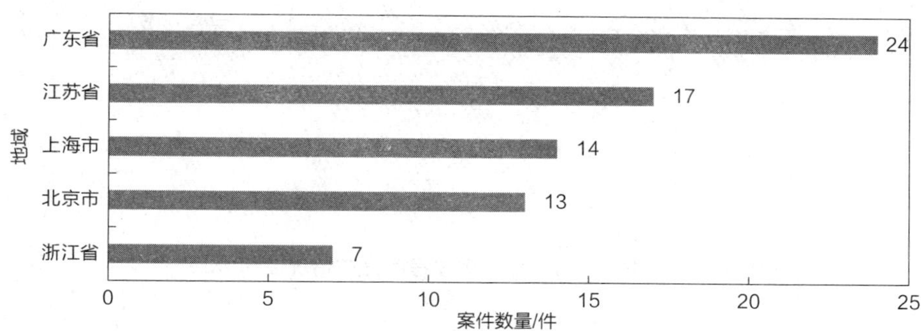

（注：该图只列举了部分地区案件数量未逐一列明）

图 10–3　案件主要地域分布情况

如图 10–4 所示，从案件案由分类情况可以看出，当前条件下案件的案由分布由多至少分别是劳动争议、人事争议纠纷 99 件，占比约 98.02%；名誉权纠纷 2 件，占比约 1.98%。

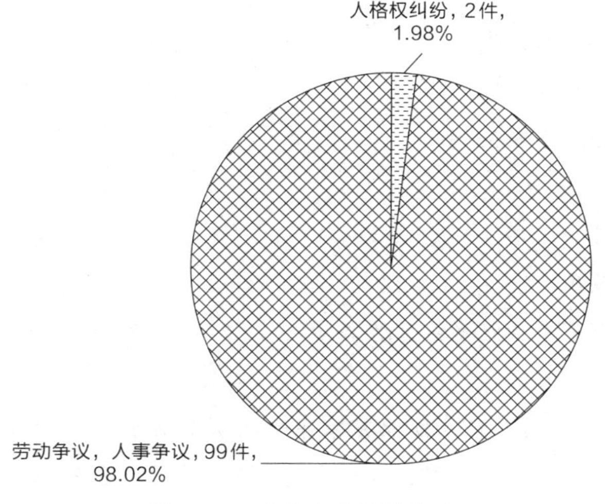

图 10–4　案件案由分类情况

如图 10–5 所示，从案件审理程序分布情况可以看出，当前条件下案件的审理程序分布由多至少分别是一审案件 56 件，占比约 55.45%；二审案件 45 件，占比约 44.55%。

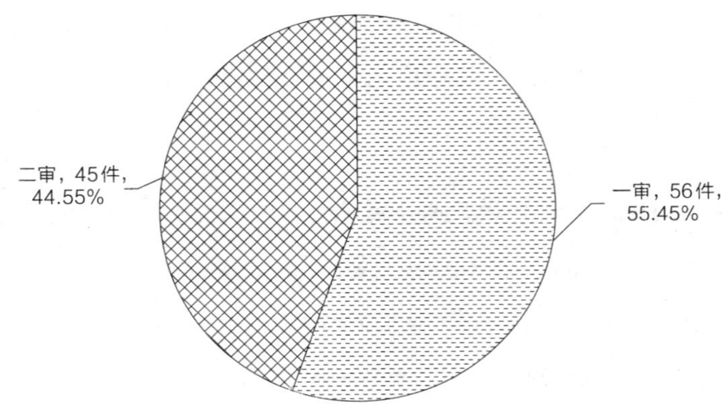

图 10-5　案件审理程序分布情况

二、可供参考的例案

例案一：张某晶与王某民、北京京东世纪贸易有限公司性骚扰损害责任纠纷案

【法院】

北京市第二中级人民法院

【案号】

（2020）京02民终6633号

【当事人】

原告：张某晶

被告一：王某民

被告二：北京京东世纪贸易有限公司

【基本案情】

原告于2015年6月9日入职北京京东世纪贸易有限公司（以下简称京东公司）担任产品运营一职，原告与王某民成为直属上下级关系，合同期限为3年，试用期3个月。2015年6月12日，王某民通知原告晚上去吃饭，基于原告新来公司工作，对上司提出的合理要求不好拒绝，便如约赴宴，王某民未询问原告意愿直接将原告带至其城中村合租房附近的东北菜馆。饭后王某民借口新来的员工不能不会玩炸金花，便教原告玩炸金花，原告表示天已黑想回家，王某民阻止其离开，原告用手机求助

朋友给自己打电话脱身，王某民跳到地上拦在原告面前再次阻止其离开，并表达对原告的喜爱，原告明确表示有事要离开时，王某民用力抓住原告并强迫与原告发生性关系。试用期间，王某民利用其领导身份地位，以决定原告试用期转正、升职、加薪、股票期权等职权威胁原告，并多次强行与原告发生性关系，王某民的行为给原告的身体和精神造成了严重伤害。试用期结束后，原告认为被辞退的风险降低，遂两周未洗脚用脚臭味迫使王某民主动放弃侵害和骚扰，王某民以权谋私，除试用期侵害和骚扰的3个月外，克扣原告工资长达3年之久，并多次让部门人事约谈原告，让其离职。原告认为，王某民利用职权胁迫性侵骚扰女下属，克扣工资，给原告的身体和精神造成严重的伤害，理应承担民事赔偿责任；京东公司作为雇主未制定任何性骚扰防治措施，且在得知此事后，不但没有积极和平解决此事，采用表面撇清与原告的雇佣关系，还暗地指使王某民阻碍原告维权。京东公司疏于对王某民的管理，不能理性、和平地处理此事，理应承担连带赔偿责任。综上所述，王某民在其婚姻存续期间违背社会公德、违反原告的意志强行与其发生性关系，利用职权多次侵害骚扰原告，构成对原告的性骚扰，其行为严重违反了基本的行为道德准则，违反了国家保护妇女权益相关法律、法规；用人单位和雇主应当采取措施制止工作场所的性骚扰行为，单位有义务营造一个没有性骚扰的工作环境。王某民利用职务之便，利用员工之间上下级关系，在原告试用期内，多次与原告发生性关系。事发后，原告求助无门，在网络上披露此事，希望京东公司采取相应的处理措施。但京东公司对该行为置之不理，京东公司一直以来的不作为既是怠于履行法律义务，也给原告造成一定的精神伤害，应当承担相应的法律责任。职场性骚扰这种权力控制关系的本质也是原告在当时没有勇气进一步寻求法律救济、提起民事诉讼的原因之一。京东公司未妥善处理此事，未尽到单位应当尽的义务，王某民、京东公司均应当承担相应的法律责任。

【案件争点】

用人单位的过错没有履行好性骚扰防治义务，是否应当承担侵权责任。

【裁判要旨】

北京市通州区人民法院认为：性骚扰通常是指以身体、语言、动作、文字或者图像等方式，违背他人意愿而对其实施的以性为取向的有辱其尊严的性暗示、性挑逗以及性暴力等行为。性骚扰损害赔偿责任纠纷其性质仍属一般侵权纠纷，张某晶仍应就一般侵权行为的构成要件承担相应的举证责任。本案中，王某民虽与张某晶发生过性行为，但张某晶并未能提供充足的证据证明其与王某民发生性行为违背其自身意愿，张某晶亦未能提供证据证明王某民存在其他性骚扰的行为，应当承担举证不能的不利后果。张某晶要求王某民、京东公司承担相应的侵权责任，无事实依据，法院不予支持。

北京市第二中级人民法院认为：京东公司系企业法人，并非性骚扰损害责任纠纷的适格被告，故一审法院据此认定京东公司住所地不能作为确定管辖的依据并无不当。同时，依据起诉人张某晶的陈述，侵权行为地及被起诉人王某民的住所地均不在一审法院辖区，故一审法院认定其没有管辖权。该认定亦符合法律规定及本案的实际情况，并无不当。一审法院对于张某晶起诉裁定不予受理，法院依法予以维持；张某晶的上诉请求不能成立，法院不予支持。

例案二：郑某强与广州番禺卓华服装有限公司劳动合同纠纷案

【法院】

广东省广州市中级人民法院

【案号】

（2021）粤01民终19625号

【当事人】

上诉人（原审原告）：郑某强

被上诉人（原审被告）：广州番禺卓华服装有限公司

【基本案情】

郑某强于2009年5月11日入职广州番禺卓华服装有限公司（以下简称卓华公司），离职前任高级产品开发员，双方共签订三份书面劳动合同，最后一份合同为2013年4月1日签订的无固定期限劳动合同。

2020年9月23日，卓华公司员工杨某某、郑某某二人向卓华公司反映遭受郑某强的骚扰行为后向公安机关报案。当日，广州市公安局南沙区分局出具《治安调解协议书》，内容为“主要事实：2020年9月23日12时许，甲方在广州市南沙区东涌镇小乌村卓华有限公司宿舍走廊因与乙方肢体接触导致纠纷。现双方自愿达成协议申请调解处理。根据《治安管理处罚法》第九条之规定，公安机关对此案调解处理。经调解，双方自愿达成如下协议：1.乙方向甲方当面道歉，并保证以后不对甲方作出骚扰性行为；2.甲乙双方互不追究对方的法律责任；3.甲乙双方不得因此事挑起事端，否则追究挑起事端一方的法律责任”。

2020年9月24日，卓华公司向郑某强出具《解除劳动合同通知书》，内容为："致郑某强（身份证号码）：我们双方于2013年4月1日签订的劳动合同，因下述原因：2020年9月23日12时40分左右，公司产品开发部杨某某和营业部郑某某两人向公司人事部举报你不止一次对她们进行骚扰性行为，导致同事恐惧度日，无法安心正常工作。后经过派出所处理，你已向受害者当面道歉并保证以后不再骚扰受害者。但你的行为已严重违反公司规章制度，根据公司《员工守则》第5点之（4）小点及《劳动合同法》第四章第三十九条第二项的规定，决定从2020年9月24日18时15分起与你解除劳动合同。请你于2020年9月24日16时前到公司人事部门办理解除劳动合同手续，公司不支付任何经济补偿金。"郑某强因对《解除劳动合同通知书》有异议而拒绝签收，但在《员工离职通知书》上签名。郑某强当庭表示在签署《员工离职通知书》时，是知道卓华公司作出《解除劳动合同通知书》情况的，刚开始都不签署，但是被告知如果不签收，就不结算2020年9月份工资，因此才在《员工离职通知书》上签名。

郑某强以卓华公司为被申请人，向广东省广州市南沙区劳动人事争议仲裁委员会申请仲裁，请求：裁决被申请人向申请人支付违法解除劳动合同的赔偿金共114410.08元。仲裁委员会于2020年11月25日作出穗南劳人仲案（2020）2196号仲裁裁决书，裁决：驳回申请人本案的全部仲裁请求。

【案件争点】

被告的行为是否属于"性骚扰行为"，卓华公司依据《员工守则》第5点第（4）小点以及《劳动合同法》第三十九条第二项规定（有性骚扰行为）解除劳动合同的行为是否合法。

【裁判要旨】

本案是郑某强与卓华公司之间因劳动关系引发的纠纷，双方依法建立劳动关系，双方的合法权益均受法律保护。一审法院根据现有证据，认可材料中郑某强签名的真实性以及作出《解除劳动合同通知书》程序的合法性。

第一，关于卓华公司作出《解除劳动合同通知书》的依据是否充分的问题。郑某强当庭表示"与杨某某、郑某某没有纠纷，我与杨某某见面会打招呼问候，有时候称赞杨某某，有时候打招呼杨某某不喜欢；曾经加班时拍过郑某某肩膀，我与郑某某开过玩笑，晚上下班回来走到6楼宿舍，我看到郑某某在上下楼楼梯对郑某某笑笑，郑某某也对我笑笑，我们双方没有发生肢体接触""2020年9月23日中午12时，事发时只有杨某某在场""2020年9月23日我与杨某某在楼梯转弯处不小心发生肢体接触；我是感觉有碰到杨某某身体，是我的手腕附近感觉碰到对方；杨某某说我是故意的，当场有其他人在场的。公安局查明事实证明我没有故意去碰到杨某某”。而《治安调解协议书》中并未记载有关事实的查明情况，郑某强未就此进行举证。

第二，2020 年 9 月 23 日中午，郑某强并没有与郑某某发生肢体接触，但《治安调解协议书》中郑某某与杨某某同为甲方，既然郑某强没有与郑某某发生肢体接触，为何要向郑某某道歉并保证以后不对甲方作出骚扰性行为？说明郑某强对杨某某、郑某某均曾作出过令对方不喜欢的骚扰性行为，本次与杨某某发生肢体接触只不过是本案的导火索。

第三，事发地点的楼梯及转弯处宽度近 2 米，不存在双方发生肢体接触的空间强迫性，且郑某强作为成年人，在明知对方异性“有时候打招呼杨某某不喜欢”的情况下，更应当注意男女之间的距离，避免发生肢体接触。郑某强如果认为并非对对方造成骚扰而是无意识的行为导致肢体接触则没有必要进行道歉并“保证以后不对甲方作出骚扰性行为”，该保证行为的内容与其所主张的“不小心发生肢体接触”的说法不符合逻辑。

第四，郑某强主张公安机关认定的骚扰性行为不属于性骚扰行为，强调“性骚扰行为是特指性方面的骚扰，而骚扰性行为指向的范围明显更大”。我国法律并没有明确“性骚扰”的具体形式，而根据《民法典》第一千零一十条的规定，一审法院认为，性骚扰是与性有关的具有性本质的行为，而并非郑某强所主张狭义理解的“特指性方面的骚扰”，其形式包括以言语、文字、图像、肢体行为等方式对他人实施性骚扰，如身体接触、语言性骚扰、电话性骚扰等，上述不同行为的表现形式均具有违背他人意愿的相同特点。性骚扰与异性间的打情骂俏的根本区别在于前者可致当事人产生厌恶感，造成不同程度的心理不良反应，如愤怒、恐惧、焦虑、忧郁等，而后者往往不会出现上述情况。所以，行为是否违背他人意愿是判定是否构成性骚扰的关键条件，而并非仅以是否存在狭隘理解的性方面的骚扰作为判断条件。本案中，郑某强在仲裁庭审时承认作出过上述部分行为，在公安机关进行调解的前提也是存在与异性之间发生了肢体接触以及其他开玩笑、拍肩膀等行为，虽然具体内容不得而知，但双方需要到公安部门进行处理足以说明杨某某、郑某某并不希望与郑某强发生上述情况。郑某强在明知对方异性不希望发生语言或者肢体接触的情况下，仍放任其行为与杨某某在楼梯转弯处发生肢体接触属于明显违背他人意愿的情况。因此，仲裁委员会据此认定郑某强的行为符合卓华公司《员工手册》第 5 点第（4）小点“行为不端正，有聚赌、性骚扰、唆使其他员工怠工／罢工、殴打他人等行为恶劣者”的情形具有事实和法律依据，一审法院予以确认。

卓华公司作出《解除劳动合同通知书》经过工会批准程序并依法向郑某强进行告知，程序及内容合法。此外，根据《妇女权益保障法》规定，卓华公司作为用人单位对其他劳动者具有防止其受到性骚扰的法定义务，据此对郑某强作出《解除劳动合同通知书》依法有据，故无需向郑某强支付赔偿金。

例案三：贯某英与北京大龙建设集团有限公司生命权、健康权、身体权纠纷案

【法院】

北京市高级人民法院

【案号】

（2016）京民申1860号

【当事人】

原告：贯某英

被告：北京大龙建设集团有限公司

【基本案情】

2014年8月5日下午2时许，原告贯某英在北京市东城区×五楼警务室门口碰见北京大龙建设集团有限公司（以下简称大龙建设公司）领导陈某，双方就8月1日防盗门受损事情进行了交谈。陈某到贯某英家进行查看，要求其打开防盗门，承诺进行修理，并查看屋内设施和物品情况。之后陈某在屋内对其进行了性骚扰，用右手抓其右乳房。在贯某英进行反抗后，陈某用右手拿着长约1.5厘米金属物扎其胸部，后逃离现场。当天贯某英去派出所报警，并前往北京友谊医院就诊，诊断为胸部皮肤损伤，被扎部位出现疼痛，导致贯某英抑郁症加重，躺在床上几个月不能劳动。现诉至法院，请求法院判令大龙建设公司赔偿贯某英：医疗费188.38元、营养费2000元、交通费160元、误工费5000元、精神损失费2000元、复印费30元，案件受理费由被告承担。

被告大龙建设公司辩称：2013年东城区房管部门通过招标，确定由该公司对东城区×东街房屋进行抗震加固，工程分多部分进行施工。工程施工期间，贯某英经常以各种理由报警。在接到贯某英的起诉书后，经核实，公司正式员工中没有贯某

英所述陈姓男子。公司也曾向施工队项目负责人杨某恒了解，贯某英所住施工区域当时并未发生任何事情。至今110也没有向公司及项目部进行询问。贯某英所述事项与公司没有直接关联。经审理查明，2014年8月5日贯某英因胸部皮肤损伤至北京友谊医院就诊。2014年8月6日贯某英前往北京友谊医院就诊，诊断为焦虑状态、睡眠障碍、高血压病、心慌胸闷，后贯某英多次前往该医院就诊。贯某英未就大龙建设公司对其实施侵权行为提供相关证据予以证明。

【案件争点】

大龙建设公司员工对他人进行性骚扰，大龙建设公司是否应当赔偿原告所主张的各项损失。

【裁判要旨】

一审法院认为，公民享有生命健康权。因侵权行为致他人身体及财产遭受损失的，侵权行为人应当承担民事责任。贯某英主张大龙建设公司员工对其性骚扰并将其打伤，但未就大龙建设公司对其实施侵权行为提供充分证据予以证明，因证据不足，对贯某英要求大龙建设公司赔偿其各项损失之主张，法院不予支持。

二审法院认为，根据《侵权责任法》[①]之规定，因侵权行为致他人身体、财产遭受损失的，侵权行为人应当承担民事责任，用人单位的工作人员因执行工作任务造成他人损害的，由用人单位承担侵权责任。《最高人民法院关于适用〈中华人民共和国民事诉讼法〉的解释》第九十条规定，当事人对自己提出的诉讼请求所依据的事实或者反驳对方诉讼请求所依据的事实，应当提供证据加以证明，但法律另有规定的除外。在作出判决前，当事人未能提供证据或者证据不足以证明其事实主张的，由负有举证证明责任的当事人承担不利的后果。本案中，贯某英上诉称大龙建设公司的员工在工作期间骚扰贯某英并导致其受伤，要求大龙建设公司就其各项损失承担赔偿责任，但贯某英表示无法明确对其实施骚扰并致其受伤的陈某之准确个人信息，也未提供证据证明该人员系在大龙建设公司供职的工作人员以及对自己实施侵权行为导致损害与该人员执行工作任务有直接关联，故贯某英之上诉请求因缺乏充分依据而无法成立，法院对其上诉请求不予支持，贯某英可依法向其指称的直接侵权人主张权利。

再审法院认为，当事人对自己提出的诉讼请求所依据的事实或者反驳对方诉讼请求所依据的事实，应当提供证据加以证明。贯某英要求大龙建设公司就其各项损

① 2021年1月1日《民法典》施行，该法已失效。

失承担赔偿责任，但贯某英表示无法明确对其实施骚扰并致其受伤的陈某之准确个人信息，也未提供证据证明该人员系在大龙建设公司供职的工作人员，以及对自己实施侵权行为导致损害与该人员执行工作任务有直接关联，故贯某英再审主张因缺乏充分依据而无法成立，法院对贯某英的再审请求难以支持。

例案四：北京师范大学珠海分校与罗某鹿劳动合同纠纷案

【法院】

广东省珠海市香洲区人民法院

【案号】

（2016）粤0402民初6340号

【当事人】

原告：北京师范大学珠海分校

被告：罗某鹿

【基本案情】

2015年5月14日，北京师范大学珠海分校（以下简称北师大珠海分校）国际商学部学生潘某慧向该校举报罗某鹿对其进行性骚扰，并向北师大珠海分校提供了其与罗某鹿的微信聊天记录，账号名为“Z体育老师”，对话主要围绕潘某慧大四上体育课，体能测试、取得学分等，并有“好好陪我玩两天”“我要和你待一晚”“你来了，我要和你狠狠地做爱”“是你压根没有想过要陪我”的内容。2016年6月19日，罗某鹿向北师大珠海分校提交一份《关于潘某慧“检举事件”的澄清》，主要内容有：（1）2014年12月有与潘某慧吃过一次饭，但并无动手动脚的行为。（2）潘某慧由于体育考试的学分问题，有与其微信往来及电话联系，潘某慧所举报的骚扰信息发生在本学期，在这段时间内，其高中同学老乡魏某来珠海找工作，魏某与其关系非常好，魏某说先在其宿舍寄住，有一次潘某慧给其发微信，魏某在旁看到，就开玩笑说“谁找你啊，长得还可以哦”，还问其要潘某慧的微信号，其告知魏某这是学生咨询其一些事情，不要乱来，之后其没有在意，等看到检举的微信内容后，想起这件事，其于6月17日打电话问魏某，魏某告诉其魏某曾用其手机给微信上的“某慧”（即潘某慧）发过信息，其中有涉及男女相互之间的一些聊天，魏某当时也没当回事，都是当着玩的心态，是不是潘某慧检举的内容记不太清楚了，其问魏某为什么要拿其手机发微信，魏某称：自己加了潘某慧的微信，潘某慧没有通过，所以用了其手机。(3)罗某鹿未骗潘某慧到校体测。(4)微信内容经过删改、拼接、合并及断章取义。2015年7月2日，北师大珠海分校运动休闲学院作出一份《关于暂停罗某鹿工作的通知》，内容为鉴于学校正在调查潘某慧同学举报对其进行骚扰一事，经学院研究决定，暂停其在学院的一切工作，期间工资待遇不变。希望其积极配合学校调查，及早将此事核查清楚。2016年7月3日，案外人魏某出具一份声明书，内容为：其与罗某鹿系同学，2014年7月来过珠海找工作，在罗某鹿这里借住过一段时间，认识了潘某慧的同性朋友，听说了潘某慧的名字，试着加潘某慧的微信未通过。2015年4月也在罗某鹿处借住，见一个微信号叫"某慧"的女孩给罗某鹿发微信，得知是潘某慧后，的确用罗某鹿的手机和潘某慧开过玩笑，潘某慧也回复了，其中有涉及男女相互之间的一些聊天，当时都是抱着聊着玩的心态，到现在至于发了些什么，哪些是其发的，已经记不清楚，需要看到聊天记录后回忆才知道。2015年7月16日，北师大珠海分校运动与休闲学院向该校校工会出具一份《关于潘某慧举报罗某鹿骚扰一事的调查报告》，内容为学院认为：(1)作为一名男性教师，和一名女学生外出就餐、泡酒吧至凌晨两点是不合适的。(2)即便如罗某鹿所说骚扰信息为其同学所发，作为一名成年教师，对手机等私人贴身物品负有严格保管的义务。骚扰信息由此手机发出，其亦同样负有不可推卸的责任。(3)罗某鹿认为"每个人的微信都可以通过自己随意地选择聊天内容删除从而达到删除、修改聊天时间和日期，以达到拼接、合成自己想要的聊天内容和效果"，因此证明举报材料为伪造，学院认为是不符合逻辑的。(4)综观所有材料，并无可以推翻现有举报材料的核心证据，罗某鹿围绕体质测试工作所作的说明与骚扰信息本身无关。2015年7月22日，罗某鹿提交一份《关于潘某慧举报事件的申诉》，内容主要有：(1)学院对其停职不符合程序；(2)潘某慧信访举报是以获取学分为目的的精心策划的诬告；(3)质疑潘某慧获得体育成绩及学分的正当性。北师大珠海分校于2015年7月24日作出《劳动关系解除通知书》，通知书的内容大意为罗某鹿在与潘某慧的微信聊天记录中多次出现索要礼品，"好好陪我玩两天""我要和你待一晚""我要和你狠狠地做爱"等与教师身份严重不符的用语，对学校及学院声誉造成了难以挽回的恶劣影响，罗某鹿的行为已经构成品行不良、师德欠缺的情形，遂决定从2016年7月24日解除与罗某鹿的劳动合同关系。同月26日，罗某鹿向省教育厅提交一份《申冤》，内容主要称系学生为非法获得学分，在其拒绝后，与他人联合学校有关部门，以举报为名，陷害罗某鹿。2015年8月6日，北师大珠海分校分别与潘某慧、罗某鹿进行了谈话，并制作谈话笔录，其中《关于与罗某鹿的谈话记录》中被问及"微信上哪些性骚扰的话，您有说过吗？”罗某鹿强调称：“我再三强调，我从来没有在微信上发过这些话。”又问及：“魏某是否曾使用您的手机给微信上的联系人潘某慧发过信息？”罗某鹿称：“我向魏某证实过，他承认确实有发过涉及男女之间的聊天的内容，但是内容应该没有潘某慧提供的截图内容那么露骨，具体聊天内容他已经记不清楚了……”《关于与潘某慧的谈话记录》被问及：“您举报罗某鹿老师提供的微信材料属实吗，是否有进行拼接或删减？”潘某慧称：“属实。当时截图时有对相关信息进行删减，是为了方便提取重要信息进行截屏，但未进行拼接。”被问及：“罗某鹿老师有个同学魏某您认识吗？你们曾在微信上聊天吗？”潘某慧答：“不认识。我微信从不添加陌生人。”问：“魏某拿罗某鹿老师的微信跟你聊天你有没有发现？”潘某慧答：“没有。微信上的语音对话都是罗某鹿老师说的。”问：“关于你们那一次去中山吃饭是谁提出的？”潘某慧答：“是罗某鹿老师约我吃饭，但我不知道是去中山这么远。”2015年9月24日，北师大珠海分校运动休闲学院向该校人事处发出一份《关于解除与罗某鹿劳动关系的补充说明》，称在与罗某鹿解除劳动关系后，清理罗某鹿相关工作，发现罗某鹿在教务管理、财务、质检站工作方面有其他问题，并附2015年1月22日教学事故受理登记表、情况说明、救生员培训退款说明及收据、退费表等。2015年9月25日，北师大珠海分校分别对省教信网〔2015〕18669号案件、省教办访〔200〕号案件进行回复，回复内容为在调查过程中，罗某鹿对微信聊天记录截屏中不良用语给出了多种解释，先是说是罗某鹿的朋友用罗某鹿的手机与潘某慧同学聊天，后又说是潘某慧同学伪造微信聊天记录等。但到目前为止，始终未能提供与己无关的合乎逻辑的说明。运动休闲学院在潘某慧同学轮滑考试成绩认定上未收取任何金钱利益，罗某鹿的举报不属实。

【案件争点】

北师大珠海分校因罗某鹿性骚扰学生，从而解雇罗某鹿的行为是否合法有据。

【裁判要旨】

本案中北师大珠海分校以罗某鹿品行不良、师德欠缺将其解雇，具体包括罗某鹿在与潘某慧的微信聊天记录中多次出现索要礼品，“好好陪我玩两天”“我要和你待一晚”“我要和你狠狠地做爱”等与教师身份严重不符的用语，对学校及学院声誉造成了难以挽回的恶劣影响。因此，本案的关键在于罗某鹿是否存在上述行为。法院对此分析如下：首先，对于潘某慧与罗某鹿微信聊天记录，根据罗某鹿2016年6月19日提交的《关于潘某慧“检举事件”的澄清》，罗某鹿辩解称，微信聊天记录中不当言论系由其同学魏某所发，后又辩解称系删改、拼接、合并及断章取义，而在2015年8月6日，北师大珠海分校与罗某鹿制作的谈话笔录中罗某鹿确认“向魏某证实过，他承认确实有发过涉及男女之间的聊天的内容，但是内容应该没有潘某慧提供的截图内容那么露骨”，由此可见，罗某鹿对微信聊天记录中不当言论由其手机所发出不持否定意见，但罗某鹿辩解称并非其本人发出。法院认为，罗某鹿作为一名成年老师，对手机等私人贴身物品负有严格保管的义务，且纵观微信聊天记录双方的对话前后均围绕体侧等展开，具有一定的连贯性，而不当言论之后并无澄清或解释的内容，故罗某鹿的辩解前后矛盾，与常理不符，因此，法院对其辩解不予采纳。结合举报信、关于与潘某慧的谈话记录、关于潘某慧“检举事件”的澄清及法院调取的派出所询问笔录等证据，基本形成证据链条，证明罗某鹿通过微信向女学生发出了与其教师身份极不相符的言论。其次，罗某鹿在金鼎派出所的调查笔录中确认其于2014年12月带潘某慧到中山泡吧至凌晨，其作为一名老师和一名女学生外出就餐、泡吧至凌晨亦与教师身份有所不符。最后，参照《教育部关于建立健全高校师德建设长效机制的意见》第3点“高教教师不得有下列情形：……对学生实施性骚扰或与学生发生不正当关系……有上述情形的，依法依规分别给予警告、记过、降低专业技术职务等级、撤销专业技术职务或者行政职务、解除聘用合同或者开除。对严重违法违纪的要及时移交相关部门”之内容，教师职业有别于一般的劳动者，有着其天然的特殊性，教师承担着教学育人的社会责任，崇高而神圣，作为一名教师应爱岗敬业，忠于职守，为人师表，而罗某鹿作为一名高校老师作出上述行为显然与其教师身份极为不符，北师大珠海分校作出劳动关系解除通知书将其解雇并无不当，综上，双方的劳动关系已于2015年7月24日解除。

例案五：巢湖深业诚毅地产有限公司酒店分公司与陈某平劳动争议纠纷案

【法院】

安徽省合肥市中级人民法院

【案号】

（2017）皖01民终6345号

【当事人】

上诉人（原审被告）：巢湖深业诚毅地产有限公司酒店分公司

被上诉人（原审原告）：陈某平

【基本案情】

2013年11月26日，陈某平与巢湖深业诚毅地产有限公司酒店分公司（以下简称巢湖深业酒店）签订三年期限的劳动合同，陈某平至巢湖深业酒店担任保安职务，2016年11月27日，双方再次续签了三年期限劳动合同，合同期限至2019年11月26日。2016年12月28日早晨7时左右，陈某平因楼上女员工夜间制造的噪音影响其睡眠，与同事崔某军至女员工宿舍理论，女员工王某不予理睬，并用被子蒙住头部，陈某平遂将王某蒙住头部的被子掀开，引起争执，半汤派出所民警到场了解情况后，排除案件可能，交酒店处理。2016年12月31日，巢湖深业酒店以陈某平未经允许擅自进入女员工宿舍，拉扯女工被子，严重违反酒店员工手册与宿舍管理规定为由，通知陈某平于2017年1月1日解除与其的劳动合同。陈某平不服，向巢湖市劳动人事争议仲裁委员会申请仲裁，要求：（1）撤销巢湖深业酒店于2017年1月1日作出的《解除劳动合同通知书》，并继续履行劳动合同；（2）巢湖深业酒店给付陈某平2016年年终奖2020元。2017年5月16日，巢湖市劳动人事争议仲裁委员会作出（2017）巢劳人仲裁字48号仲裁裁决书，裁决：一、巢湖深业酒店给付陈某平2016年年终奖2020元；二、驳回陈某平的其他仲裁请求。陈某平不服裁决，向法院提起诉讼，提出前述诉请。

【案件争点】

关于陈爱平的行为是否构成职场性骚扰，是否严重违反单位规章制度，巢湖深业酒店是否属于违法解除劳动合同。

【裁判要旨】

一审法院认为，巢湖深业酒店员工手册《你的指南》附录1中虽载明："在酒店内或客人房间内进行猥亵及不道德行为、任何形式的性骚扰，巢湖深业酒店可以单方解除劳动合同"但在本案中，陈某平在楼上女工夜间制造的噪声影响其休息时，保持了克制，等待早晨才与其他同事一道至女工宿舍与其理论，主观上，陈某平并无猥亵女工或进行性骚扰的故意，从行为上来看，陈某平在王某不听其理论，用被子蒙住头部，出于气愤，将王某蒙住头部的被子掀开，其行为虽然不当，但并未实施侮辱、窥视隐私等其他违法行为，不构成猥亵或性骚扰。事发后，公安机关到场对事件进行了调查了解，已排除了刑事案件可能，认定仅是一般民事纠纷后，巢湖深业酒店仅凭王某等人事后出具的《事情经过》，即认定陈某平实施了在酒店内或客人房间内进行猥亵、性骚扰等不道德行为，进而认定陈某平严重违反单位规章制度，证据显然不足，其解除与陈某平的劳动合同，应属违法解除劳动合同。《劳动合同法》第二十九条规定，用人单位与劳动者应当按照劳动合同的约定，全面履行各自的义务。陈某平与巢湖深业酒店签订的劳动合同期限至2019年11月26日届满，现陈某平要求继续履行劳动合同符合法律规定，法院予以支持。

二审法院认为，陈某平因楼上女员工夜间制造的噪音，与同事崔某军于次日早晨7时左右至女员工宿舍理论，争执中将一女员工蒙住头部的被子掀开。陈某平的上述行为确属不妥，但其主观上并无猥亵或进行性骚扰之故意，客观上亦未实施侮辱、窥视隐私等其他违法行为，且经公安部门认定排除刑事案件可能，不构成猥亵或性骚扰。巢湖深业酒店认定陈某平所实施的行为构成"猥亵及不道德行为、性骚扰"，并依据员工手册之规定，解除与陈某平的劳动合同，缺乏事实及法律依据。故一审结合案件相关情况综合认定巢湖深业酒店违法解除与陈某平的劳动合同并无不当。

三、裁判规则提要

（一）违背他人意愿，以语言、文字、图像、肢体行为等方式对他人实施性骚扰的，受害人有权依法请求行为人承担民事赔偿责任

性骚扰指以带性暗示的言语或动作针对被骚扰对象，强迫受害者配合，使对方感到不悦，即男女之间的行为超出了一般性、礼节性交往范畴，带有明显性暗示，违背对方的意志，对对方造成了精神伤害，则构成对对方的性骚扰。《民法典》第一千零一十条对性骚扰行为也进行了明确规定，受到性骚扰侵害的对象可以基于一般人格权，要求实施性骚扰行为的人承担赔礼道歉、精神损害赔偿等民事赔偿责任。

（二）性骚扰行为的认定和证明是性骚扰案件审判的难点

"违背他人意愿"是性骚扰行为侵害他人人格尊严本质的体现。性骚扰的受害者绝大部分是女性，性骚扰也是世界范围内的一种法律禁止的违法行为。工作场所的性骚扰不仅侵犯妇女的人格尊严，还可能导致妇女在社会经济结构上的弱势，阻碍了妇女发挥才能和作出贡献。性骚扰行为大多都是强势一方利用职权和便利，侵犯对方的性自由权，大多发生在一瞬间和隐秘的场合，证据难以固定，很多案件由于证据不足无法认定为构成性骚扰，对于性骚扰行为的实施者也无法给予恰当的处罚，在认定性骚扰行为构成的时候，法官不仅需要依据双方提供的客观证据，还需要以

一定程度的主观判断，主客观相结合，才能对行为的性质和程度进行评价。

（三）用人单位应当恰当履行防治性骚扰的义务，对于实施性骚扰的员工，可以予以解除劳动合同

职场和学校是性骚扰行为的高发领域，学生和员工相对于教师和领导而言，均处于相对弱势的地位，因此，相应的机关、企业和学校应当承担一定程度的安全保障义务，为学生和员工提供安宁健康的环境。用人单位大多会采取劳动保护措施，劳动保护是用人单位为了保障劳动者的生命安全和健康，防止劳动过程中事故的发生，减少职业危害而采取的措施，例如，很多企业在员工守则中明确将“性骚扰”行为作为解除劳动合同的条件之一。但需要注意的是，《女职工劳动保护特别规定》及有关妇女权益保护的相关法律法规中虽然对“预防和制止对女职工的性骚扰是用人单位的义务”作出了规定，但并非在用人单位工作场所发生的一切违法事项均属于用人单位未提供劳动保护、劳动条件或有违背预防和制止对女职工性骚扰的义务。

四、辅助信息

《民法典》

第一百零九条 自然人的人身自由、人格尊严受法律保护。

第一千零一十条 违背他人意愿，以言语、文字、图像、肢体行为等方式对他人实施性骚扰的，受害人有权依法请求行为人承担民事责任。

机关、企业、学校等单位应当采取合理的预防、受理投诉、调查处置等措施，防止和制止利用职权、从属关系等实施性骚扰。

第一千零三十二条 自然人享有隐私权。任何组织或者个人不得以刺探、侵扰、泄露、公开等方式侵害他人的隐私权。

隐私是自然人的私人生活安宁和不愿为他人知晓的私密空间、私密活动、私密信息。

《妇女权益保障法》

第三条 国务院制定中国妇女发展纲要，并将其纳入国民经济和社会发展规划。

县级以上地方各级人民政府根据中国妇女发展纲要，制定本行政区域的妇

女发展规划，并将其纳入国民经济和社会发展计划。

第四条 保障妇女的合法权益是全社会的共同责任。国家机关、社会团体、企业事业单位、城乡基层群众性自治组织，应当依照本法和有关法律的规定，保障妇女的权益。

国家采取有效措施，为妇女依法行使权利提供必要的条件。

《劳动合同法》

第三十九条 劳动者有下列情形之一的，用人单位可以解除劳动合同：

（一）在试用期间被证明不符合录用条件的；

（二）严重违反用人单位的规章制度的；

（三）严重失职，营私舞弊，给用人单位造成重大损害的；

（四）劳动者同时与其他用人单位建立劳动关系，对完成本单位的工作任务造成严重影响，或者经用人单位提出，拒不改正的；

（五）因本法第二十六条第一款第一项规定的情形致使劳动合同无效的；

（六）被依法追究刑事责任的。

人格权纠纷案件裁判规则第 11 条：

自然人为未成年子女命名或变更姓名，应符合法律规定和公序良俗精神，同时应从有利于未成年人健康成长的角度出发。自然人请求为未成年子女变更姓名时无正当理由且明显有违公序良俗精神的，人民法院不予支持

【规则描述】　自然人享有姓名权。自然人为所生子女取名时，应当符合公序良俗，尊重中国传统文化精神，应当符合相关法律规定要求。夫妻双方离婚后，对于子女姓名是否可以变更，原则上由父母双方共同决定子女姓名是否变更，但仍应以保护未成年子女的健康成长为根本出发点，充分考虑未成年人的意愿。如未成年人随夫妻一方生活中，如不更名会造成与父母或继父母姓氏均不同的情况，当事人主张更改未成年人姓氏为亲生父亲或母亲其中一人姓氏更有利于其健康成长的，人民法院应予支持。但上述情况下当事人主张将未成年人姓氏更改为继父或继母姓氏的，明显侵犯了未与未成年人继续共同生活的另一方亲生父亲或母亲的合法权益，且违背社会公序良俗，人民法院应当不予准许。

一、类案检索大数据报告

数据采集时间：2022 年 3 月 12 日；案例来源：Alpha 案例库；案件数量：93 件；本次检索获取 2022 年 3 月 12 日前共 93 篇裁判文书，整体情况如图 11-1 所示。从自然人关于子女姓名权的诉求角度来看，可以发现，自然人请求变更子女姓名的有 33 件，占比 35.48%；请求恢复子女被单方变更姓名的有 45 件，占比 48.39%；其他诉求的有 15 件，占比 16.13%。

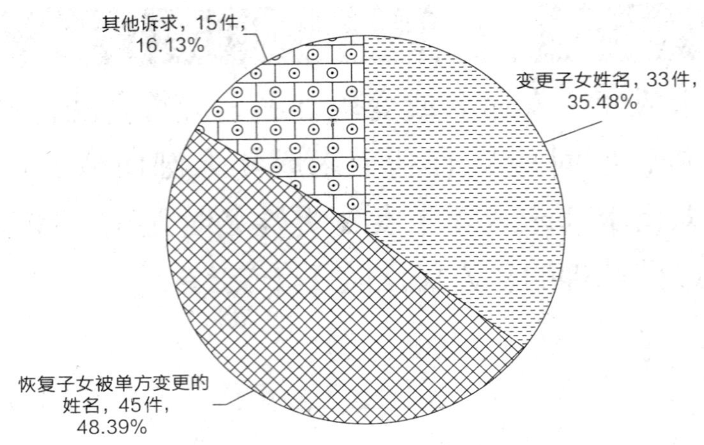

图 11–1　自然人关于子女姓名权的诉求分布情况

如 11–2 所示，从案件年份分布情况可以看出当前条件下案件数量的变化趋势。

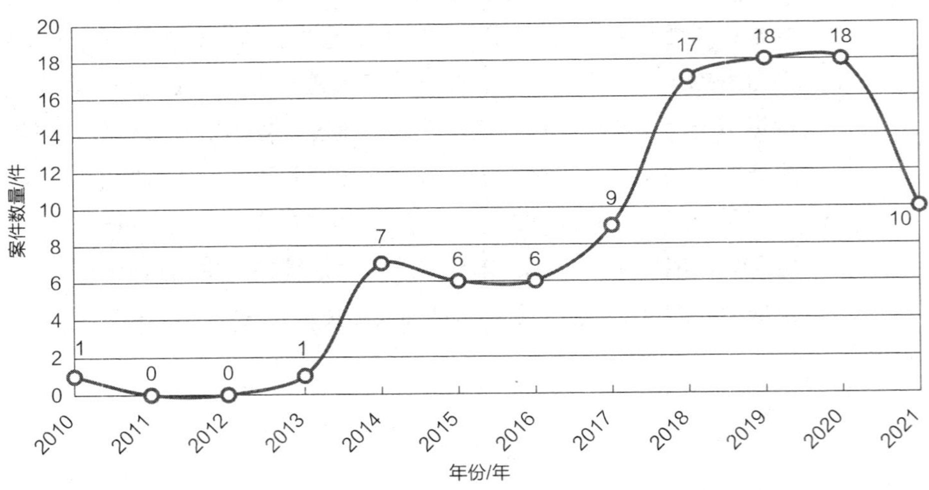

图 11–2　案件年份分布情况

如图 11–3 所示，从案件地域分布情况来看，当前案例主要集中在广东省、江苏省、上海市，分别占比 25.81%、18.28%、15.05%。其中广东省的案件量最多，达到 24 件。

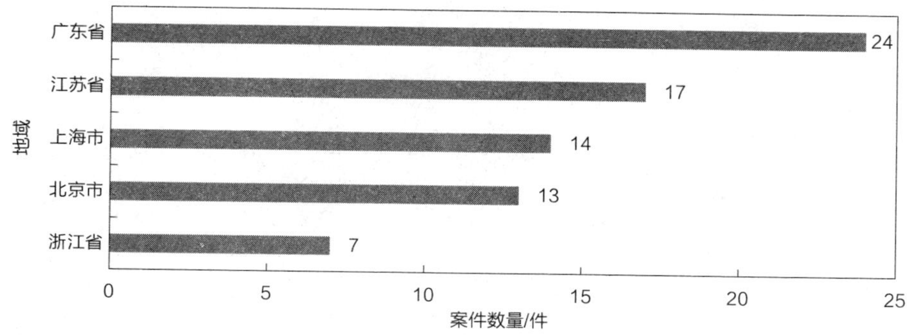

（注：该图只列举部分地区案件数量，未逐一列明）

图 11–3　案件地域主要分布情况

如图 11–4 所示，从自然人姓名纠纷的客体角度来看，名誉权纠纷、姓名权纠纷、一般人格权纠纷是最为主要的三个，其次是其他案由和隐私权、个人信息保护纠纷。其中，姓名权、名誉权纠纷各有 23 件，占比 24.73%；一般人格权纠纷 22 件，占比 23.66%。

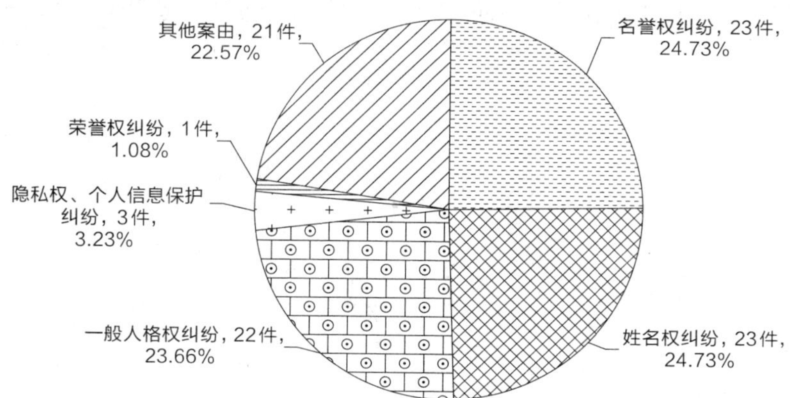

图 11–4　自然人姓名纠纷的案件案由分布情况

如图 11–5 所示，从案件审理分布情况可以看出，人格权纠纷下当前的审理程序分布状况。一审案件有 59 件，占比 63.44%；二审案件有 33 件，占比 35.48%；再审案件有 1 件，占比 1.08%。

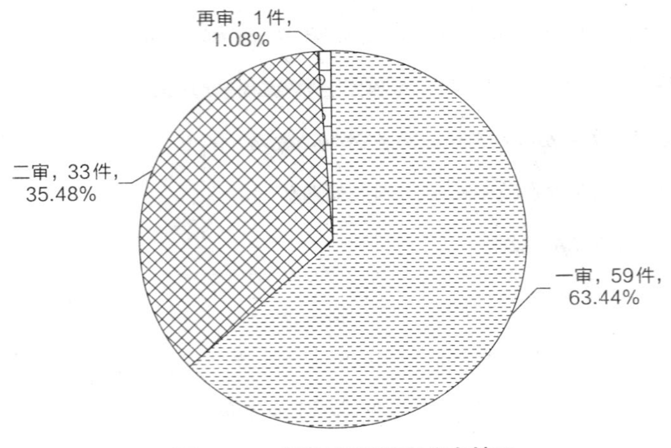

图 11-5　案件审理程序分布情况

二、可供参考的例案

例案一："北雁云依"与济南市公安局历下区分局燕山派出所公安行政登记案

【法院】

山东省济南市历下区人民法院

【案号】

（2010）历行初字第 4 号

【当事人】

原告："北雁云依"

被告：济南市公安局历下区分局燕山派出所

【基本案情】

法院经审理查明：原告"北雁云依"出生于 2009 年 1 月 25 日，其父亲名为吕某某，母亲名为张某某。因酷爱诗词歌赋和中国传统文化，吕某某、张某某夫妇二人决定给爱女起名为"北雁云依"，并以"北雁云依"为名办理了新生儿出生证明和计划生育服务手册新生儿落户备查登记。2009 年 2 月，吕某某前往济南市公安局历下区分局燕山派出所（以下简称燕山派出所）为女儿申请办理户口登记，被民警告知拟被登记人员的姓氏应当随父姓或者母姓，即姓"吕"或者"张"，否则不符合办理出生登记条件。因吕某某坚持以“北雁云依”为姓名为女儿申请户口登记，被告燕山派出所遂依照《婚姻法》第二十二条[①]之规定，于当日作出拒绝办理户口登记的具体行政行为。

【案件争点】

自然人可否为子女随意起名，被告所作出的行政行为是否违法。

【裁判要旨】

山东省济南市历下区人民法院认为：2014年11月1日，第十二届全国人民代表大会常务委员会第十一次会议通过了《全国人民代表大会常务委员会关于〈中华人民共和国民法通则〉第九十九条第一款、〈中华人民共和国婚姻法〉第二十二条的解释》[②]。该立法解释规定：“公民依法享有姓名权。公民行使姓名权，还应当尊重社会公德，不得损害社会公共利益。公民原则上应当随父姓或者母姓。有下列情形之一的，可以在父姓和母姓之外选取姓氏：（一）选取其他直系长辈血亲的姓氏；（二）因由法定扶养人以外的人扶养而选取扶养人姓氏；（三）有不违反公序良俗的其他正当理由。少数民族公民的姓氏可以从本民族的文化传统和风俗习惯。”本案不存在选取其他直系长辈血亲姓氏或者选取法定扶养人以外的抚养人姓氏的情形，案件的焦点就在于原告法定代理人吕某某提出的理由是否符合上述立法解释第二款第三项规定的“有不违反公序良俗的其他正当理由”。首先，从社会管理和发展的角度，子女承袭父母姓氏有利于提高社会管理效率，便于管理机关和其他社会成员对姓氏使用人的主要社会关系进行初步判断。倘若允许随意选取姓氏甚至恣意创造姓氏，则会增加社会管理成本，不利于社会和他人，不利于维护社会秩序和实现社会的良性管控，而且极易使社会管理出现混乱，增加社会管理的风险性和不确定性。其次，公民选取姓氏涉及公序良俗。在中华传统文化中，“姓名”中的“姓”，即姓氏，主要来源于客观上的承袭，系先祖所传，承载了对先祖的敬重、对家庭的热爱等，体现着血缘传承、伦理秩序和文化传统。而“名”则源于主观创造，为父母所授，承载了个人喜好、人格特征、长辈愿望等。公民对姓氏传承的重视和尊崇，不仅仅体现了血缘关系、亲属关系，更承载着丰富的文化传统、伦理观念、人文情怀，符合主流价值观念，是中华民族向心力、凝聚力的载体

---

① 参见《民法典》第一千零一十五条规定：“自然人应当随父姓或者母姓，但是有下列情形之一的，可以在父姓和母姓之外选取姓氏：（一）选取其他直系长辈血亲的姓氏；（二）因由法定扶养人以外的人扶养而选取扶养人姓氏；（三）有不违背公序良俗的其他正当理由。少数民族自然人的姓氏可以遵从本民族的文化传统和风俗习惯。”

② 该立法解释已失效。

和镜像。公民原则上随父姓或者母姓，符合中华传统文化和伦理观念，符合绝大多数公民的意愿和实际做法。反之，如果任由公民仅凭个人意愿喜好，随意选取姓氏甚至自创姓氏，则会造成对文化传统和伦理观念的冲击，违背社会善良风俗和一般道德要求。再次，公民依法享有姓名权，公民行使姓名权属于民事活动，既应当依照《民法通则》第九十九条第一款[①]和《婚姻法》第二十二条[②]的规定，还应当遵守《民法通则》第七条[③]的规定，即应当尊重社会公德，不得损害社会公共利益。通常情况下，在父姓和母姓之外选取姓氏的行为，主要存在于实际抚养关系发生变动、有利于未成年人身心健康、维护个人人格尊严等情形。本案中，原告"北雁云依"的父母自创"北雁"为姓氏、选取"北雁云依"为姓名给女儿办理户口登记的理由是"我女儿姓名'北雁云依'四字，取自四首著名的中国古典诗词，寓意父母对女儿的美好祝愿"。此理由仅凭个人喜好愿望并创设姓氏，具有明显的随意性，不符合上述立法解释第二款第三项的情形，不应以支持。

例案二：罗某甲与谢某甲姓名权纠纷案

【法院】

湖南省郴州市中级人民法院

【案号】

（2016）湘10民终2289号

【当事人】

上诉人（原审被告）：罗某甲

被上诉人（原审原告）：谢某甲

【基本案情】

一审法院认定事实：谢某甲与罗某甲原系夫妻关系，于2006年12月20日生育

---

① 参见《民法典》第一千零一十二条规定："自然人享有姓名权，有权依法决定、使用、变更或者许可他人使用自己的姓名，但是不得违背公序良俗。"

② 参见《民法典》第一千零一十五条规定："自然人应当随父姓或者母姓，但是有下列情形之一的，可以在父姓和母姓之外选取姓氏：（一）选取其他直系长辈血亲的姓氏；（二）因由法定扶养人以外的人扶养而选取扶养人姓氏；（三）有不违背公序良俗的其他正当理由。少数民族自然人的姓氏可以遵从本民族的文化传统和风俗习惯。"

③ 参见《民法典》第八条规定："民事主体从事民事活动，不得违反法律，不得违背公序良俗。"

一个女儿，双方协商同意给女儿取名谢某乙，并以此名上户、上学。2011年9月8日，谢某甲与罗某甲协议离婚，约定女儿谢某乙由谢某甲抚养，罗某甲每月支付小孩抚养费500元直至女儿大学毕业。但双方未遵守离婚协议执行小孩的抚养问题，从办理离婚协议手续之日起至2011年12月，因谢某甲没有固定住所，婚生女儿一直由罗某甲抚养，这期间谢某甲未支付小孩抚养费。从2011年12月至2012年7月，谢某甲接回女儿抚养照顾，从2012年7月至今，谢某乙都由罗某甲抚养，谢某甲一直未支付小孩的抚养费。2013年11月5日，罗某甲觉得谢某甲对婚生小孩谢某乙不闻不问，对谢某甲不满，未与谢某甲商量，亦未告知谢某甲，到公安户籍登记处将女儿谢某乙的名字改为罗某乙。2015年9月23日，罗某甲起诉谢某甲，要求婚生女儿罗某乙（原名谢某乙）由罗某甲抚养，谢某甲每月支付女儿生活费1000元直至女儿独立生活，教育费、医疗费凭票据各承担一半；谢某甲支付从2011年9月1日至2015年8月31日（减去4个月外）女儿抚养费30800元、教育费9452.36元、医疗费575元，合计40827.36元。2015年12月8日，湖南省资兴市人民法院作出（2015）资少民初字第64号民事判决书，判决罗某乙（原名谢某乙）由罗某甲抚养，谢某甲支付罗某甲小孩抚养费18000元，谢某甲从2015年9月起每月支付小孩抚养费700元。

一审法院认为，根据法律规定，父母对子女享有亲权，子女可以随父姓，也可以随母姓，子女出生后，一般由其父母对子女姓名共同协商确定，父母离婚后，子女无论是由父亲或由母亲抚养，仍是父母双方的子女，父母对子女仍有监护职责，不因父母离婚而消除，由此未成年人姓名的决定权和变更权应由其父母共同享有。谢某甲与罗某甲的女儿出生后，双方共同为女儿取名谢某乙，并以此名上户、上学。谢某甲与罗某甲离婚后，罗某甲在未与谢某甲协商，未经谢某甲同意亦未告知谢某甲的情况下，单方将女儿姓名变更为罗某乙，侵犯了谢某甲对婚生小孩的监护权，也违背了小孩出生时双方对小孩姓名达成的合意。罗某甲单方更改婚生小孩姓名，不符合法律规定，故对谢某甲要求罗某甲恢复双方婚生女儿原姓名的诉讼请求予以支持。谢某甲要求罗某甲赔偿2013年至今断绝父女关系精神损失费10万元，因谢某甲对该诉讼请求未向法院提供证据证明，不予支持。罗某甲主张谢某甲诉请已过诉讼时效，因罗某甲给小孩改姓名时未告知谢某甲，且罗某甲未向法院提供证据证明谢某甲诉讼已过诉讼时效，对罗某甲该主张不予支持。

罗某甲上诉请求：撤销一审判决，改判驳回谢某甲的全部诉讼请求。

二审法院对一审法院查明的事实予以确认。

【案件争点】

上诉人罗某甲是否应将女儿的姓名恢复为谢某乙。

【裁判要旨】

湖南省郴州市中级人民法院认为，根据《婚姻法》第二十二条[①]规定，子女可以随父姓，也可以随母姓，但最终随谁姓是由父母双方共同协商确定。因此，父母离婚后，对于子女姓名的变更也应由双方共同协商确定，任何一方不得未经对方同意单方变更子女姓名。而且《公安部关于父母离婚后子女姓名变更有关问题的批复》中规定，对于离婚双方未经协商或协商未达成一致意见而其中一方要求变更子女姓名的，公安机关可以拒绝受理；对一方因向公安机关隐瞒离婚事实，而取得子女姓名变更的，若另一方要求恢复其子女原姓名且离婚双方协商不成的，公安机关应予恢复。本案中，罗某甲在未与谢某甲协商一致的情况下，擅自变更婚生女儿的姓名，不符合有关规定，一审法院据此判决罗某甲将女儿的姓名恢复为原名谢某乙并无不当。罗某甲的上诉理由不能成立，判决驳回上诉，维持原判。

例案三：毕某与毕某甲姓名权纠纷案

【法院】

山东省临邑县人民法院

【案号】

（2021）鲁1424民初751号

【当事人】

原告：毕某

被告：毕某甲

【基本案情】

山东省临邑县人民法院依法查明：本案原告之母亲马某与被告于2018年11月7日登记结婚，婚后一个多月生下原告并取名毕某，2020年1月13日，马某与被告因感情不和在法院调解离婚。庭审中，被告认可原告并非其亲生。以上事实，有原告

① 参见《民法典》第一千零一十五条规定：“自然人应当随父姓或者母姓，但是有下列情形之一的，可以在父姓和母姓之外选取姓氏：（一）选取其他直系长辈血亲的姓氏；（二）因由法定扶养人以外的人扶养而选取扶养人姓氏；（三）有不违背公序良俗的其他正当理由。少数民族自然人的姓氏可以遵从本民族的文化传统和风俗习惯。”

提交的出生医学证明、马某与他人解除同居协议书、民事调解书等为证。

原告称：因原告不是被告的亲生女儿，要求被告协助原告将名字毕某变更为马某宜，但被告一直不配合办理。请求法院判决被告协助原告变更姓名为马某宜。

被告辩称："原告所诉结婚、生下原告的时间、离婚的时间都对，但是我不同意变更原告的姓名，这是我们一起商量好的，如果变更的话，也应该在父母协商一致的情况下变更，任何一方不得擅自变更子女的姓名；原告之法定代理人在生育原告时，我支付医疗费等各项费用7000多元，并由我母亲亲自照料，我方的损失应由原告母亲马某偿还。"

【案件争点】

夫妻离婚后，非子女亲生父母的一方能否主张子女姓名变更权事宜。

【裁判要旨】

山东省临邑县人民法院认为，自然人享有姓名权，有权依法决定、使用、变更或者许可他人使用自己的姓名，但是不得违背公序良俗。原告不满8周岁，属无民事行为能力的未成年人，由其法定代理人代理实施民事法律行为。由于本案原告并非被告亲生，被告与马某离婚后，已不再是原告之血缘意义上的父亲，故被告之辩称应当经过其同意才能变更姓名，于法无据，法院不予采信。被告主张的马某生孩子时的支出，与本案不是一个法律关系，可另行主张。

法院判决：被告毕某甲自本判决书生效后10日内协助原告之法定代理人马某变更原告姓名。如被告在本判决书生效后10日内不配合马某办理变更姓名手续，马某可自行到相关部门办理。

例案四：肖某某与张某某姓名权纠纷案

【法院】

四川省大竹县人民法院

【案号】

（2021）粤0309民初2804号

【当事人】

原告：肖某某

被告：张某某

【基本案情】

四川省大竹县人民法院经审理查明，原告肖某某与被告张某某于1987年经人介绍相识，1989年12月30日双方在大竹县二郎镇人民政府办理结婚登记，1990年4月24日生育长子取名肖某1，2004年12月21日生育次子取名肖某2（未上户），后双方感情破裂，被告张某某向法院提起离婚诉讼，法院作出（2013）大竹民初字第1108号民事调解书："准予原、被告离婚；婚生次子肖某2随张某某生活，肖某某从2013年9月1日起每年给付3000元子女抚养费至肖某2年满十八岁时止。"离婚后肖某2随被告张某某生活，肖某2在被告务工地广东茶山读书，并使用"肖某2"作为姓名。后张某某与一谭姓男子结婚，2016年肖某2从广东回大竹读书，被告张某某为肖某2上户口时，将肖某2的名字更改为随继父姓谭，取名谭某某，并在公安机关登记。后因肖某某未履行给付子女抚养费义务，2019年7月4日张某某向法院申请强制执行，执行中，肖某某才得知张某某在未经其同意的情况下，擅自将婚生次子肖某2改名为谭某某的事实。

被告张某某承认原告肖某某在本案中所主张的事实，但认为，离婚后肖某2随自己生活，肖某某未给付子女抚养费，现是自己和现任丈夫谭某共同抚养，故将肖某2改名为谭某某。

【案件争点】

夫妻双方离婚后，抚养未成年子女一方另行组成家庭的，可否将与原配的婚生子女姓氏变更为未成年人继父或继母的姓氏，是否侵犯了未成年人亲生父亲或母亲的权利。

【裁判要旨】

四川省大竹县人民法院认为，《婚姻法》第二十二条[①]规定："子女可以随父姓，也可以随母姓。"《离婚案件处理子女抚养问题意见》[②]第十九条规定："……父或母一方擅自将子女姓氏改为继父或继母姓氏而引起纠纷的，应责令恢复姓氏。"本案中，张某某将原、被告所生育的婚生次子肖某2的名字更改为随继父姓谭，取名谭某某，未征得原告肖某某的同意，其行为违反了子女随父或母姓的传统习俗和《离婚案件

① 参见《民法典》第一千零一十五条规定："自然人应当随父姓或者母姓，但是有下列情形之一的，可以在父姓和母姓之外选取姓氏：（一）选取其他直系长辈血亲的姓氏；（二）因由法定扶养人以外的人扶养而选取扶养人姓氏；（三）有不违背公序良俗的其他正当理由。少数民族自然人的姓氏可以遵从本民族的文化传统和风俗习惯。"

② 该司法解释已失效。

处理子女抚养问题意见》[①]第十九条之规定。法院最终判决：被告张某某于本判决生效15日内将谭某某的户籍登记姓名恢复为肖某2。

例案五：常某与常某某姓名权纠纷案

【法院】

河北省廊坊市中级人民法院

【案号】

（2016）冀10民终3482号

【当事人】

上诉人（原审原告）：常某

被上诉人（原审被告）：常某某

【基本案情】

常某向一审法院起诉请求：其系李某某和常某某婚后生育的女儿。2013年8月29日，李某某和常某某协议离婚，协议其随母亲李某某生活，抚养费亦由李某某负担。2014年1月6日，李某某和刘某贺登记结婚，其即随李某某和刘某贺共同生活并由其二人抚养。目前其已入学，因姓氏和母亲及继父的姓氏均不同，给其幼小的心灵造成巨大压力。故诉至法院，要求将其姓氏由常姓变更为随其继父刘姓。后在诉讼过程中变更诉讼请求，要求将姓氏由常姓变更为随其母亲的李姓，姓名改为李某琪。

一审法院认定事实：原告常某系其法定代理人李某某和被告常某某的婚生女儿，李某某和常某某于2013年8月29日在大城县民政局登记离婚。按照双方签订的离婚协议，常某在双方离婚后随李某某生活，抚养费亦由李某某独自负担。2014年1月6日，李某某和案外人刘某贺登记结婚，常某即随同母亲和刘某贺共同生活，李某某和刘某贺共同承担了常某的抚养义务。以上事实有李某某的离婚证、李某某和常某某的离婚协议书、李某某和刘某贺的结婚证、大城县臧屯乡××村村民委员会的证明以及原告陈述等证据予以证实。一审法院认为：公民享有姓名权，有权决定使用和依照规定改变自己的姓名。但本案中被告常某现尚未满10周岁，属无民事行为能力人，而无民事行为能力是指不具有以自己的行为从事民事活动，以取得民事权利

① 该司法解释已失效。

和承担民事义务的能力。故提起本次诉讼请求更改姓名，不能理解为原告常某的意思表示，只能理解为其监护人的意思表示。另，常某所提要求变更姓名的事实和理由也与相关法律规定不符。判决：驳回原告常某的诉讼请求。

常某不服一审判决，上诉至二审法院。

二审法院查明的事实与一审法院一致。

【案件争点】

离婚后抚养子女一方可否单方更改子女姓名。

【裁判要旨】

河北省廊坊市中级人民法院认为，姓名权是公民依法享有决定、使用、变更自己的姓名并要求他人尊重自己姓名的一种人格权利。《民法通则》第九十九条第一款[①]规定，公民享有姓名权，有权决定、使用和依照规定改变自己的姓名，禁止他人干涉、盗用、假冒。《婚姻法》第二十二条[②]规定："子女可以随父姓，可以随母姓。"本案上诉人常某的母亲李某某与被上诉人常某某离婚时协议约定婚生之女常某由李某某独自抚养，常某某自愿放弃抚养权、监护权和探视权，故上诉人的利益与其母李某某的关系极为密切。现李某某已再婚，如不改变上诉人的姓名，重组后的一家人出现三个姓氏，往往会受到来自外界的异样目光和非议，有悖于保护未成年人的合法权益，故将常某的姓名变更为李某琪，有利于上诉人的学习、生活和身心健康，亦符合相关法律规定，且上诉人使用该姓名，并不损害其生父、生母和他人的合法权益，二审法院予以准许。

三、裁判规则提要

（一）姓名权概念辨析

姓名权是自然人决定其姓名、使用其姓名、变更其姓名，并要求他人尊重自己姓名的一种权利。姓名权是自然人对其姓名在法律上所享有的一切权利。姓名的基

① 参见《民法典》第一千零一十二条规定："自然人享有姓名权，有权依法决定、使用、变更或者许可他人使用自己的姓名，但是不得违背公序良俗。"

② 参见《民法典》第一千零一十五条规定："自然人应当随父姓或者母姓，但是有下列情形之一的，可以在父姓和母姓之外选取姓氏：（一）选取其他直系长辈血亲的姓氏；（二）因由法定扶养人以外的人扶养而选取扶养人姓氏；（三）有不违背公序良俗的其他正当理由。少数民族自然人的姓氏可以遵从本民族的文化传统和风俗习惯。"

本功能就是为了防止个人身份的混淆，表彰个人的人格特征。[①] 现代社会中，姓氏是特定群体在社会中的标志，名字则是个人的代表符号，或者说是一种个人的标志。[②] 姓名不仅与个人人格有特殊的联系，而且本身也体现了一种人格利益。

1. 姓名权特征

姓名权具有如下特征：一是主体系自然人。姓名的主体有且仅有自然人。法人及非法人组织虽然也有名称，但他们并不能因此成为姓名权的主体，而是成为名称权的主体。二是客体系姓名。姓名作为特殊的人格权符号，必须以文字形式表现出来，被固定下来。三是包含精神与财产两种利益。姓名权虽然为精神性人格权，但其中不仅包含精神利益也包含了一定的经济价值，非法利用他人姓名可能获得不当利益。

2. 姓名权的具体权利

一是姓名决定权，是指自然人决定其姓名的权利。二是姓名改动权，又称姓名变更权，是指自然人依法改变自己姓名的权利。[③] 但由于自然人更名前已用其原有姓名参与了一系列社会活动，具有一定的社会身份。擅自更名可能影响他人利益或社会公共利益，因此，自然人变更姓名需要受一定的行政管理限制，但别名、笔名、艺名等非正式登记在册姓名的变更不受上述限制。[④] 三是姓名使用权，是指自然人依法使用自己姓名的权利。自然人既可以积极使用姓名权，在自己的作品上标示姓名，也可以消极使用姓名权，选择不署名。但是在特定情况下，如办理签证，签署法律文书，制作权利证书等环节自然人必须使用其正式的、在户籍管理机关登记的或者与其身份证姓名一致的名字。[⑤] 四是姓名持有权，也称姓名保有权。自然人的姓名为自己所持有，非经自身同意，不得被强迫放弃或更改姓名。在我国农村，有妇女嫁丈夫家中后，强行被更改姓氏的，无疑属于违法行为。五是请求他人正确称呼自己姓名的权利。此处的姓名既包含了要求他人对自己名字的正确称呼，也包含了自己更名后有权要求他人称呼自己更改后姓名的权利。六是许可他人使用姓名的权利。

---

① 参见王利明:《人格权重大问题研究》，法律出版社 2019 年版，第 437 页。

② 参见何晓明:《姓名与中国文化》，人民出版社 2001 年版，第 9 页。

③ 参见何晓明:《中国姓名史》，武汉大学出版社 2012 年版，第 156 页。

④《户口登记条例》第十八条明确规定，未满 18 周岁的人需要变更姓名时，由其本人或父母、收养人向户口登记机关申请变更登记，18 周岁以上的人需要变更姓名时，由本人向户口登记机关申请变更登记。

⑤ 参见最高人民法院民法典贯彻实施工作领导小组主编:《中华人民共和国民法典人格权编理解与适用》，人民法院出版社 2020 年版，第 191 页。

也是《民法典》出台以来新增的规定。

（二）自然人姓氏的取得

自然人姓氏的取得是指自然人使用的姓氏自出生时起应当如何获得，从国际惯例上看，自然人姓氏是在具备选择能力之前就必须确定下来。其姓氏是由他人依法或按照习惯提供的。①

自然人在选取姓名时，原则上应当随父姓或者随母姓，这是因为姓名本身具有一种身份定位功能，具有一定的伦理因素。姓氏与名字还有很大的不同，姓氏具有很强的伦理性，具有浓厚的身份属性，代表了其家族血脉传统和标识。而名字则是父母对孩子的美好祝愿。除原则上应当随父姓或者母姓外，以下情况也可成为自然人选择姓氏的理由。

1. 选取其他直系长辈血亲的姓氏

所谓直系长辈血亲包含了自然人的祖父母、外祖父母、曾祖父母、外祖父母等直系长辈。选取长辈血亲的姓氏作为自然人的姓氏，更能体现中国传统文化与精神，② 不违背社会公序良俗。

2. 有法定扶养人以外的人扶养，而选取扶养人姓氏

依据姓名权立法解释的规定，如果被法定扶养人以外的人扶养，则自然人可以选择扶养人的姓氏作为自己的姓氏，这在客观上也有利于鼓励法定扶养义务人之外的近亲属对自然人履行扶养义务。③

3. 有不违反公序良俗的其他正当理由

此处的正当理由是姓名权立法解释的兜底条款。主要适用的情形，如收养关系中子女在被他人收养之后，可以随养父或者养母的姓氏，但是此处的兜底条款并非绝对条款，对于是否属于正当理由，应当由人民法院根据个案的不同情况进行认定。

---

① 《儿童权利公约》第 7 条第 1 款规定，儿童出生后应立即登记，并有自出生起获得姓名的权利。我国自 1992 年加入该公约。

② 由于国家计划生育政策的影响，有一段时间以来，我国出现了一代人中四位老人，也即祖父母、外祖父母只有一名孙子女或外孙子女的现象，这种情形下的新生儿无疑是两个家庭、几代人的希望与心血。因此，选取长辈血亲的姓氏作为新生婴儿的姓氏，完全符合社会公序良俗原则。

③ 此处的“扶养”与“抚养”的概念并不相同，与前述“不允许改姓为继父母姓氏”的精神并不矛盾。

（三）夫妻离婚后子女姓氏变更问题

姓名权立法解释虽然明确了姓氏选择的规则，但是对于父母离婚后子女的姓氏变更问题，并没有作出明确性的规定。虽然《户口登记条例》及公安部出台的《关于父母离婚后子女姓名变更有关问题的批复》皆有规定，离异双方欲变更子女姓名时，必须与对方达成一致意见。但如前文所述所列举的案例，纵观全国法院，裁判的尺度也并非完全一致，然而究其根本，还是要以有利于未成年子女健康成长为根本出发点。《民法典（草案）》第七百九十五条中有过相关规定，未成年人父母离婚的，与未成年人共同生活的一方可以将该未成年人的姓氏变更为自己的姓氏，但是另一方有正当理由表示反对的除外，或者变更未成年子女姓氏的，应当根据未成年子女的年龄和智力状况，尊重其真实意愿。虽然该条款最后并未写入《民法典》中，但从中可以分析出相关问题可以采取的路径。

1. 原则上应由父母双方共同决定子女姓名是否变更

原则上应不允许与未成年人共同生活的一方随意更改未成年人姓名，虽然夫妻双方已经离婚，但该未成年子女是夫妻双方共同的心血结晶，未与未成年子女继续生活的父亲或母亲一方仍然是该未成年人的亲生父母，依然是该未成年子女的法定监护人，仍然享有法定权利。若与未成年人共同生活的一方擅自变更未成年人姓名，明显是对另一方权利的侵害。此外，变更未成年人的姓氏，关系到未成年人的重大人格利益，极大可能引发纠纷，反而不利于未成年人成长。

2. 与未成年人共同生活的一方变更未成年人姓氏必须有正当理由

父母单方更改子女姓名的唯一考虑因素应当有且只有为实现未成年人利益的最大化，且这种利益不能违背公序良俗。具体而言，夫妻离婚后，未成年人随母亲生活，在母亲改嫁后，如果不允许母亲一方单方变更该未成年人的姓氏，则可能导致该未成年人难以融入新的家庭和新的环境，不利于其健康成长。但这种变更从原则上讲，只能变更为母亲的姓氏，不能变更为继父的姓氏，否则不但是对孩子及其亲生父亲的伤害，也与中华传统文化中认祖归宗的观念形成背离，不应提倡。

3. 变更未成年人的姓氏应当充分考虑其意愿

此处所指的充分考虑其意愿，不同于离婚案件中询问未成年人愿意跟随父亲或母亲哪一方生活，此处的判断更多的应当是一种价值判断，而非物质判断。未成年人是无民事行为能力人或限制民事行为能力人，作出物质判断容易，而作出价值判断与其自身行为能力显然并不适配。因此，如何充分考虑其意愿维护其利益最大化，不单是父母双方的考量，也是法官的考量。如果有利于未成年人利益的最大化，则予以变更；反之，即便符合未成年人的意愿，也不应予以变更。

四、辅助信息

《民法典》

第一千零一十二条 自然人享有姓名权，有权依法决定、使用、变更或者许可他人使用自己的姓名，但是不得违背公序良俗。

第一千零一十五条 自然人应当随父姓或者母姓，但是有下列情形之一的，可以在父姓和母姓之外选取姓氏：

（一）选取其他直系长辈血亲的姓氏；

（二）因由法定扶养人以外的人扶养而选取扶养人姓氏；

（三）有不违背公序良俗的其他正当理由。

少数民族自然人的姓氏可以遵从本民族的文化传统和风俗习惯。

第一千零一十六条第一款 自然人决定、变更姓名，或者法人、非法人组织决定、变更、转让名称的，应当依法向有关机关办理登记手续，但是法律另有规定的除外。

第一千零六十九条 子女应当尊重父母的婚姻权利，不得干涉父母离婚、再婚以及婚后的生活。子女对父母的赡养义务，不因父母的婚姻关系变化而终止。

第一千零八十四条 父母与子女间的关系，不因父母离婚而消除。离婚后，子女无论由父或者母直接抚养，仍是父母双方的子女。

离婚后，父母对于子女仍有抚养、教育、保护的权利和义务。

离婚后，不满两周岁的子女，以由母亲直接抚养为原则。已满两周岁的子女，父母双方对抚养问题协议不成的，由人民法院根据双方的具体情况，按照最有利于未成年子女的原则判决。子女已满八周岁的，应当尊重其真实意愿。

第一千一百一十二条 养子女可以随养父或者养母的姓氏，经当事人协商一致，也可以保留原姓氏。

《全国人民代表大会常务委员会关于〈中华人民共和国民法通则〉第九十九条第一款、〈中华人民共和国婚姻法〉第二十二条的解释》

……

公民依法享有姓名权。公民行使姓名权属于民事活动，既应当依照民法通则第九十九条第一款和婚姻法第二十二条的规定，还应当遵守民法通则第七条的规定，即应当尊重社会公德，不得损害社会公共利益。在中华传统文化中，“姓名”中的“姓”，即姓氏，体现着血缘传承、伦理秩序和文化传统，公民选取姓氏涉及公序良俗。公民原则上随父姓或者母姓符合中华传统文化和伦理观念，符合绝大多数公民的意愿和实际做法。同时，考虑到社会实际情况，公民有正当理由的也可以选取其他姓氏。基于此，对民法通则第九十九条第一款、婚姻法第二十二条解释如下：

公民依法享有姓名权。公民行使姓名权，还应当尊重社会公德，不得损害社会公共利益。

公民原则上应当随父姓或者母姓。有下列情形之一的，可以在父姓和母姓之外选取姓氏：

（一）选取其他直系长辈血亲的姓氏；

（二）因由法定扶养人以外的人扶养而选取扶养人姓氏；

（三）有不违反公序良俗的其他正当理由。

少数民族公民的姓氏可以从本民族的文化传统和风俗习惯。

……

《居民身份证法》

第四条　居民身份证使用规范汉字和符合国家标准的数字符号填写。

《户口登记条例》

第七条第一款　婴儿出生后一个月以内，由户主、亲属、抚养人或者邻居向婴儿常住地户口登记机关申报出生登记。

第十八条　公民变更姓名，依照下列规定办理：

（一）未满十八周岁的人需要变更姓名的时候，由本人或者父母、收养人向户口登记机关申请变更登记；

（二）十八周岁以上的人需要变更姓名的时候，由本人向户口登记机关申请变更登记。

《公安部关于父母离婚后子女姓名变更有关问题的批复》

根据最高人民法院《关于变更子女姓氏问题的复函》(〔81〕法民字第11号)的有关精神，对于离婚双方未经协商或协商未达成一致意见而其中一方要求变更子女姓名的，公安机关可以拒绝受理；对一方因向公安机关隐瞒离婚事实，而取得子女姓名变更的，若另一方要求恢复子女原姓名且离婚双方协商不成，公安机关应予以恢复。

人格权纠纷案件裁判规则第 12 条：

新闻报道、舆论监督内容基本真实，没有侮辱他人人格，行为人没有过错和违法，不应认定为侵害他人名誉权，公众人物的人格权容忍度，应显著高于一般公民，但新闻媒体报道超出了对公众人物报道的必要限度，侵犯公众人物人格权的，应当对此承担相应责任

【规则描述】 新闻报道作为舆论监督的一种有效形式，应受到法律的优先保护，必然要求受害人对新闻侵害人格权的行为特别是轻微的侵害人格权的行为予以容忍。新闻报道致使受害人的社会评价下降，如并非因新闻批评本身所造成，而是受害人自身不良行为造成的，[①] 新闻媒体及相关工作人员，不应承担侵害他人名誉权、隐私权等人格权责任。公众人物理应受到来自舆论和社会的更多监督，对公众人物的人格权，应当进行必要的限制，以维护社会公共利益，关于认定其人格权被侵害的界限，应高于普通一般公民。公众人物的人格权仍应当在必要范围内受到限制，公众人物所应当享有的核心权利仍然不能受到剥夺，不因为其公众人物身份而否定其人格权。

一、类案检索大数据报告

数据采集时间：2022 年 3 月 13 日；案例来源：Alpha 案例库；案件数量：125 件。本次检索获取 2022 年 3 月 13 日前共 125 篇裁判文书。从公众人物涉及领域的角度来看，可明确进行区分的有 93 件，制作成图 12–1。其中，涉及影视领域的 43

---

① 参见刘天运：《浅谈舆论监督与侵权的界限》，载《新闻窗》1992 年第 4 期。

件，占比约46.23%；音乐领域的28件，占比约30.11%；主持领域的17件，占比约18.28%；公职人员的3件，占比约3.23%；网络红人的2件，占比约2.15%。

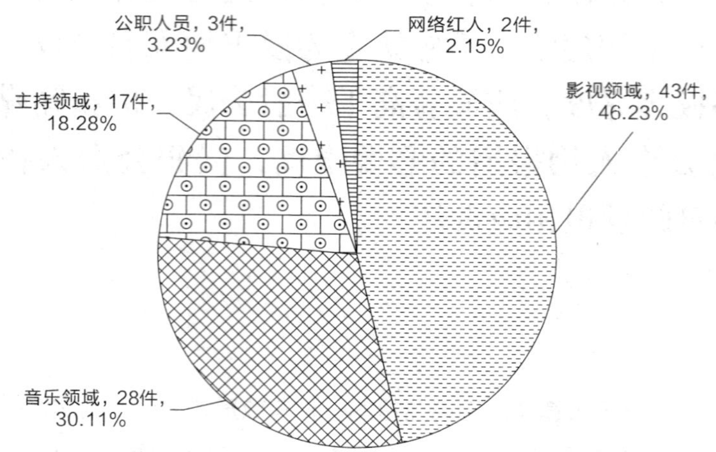

图 12-1　公众人物所在领域分布图

如图12-2所示，从案件年份分布情况可以看出当前条件下案件数量的变化趋势。

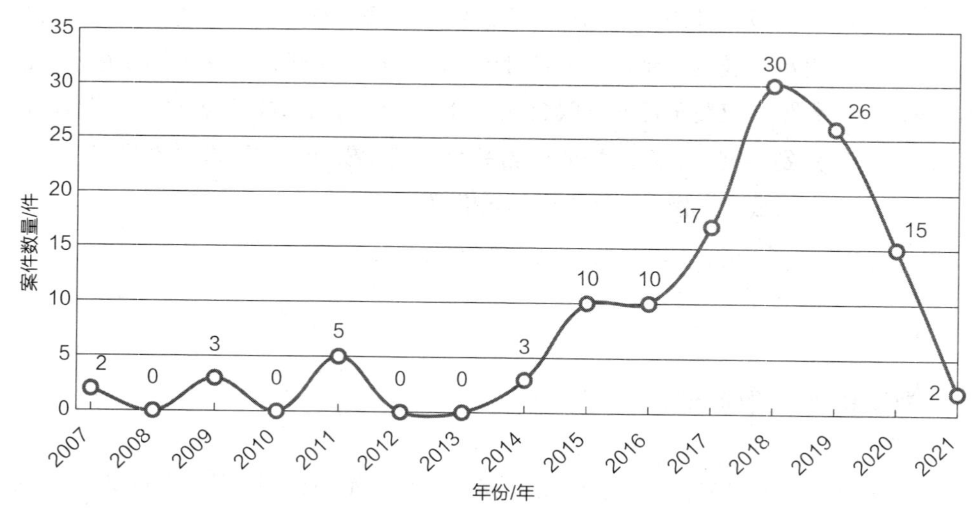

图 12-2　案件年份分布情况[①]

如图12-3所示，从案件地域分布情况来看，当前案例主要集中在北京市、上海

① 截至2022年数据统计期有2件案件，共123件案件，以年份分布图呈现。

市、广东省，分别占比 55.2%、9.6%、8%。其中北京市的案件量最多，达到 69 件。其他省份也有涉及，共累计有 22 件。

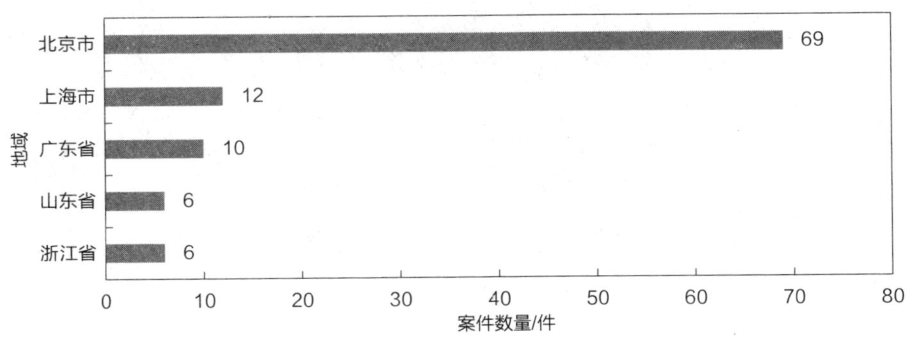

（注：该图只列举了部分地区案件数量，未逐一列明）

图 12-3　案件地域主要分布情况

如图 12-4 所示，从公众人物与舆论监督涉及人格权被侵害的案件案由来看，名誉权纠纷案件 111 件，占比 88.8%；肖像权纠纷案件 8 件，占比 6.4%；还有一般人格权纠纷、姓名权纠纷等案由。

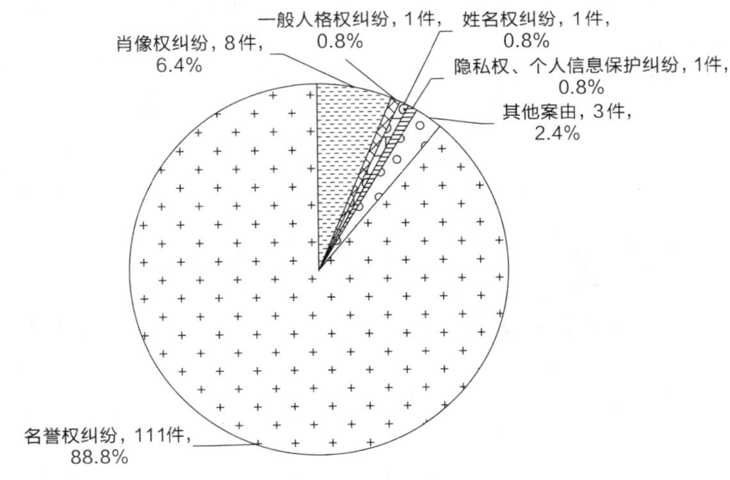

图 12-4　案件案由分布情况

如图 12-5 所示，从案件审理分布情况可以看出，人格权纠纷下当前的审理程序分布状况，主要有一审案件 73 件，占比 58.4%；二审案件 50 件，占比 40%。

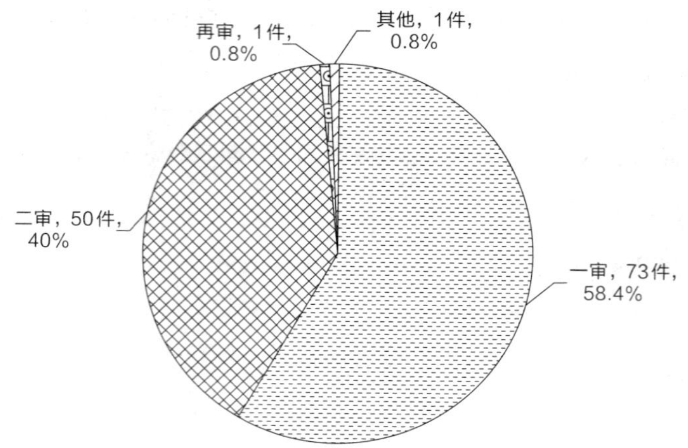

图 12-5　案件审理程序分布情况

由于此类案件中，基本都是公众人物因自身人格权受到损害而提起诉讼，因此研究一审案件裁判情况能够较为直观地看出人民法院对于此类案件的裁判态度，一审案件裁判结果如图 12-6 所示。全部支持或者部分支持的 51 件，占比 69.86%；全部驳回的 19 件，占比 26.03%；裁定驳回或当事人达成调解或主动撤诉的有 3 件，占比 4.11%。从中可以看出，一审法院对于公众人物起诉其人格权受到侵害的诉讼，支持其诉求的占多数。

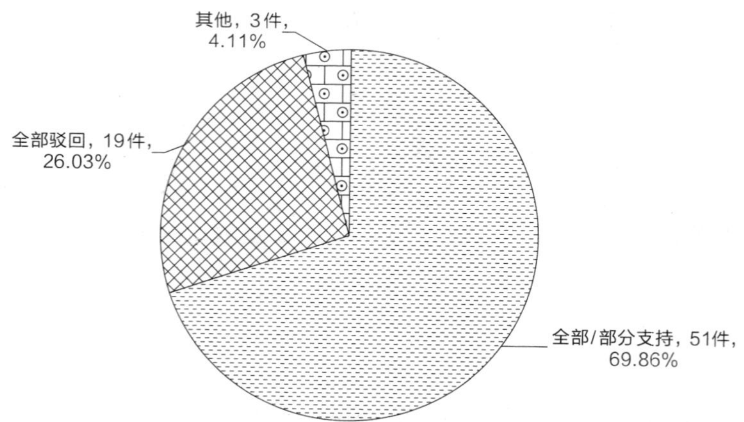

图 12-6　一审案件裁判结果分布情况

从二审案件中可以看到一审法院裁判的效果，在 50 件上诉案件中，维持原判的有 40 件，占比 80%；改判的有 6 件，占比 8%；其他情形[①] 的有 4 件，占比 12%，具体如图 12-7 所示，由此可见，此类案件中一审法院的审理质量相对较高，人民法院依法支持公众人物就人格权被侵害的诉讼支持其诉求的情况相对较多。

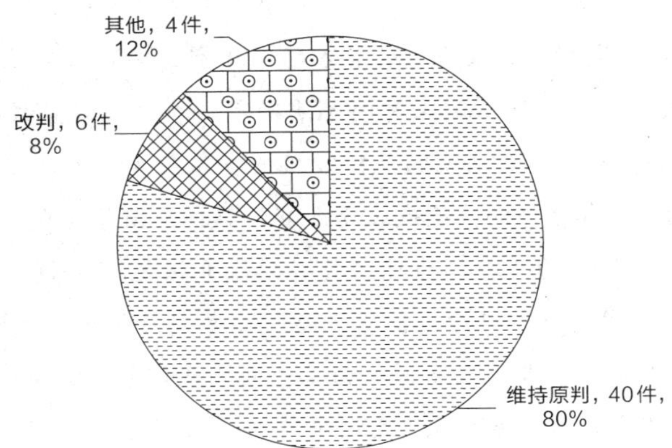

图 12-7　二审案件裁判结果分布情况

二、可供参考的例案

例案一：张某与《北京青年》杂志社名誉权纠纷案

【法院】

北京市朝阳区人民法院

【案号】

（2015）朝民初字第 35676 号

【当事人】

原告：张某

被告：《北京青年》杂志社

① 二审中常见的其他处理方式的情形包含上诉中撤回起诉、撤回上诉、二审达成调解、法院发回重审等。

【基本案情】

张某系签约歌手，具有一定的社会影响力。《北京青年周刊》是被告《北京青年》杂志社出版的以时尚、娱乐新闻评论为主要内容的期刊，每期内容分24版，每周出版。2015年2月5日，《北京青年周刊》封三刊发了题为《我们为什么要嫌弃张某》一文，配有原告肖像照片一张。涉案文章中列举了针对原告的负面言论。除在《北京青年周刊》刊载发行，在被告运营管理的《北京青年周刊》微信公众号及认证微博同时予以发表，现已删除，删除时间无法确定。涉案文章登载的当期《北京青年周刊》，因已经公开发售，无法收回及销毁。被告未在《北京青年周刊》发表针对涉案文章消除影响、恢复名誉的声明或文章。其他媒体如微信公众号QueenB上转载了涉案文章并将题目修改为《我们为什么要集体嫌弃张某》；手机软件《畅读》《杂志汇》上均转载了涉案文章。双方均认可，涉案文章属于评论性文章。就涉案文章事实描述部分，被告表示，其消息来源均为其他新闻媒体的公开报道。经法院核实，确有多家媒体就原告合约纠纷等事宜进行过报道。

【案件争点】

1. 被告发表涉案文章的行为是否构成公正评论的免责事由。

2. 被告发表涉案文章是否造成了原告名誉损害的事实。

【裁判要旨】

北京市朝阳区人民法院经审理认为，公民的名誉权受法律保护。根据《审理名誉权案件解答》① 第七条的规定，是否构成侵害名誉权的责任，应当根据受害人确有名誉被损害的事实、行为人行为违法、违法行为与损害后果之间有因果关系、行为人主观上有过错来认定。以书面或者口头形式侮辱或者诽谤他人，损害他人名誉的，应认定为侵害他人名誉权。网络服务提供者利用网络侵害他人名誉权的，应该承担侵权责任。

1. 被告发表涉案文章的行为是否构成公正评论的免责事由

评论是媒体结合重要的新闻事实，针对人物或事件发表的论说性的意见。虽然涉案文章核心内容并不在于事实报道，但基于一定事实作出的评价，不能仅考察评价的内容，同时应考察其所基于的基础事实及两者关系。根据《审理名誉权案件解答》② 第八条的规定，因撰写、发表批评文章引起的名誉权纠纷，应根据不同情况处

① 该司法解释已失效。

② 该司法解释已失效。

理：文章反映的问题基本真实，没有侮辱他人人格内容的，不应认定为侵害他人名誉权；文章反映的问题虽基本属实，但有侮辱他人人格的内容，使他人名誉受到侵害的，应认定为侵害他人名誉权；文章的基本内容失实，使他人名誉受到损害的，应认定为侵害他人名誉权。故评论性文章和新闻报道类文章所涉事实的真实性标准，因文章侧重点不同而在具体情况下可能有所差别。新闻报道类文章旨在向读者揭露事实，故报道媒体应尽到符合职业规范的充分调查义务，使新闻真实与客观真实较大程度保持一致，体现新闻报道的客观性；评论性文章主要针对事实或人物发表主观性评价，得以就一定的公开事实而非媒体自行调查的事实发表独立意见，但仍不得突破一定基本原则。

法院认为，评价评论性文章是否构成公正评论，应符合以下条件：第一，评论若系基于一定的事实作出，该基础事实应为公开传播的事实，即已揭露的事实，或虽未公开传播，但是评论者有充分依据相信为真实的事实，而不应是由评论者自己凭空编造的事实，也不是明显不真实的事实。第二，评论的内容没有侮辱、诽谤等有损人格尊严的言辞。第三，行为人应没有主观过错。首先，从涉案文章评论所基于的事实内容看，主要包括有关原告参加超级女声比赛的相关内幕及个人感情生活事实。但是，即使引用公开报道的事实进行评论，也并不意味着评论者可以免除事实审查的基本义务。一方面，新闻媒体具有独立调查和编辑的自主职能，即使仅传播信息，也负有避免不实信息扩散、避免他人名誉受损的义务；另一方面，不对信息真实性进行基本审查，基于此作出的评论也难以做到公正客观。涉案文章所涉事实，涉及比赛内幕，特别是涉及“小三”这种特定的贬损人格尊严的评价，即使已被其他媒体公开报道，也可能有明显的不真实、侵犯他人权利的情况，被告应对此进行必要的审查判断。并且，被告使用了“有线人汇报，她是小三”这样的措辞，容易使读者误解为该“小三”的结论系被告通过调查核实所得或被告有所谓“线人”的消息源，已经构成虚构事实。其次，评论内容是否有侮辱、诽谤等有损人格尊严的情形。从事实方面看，被告在没有实际进行调查核实、以“有线人汇报”的方式使得一般读者认为被告经过调查而得出原告系“小三”的结论，已经构成捏造并散布虚构事实、贬损原告人格的诽谤行为。从评论部分看，涉案文章主要围绕原告的个人形象、个人作风等进行了评价。如按照被告的抗辩意见，所引用的事实均为公开报道事实，其有权就已公开事实发表评论，那么，在引用的公开报道事实未经审核的情况下，原告再行进行评论，应充分表达出对现有报道的客观态度。但从涉案文章的评论通篇看来，无论作者意见的发表还是第三方评论的整合编辑，均不乏对原告个人形象及人格的贬损。最后，关于行为人过错问题。法院认为，判断行为人是否具有主观过错，应当以一个“诚信谨慎的人”在相同情况下须尽到的注意义务为标准，同时考虑行为人的身份地位、发布内容、认知能力等因素进行综合判断。原告的身份为歌手，是具有较大社会影响力的演艺事业从业人员，被告是娱乐时尚类专业媒体。原告的个人内外在形象是体现其艺术水准、市场价值的重要方面，被告围绕此方面进行正当评价，符合与原告社会身份相关的公共利益。但是，专业媒体不仅仅是公众言论的平台及中介，更具有自主编辑、表达职能。相较于普通公众，专业媒体无论对公众人物作出正面评价还是负面评价，均应避免单纯个人好恶的表达，而应遵循专业、理性、有理有据的原则，以正当发挥媒体舆论监督、评论的职能。从《北京青年周刊》的整体内容及风格来看，涉及娱乐、时尚行业的热门事件、人物、产品的介绍及评论，内容健康、观点独立公正，兼具信息传播、观点表达、审美引领的功能，属于具有一定品位和专业素养的刊物。但纵观涉案文章，通篇除引用部分不利于原告的传言事实外，评论部分无论是表达作者观点，还是引用第三方言论，均发表和选取了带有强烈个人好恶色彩的情绪化语言，缺乏评论之合理依据，与被告作为专业媒体的身份及刊物整体风格极其不相符合。文章作者系被告工作人员，在撰写涉嫌侵犯他人的权利、显然有失公正的评论文章时，被告仍然将此文刊登在封三显著位置，应当认为具有过错。综上，被告发表的文章评论缺乏事实依据，内容贬损原告人格尊严，且具有主观过错，不能构成公正评论。

2. 被告发表涉案文章是否造成了原告名誉损害的事实

名誉权之核心在于社会评价，不能仅以受害人自我感觉作为依据。判断名誉是否受损，应结合受害人实际名誉利益、社会评价状况等予以评价。名誉利益包括权利人对名誉保有、维护，对名誉利益支配的权利，与权利人特定身份有相关性。原告作为演艺领域公众人物，在与其社会身份相关的公共利益领域，如部分名誉、隐私利益，应作出一定程度的让步。特别是在当今演艺娱乐明星日益通过经营个人形象获得更多市场价值的现实情况下，对于有关其个人形象的评价，应予以适当容忍。涉案文章事实描述部分有限且以传闻消息的口吻描述，评论部分主要针对原告外在形象及行事风格，虽超出公正评论的限度，但不致使所有受众均认同其观点，亦不构成对原告严重的侮辱，故法院认定原告名誉利益受到一定损害。就社会评价方面，应以侵害名誉权的行为是否为第三人知悉为标准。名誉存在于社会公众心里，难以作出准确统一评价，故加害人行为如构成侵害名誉的行为，并被第三人知悉，即作用于公众心理，则会产生受害人社会评价降低的效果。涉案文章刊登在公开发行的期刊及网络上，一经发表便被不特定的第三人所知悉，造成对原告名誉的损害。综上，法院认定被告发表涉案文章的行为给原告造成了一定名誉损害的事实。

综上，法院判决：一、被告《北京青年》杂志社于本判决生效后15日内在其出版的《北京青年周刊》封底登载致歉声明，致歉声明内容由法院审定，刊登一期，版面不少于整版的六分之一；《北京青年周刊》官方微博、微信应同步予以刊载致歉声明，官方微博应将致歉声明置顶不少于48小时；如拒绝履行，法院将在全国发行的报纸上刊登本判决书主要内容，费用由被告《北京青年》杂志社负担。二、被告《北京青年》杂志社于本判决生效后15日内赔偿原告张某精神损害抚慰金2万元。

例案二：任某等与潘某名誉权纠纷案

【法院】

北京市第三中级人民法院

【案号】

（2014）三中民终字第13673号

【当事人】

上诉人（原审被告）：任某

上诉人（原审被告）：上海申江服务导报社有限公司

被上诉人（原审原告）：潘某

【基本案情】

潘某曾出演多部影视作品，与董某某为夫妻关系。2012年10月20日20时11分，名为“董某某焦点资讯”的微博发布题为《董某某工作室致所有关心董某某的朋友（1）》和《董某某工作室致所有关心董某某的朋友（2）》两篇微博文［以下简称《董某某工作室声明》（1）和（2）］。其中内容包括对于二人婚姻生活和对于潘某的指责性语言，落款为“董某某工作室团队”。2012年10月20日20时54分，任某的微博“克里小丝”对微博“董某某焦点资讯”发表的上述两篇博文进行了转发。截至2013年1月21日，“克里小丝”的微博粉丝为2095人，“克里小丝”转载的《董某某工作室声明（1）》一文被转发35次、评论37次，转载的《董某某工作室声明（2）》一文被转发28次、评论21次。《申江服务导报》（以下简称《申报》）是上海申江服务导报社有限公司（以下简称申江公司）出版发行的报纸。《申报》第775期108版注明的发行时间为“2012年10月24日–10月30日”，第A13版整版刊登了关于董某某指责潘某一系列行为的文章（以下简称《董》文）。《申报》第A13版左上方全文转载了《董某某工作室声明》（1）和（2）文章，并以加深背景节选了一段话。2012年10月21日17时，潘某授权律师发表标题为《潘某先生授权律师发表严正声明》的声明（以下简称《潘某声明》）。《潘某声明》中表示，潘某并未作任何虚构事实或进行其他任何不当的行为，也未对董某某女士进行任何指责。

潘某将任某与申江公司诉至一审法院。一审法院查明事实后判决：一、任某于判决生效后7日内删除新浪微博账号“克里小丝”所转发的新浪微博账号“董某某焦点资讯”发表的《董某某工作室声明》（1）和（2）文章；二、申江公司于判决生效后7日内在《申江服务导报》上刊登澄清声明，如拒绝履行上述义务，法院将在指定的一家全国发行报刊上刊登判决，刊登费用由申江公司负担；三、任某、申江公司于判决生效后7日内在《羊城晚报》及新浪网刊登向潘某赔礼道歉的声明（内容由法院核准），如拒绝履行上述义务，法院将在指定的一家全国发行报刊上刊登判决，刊登费用由任某与申江公司负担；四、任某、申江公司于判决生效后7日内赔偿潘某公证费4000元、资料费410元；五、驳回潘某的其他诉讼请求。

判决后，任某不服原审判决，上诉至二审法院，请求改判驳回潘某原审全部诉讼请求。

申江公司亦不服原审判决，上诉至二审法院，请求改判驳回潘某对申江公司的全部诉讼请求，或将本案发回重审。

【案件争点】

任某、申江公司在上述不实信息传播中的相关行为应该如何认定以及是否构成对潘某名誉权的侵害。

【裁判要旨】

北京市第三中级人民法院经审理认为，公民的名誉权、人格尊严受法律保护，禁止用侮辱、诽谤等方式损害公民的名誉。公民的名誉权受到侵害的，有权要求停止侵害、恢复名誉、消除影响、赔礼道歉。就本案的基本事实而言，《董某某工作室声明》（1）和（2）对潘某的指责嗜赌成性、粗暴无理、欠债等内容，不能为现有证据所证实。从潘某提交的首都图书馆出具的《检索证明》、国家图书馆出具的《文献复制证明》以及（2012）京方圆内民证字第10446号公证书等证据可以证明，上述不实信息的传播造成了潘某社会评价的显著降低。

其一，对任某相关行为的认定。在上述文章内容不实且会造成潘某的社会评价明显降低的情况下，任某的转载行为对不实信息的传播起到了推波助澜的作用，因而应当对潘某的名誉权受到侵害承担相应的责任。任某在上诉中提出的其微博“克里小丝”受众人数相对较少，影响可以忽略不计的理由，忽略了其作为董某某身边工作人员所起的特殊作用，法院不予采纳。在任某的相关行为构成对潘某名誉权侵害的情况下，原审法院判决任某删除微博中的相应内容，向潘某赔礼道歉，并承担潘某支付的公证费和资料费，处理正确，二审法院予以维持。

其二，对申江公司相关行为的认定。首先，关于申江公司报道是否符合新闻真实性的问题。需要指出的是，申江公司作为《申报》的出版发行方，不应等同于被动接受新闻的普通受众，申江公司对其所刊载新闻的真实性负有相应的调查核实义务。申江公司的上述行为，亦不符合新闻出版总署发布的《报纸出版管理规定》中“报纸转载、摘编互联网上的内容，必须按照有关规定对其内容进行核实，并在刊发的明显位置标明下载文件网址、下载日期等”以及《关于严防虚假新闻报道的若干规定》中“不得直接使用未经核实的网络信息和手机信息，不得直接采用未经核实的社会自由来稿。对于通过电话、邮件、微博客、博客等传播渠道获得的信息，如有新闻价值，新闻机构在刊播前必须派出自己的编辑记者逐一核实无误后方可使用”等相关行业管理规定。即使《董》文在转述相应内容时表述为“董某某指责”，亦不能免除申江公司的调查核实义务，不能成为其传播不实信息的合法辩解理由。故申江公司所称《董》文基本内容属实，符合新闻真实性，其不构成侵权的上诉理由不能成立，法院不予采纳。其次，关于“求证式报道”的问题。目前，法律和司法解释中尚无对“求证式报道”的概念及构成要件进行规定，实践中对“求证式报道”的确切概念亦无统一看法。但无论是“求证式报道”，还是“深入报道”“澄清报道”，均应以获取新闻背后的事实真相为第一要义。即使“求证式报道”强调新闻记者通过对信息的收集和了解，求证新闻内幕的过程，亦应以澄清事实、还原事实真相为最终目标，对于并非肯定性事实的相关消息在报道时应予以明确。而申江公司的《董》文简单糅合了从网络获取的潘某和董某某婚姻家庭感情纠纷的各种传闻，对其未经分析甄别即予以采用，亦未在报道时明确相关消息并非肯定性事实，极易使读者阅读后对潘某的品行产生有偏差的认识并得出错误的结论。因而，申江公司的行为侵犯了潘某的名誉权，其以符合“求证式报道”作为免除责任的上诉理由，不能成立，法院不予采纳。最后，关于申江公司主观上是否存在过错的问题。如前所述，申江公司通过简单糅合了从网络获取的潘某与董某某之间婚姻家庭感情纠纷的各种传闻，未经分析甄别及调查核实，亦未在报道时明确相关消息并非肯定性事实，其报道显然会造成潘某社会评价的降低，申江公司对其损害后果采取了放任态度，主观上存在过错，故申江公司的该项上诉理由，亦不能成立。

其三，关于公众人物的容忍义务问题。固然，公众人物与普通大众相比，其工作生活的各个方面都更易被新闻报道所关注，但公众人物的人格权利亦应受到法律保护，新闻媒体不应仅为满足社会公众的猎奇心理，对于涉及公众人物的负面消息，不加甄别和不尽调查核实义务，即予以传播。具体到本案，《董》文对潘某个人私生活的报道不具有真实性，虽满足了部分读者对于明星私生活的猎奇心理，但超出了对公众人物报道的必要限度，侵犯了潘某的名誉权，应当对此承担相应责任。申江公司的该项上诉理由，亦不能成立，法院不予采纳。

申江公司的相关行为构成对潘某名誉权的侵害，原审法院判决申江公司刊登澄清声明，向潘某赔礼道歉，并承担潘某支付的公证费和资料费，处理正确，二审法院予以维持。

例案三：刘某与人民网股份有限公司名誉权纠纷案

【法院】

辽宁省沈阳市中级人民法院

【案号】

（2019）辽01民终10302号

【当事人】

上诉人（原审原告）：刘某

被上诉人（原审被告）：人民网股份有限公司

【基本案情】

一审法院认定事实：人民网股份有限公司系人民网网站的经营者。2018年3月27日，北京市国立公证处经刘某申请，对相关网页进行证据保全公证，该公证处收取公证费1000元，并于2018年4月3日作出（2018）京国立内民证字第771号公证书，对人民网报道的关于刘某的文章进行截屏，予以证据保全。上述文章标题分别是：黄某嫖娼获八成网友谅解，女方被指是变性人（来源《郑州晚报》）。黄某嫖娼被抓女主角照片曝光，刘某真实资料（来源《新华网》）。黄某嫖娼女主角身体畸形并非人妖，已有交往四年男友（来源《沈阳晚报》）。黄某案女主角母亲：女儿曾被视为怪胎，险遭活埋（来源《法制晚报》）。黄某获释，刘某整容前后对比照大曝光（来源《新华网》）。黄某嫖娼获释后道歉，女主角刘某照片大曝光等。同时，在案件审理过程中，刘某提供多份租房证明，用于证明因媒体报道，给刘某的工作和生活带来很大困扰，产生租金损失及搬迁费用，均应属于财产损失，应由人民网股份有限公司予以赔偿。在一审法院向人民网股份有限公司送达起诉状后，人民网股份有限公司删除刘某的报道文章。另查，在相关事件后，刘某本人及母亲张某某曾接受东方卫视采访，本案刘某公证证据保全所涉及的文章中有关刘某个人情况及生活经历等事实部分的描述，未超出东方卫视采访刘某母亲张某某时其披露的事实范围。庭审中，经询问刘某母亲张某某，其对东方卫视采访播出的文稿内容未提出过异议。上述事实，有当事人陈述、网页截屏材料、公证书等证据，经开庭质证，并予以采信。

刘某向一审法院起诉请求：（1）请求法院依法判令人民网股份有限公司立即停止对刘某的侵权行为，并在其网站上删除刘某的名字、照片及与刘某所有的相关信息；（2）请求依法判令人民网股份有限公司在其网站的首页醒目位置为刘某赔礼道歉，时间不少于30日；（3）请求依法判令人民网股份有限公司赔偿刘某财产损失及精神损失抚慰金共计5万元人民币；（4）本案诉讼费及公证费用均由人民网股份有限公司承担。

一审法院认为，名誉是指人们对于公民或法人的品德、才干、声望、信誉及形象等各方面的综合评价。名誉权是公民和法人享有的就其自身特性所表现出来的社会价值而获得社会公正评价的权利。肖像权是公民可以同意或不同意他人利用自己肖像的权利，未经本人同意不得以营利为目的使用公民的肖像。个人隐私是指公民个人生活中不愿为他人（一定范围以外的人）公开或知悉的秘密。隐私权是自然人享有的对其个人的与公共利益无关的个人信息、私人活动及私有领域进行支配的一种人格权。黄某作为文化领域的知名人物，属于“绝对新闻人物”，刘某作为此事件的当事者，属于“相对新闻人物”，基于报道该特定新闻事件需要，刘某的肖像权受到限制，可不经允许使用其肖像。另外，刘某母亲张某某接受东方卫视采访，对刘某的个人情况进行披露，本案涉案文章就事实部分的陈述并未超出刘某母亲张某某在接受东方卫视采访中披露的信息范围。就名誉权及隐私权的保护问题，他人并不负有高于自然人本人及其近亲属对自然人个人名誉及隐私的注意义务。故刘某主张人民网股份有限公司侵犯其肖像权、名誉权、隐私权，在事实上不成立，对刘某的停止侵害、赔礼道歉、赔偿损失的诉讼请求，不予支持。

上诉人刘某不服一审判决，上诉至二审法院。

二审法院查明的事实与一审法院一致。

【案件争点】

人民网股份有限公司是否对刘某构成侵权，应否支持刘某的诉讼请求。

【裁判要旨】

二审法院经审理认为，公民享有保护私生活与秘密的隐私权。行为人实施了窥探、宣扬、公布、散布、披露他人隐私的行为，即构成对他人隐私权的侵犯，依法应当承担责任。网络用户、网络服务提供者利用网络侵害他人民事权益的，应当承担侵权责任。网络用户利用网络服务实施侵权行为的，被侵权人有权通知网络服务提供者采取删除、屏蔽、断开链接等必要措施。网络服务提供者接到通知后未及时采取必要措施的，对损害的扩大部分与该网络用户承担连带责任。本案中，从刘某提交的涉案公证书来看，涉案网页的相关文章标题和内容指向的对象为黄某嫖娼事件的女主角即本案刘某，网页标题及文章内容已经暴露了刘某的个人信息、与黄某嫖娼事件之关系、性生理信息等属于刘某不愿意公开且受法律保护的隐私问题。另外，网络具有传播速度快、范围广、影响大等特点。刘某本身并非公众人物，涉述事件虽非人民网股份有限公司第一时间报道，但由于人民网股份有限公司对转载文章未进行合理审查，致使涉案网页及文章在互联网公开发布、公然传播，在该事件发酵过程中起到推波助澜的作用，是导致刘某成为社会焦点人物、社会评价降低的重要因素之一。人民网股份有限公司已构成对刘某隐私权、名誉权的侵害，且属于法律意义上给刘某“造成严重后果”。根据《民事侵权精神损害赔偿责任解释》的相关规定，刘某要求人民网股份有限公司赔偿精神损害抚慰金，依据充分，法院予以支持。综合考虑侵权行为及损害后果等因素，法院酌定人民网股份有限公司赔偿刘某精神损害抚慰金 1 万元。关于公证费问题（1000 元），公证费系刘某维权的合理支出，人民网股份有限公司应予赔偿。

三、裁判规则提要

新闻报道作为舆论监督的一种有效手段，与人格权保护的法律利益衡平关系需要妥善把握。一方面，法律赋予权利人对其人格利益享有支配的权利，这种支配意味着权利人可以行使并核发利用其人格权；另一方面，法律确认了每项人格权益后，也必然需要对权利人控制、支配其人格利益的权利作出明确限定。

人格权作为公民享有的基本人权，是民事主体依法支配其人格利益并排除他人侵害，以维护和实现人格尊严和人身自由为目的的权利。新闻报道所代表的舆论监督，是人民群众行使社会民主权利的有效形式，其通过新闻报道、评论、讨论、批评等方式，实行公开报道和社会监督。它具有满足公众需要、事实的实践性、须知性和转述性几个要点。

公众人物是指在社会生活中具有一定知名度的人，其因特殊才能、成就、经历或其他特殊原因而为公众所熟知。公众人物大致包括政府公职人员、公益组织领导人、文艺界、娱乐界、体育界的“明星”、文学家、科学家、知名学者以及劳动模范等知名人士。[①]

（一）新闻报道、舆论监督使用不合理侵害人格权的具体表现形式

1. 侵害名誉权

根据《民法典》第一千零二十五条之规定，行为人为公共利益实施新闻报道、舆论监督等行为，影响他人名誉的，不承担民事责任，但是有下列情形之一的除外：（1）捏造、歪曲事实；（2）对他人提供的严重失实内容未尽到合理核实义务；（3）使用侮辱性言辞等贬损他人名誉。

2. 侵害肖像权

新闻媒体报道中如未经本人同意，在新闻报道中使用他人与新闻内容无关的肖像，或者是未经本人同意，使用他人肖像在新闻媒介做广告，进行商业宣传等行为，都属于侵犯肖像权的范畴。

3. 侵害姓名或名称权

《民法典》第一千零一十四条规定，任何组织或者个人不得以干涉、盗用、假冒等方式侵害他人的姓名权或者名称权。对于未经公民统一在新闻报道或舆论监督中使用公民姓名的，或者张冠李戴将他人发表的不当言论转嫁成为受害人发表言论的，应认定为侵犯了受害人的姓名或名称权。

4. 侵害隐私权和个人信息权益

新闻报道侵犯隐私权，主要是指新闻机关或者新闻从业人员以新闻采访或新闻报道等形式，对他人与社会公共利益无关的私人私密信息不法进入或者披露的行为，一般包括两类：（1）采访侵权，如非法侵入民宅，强行采访，使被采访者生活受到干扰；在未取得受访者同意的前提下强行对非公众人物进行采访，强行拍照摄影的；因采访遭拒，不断以电话、邮件等方式进行反复纠缠、干扰等。（2）报道侵权，报

① 参见王利明：《人格权重大疑难问题研究》，法律出版社 2019 年版，第 58 页。

道本身没有捏造或者诽谤事实，但是它严重干扰了受害人的私人生活安宁，损害了受害人的心理健康，也构成侵害隐私权。

（二）新闻报道、舆论监督使用不合理侵害人格权的抗辩事由

1. 真实性抗辩

依据相关司法解释，新闻基本真实是司法解释确立的新闻侵权抗辩事由，具体而言，文章反映的内容基本真实，没有侮辱他人人格权内容的，不应认定为侵害他人名誉权；文章反映的问题基本属实，但有侮辱他人人格的内容，使他人名誉受到损害的，应当认定为侵害了他人名誉权；文章的基本内容失实，使他人名誉受到损害的，应认定为侵害他人名誉权。新闻单位对生产者、经营者、销售者的产品质量或者服务质量进行批评、评论，内容基本属实，没有侮辱内容的，不应当认定为侵害其名誉权，主要内容失实损害其名誉的，应当认定为侵害他人名誉权。

2. 公正评论

新闻评论是结合已经发生的公开事实进行的论说性意见。事实是客观的，评论是主观的，仁者见仁智者见智。若想认定为公正评论，必须满足几个条件：（1）评论的基础事实必须是公开传播的已揭露事实，不能是评论人凭空编造或者明显存疑的事实；（2）评论必须公正，不能带有侮辱、诽谤等有损人格尊严的言辞；（3）评论必须出于社会和公共利益的需要，不能带有主观侵权之故意，不得蓄意借助公共平台侮辱诽谤他人。

3. 特许权威消息

如新闻媒体对国家机关依据职权制作的公开文书和实施的公开职权行为进行报道即可免责，不应当认定为侵害他人名誉权。

（三）对公众人物人格权必要限制的考量

法律对舆论监督活动实行优先保护，则必然要求受害人对新闻侵害人格权的行为特别是轻微的侵害人格权的行为予以容忍。① 公众人物的容忍度则自然应显著高于一般公民主体。

对于公众人物的隐私权等进行必要限制，一方面，对于反腐倡廉具有重要意义，公众人物的言行举止，以及他们从事的活动常常关系社会公共利益，理应受到舆论

① 参见王利明：《人格权重大疑难问题研究》，法律出版社 2019 年版，第 70 页。

监督。[①]某些社会公众人物的名誉权、隐私权可能受到一定限制，公众对于公众人物的公开活动及其公开表示的内容所涉及的全部事实具有合法知情权。另一方面，对于保障公民知情权、协调舆论监督权和人格权保护的关系亦十分必要。舆论监督中难免产生一定夸大报道的现象，应当侧重保护舆论监督的权利，因该权利关系到对于公共利益的维护。[②]公众人物与一般大众不同，需要接受更高程度的社会舆论监督。新闻报道和舆论监督只要不具有恶意，且情节轻微，一般不宜认定为侵权。[③]当然，公众人物所享有的作为普通公民的基础人格权和核心隐私仍然不能受到剥夺，不能因为某人是公众人物而全盘否定其人格权。

四、辅助信息

《民法典》

第一百二十条　民事权益受到侵害的，被侵权人有权请求侵权人承担侵权责任。

第一千零二十四条　民事主体享有名誉权。任何组织或者个人不得以侮辱、诽谤等方式侵害他人的名誉权。

名誉是对民事主体的品德、声望、才能、信用等的社会评价。

第一千零二十五条　行为人为公共利益实施新闻报道、舆论监督等行为，影响他人名誉的，不承担民事责任，但是有下列情形之一的除外：

（一）捏造、歪曲事实；

（二）对他人提供的严重失实内容未尽到合理核实义务；

（三）使用侮辱性言辞等贬损他人名誉。

第一千零二十六条　认定行为人是否尽到前条第二项规定的合理核实义务，应当考虑下列因素：

（一）内容来源的可信度；

（二）对明显可能引发争议的内容是否进行了必要的调查；

① 参见丁晓燕：《论对新闻名誉侵权案件中对公众人物的反向倾斜保护》，载《人民司法》2004年第4期。

② 参见王军：《舆论监督与公众人物名誉权保护》，载《法学杂志》2005年第1期。

③ 参见王利明：《人格权重大疑难问题研究》，法律出版社2019年版，第66页。

（三）内容的时限性；

（四）内容与公序良俗的关联性；

（五）受害人名誉受贬损的可能性；

（六）核实能力和核实成本。

第一千零二十八条 民事主体有证据证明报刊、网络等媒体报道的内容失实，侵害其名誉权的，有权请求该媒体及时采取更正或者删除等必要措施。

第一千一百六十五条 行为人因过错侵害他人民事权益造成损害的，应当承担侵权责任。

依照法律规定推定行为人有过错，其不能证明自己没有过错的，应当承担侵权责任。

第一千一百六十六条 行为人造成他人民事权益损害，不论行为人有无过错，法律规定应当承担侵权责任的，依照其规定。

第一千一百六十七条 侵权行为危及他人人身、财产安全的，被侵权人有权请求侵权人承担停止侵害、排除妨碍、消除危险等侵权责任。

第一千一百九十四条 网络用户、网络服务提供者利用网络侵害他人民事权益的，应当承担侵权责任。法律另有规定的，依照其规定。

第一千一百九十五条 网络用户利用网络服务实施侵权行为的，权利人有权通知网络服务提供者采取删除、屏蔽、断开链接等必要措施。通知应当包括构成侵权的初步证据及权利人的真实身份信息。

网络服务提供者接到通知后，应当及时将该通知转送相关网络用户，并根据构成侵权的初步证据和服务类型采取必要措施；未及时采取必要措施的，对损害的扩大部分与该网络用户承担连带责任。

权利人因错误通知造成网络用户或者网络服务提供者损害的，应当承担侵权责任。法律另有规定的，依照其规定。

第一千一百九十六条 网络用户接到转送的通知后，可以向网络服务提供者提交不存在侵权行为的声明。声明应当包括不存在侵权行为的初步证据及网络用户的真实身份信息。

网络服务提供者接到声明后，应当将该声明转送发出通知的权利人，并告知其可以向有关部门投诉或者向人民法院提起诉讼。网络服务提供者在转送声明到达权利人后的合理期限内，未收到权利人已经投诉或者提起诉讼通知的，应当及时终止所采取的措施。

第一千一百九十七条　网络服务提供者知道或者应当知道网络用户利用其网络服务侵害他人民事权益，未采取必要措施的，与该网络用户承担连带责任。

《民事侵权精神损害赔偿责任解释》

第五条　精神损害的赔偿数额根据以下因素确定：

（一）侵权人的过错程度，但是法律另有规定的除外；

（二）侵权行为的目的、方式、场合等具体情节；

（三）侵权行为所造成的后果；

（四）侵权人的获利情况；

（五）侵权人承担责任的经济能力；

（六）受理诉讼法院所在地的平均生活水平。

《审理利用信息网络侵权规定》

第十二条　被侵权人为制止侵权行为所支付的合理开支，可以认定为民法典第一千一百八十二条规定的财产损失。合理开支包括被侵权人或者委托代理人对侵权行为进行调查、取证的合理费用。人民法院根据当事人的请求和具体案情，可以将符合国家有关部门规定的律师费用计算在赔偿范围内。

被侵权人因人身权益受侵害造成的财产损失以及侵权人因此获得的利益难以确定的，人民法院可以根据具体案情在50万元以下的范围内确定赔偿数额。

人格权纠纷案件裁判规则第 13 条：

行为人为公共利益实施新闻报道、舆论监督等行为，影响他人名誉的，不承担民事责任，但是有下列情形之一的除外：（1）捏造、歪曲事实；（2）对他人提供的严重失实内容未尽到合理核实义务；（3）使用侮辱性言辞等贬损他人名誉

【规则描述】 新闻报道自由与人格利益保护之间的冲突，反映了信息传播、公共意见表达、公众知情权及舆论监督等公共利益与私人利益之间的紧张关系。过于强调对私人名誉权的保护，将使新闻报道、舆论监督等行为动辄得咎，造成“寒蝉效应”，不利于公共意见表达以及公众知情权、监督权的实现；过于放松对新闻报道、舆论监督的约束，则会使其肆意侵入私人领域，对民事主体的合法权益造成严重冒犯，轻则可以使人“社死”，甚至造成更严重后果。《民法典》第一千零二十五条、第一千零二十六条为二者设定了界限。

一、类案检索大数据报告

数据采集时间：2022 年 2 月 23 日；案例来源：Alpha 案例库；案件数量：1359 件。检索条件：法院认为包含同句“新闻名誉权”的民事案件。本次检索共获取 1359 件裁判文书，整体情况如图 13–1 所示。从审理结果分析，法院认定新闻报道构成侵权的案件有 315 件，占比 23.18%；认定不构成侵权的案件有 723 件，占比 53.2%；重复或不相关案件 321 件，占比 23.62%。

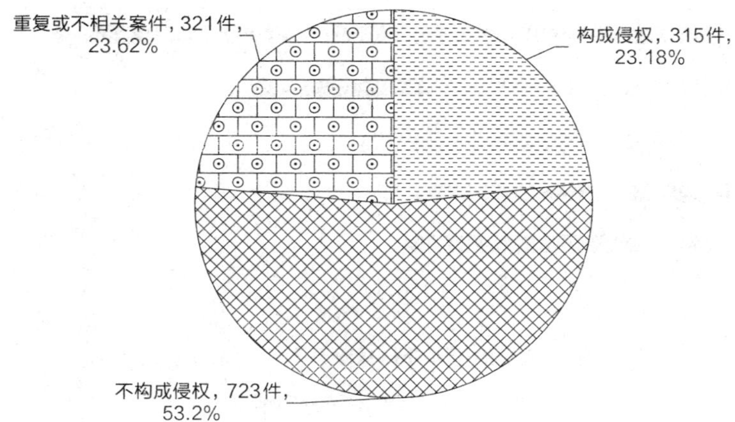

图 13-1　案件裁判结果分布情况

如图 13-2 所示，从案件年份分布情况来看，涉“新闻报道名誉侵权”民事纠纷数量整体较为平稳。

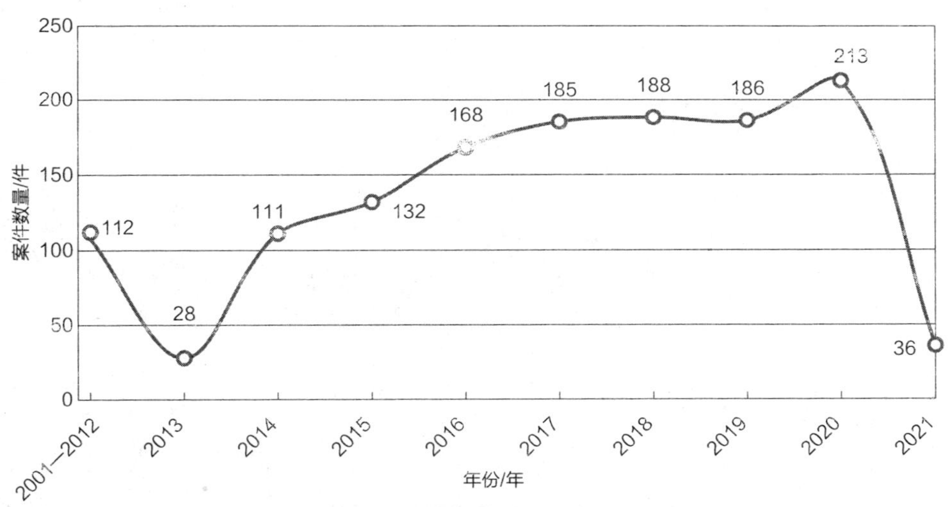

图 13-2　案件年份分布情况

如图 13-3 所示，从案件地域分布情况来看，当前涉“新闻报道名誉侵权”民事纠纷主要集中在北京市、广东省、山东省等地区，其中北京市的案件量最多。

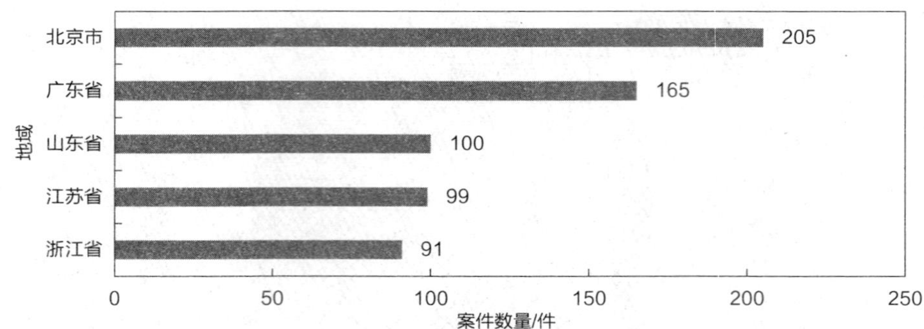

（注：该图只列举了部分地区案件数量，未逐一列明）

图 13–3　案件地域分布情况

如图 13–4 所示，从案件案由分布情况来看，当前涉“新闻报道名誉侵权”民事纠纷最主要的案由是人格权纠纷类，有 1252 件，占九成以上，其次是侵权责任纠纷类。

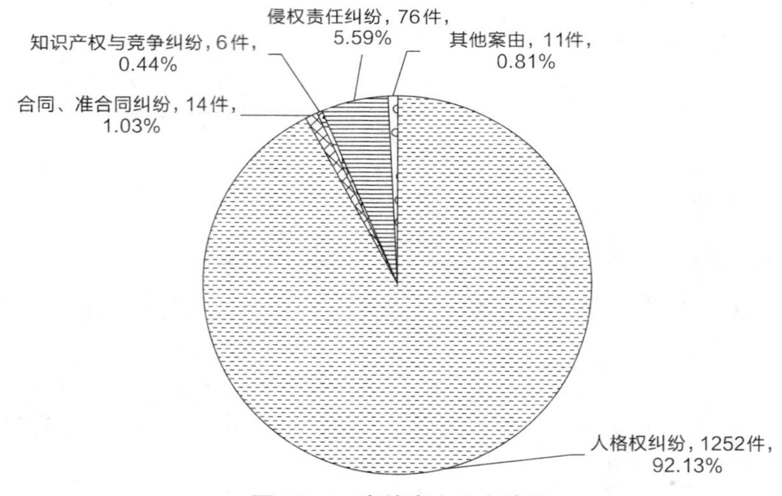

图 13–4　案件案由分布情况

如图 13–5 所示，从案件审理程序分布情况来看，涉“新闻报道名誉侵权”民事纠纷一审案件 675 件，占比 49.67%；二审案件 597 件，占比 43.93%；再审案件 87 件，占比 6.4%。

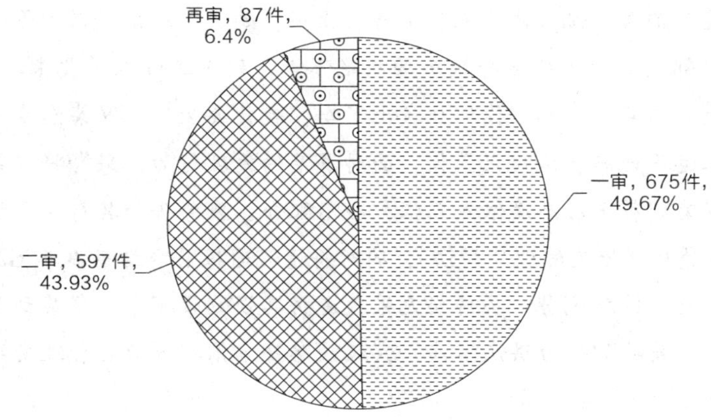

图 13–5　案件审理程序分布情况

二、可供参考的例案

例案一：罗某与武汉长江日报传媒集团有限公司名誉权纠纷案

【法院】

湖北省武汉市江岸区人民法院

【案号】

（2019）鄂 0102 民初 2328 号

【当事人】

原告：罗某

被告：武汉长江日报传媒集团有限公司

【基本案情】

2018 年 12 月 12 日，被告武汉长江日报传媒集团有限公司在《武汉晚报》第 10 版刊登了名为《买的是武昌至鄂州的卧铺，却想霸铺到上海，武铁警方行拘列车“霸铺”男子》的报道，该报道载明：“男子购买了一张短途卧铺车票到站后，‘霸’在卧铺车厢拒不下车，也拒绝补票，且态度恶劣，严重扰乱了列车上的正常秩序，武汉铁路公安处依法对其进行行政拘留处罚。”警方介绍，12 月 8 日 23 时许，武昌至上海南的 Z25 次列车在鄂州站开车后，武汉铁路公安处乘务一大队值乘的乘警长骆某江接列车长报称：5 号卧铺车厢有旅客“霸铺”，乘警立即赶往现场。经了解，该男旅客罗某，50岁，湖北孝感人，准备去上海，购买了一张武昌到鄂州的短途车票，列车到达鄂州站后，待在卧铺车厢拒绝下车，列车工作人员要求其补票遭拒，不仅被罗某大声辱骂，反称“你们让我上了车，我就要坐！”罗某态度恶劣且抢夺值乘的武汉客运段列车长巡视记录仪。面对罗某的无理行为，乘警将罗某带至餐车进行劝说，罗某到餐车后态度依然嚣张，拒不配合。乘警告知其行为已经扰乱了列车秩序，涉嫌违反《治安管理处罚法》，同时将情况通报前方站黄石车站派出所，列车到达黄石站后，铁路民警口头传唤无果，遂将其强制带下车。罗某到黄石车站派出所后，对其“霸铺”行为供认不讳。武汉铁路警方依据《治安管理处罚法》相关规定依法给予其行政拘留处罚。

后原告认为上述报道中“霸铺”“拒不买票”“拒不下车”“态度恶劣”“严重扰乱列车的秩序”“列车长称有旅客霸铺”“要求补票遭拒”“抢夺巡视记录仪”“态度嚣张”“对霸铺行为供认不讳”的表述均为不实、夸张表述，严重地摧残了原告和家人身心健康，给原告和家人名誉造成极大损害，也给原告职业生涯带来极大负面影响，故起诉至法院。

另查明，2018年12月9日，武汉铁路公安局武汉公安处对原告罗某作出武铁武公（治）行罚决字（2018）286号行政处罚决定书，查明“2018年12月8日23时许，罗某在Z25（武昌至上海南）次旅客列车上拒绝补票，与车上工作人员及乘警发生争执，进而辱骂工作人员，扰乱列车秩序，后列车在黄石站停靠期间黄石车站派出所依法将违法行为人查获”，根据《治安管理处罚法》第二十三条第一款第二项之规定，决定给予罗某行政拘留5日的处罚。后原告罗某自认其未在法定期限内申请行政复议或向法院提起行政诉讼。

2019年7月1日，武汉铁路公安局武汉公安处出具《关于“罗某扰序案件”情况说明》一份，说明其以上述案件事实为依据，根据现场执法记录仪视频，制作了《嚣张“霸铺”拒补票扰乱秩序被拘留》的电视新闻素材及文字稿件报送新闻媒体，素材中对嫌疑人面部进行全程马赛克处理，并隐去了其真实姓名，以罗某称呼表述，未标明其身份。

【案件争点】

新闻报道是否侵犯名誉权。

【裁判要旨】

法院审理认为，公民享有名誉权，公民的人格尊严受法律保护，禁止用侮辱、诽谤等方式损害公民的名誉。原告认为被告的报道与事实不符，且对当事人的描述已经与原告对号入座，其后其他媒体大量转载，对原告的名誉权构成侵害。被告认为，报道真实性应由武汉铁路警方负责核实；由于案涉文章没有披露当事人真实姓名，除了当事人可以对号入座之外，别人无法知晓该文章披露的当事人。法院认为，被告提供的武铁武公（治）行罚决字（2018）286号行政处罚决定书能够证明2018年12月8日至9日期间，罗某在乘坐Z25（武昌至上海南）次旅客列车时拒绝补票，与车上工作人员及乘警发生争执，进而辱骂工作人员，扰乱列车秩序的事实，该事实与被告报道内容相符，原告认为报道与事实不符，但未提供相关证据证明，故法院对原告主张报道不实的意见不予采信。“霸铺”“拒不买票”“拒不下车”“态度恶劣”“严重扰乱列车的秩序”“列车长称有旅客霸铺”“要求补票遭拒”“抢夺巡视记录仪”“态度嚣张”“对霸铺行为供认不讳”等表述均为对当时现场的描述，不存在侮辱、贬低的意思。在本案中，宣传法制与公民合法权益保护并不矛盾。被告的报道，是为了弘扬正气、维护秩序，是为了法制宣传的需要。且在媒体报道中，面向广泛的、不特定的受众宣传时，对被报道对象的姓名、年龄等均加以技术处理，亦未进行特别说明，不会因此导致被报道人的社会评价降低，发生名誉权受损的后果。综上，被告在报道中没有使用侮辱性言词刻意丑化贬低原告，既没有主观上的过错，客观上也不存在以侮辱、诽谤或其他方式侵害原告的名誉，被告的报道不构成侵害原告的名誉权。

例案二：郑某与金陵晚报社、南京日报报业集团名誉权纠纷案

【法院】

上海市静安区人民法院

【案号】

（2010）静民一（民）初字第2807号

【当事人】

原告（反诉被告）：郑某

被告（反诉原告）：金陵晚报社、南京日报报业集团

【基本案情】

2009年年底，正值中国足坛处于一场“反赌扫黑”运动。社会上对足球俱乐部踢“假球”、球员赌球、裁判员“黑哨”深恶痛绝。一时间传言四起，各媒体也就此话题纷纷作出报道、专访，也有人著书揭黑幕。

2010年1月21日，原告在其博客上发表声明，表明“前段时间，某知名‘写手’的一篇文章引起了社会公众的高度关注”“只是希望发文的相关‘知情人’应该主动站出来，向公安机关如实反映其所掌握和了解的‘内情’”“如需要，我也愿意尽全力配合有关机关的调查”。声明发表后短短3天，网友评论约700余条，阅读该声明的网友达十几万人次。

2010年7月19日，被告金陵晚报社在其出版发行的《金陵晚报》B叠05版中刊发一篇署名记者罗某撰写《郑某老婆比郑某有钱》的报道。该文写道“郑某刚到恒大就得罪了当地球迷，球迷对其赛后耍大牌的行为表达了愤怒”“郑某最终决定回国加盟恒大”“恒大的诚意和高薪是一大原因。另外，有知情人士透露，一些关于郑某赌球的传闻，也是他回国的原因之一”“反赌扫黑风暴中，被暗指明点的球员不少，但只有郑某敏感地跳出来驳斥，记者了解到，这也和他在国外踢球时的一些赌球传闻有关”“有圈内人爆料，郑某平时的爱好不多，赌球就是其中之一，这个爱好一直跟着他，还有一种猜测，郑某在国外后来经常坐板凳，也是俱乐部对其赌球行为的怀疑”。

报道刊登后，新民网、腾讯网、搜狐网、东方网、网易、上海热线、龙虎网、亚心网、国际在线、齐鲁网等网络媒体先后进行了转载。

郑某起诉称，金陵晚报社在发布报道时，未对其报道所依赖的相关事实进行核实，反而通过大量道听途说、以讹传讹及无中生有的传闻，对原告进行无端猜测和恶意评价，以捏造事实和散布流言的方式误导公众认为原告存在赌球行为。被告刊发和散布原告存在赌球行为的不实报道，导致了原告的社会评价降低，使原告精神上遭受了巨大的痛苦。被告的行为已经构成了对原告名誉权的严重侵犯，依法应当承担民事责任。

被告金陵晚报社、南京日报报业集团辩称，被告所刊登报道的事实并不是说“郑某赌球”，而是“郑某存在赌球传闻”。在被告刊登报道之前，李某鹏的《中国足球内幕》一书、《楚天金报》《半岛都市报》《生活新报》《信息日报》、北方网等各大媒体都有原告赌球的传闻。原告作为公众人物，对于可能造成的轻微损害应当予以容忍与理解。对于原告的社会评价，广大球迷和网友在被告刊登报道之前就有评论，与被告的报道没有任何关系。被告的报道并不是对原告是否赌球的一种肯定的主观判断，仅是对客观存在的“赌球传闻”的报道，并不违背客观事实。在足坛扫黑的大背景下，被告的报道是为了满足公众的知情权，属正常的舆论监督，主观上不存在过错，不构成侵权。

【案件争点】

新闻报道是否侵犯名誉权。

【裁判要旨】

法院审理认为：公民享有名誉权，禁止用侮辱、诽谤等方式损害公民的名誉。因新闻报道严重失实致公民名誉受到损害的，应认定为侵害名誉权。法律既要保护公民的名誉权，又要依法支持新闻单位行使舆论监督权。判断一则新闻报道是否构成名誉侵权，应当综合案件具体情况，按照民事侵权责任构成要件去衡量。

2009年年底，一场“反赌扫黑”风暴席卷中国足坛，从足协官员、足球裁判、球队教练到一些球员，不少人被卷进这场风暴之中，中国足坛成了社会各界关注的焦点。特别对球员参与赌球，社会公众更是深恶痛绝，并已成为一个社会话题。本案原告多次入选中国国家队，又是中国寥寥几位留洋球员中的一员，自然也就成了社会关注的人物，此间关于中国足坛和原告的任何消息，都将引起社会公众和传媒的广泛兴趣和普遍关注。

2010年7月19日，《金陵晚报》刊登了涉案报道，从文章的结构和内容来看，其主要将此前社会上的一些有关原告的传闻和爆料汇总，作了一次较为详尽的报道，该报道中所谓原告“耍大牌”“涉赌”等消息来源并非被告主观臆造。被告报道的内容大多使用“传闻”“知情人士透露”“圈内人爆料”“猜测”“怀疑”等词，而这些事实在被告未作报道前，已在社会上流传，非被告凭空捏造。被告的报道旨在说明目前社会上对原告有“赌球”的传闻，并未肯定原告确有赌球的行为，也无侮辱、诽谤性语言，故被告主观上并不存在恶意诋毁原告名誉的过错，其行为也无违法性。

由于正值中国足坛“反赌扫黑”运动的兴起，社会公众对足坛的陋习深恶痛绝，中国足坛声誉深陷低谷，并不可避免地旁及一些足球队员，进而影响其社会评价。在被告的报道刊登前半年，社会上已有对原告“赌球”的传闻，原告也在其博客中发表声明，回应社会上对其评论，但大部分网友对原告的博文回复了不少贬义的留言。虽然社会上这些留言可能会降低原告的社会评价，但与被告的报道无因果关系，被告的报道并未造成原告社会评价降低的后果。

媒体是公众了解世情的渠道，报道事实是新闻媒体最基本的职责，也是社会公共利益的一部分。涉案报道是在“反赌扫黑”的特定背景下，被告从新闻媒体的社会责任与义务出发，对社会公众关注的焦点进行报道和舆论监督，以满足社会公众的知情权，依法应受法律保护。关于原告赌球的传言，从表面上看，是涉及原告个人的私事或名誉，但原告这一私事或名誉与社会公众关注的中国足球“反赌扫黑”

相联系时，原告的私事或名誉就不是一般意义上的个人之事，而属于社会公共利益的一部分，当然可以成为新闻报道的内容。即使原告认为争议的报道指名道姓称其涉嫌赌球有损其名誉，但作为公众人物的原告，对媒体在行使正当舆论监督的过程中，可能造成的轻微损害应当予以容忍与理解。综上，被告发表的新闻报道并未对原告构成侵权。

例案三：张某达与南通市通州区广播电视台名誉权纠纷案

【法院】

江苏省南通市中级人民法院

【案号】

（2014）通中民终字第0801号

【当事人】

上诉人（原审原告）：张某达

被上诉人（原审被告）：南通市通州区广播电视台

【基本案情】

张某达系杨港集贸市场负责人，案外人张女士在该市场内有一店面房，门面朝西。2005年，张某达在紧邻张女士店面房后墙建了一堵围墙。2011年11月7日，张某达在修缮该大棚调换顶部断裂桁条时，张女士阻挡，双方发生争吵。张女士的母亲季某风前去劝阻，并欲抓张某达衣服，张某达避让挣脱，季某风摔倒受伤并住院治疗（后经法院另案审理，判决张某达承担了60%的赔偿责任）。2011年11月17日上午，南通市通州区广播电视台（以下简称通州电视台）派记者到杨港集贸市场分别对张女士及张某达进行了采访。同月19日18时16分至19分，通州电视台新闻综合频道民生直通车栏目第三节以《近邻砌墙起矛盾 彼此协商为上策》为题进行了报道，后又重复报道。播音员首先说："远亲不如近邻，靠得太近难免发生摩擦，在东社镇杨港居就出现这样一幕，一年前紧贴张女士门面房后窗一堵高墙拔地而起，堵得张女士苦不堪言。"然后又播放张女士的录音画面，张女士指责张某达将84岁的老母亲打伤住进了人民医院，还播放了张某达的录音画面。随后播音员说："在自己的地盘上大兴土木又为何不妥。"并且邀请瞿律师进行讲评。

同月23日《通州大众》第2版刊登"门店后窗竖高墙，谁的地盘谁做主"的报道，报道内容为：俗话说"远亲不如近邻"，但是靠得太近了，有时也难免发生摩擦。在东社镇杨港居就出现这样一幕：与张女士一墙之隔的杨港集贸市场，在修缮时竟紧贴她门店的后窗砌了一堵高墙，这下子堵得张女士一家苦不堪言。2011 年 11 月 17 日上午，记者来到杨港集贸市场看到，市场的围墙果然紧贴着张女士家门店的后窗，无法正常通风采光，影响了她的正常营业。为此，张女士多次找到市场负责人，希望对方把围墙拆掉。但对方说："不要找我，我是批过的，你要来打你。"忍无可忍之下，张女士家人将市场的围墙砸了个窗户，双方为此多次发生冲突。像张某达这样在自己的地盘上砌围墙，挡住了别人的窗户，究竟有无不妥呢？记者咨询了区法律援助中心瞿律师。他表示，张某达在农贸市场砌围墙，并无过错。但是，由于距离张女士家后窗太近，砌围墙损害了张女士的相邻权，应该与张女士一家协商，取得共识后再施工。现张某达向法院起诉，请求判令通州电视台对张某达赔礼道歉，为张某达消除影响，恢复名誉并赔偿精神损失 2 万元。

江苏省南通市通州区人民法院一审认为：名誉权是指公民或法人所享有的就其品质、信誉、才干、声望等获得的社会评价不受他人侵犯的权利。我国《民法通则》第一百零一条[①]明确规定："公民、法人享有名誉权，公民的人格尊严受法律保护，禁止用侮辱、诽谤等方式损害公民、法人的名誉。"上述规定，同样适用于新闻报道中当事人名誉权的保护。《审理名誉权案件解答》[②]指出，因新闻报道严重失实，致他人名誉受到损害的，应按照侵害他人名誉权处理。新闻报道中的名誉权侵权责任认定仍应遵循一般侵权责任构成要件，是否构成侵害名誉权的责任，应当根据受害人确有名誉被损害的事实、行为人行为违法、违法行为与损害后果之间有因果关系、行为人主观上有过错来认定。考量上述名誉侵权构成要件，法院认为，本案不存在张某达名誉权受损害的事实，通州电视台的新闻报道不构成对张某达名誉权的侵犯。理由如下：

1. 通州电视台的报道不存在严重失实的情形

（1）通州电视台工作人员对纠纷现场进行了拍摄，从视频内容看，在紧邻案外人张女士门店的后窗确有张某达砌的一堵围墙，对张女士门店通风采光事实上存在影响，报道较客观地将纠纷现场呈现在观众面前。

（2）通州电视台工作人员当天除采访了张女士外，同时亦采访了张某达，让纠

① 参见《民法典》第一千零二十四条规定："民事主体享有名誉权。任何组织或者个人不得以侮辱、诽谤等方式侵害他人的名誉权。名誉是对民事主体的品德、声望、才能、信用等的社会评价。"

② 该司法解释已失效。

纷双方充分陈述了自己的理由，并将双方陈述的主要内容在报道中展示，不存在歪曲事实的情况，观众通过观看报道能够客观地评判是非。

（3）通州电视台的报道在张某达的砌墙时间、案外人张女士陈述张某达打伤其母亲是否事实等细节上未予核实，主要是受新闻报道的及时性、新闻调查的非强制性等因素的限制，且均系细节性问题，而张某达与张女士之母纠纷事实存在，经法院判决张某达也承担了相应的赔偿责任，故上述情形不构成严重失实。

2. 通州电视台的报道不存在损害张某达名誉权的情形

（1）通州电视台新闻报道中采访的另一方当事人张女士的陈述中，无侮辱、诽谤张某达的语句，通州电视台在新闻报道中的评论，亦无侮辱张某达人格的言论或其他不恰当的评价，难以直接得出张某达名誉权受损害的结论。

（2）通州电视台以《近邻砌墙起矛盾彼此协商为上策》为题进行报道，其报道目的不在于毁损任何一方当事人的名誉，而在于通过纠纷的报道，引导双方乃至社会公众理性处理相邻权纠纷，从视频的观后感受，也得不出张某达名誉受损的导向性结论。

（3）通州电视台在报道中邀请律师对纠纷进行了客观点评，目的在于倡导相邻各方在处理相邻纠纷时应协商解决，律师的言论并无不当，未对张某达的名誉造成损害。

综上，通州电视台作为本地的主流媒体，其对时事新闻及时、如实地进行采访报道，发挥舆论监督作用，可有效满足本地民众的知情权。在不侵犯当事人名誉权、隐私权等人格权利的情况下，应当支持其依法履行职能。本案中，通州电视台的两份新闻报道，主要是针对张某达与案外人的纠纷事实进行客观报道，宣传内容意在以案说法，引导公众协商解决纠纷，维护社会安定，报道内容并无严重失实，评论内容并无失当，客观上不具有降低张某达社会评价的效果，对张某达的名誉不构成损害。

张某达不服一审判决，向江苏省南通市中级人民法院提起上诉，主张：（1）张某达于2005年为杨港集贸市场建一堵围墙时，是经过与案外人张女士协商同意的情况下修建的，双方未发生任何纠纷。通州电视台在未弄清上述情况下，现场报道称："一堵高墙拔地而起，堵得张女士苦不堪言"，违背新闻的真实性。（2）通州电视台在未认真对现场核实的情况下，偏听张女士的谎言，报道说张某达将其84岁的老母亲打伤住院，并两次播放了录音录像画面，实际情况是张某达在修缮大棚调换顶部断裂桁条时与张女士发生争执，张女士的老母亲季某风前来劝阻，张某达在避让其母亲抓其时，季某风跌倒受伤并住院治疗。通州电视台的行为让张某达的名誉受到严重损害。

【案件争点】

新闻报道是否侵犯被报道者名誉权。

【裁判要旨】

江苏省南通市中级人民法院经审理认为：名誉是对特定民事主体的人格价值的一种社会评价。新闻报道内容是否严重失实，或者使用侮辱、诽谤等方式，导致他人名誉受到损害，是认定新闻报道是否侵害名誉权的主要构成要件。本案中，现场报道“一堵高墙拔地而起”描述的是围墙修建的事实，“堵得张女士苦不堪言”是描述张女士当时的心态，均与当时的真实情况相符，故难以认定该报道违背新闻的真实性。张某达认为报道中张女士陈述的不是事实，未对张某达砌墙时间、张某达是否打伤张女士母亲等细节进行核实。但是从节目内容来看，上述细节系张女士对相关事实主观认知陈述，并非通州电视台认定的事实，且报道中并不是仅采访张女士，同时也对张某达进行了采访，双方的陈述在报道中进行了充分的展示，整个报道不存在偏袒任何一方的情况，报道中所作的评论也无侮辱、诽谤张某达的内容，较为客观地将纠纷现场的情况进行了报道。通过观看该报道观众完全能够作出较为客观的评断。通州电视台邀请律师对纠纷进行点评，并无任何指责张某达的行为，所作点评仅是为了引导双方协商解决相邻纠纷，评论内容并无失当之处。通州电视台的报道是对社会现象进行的正常舆论监督，没有虚构事实，报道的目的是引导社会公众理性协商处理纠纷。其主观上并没有毁损任何一方当事人名誉的故意，其客观上也未导致张某达社会评价的降低，对张某达的名誉不构成损害。

三、裁判规则提要

（一）名誉权与新闻名誉侵权

名誉权是一项重要的人格权。《民法典》第一千零二十四条规定：“民事主体享有名誉权。任何组织或者个人不得以侮辱、诽谤等方式侵害他人的名誉权。名誉是对民事主体的品德、声望、才能、信用等的社会评价。”一般认为，名誉是对人客观的、良好的、综合的社会评价，具有社会性、美誉性、客观评价性、综合性、特定

性、时代性特点。[①] 名誉不同于民事主体内心主观的名誉感，而是一种客观的综合性社会评价。

侵害他人名誉权的行为，是指通过侮辱、诽谤等形式，使他人在品德、声望、才能、信用等方面的社会评价受到贬损。首先，被侵害名誉权的对象应当是特定的人。其次，侵害名誉权造成的后果为使社会上对他人的评价受到贬损，但是该贬损不以社会广泛知悉为必要，只要侵权行为被第三人知悉就可以认定行为导致了被侵权人社会评价降低。

在众多名誉权侵权行为中，新闻名誉侵权往往受到重点关注。不仅是因为实践中多数名誉侵权案例往往与新闻报道、舆论监督有关，也是因为新闻名誉侵权涉及人格权益保护与信息传播、公共讨论、公众知情、舆论监督等公共利益之间的冲突与协调。一方面，过于强调对私人名誉权的保护，使新闻报道、舆论监督等行为动辄得咎，可能造成"寒蝉效应"，不利于公共意见表达以及公众知情权、监督权的实现。另一方面，如果过于放松对新闻报道、舆论监督的约束，使其肆意侵入私人领域，无疑也会对民事主体的合法权益造成严重冒犯，甚至可以轻易使人"社死"，显然也不可取。因此，名誉权与新闻报道、舆论监督必须同时受到限制。《民法典》第一千零二十五条、第一千零二十六条对两者之间的紧张关系进行了规制。

（二）新闻名誉侵权的责任认定

《民法典》第一千零二十五条规定："行为人为公共利益实施新闻报道、舆论监督等行为，影响他人名誉的，不承担民事责任，但是有下列情形之一的除外：（一）捏造、歪曲事实；（二）对他人提供的严重失实内容未尽到合理核实义务；（三）使用侮辱性言辞等贬损他人名誉。"依据该条规定，为公共利益实施的新闻报道、舆论监督等行为，对他人名誉产生负面影响的，不承担民事责任。但是，该条对名誉权进行限制的同时，也对新闻报道、舆论监督行为设定了限制，规定新闻报道、舆论监督行为如果存在但书规定的三种情形的，依然应当承担责任。

第一种情形是"捏造、歪曲事实"。新闻报道、舆论监督行为都需要以真实的事实为基础，"非为真实的事实，无助于真理的追求"[②]，甚至使谎言流播，掩盖和混淆了真相。因此，真实是新闻的生命，也是新闻工作的首要准则。但是在"真实"的

① 参见王利明、程啸：《中国民法典释评·人格权编》，中国人民大学出版社2020年版，第326~327页。

② 王泽鉴：《人格权法法释义学、比较法、案例研究》，北京大学出版社2013年版，第157页。

判断标准上，需要注意“捏造、歪曲事实”与“轻度偏离事实”的区分。一方面，事实作为过去已经发生的“过程或事态”，很难百分百发现和还原；另一方面，受新闻时效性、公众知情权紧迫性以及新闻从业者调查能力、核实成本等的限制，如果苛求绝对真实，无疑不利于新闻报道、舆论监督的实现，过度限制公共意见的表达。因此，即使部分细枝末节与真实情况有所出入，但只要基本重要事项与事实相符，即可以认定不属于“捏造、歪曲事实”。

第二种情形是“对他人提供的严重失实内容未尽到合理核实义务”。在新闻报道中，新闻所报道的事实可能来源于他人提供的素材，对此，新闻报道者对他人提供的内容负有谨慎核实的义务。只要其已经履行了合理核实义务，那么即便他人提供的内容严重失实，也可以免除其名誉权侵权责任。《民法典》第一千零二十六条对“尽到合理核实义务”的认定标准进行了规定：“认定行为人是否尽到前条第二项规定的合理核实义务，应当考虑下列因素：（一）内容来源的可信度；（二）对明显可能引发争议的内容是否进行了必要的调查；（三）内容的时限性；（四）内容与公序良俗的关联性；（五）受害人名誉受贬损的可能性；（六）核实能力和核实成本。”上述列举的六方面因素，对于考察新闻报道采纳他人提供的内容是否具备充分的真实性信赖基础以及动态调整合理核实义务的标准具有重要意义。但是该条仅仅是为认定合理核实义务提供了一个思维框架，并未涵盖所有要素，也不要求在个案判断时所有因素全部具备。[①]

第三种情形是“使用侮辱性言辞等贬损他人名誉”。有观点认为，名誉侵权行为可以分为“事实陈述”与“意见表达”两种，前者是指陈述过去或现在一定的具体过程或事态，后者是指对事务表达自己的见解或立场。[②]本条前两种情形主要是针对“事实陈述”问题，第三种情形则主要涉及“意见表达”。意见表达无所谓真伪，同时为了鼓励舆论监督以及立场见解的多样性，相比于事实陈述，法律对意见表达一般有更大的宽容性，因此，在遣词造句上允许较为激烈的表达。但是即便如此，直接侮辱他人人格的言辞和人身攻击也是不允许的，同时还需要注意“意见表达”免除责任还有一个前提就是“为公共利益”目的，为公共利益以外目的评论他人隐私、侵害他人名誉则不但不能免责，还可能同时构成侵犯他人隐私权。

---

① 参见最高人民法院民法典贯彻实施工作领导小组主编：《中华人民共和国民法典人格权编理解与适用》，人民法院出版社2020年版，第288页。

② 王泽鉴：《人格权法法释义学、比较法、案例研究》，北京大学出版社2013年版，第156页。

（三）新闻名誉侵权的举证责任

新闻名誉侵权属于一般侵权行为，构成要件包括侵权行为、损害后果、侵权行为与损害后果之间的因果关系以及行为人过错。一般来说，受害人应当对责任成立承担证明责任。但是在新闻名誉侵权中，对于新闻报道的真实性以及报道人是否尽到合理核实义务等免责事由，应当由行为人举证。

四、辅助信息

《民法典》

第一千零二十四条 民事主体享有名誉权。任何组织或者个人不得以侮辱、诽谤等方式侵害他人的名誉权。

名誉是对民事主体的品德、声望、才能、信用等的社会评价。

第一千零二十五条 行为人为公共利益实施新闻报道、舆论监督等行为，影响他人名誉的，不承担民事责任，但是有下列情形之一的除外：

（一）捏造、歪曲事实；

（二）对他人提供的严重失实内容未尽到合理核实义务；

（三）使用侮辱性言辞等贬损他人名誉。

第一千零二十六条 认定行为人是否尽到前条第二项规定的合理核实义务，应当考虑下列因素：

（一）内容来源的可信度；

（二）对明显可能引发争议的内容是否进行了必要的调查；

（三）内容的时限性；

（四）内容与公序良俗的关联性；

（五）受害人名誉受贬损的可能性；

（六）核实能力和核实成本。

人格权纠纷案件裁判规则第 14 条：

在朋友圈公开发表信息，指名道姓或者使用足以让周围熟悉的人知悉所指为何人的方法揭露他人信息、行为，具有贬低自然人社会评价的主观故意，客观上造成自然人品性、道德贬损，其行为已构成侵权，应当承担侵权责任

【规则描述】　经过近几年的发展，微信的功能逐步扩大和完善，开发者或商家可以在微信公众平台上申请微信公众号，并通过微信公众号发布文章、进行广告宣传、促销推广等，受众是使用微信的用户。通过微信公众平台进行信息传播与通过传统互联网进行信息传播在功能上具有一致性，是能够带来信息交流、咨询服务、情感沟通以及意见反馈的社会化媒体平台，是新媒体的一种表现形式。微信朋友圈具有实时性、快速性等特征，在朋友圈公布他人的个人信息，可为大量周围人员所知，朋友圈内侵犯他人隐私，有权要求侵权人和网络服务提供者停止侵权并予以救济。如若朋友圈内公布的个人信息降低了公民的社会评价等，则构成侵权行为，受侵害人可以基于名誉权要求对方赔偿损失。因名誉是公民人格、道德品质的综合社会评价，侵害公民名誉会降低其社会评价，影响其社会交往，造成精神痛苦，受侵害人还可以要求对方给予精神损害赔偿。

一、类案检索大数据报告

数据采集时间：2022 年 3 月 14 日；案例来源：Alpha 案例库；案件数量：36 件。本次检索获取 2022 年 3 月 14 日前共 36 篇裁判文书。案件裁判结果分布情况如图 14-1 所示，在朋友圈公开发表信息，指名道姓或者使用足以让周围熟悉的人知悉

所指为何人的方法揭露他人信息、行为，根据裁判结果，从法院是否认定该行为构成侵权行为的角度来看，法院认为侵权行为的案件 18 件，占比约 50%；法院认为不构成侵权行为的案件 6 件，占比约 16.67%；法院认为证据不足以证明构成侵权行为的案件 5 件，占比约 13.89%；不相关案件 7 件，占比 19.44%。

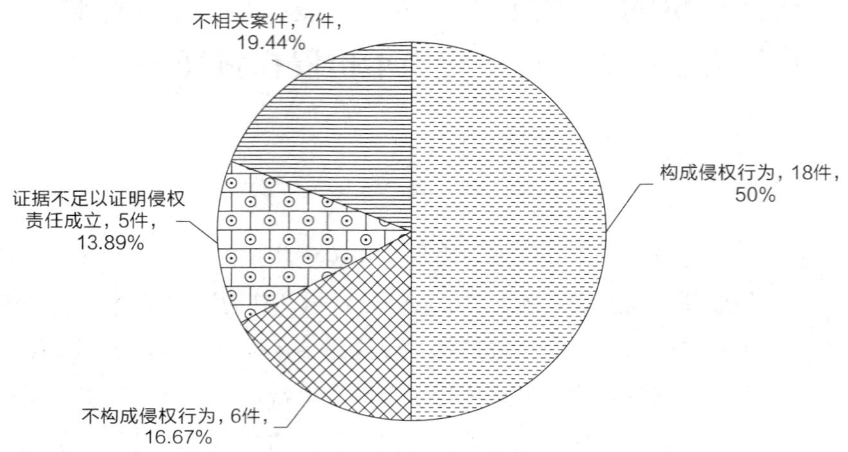

图 14–1　案件裁判结果分布情况

如图 14–2 所示，从案件年份分布情况可以看出，当前条件下案件数量的变化趋势。

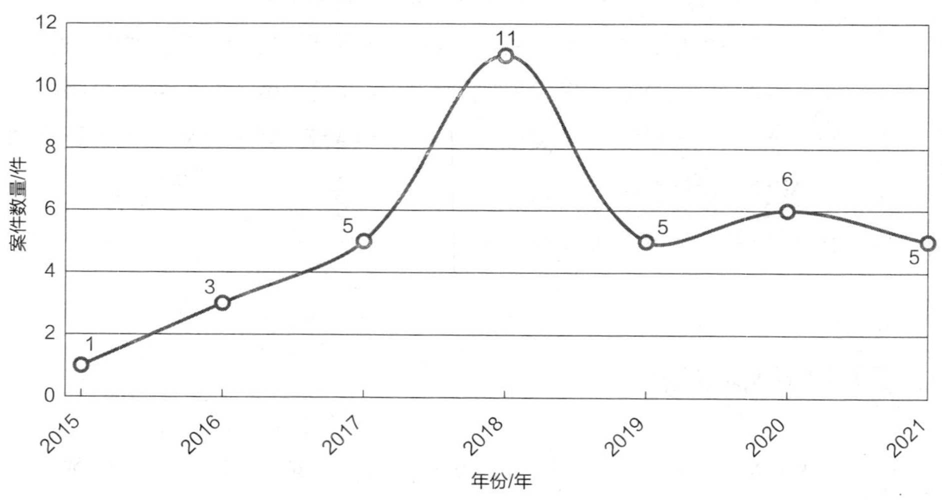

图 14–2　案件年份分布情况

如图 14–3 所示，从案件地域分布情况来看，当前条件下案件主要集中在广东省、浙江省、北京市和福建省，其中广东省案件数量最多，达到 10 件。

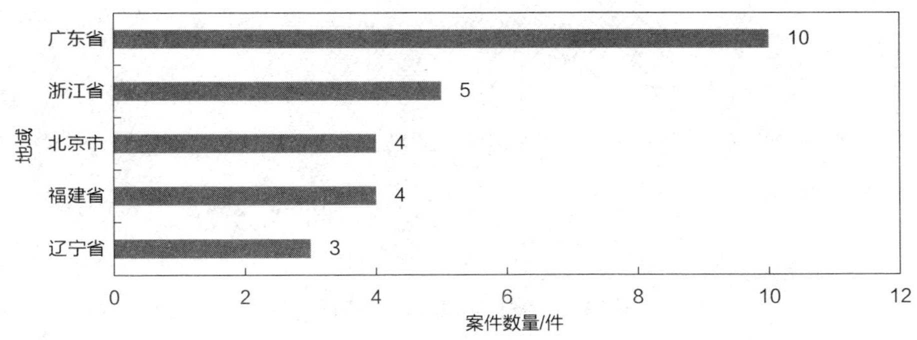

（注：该图只列举了部分地区案件数量，未逐一列明）

图 14–3　案件主要地域分布情况

如图 14–4 所示，从案件案由分类情况可以看出，当前条件下案件的案由分布由多至少分别是名誉权纠纷案件 33 件，占比约为 91.66%；一般人格权纠纷案件 1 件，占比约为 2.78%；生命权、身体权、健康权纠纷案件 1 件，占比约为 2.78%；肖像权纠纷案件 1 件，占比约为 2.78%。

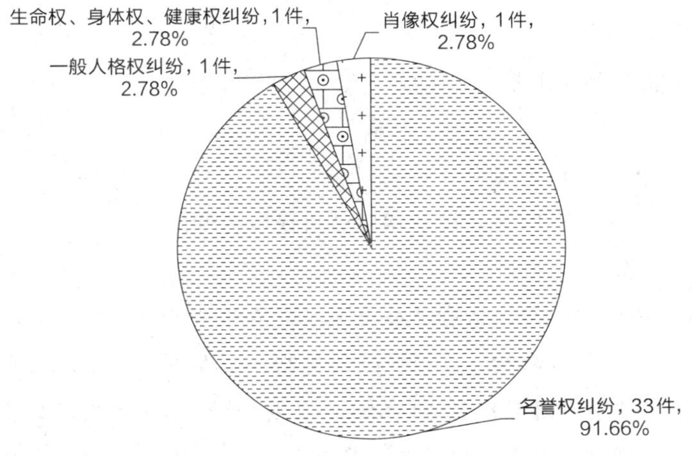

图 14–4　案件案由分类情况

如图 14–5 所示，从案件审理程序分布情况可以看出，当前条件下案件的审理程序分布由多至少分别是一审案件 27 件，占比约 75%；二审案件 9 件，占比约 25%。

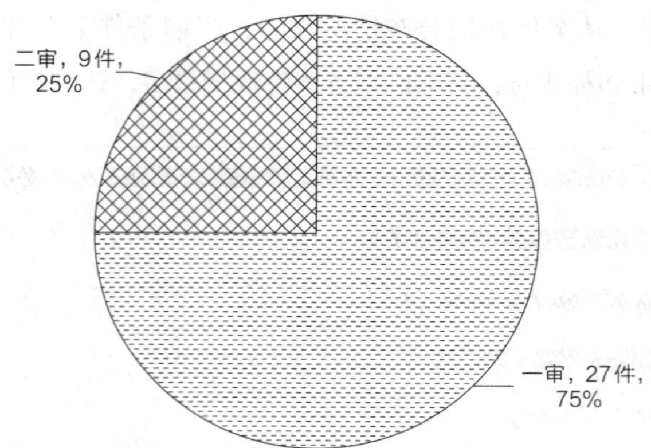

图 14-5　案件审理程序分布情况

二、可供参考的例案

例案一：杜某妍与东方金诚国际信用评估有限公司名誉权纠纷案

【法院】

北京市第二中级人民法院

【案号】

（2019）京02民终771号

【当事人】

上诉人（原审被告）：杜某妍

被上诉人（原审原告）：东方金诚国际信用评估有限公司

【基本案情】

原告东方金诚国际信用评估有限公司（以下简称东方金诚公司）是经国家有关部门批准设立的信用评级机构，其经营范围包括：证券市场资信评级业务；企业信用征集、评定；企业资信及履约能力评估；企业及金融机构综合财务实力评估等。

被告杜某妍原系东方金诚公司员工，其于2015年6月17日与原告签订为期3年的劳动合同。被告在原告所属工商企业二部担任分析师。2018年5月14日，原告向被告发出通知，合同到期后不再与被告续签劳动合同。2018年6月13日，原告与被告解除劳动合同。双方因劳动合同履行及解除劳动合同经济补偿金等产生纠纷，目前正在劳动争议仲裁中。

2018年6月13日，被告杜某妍在原告工商企业二部工作微信群发布微信："@谭某@新某 你们卖一个级别收多少钱？一共挣了多少？得给领导分多少才安全？@刚某。@书同李某 你一个人事怎么跪舔的领导来工商就做分析师还是全部门工资最高的？你做过多少断子绝孙的缺德事？@卢某1 你帮ljh他们卖过几个项目级别？" 2018年6月29日，原告通过北京市长安公证处对原告所属工商企业二部员工聂某霞、贺某、袁某、赵某统等人的手机微信进行证据保全，为此支付公证服务费12264元。

原告东方金诚公司出示杜某妍在其本人微信朋友圈中发布的微信截图，证明杜某妍在其本人微信朋友圈中发布侵权言论："1. 东方金诚这座淫窝现在每个部门都至少有张整容脸，真是家开放的公司呀；2. 你们知道谭某是怎么卖级别的吗？3. 周五清早来个劲爆新闻吧。我司淫窝又新来了只妓：小嫩模，黑超短裙，黑亮筒袜，网红脸，带蓝色美瞳……真是又年轻又漂亮又大长腿又瘦，可以满足你们一切想象。"原告称，上述微信截图来源于其员工卢某，在发布这条消息时，被告是屏蔽了其他工作人员，这是当时没有被屏蔽的工作人员对被告发布的朋友圈进行的截图。因后期被告对朋友圈内容删除，导致原告无法公证。东方金诚公司提供卢某签名的书面证言中，卢某证明杜某妍通过微信发布上述微信内容。东方金诚公司员工莫某提供书面证言并出庭作证，证明杜某妍在微信朋友圈中发布了上述微信内容。当主审法官查看证人的手机微信显示的请假单和脚部受伤的照片内容后，证人将手机微信内容交被告质证，证人莫某向法庭提出，被告在质证时将其微信号删除。法院将上述事实记录在案。东方金诚公司员工熊某出具书面证言，并出庭作证，证明其在2018年6月在微信朋友圈看到了杜某妍发布的"东方金诚这座淫窝现在每个部门都至少有张整容脸，真是家开放的公司呀"及"@谭某@新某 你们卖一个级别收多少钱？一共挣了多少？得给领导分多少才安全？@刚某。@书同李某 你一个人事怎么跪舔的领导来工商就做分析师还是全部门工资最高的？你做过多少断子绝孙的缺德事？@卢某1 你帮Ljh他们卖过几个项目级别？"等微信内容。

【案件争点】

1. 被告侵权事实是否成立。

2. 被告如何承担相应的侵权责任。

【裁判要旨】

一审法院认为，根据相关法律规定，是否构成侵害名誉权的责任，应当根据受害人确有名誉权损害的事实、行为人违法、违法行为与损害后果之间有因果关系、行为人主观上有过错等予以认定。根据庭审中查明的事实，2018年6月13日，杜某妍在东方金诚公司工商企业二部工作微信群发布微信："@谭某 @新某 你们卖一个级别收多少钱？一共挣了多少？得给领导分多少才安全？@刚某。@书同李某 你一个人事怎么跪舔的领导来工商就做分析师还是全部门工资最高的？你做过多少断子绝孙的缺德事？@卢某1 你帮ljh他们卖过几个项目级别？"东方金诚公司通过公证形式对微信截图进行证据保全。庭审中，杜某妍不能提供有效反驳证据，法院对该事实予以确认。东方金诚公司出示杜某妍在其本人微信朋友圈中发布的微信截图，证明杜某妍在其本人微信朋友圈中发布"东方金诚这座淫窝现在每个部门都至少有张整容脸，真是家开放的公司呀""你们知道谭某是怎么卖级别的吗"以及"周五清早来个劲爆新闻吧。我司淫窝又新来了只妓：小嫩模，黑超短裙，黑亮筒袜，网红脸，带蓝色美瞳……真是又年轻又漂亮又大长腿又瘦，可以满足你们一切想象"等微信截图。卢某、莫某等公司员工作为证人出具证人证言及出庭作证，证明该事实存在，但杜某妍一方面对证人证言不予认可，另一方面，在证人莫某向其出示手机中所载证明内容时，当庭删除证人手机中的微信号，企图达到证人无法提供证据原件的目的，杜某妍实施的该行为应当受到谴责，同时应对此承担相应的不利后果。杜某妍所发微信中使用"东方金诚这座淫窝"等侮辱性及下流词语，同时杜某妍对其散布的东方金诚公司存在"卖级别"等事实无法证实，可以认定对东方金诚公司构成侮辱和诽谤。东方金诚公司作为一家信用评级机构，诸如"买卖级别"之类信息的传播，极易引发社会对东方金诚公司的猜测和误解，势必损害东方金诚公司的商业形象和商业信誉。杜某妍的行为具有明显的违法性和主观过错，已经构成对东方金诚公司名誉权的侵犯，应当对此承担相应的侵权责任。

二审法院认为，东方金诚公司为证明前述两类侵权主张所提供的证据能够形成完整的证据链，各证据相互呼应，一审法院对前述两类侵权事实予以确认，并无不当。杜某妍虽否认上述侵权事实，但根据一审法院查明情况可见，一审庭审期间，当主审法官查看证人的手机微信显示的请假单和脚部受伤的照片内容后，杜某妍在对证人手机内所载内容质证时将证人手机中的微信号删除，一审法院认定杜某妍应当承担证据认定上的不利后果，并无不当。杜某妍虽否认上述事实，但未能对其一审庭审期间证人莫某向其出示手机原始载体时，其数次点击手机屏幕的操作作出合理解释。鉴于前述侵权言论中包含"淫窝"等侮辱性用语，且其中关于"买卖级别"之类的论述亦无相关证据予以佐证，已经构成对东方金城公司的侮辱和诽谤，结合东方金诚公司的经营范围，一审法院认定上述言论极易引发社会对东方金诚公司的猜测与误解，势必损害该公司的商业形象和商业信誉，认定杜某妍应当向东方金诚公司承担侵害其名誉权的侵权责任，并无不当。

例案二：文某斌与叶某成名誉权纠纷案

【法院】

浙江省金华市中级人民法院

【案号】

（2018）浙07民终1425号

【当事人】

上诉人（原审原告）：文某斌

被上诉人（原审被告）：叶某成

【基本案情】

原告文某斌曾向被告叶某成购买丝料，尚欠货款30255元。经被告多次催讨未果，双方发生矛盾。为此，被告于2017年10月16日在其微信朋友圈发布了“中国执行信息公开网”上有关原告失信信息的截图，以及文字：“文某斌，东阳步克商贸，无论加弹还是松紧的朋友自己注意，说话像放屁，为了不让更多的朋友受骗欢迎转发。人品如何，看图有真相。”并附被告向原告催讨货款的微信记录截图两张。

【案件争点】

被告在朋友圈公开原告的失信信息，是否构成侵权行为。

【裁判要旨】

一审法院认为：原告的失信信息系“中国执行信息公开网”上公开的个人信息，且原告拖欠被告货款不付亦是事实，被告将其向原告催讨货款的微信记录和原告的失信信息发布在微信朋友圈上，提醒他人注意原告的失信情况，并没有捏造事实，文字信息中措辞虽然有所过激，但不足以认定为对原告进行侮辱、诽谤。故对原告之诉请，法院不予支持。

二审法院认为，叶某成在文字信息中的措辞虽然有一定的过激之处，但其没有捏造事实。叶某成公开以上信息的主要目的是提醒他人注意文某斌的失信情况，文某斌的失信信息是“中国执行信息公开网”上公开的个人信息，叶某成的公开行为并不足以构成侮辱、诽谤。故文某斌的上诉理由均不能成立。一审认定事实清楚，适用法律正确，实体处理适当。

例案三：沈阳某某信息咨询有限公司与李某某名誉权纠纷案

【法院】

辽宁省沈阳市中级人民法院

【案号】

（2015）沈中民一终字第02011号

【当事人】

上诉人（原审原告）：沈阳某某信息咨询有限公司

被上诉人（原审被告）：李某某

【基本案情】

李某某与田某某均是鞍山某幼儿园三部的投资人。2015年1月1日，田某某代表鞍山某幼儿园三部与沈阳某某信息咨询有限公司签订幼儿园授权加盟合同，约定加盟费用3万元，对师资免费培训，合同有效期1年。后李某某认为沈阳某某信息咨询公司未履行合同义务，遂在名为“明月升起马到成功”的朋友圈内发布信息，内容为：“最新骗局又出现了：现在有一个叫中国幼教联盟的机构，创始人叫张某，在全国各省市以传销的形式忽悠各个幼儿园加盟，加盟之前承诺帮助幼儿园招生、帮助幼儿园培训，可是在加盟行骗成功以后，各种之前的承诺无一兑现的，加盟钱骗走后销声匿迹，可怜幼儿园同行们辛苦的血汗钱就这样付之东流，请各位同仁们联合起来，一起讨回我们的血汗钱！！！”该信息还配有加盟合同、保密协议、牌匾等图片。该信息发出后，被多次转发。

【案件争点】

被告通过原告在相关网站公开的个人信息获取原告电话后，多次通过拨打电话的方式对原告进行业务推广活动的行为，是否构成对原告隐私权的侵犯。

【裁判要旨】

一审法院认为，李某某在无证据情况下，在朋友圈内发布不实信息，对沈阳某某信息咨询公司的声誉造成影响，侵害了沈阳某某信息咨询公司的合法权益，应承担相应的民事责任。关于沈阳某某信息咨询公司请求的李某某在全国范围内的报刊上赔礼道歉，因沈阳某某信息咨询公司提供的证据不足以证明李某某散布的信息已传播至全国范围，故考虑本案实际情况，原审法院认为李某某应在微信朋友圈（微信名为发布不实信息的“明月升起马到成功”）内对沈阳某某信息咨询公司进行赔礼道歉。关于沈阳某某信息咨询公司请求的律师费，无法律依据，原审法院不予支持。

二审法院认为：李某某在缺乏事实根据的情况下，在其微信以煽动性的语言发表关于沈阳某某信息咨询公司传销、诈骗的不实信息，在客观上会使沈阳某某信息咨询公司受到负面的社会评价，导致该公司名誉受损。故李某某应承担停止侵权、赔礼道歉、消除影响的法律责任。

关于赔礼道歉、消除影响的范围，一般应与侵权所造成不良影响的范围相当。本案中，李某某发布不实信息，以揭露骗局为名，呼吁“请各位同仁们联合起来，一起讨回我们的血汗钱！！！”，语言具有煽动性。客观上，涉案侵权信息经转发后的传播范围已经超出了其自己的朋友圈。仅判决其在朋友圈内赔礼道歉、消除影响，不但不足以消除其侵权行为造成的影响，且难以强制执行，实际上起不到相应的法律效果。沈阳某某信息咨询公司要求在李某某住所地鞍山市的市级以上报纸上登报赔礼道歉，考虑侵权行为的程度和后果，其该项主张具有合理性，法院予以支持。

例案四：张某芹与张某霞名誉权纠纷案

【法院】

江苏省江阴市人民法院

【案号】

（2017）苏 0281 民初 3532 号

【当事人】

原告：张某芹

被告：张某霞

【基本案情】

张某芹、张某霞原在江阴市月星家居建材馆合伙经营陶瓷店，后双方终止合伙经营。2017 年 1 月初，张某霞通过其微信账号在朋友圈发布如下内容：“朋友圈的朋友们大家注意了，千万别去这个女人的店里买家具，专门坑人的，说自己的家具是什么材质的其实是骗人的，还差点被人告上法庭。且人品差，欠了人家的钱不还。真不要脸！希望大家转发起来。”该内容还配有张某芹的照片、张某芹的微信账户资料截图、张某芹出具的欠条照片，微信下方继续留言：“见过不要脸的没见过像她那样不要脸的！”张某芹经其他朋友告知后得知此事，于 2016 年 1 月 4 日向公安机关报案，后于 2017 年 3 月 16 日起诉。

张某霞陈述，其与张某芹在合作期间因账目等发生纠纷，向张某芹索要押金未果，所以就不合作了；2017 年 1 月初，因向张某芹要钱要不到，拨打 110 后她依然很生气，就发了这个朋友圈，发出后过了二三天就删掉了；她朋友圈里有 200 多个好友，与张某芹共同的好友大概 20 多个。

【案件争点】

张某霞将张某芹的照片、微信账号等私人信息在朋友圈予以公布的行为，是否成立侵权行为。

【裁判要旨】

法院认为：公民享有名誉权，公民的人格尊严受法律保护，禁止用侮辱、诽谤等方式损害公民的名誉。公民的姓名权、肖像权、名誉权、荣誉权受到侵害的，有权要求停止侵害、恢复名誉、消除影响、赔礼道歉，并可以要求赔偿损失。微信朋友圈作为一款新型的网络社交软件，具有信息交流的即时性、广泛性、自由性、互动性等特点，朋友圈内发布的公开信息不仅能够被动地被他人查阅、知悉，他人还可以随意转发的方式迅速传播。因此，微信朋友圈并不是专属于个人的私人空间，而是具有一定的社会公开性的空间。虽然发布者在朋友圈中享有言论自由的权利，但是言论自由的权利是相对的，其行使以不得侵犯他人的合法权利为限。本案中，张某霞作为其微信账号的所有者，因其与张某芹的经济纠纷心怀不满，在其微信朋友圈中用侮辱性言语贬低张某芹的人格，并将张某芹的照片、微信账号等私人信息予以公布，其朋友圈中既有与张某芹共同的朋友，亦有其他不特定的人。虽然张某霞辩称其与张某芹有经济纠纷、微信内容属实，但其与张某芹的合伙纠纷本系双方私下纠纷事宜，既可通过双方协商解决，亦可通过诉讼等公权途径予以救济。但张某霞微信朋友圈内容及“不要脸”等侮辱性言语等意图降低张某芹的名誉，明显逾越了言论自由的权利界限，造成了张某芹社会评价的降低，侵害了张某芹的名誉权，张某霞应当承担侵权的民事责任。张某芹要求张某霞向其赔礼道歉、消除影响、恢复名誉，于法有据，法院予以支持。至于赔礼道歉、消除影响、恢复名誉的范围，一般应与侵权所造成不良影响的范围相当，法院依据侵权言论造成不良影响的范围和程度酌定张某霞承担赔礼道歉责任的范围和方式。

例案五：黄某雄、江某怡与陈某武等名誉权纠纷案

【法院】

广东省佛山市禅城区人民法院

【案号】

（2019）粤0604民初9460号

【当事人】

原告：黄某雄

原告：江某怡

被告：陈某武

被告：吴某佞

被告：何某昌

【基本案情】

原告黄某雄、江某怡与被告陈某武、吴某佞、何某昌名誉权纠纷一案，法院于2019年4月16日立案受理后，依法适用简易程序，公开开庭进行了审理。原告黄某雄及二原告共同委托诉讼代理人周某明、张某媚，三被告共同委托诉讼代理人李某晴到庭参加诉讼。本案现已审理终结。

原告向法院提出诉讼请求：（1）三被告立即停止对两原告名誉权的侵害；（2）三被告公开向二原告赔礼道歉（包括但不限于在微信群“九亩工业区”、微信朋友圈发布道歉声明，道歉声明内容须经法院审查），为二原告消除影响、恢复名誉；（3）三被告各赔偿精神损害抚慰金2万元给二原告；（4）三被告支付原告为维护自身合法权益而产生的合理费用7825元（包括律师费6000元，公证费1825元）；（5）三被告承担本案全部诉讼费用。

事实与理由：原告黄某雄（微信昵称：黄某雄，微信号：×××）、江某怡（微信昵称：江某怡蛋糕作坊vs2Twins，微信号：×××）与被告陈某武（原告黄某雄备注名：陈某武，微信昵称seanwu-csw，微信号×××）、吴某佞（原告江某怡备注名：花城靓女，微信号：×××）、何某昌（原告江某怡备注名：何某，微信昵称：春雷红领巾，微信号：×××）均为相识的朋友。2019年3月底起，三被告在微信群、微信朋友圈辱骂、污蔑、诽谤原告，还公开原告隐私信息，散播谣言恶意中伤原告，具体事实如下：（1）2019年4月1日，被告陈某武在一个名为“九亩工

业区”的微信群（群成员 16 人）里 @ 所有人称“必须要防住这个黄某雄”，并分享了一个关于“罗某辉与黄某雄、佛山市境界传媒广告有限公司民间借贷纠纷一审民事判决书”的天眼查微信小程序链接，且言传原告是“骗子”“贱公贱婆”等。（2）2019 年 3 月 30 日 17 时 58 分，被告吴某佞在其微信朋友圈发布一篇文章（配两张图），文章含“两公婆”“四个儿子”等指向性较强的侮辱性、诽谤性等内容。被告何某昌在被告吴某佞的上述朋友圈文章中的评论亦含“两公婆”“四个儿子”等指向性较强的侮辱性、诽谤性等内容。被告吴某佞和被告何某昌的共同微信好友均可见到该评论。（3）2019 年 4 月 1 日 17 时 29 分，被告吴某佞在其微信朋友圈发布一张关于“陈某峰与黄某雄、江某怡买卖合同纠纷一审民事判决书”的截图，并用红色圈圈特别标注黄某雄、江某怡的名字，且配文“原来一开始就是老赖，骗了这么多年”，该朋友圈获得微信好友点赞及留言，被告吴某佞还向一位微信名为“CoF ε”的微信好友回复称“距地岩结婚嗰时候就已经用一样的套路呃左人地十几万”。同日 21 时 02 分，被告吴某佞再次在其微信朋友圈发布 4 张截图，该 4 张截图为判决书的一些内容和原告黄某雄、江某怡的微信个人信息，并配文“呵呵还有，专呃朋友钱你地还敢吃她的蛋糕吗？十几万一个蛋糕真系贵咯”，该朋友圈获得微信好友点赞及留言。被告何某昌该朋友圈文章中评论称“无敌的骗人两公婆”。被告吴某佞和被告何某昌的共同微信好友均可见到该评论。原告认为三被告的行为给原告的生活、工作、名誉、人格尊严造成严重的负面影响，侵犯了原告的名誉权及隐私权，使社会公众对原告的社会评价持否定之态度，使得原告的社会评价降低。为维护原告的合法权益，特诉至法院，望判如所请。

三被告共同辩称，原告与被告实际上是在一起合作，之前约定由原告及佛山市轩谚科技有限公司负责医疗设备的生产，被告陈某武、何某昌负责医疗设备的销售，一开始两原告称自己没有钱购买生产设备及相关模具，从 2018 年 11 月至 2019 年 3 月 28 日，陈某武共转账 46 万多元给两原告，但两原告一直以各种理由推脱不交付生产的产品及设备，现在被告已经向禅城区人民法院提起诉讼，要求两原告返还相应款项，且法院已经立案处理，被告认为，上述案件与本案息息相关，足以证明原告欺骗了被告，各个被告的陈述是否属实应该以上述案件查明的事实为依据，所以向法院申请中止审理。另外，对于本案，原告提交的证据不能证明被告侵犯了其名誉权，理由如下：首先，在黄某雄的公证书中，被告陈某武发布的裁判文书是属于公开的文件，并不属于原告的个人隐私，属于众所周知的；其次，陈某武所述的并非针对原告，被告吴某佞的朋友圈文章是在其个人的朋友圈发布的，其所述的也没有侵犯原告任何名誉权，被告吴某佞发布的朋友圈也没有指名道姓、指向两原告，其仅说自己傻，并没有针对诋毁任何人，至于被告何某昌仅在自己的妻子吴某佞的朋友圈中评论，其评论中也没有任何信息及名字指向两原告，没有侵犯原告的任何权益，只是原告自己对号入座而已；最后，两原告也曾被起诉要求还钱，且黄某雄的个人公司也曾被拉入征信的黑名单。

【案件争点】

相关被告在微信上张贴民事判决书，民事判决书中存在原告名称的行为是否构成侵犯两原告名誉权。

【裁判要旨】

法院认为，本案系名誉权纠纷。公民享有名誉权，公民的人格尊严受法律保护，禁止用侮辱、诽谤等方式损害公民的名誉。《审理名誉权案件解答》[①] 第七条规定，是否构成侵害名誉权的责任，应当根据受害人确有名誉被损害的事实、行为人行为违法、违法行为与损害后果之间有因果关系、行为人主观上有过错来认定。以书面或口头形式侮辱或者诽谤他人，损害他人名誉的，应认定为侵害他人名誉权。本案中，相关被告虽在微信上张贴民事判决书，但由于相关判决书是属于公开性的法律文书，因此，相关被告张贴民事判决书并不构成侵犯两原告名誉权。然而，相关判决书并未认定两原告构成欺诈，亦未认定两原告存在相关法律规定的被执行人拒不履行生效法律文书确定义务的情形，但各被告却发表了对两原告个人存在侮辱、诽谤等性质的言语，让他人认为两原告存在欺诈行为或无正当理由拒不履行生效法律文书确定的义务，并广为不特定第三人所知悉，其行为具备了毁损名誉的公示要件，足以导致相关公众对两原告社会评价的降低，可认定对两原告名誉权已构成侵害。其中被告陈某武虽然在微信群的发文中并未直接提及两原告的姓名，但其所发的相关判决书中提及原告黄某雄，且考虑到相关微信群的性质，该群成员对两原告的身份应有一定的了解，而陈某武也有“贱公贱婆”及“两公婆”的言语，指向性较为明确。其中被告吴某佞在发文时配有截图，显示“江某怡”“黄某雄”，另外发文还配有判决书，内有两原告姓名，并加特别标注。被告何某昌则是在吴某佞相关微信发文后跟帖评论，均提及“两公婆”等字眼。上述被告吴某佞、何某昌的发文均指向性较为明确。因此，各被告辩解其发文内容并未指向两原告，缺乏依据，法院不予采纳。基于上述情形，各被告应停止对两原告名誉权的侵害，并赔礼道歉、消除影响、恢

---

① 该司法解释已失效。

复名誉。依据上述司法解释第十条的规定，恢复名誉、消除影响、赔礼道歉可以书面或口头的方式进行，内容须事先经法院审查。恢复名誉、消除影响的范围，一般应与侵权所造成不良影响的范围相当。公民因名誉权受到侵害提出精神损害赔偿要求的，法院可根据侵权人的过错程度、侵权行为的具体情节、给受害人造成精神损害的后果等情况酌定。经综合考量各被告行为动机、行为方式、过错程度、相应后果等因素，法院确定由各被告在相关微信群、朋友圈上发表经法院审定的致歉声明，向两原告赔礼道歉、恢复名誉、消除影响。至于精神损失赔偿的诉请，考虑到本案具体案情及各被告的侵权行为未造成严重后果，上述法院确定各被告应承担侵权责任的方式已经足以弥补两原告遭受的精神损害，故两原告关于精神损失赔偿的诉请缺乏充足的依据，法院不予支持。

三、裁判规则提要

（一）行为人因过错侵害他人名誉权的，应当承担侵权责任

“由于个人隐私信息（数据）既承载信息主体的人格利益，又兼具公共价值与商业利益，因此使信息主体能自治自决个人隐私信息而不被他决，这对维护公民人格尊严与自由有着重要的现实意义。”[①] 公民、法人享有名誉权，禁止用侮辱、诽谤等方式损害公民、法人的名誉，根据相关法律规定，是否构成侵害名誉权的责任，应当根据受害人确有名誉权损害的事实、行为人违法、违法行为与损害后果之间有因果关系、行为人主观上有过错等予以认定。

（二）虽然微信用户享有言论自由的权利，但言论自由不是绝对的，朋友圈的言论以不能侵犯他人的合法权利为限

公民享有名誉权，公民的人格尊严受法律保护，禁止用侮辱、诽谤等方式损害公民的名誉。公民的姓名权、肖像权、名誉权、荣誉权受到侵害的，有权要求停止侵害、恢复名誉、消除影响、赔礼道歉。作为新兴的网络传播方式，微信朋友圈具有信息交流的即时性、广泛性、自由性、受众的平等性和互动性等特点。由于微信朋友圈的公开信息不仅能够被动地被他人查阅、知悉，他人还可以随意转发的方式

---

① 范海潮、顾理平：《探寻平衡之道：隐私保护中知情同意原则的实践困境与修正》，载《新闻与传播研究》2021 年第 28 期。

迅速传播。因此，微信朋友圈不是专属于个人的私人空间，而是具有一定的社会公开性的空间。虽然微信用户在网络上享有言论自由的权利，但是言论自由的权利是相对的，其行使以不得侵犯他人的合法权利为限。

四、辅助信息

《民法典》

第一千一百八十三条 侵害自然人人身权益造成严重精神损害的，被侵权人有权请求精神损害赔偿。

因故意或者重大过失侵害自然人具有人身意义的特定物造成严重精神损害的，被侵权人有权请求精神损害赔偿。

《民事诉讼法》

第六十七条第一款 当事人对自己提出的主张，有责任提供证据。

第七十五条 凡是知道案件情况的单位和个人，都有义务出庭作证。有关单位的负责人应当支持证人作证。

不能正确表达意思的人，不能作证。

人格权纠纷案件裁判规则第 15 条：

不特定关系人组成的微信群具有公共空间属性，民事主体在此类微信群中发布侮辱、诽谤、污蔑或者贬损他人的言论构成名誉权侵权，应当承担侵权责任

【规则描述】 在信息时代，微信群等互联网群组已然成为人们须臾不可离开的人际交互工具，它在使沟通更加高效便捷的同时，也使得侵权、违法等不良信息得以传播更快、更广，也将虚拟空间中的民事行为赋予了新的特点。然而万变不离其宗，无论现实空间还是虚拟空间都不是法外之地。司法实践中，如微信群系由数量较多的不特定人员组成，则该微信群往往被认为具有“公共空间属性”，行为人在微信群损毁他人名誉，构成名誉侵权的，同样应承担相应法律责任。

一、类案检索大数据报告

数据采集时间：2022 年 3 月 1 日；案例来源：Alpha 案例库；案件数量：2954 件。检索条件：“法院认为”包含“微信群”，案由为“名誉权纠纷”。本次检索共获取 2954 件裁判文书，整体情况如图 15-1 所示。从审理结果分析，法院认为微信群内不当行为构成名誉权侵权的案件有 1305 件，占比 44.18%；认为不构成侵权的案件 1081 件，占比 36.59%；重复或不相关案件 568 件，占比 19.23%。

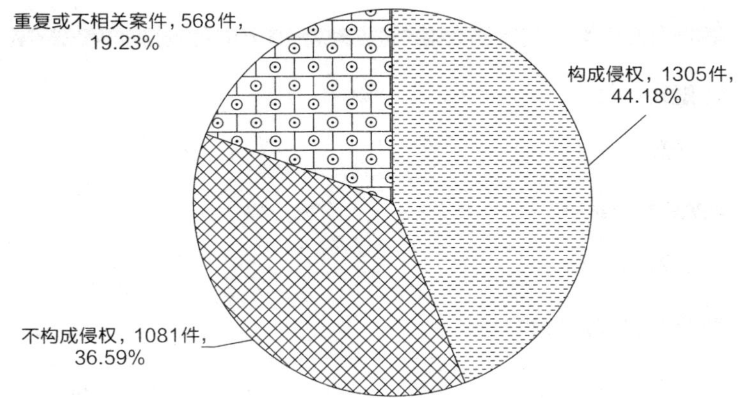

图 15-1　案件裁判结果分布情况

如图 15-2 所示，从案件年份分布情况来看，涉“微信群名誉侵权”民事纠纷数量整体呈逐年增长趋势。

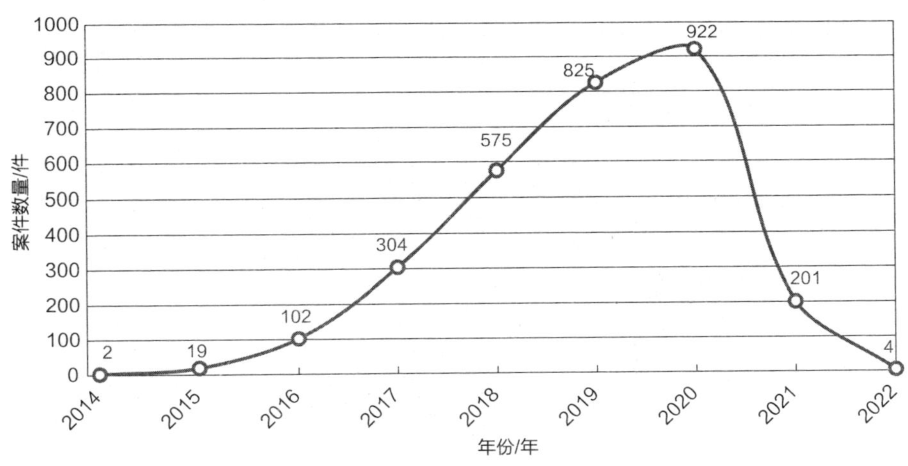

图 15-2　案件年份分布情况

如图 15-3 所示，从案件地域分布情况来看，当前涉“微信群名誉侵权”民事纠纷主要集中在广东省、江苏省、山东省等地区，其中广东省的案件量最多。

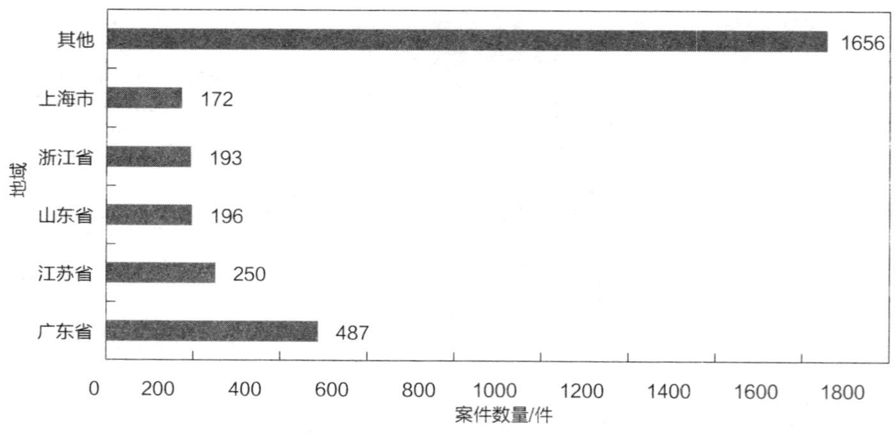

图 15–3　案件地域分布情况

如图 15–4 所示，从案件审理程序分布情况来看，涉“微信群名誉侵权”民事纠纷一审案件 2044 件，占比 69.19%；二审案件 868 件，占比 29.39%；再审案件 40 件，占比 1.36%；执行及其他程序各 1 件，各占比 0.03%。

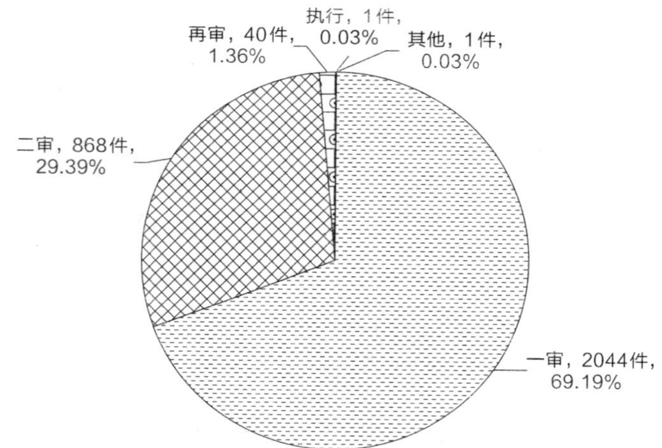

图 15–4　案件审理程序分布情况

二、可供参考的例案

例案一：赵某惠与北京兰世达光电科技有限公司等名誉权纠纷案

【法院】

北京市第三中级人民法院

【案号】

（2018）京03民终725号

【当事人】

上诉人（原审被告）：赵某惠

被上诉人（原审原告）：黄某兰

被上诉人（原审原告）：北京兰世达光电科技有限公司

【基本案情】

北京兰世达光电科技有限公司（以下简称兰世达公司）在北京市顺义区开有一家美容店（××），黄某兰系该公司股东兼任美容师，并在该美容店工作。2017年1月17日下午4时许，赵某惠陪同住小区的另一业主徐某到上述美容店做美容。黄某兰为顾客做美容，赵某惠坐在沙发上询问黄某兰之前其在该美容店祛斑的事情，后赵某惠与黄某兰因美容服务问题发生口角，赵某惠推翻了美容店桌子上的一个装有美甲物品等杂物的盒子，黄某兰拨打报警电话，赵某惠另推倒了一个美容推车并欲离开，黄某兰抱住赵某惠阻止其离开，二人撕扯在一起，后赵某惠的一男性朋友赶到将二人分开，之后北京市公安局顺义分局后沙峪派出所民警也赶到现场并拍摄了出警视频。当日，黄某兰到首都医科大学附属北京地坛医院急诊外科检查，彩色超声检查报告单检查记录显示未见异常，超声提示盆腔积液。黄某兰为此支出检查费165元。

北京市公安局顺义分局后沙峪派出所民警与赵某惠、黄某兰、兰世达公司股东马某以及事发时在场人徐某、黄某制作了询问笔录。赵某惠表示：我陪邻居到涉诉美容店做美容，因之前我在此做过美容，脸做的有问题，我与黄某兰沟通此事，对黄某兰答复并不满意，双方为此发生争吵，黄某兰辱骂我，我因生气用手将桌子上一个装有指甲油等美甲物品的盒子推到地上，黄某兰见状便报警，我看对方为这点小事报警，一生气又将屋内一个装有一些消毒物品的架子推倒，后准备离开，黄某兰挡住楼梯口阻止我走，我用脚踢了黄某兰小腿一下，对方还是不让我走，我用身体往下挤，黄某兰抱住我，拉扯我的衣服，我也拉扯黄某兰的衣服，两人一起坐在楼梯上了，后我前男友赵某赶来，将两人分开，赵某没有殴打黄某兰，警察不久也来了，在此过程中我没有损坏对方美容仪器，摔的其他东西也没有碰到美容仪，不清楚美容仪器的设备掉在地上的情况。黄某兰表示：事发当天我在个人经营的兰世达公司涉诉房屋内给顾客做美容时来了两个顾客，一名顾客要做美容，另一名顾客坐在沙发上问我给她消斑的事情，我说自己在忙，一会再说，后对方便辱骂我，我没再说话，对方生气用手将桌子上放有美甲物品的盒子推到地上并砸在旁边的美容仪器上，之后用脚踢旁边的椅子和美容仪器，还用脚将旁边的装美容用品的推车踢倒，我因害怕躲在沙发旁边，对方过来用脚踹我的肚子两脚，我说自己肚子有伤口，但对方不听，继续用脚踹我的肚子，我蹲在地上打电话报警，对方又踹了我肚子一脚，后用手拉着我的胳膊往楼梯下拖，我当时就躺在地上了，拖到楼梯拐弯处又用手抓我的脸、手、头发，此时对方男友赶来让她松手，他没有打我，就是将二人拉开，可能用力太大，将我的手拉伤，我从楼梯上滑下来，之后没再打架。在发生纠纷过程中，美容店内的美容仪器坏了，不能工作了，具体哪个部位不清楚，美容仪的手柄掉在地上了，怎么掉的不清楚，该美容仪是被对方踹坏的，店里的窗帘拉坏了，我腿上、手上、胳膊上、脖子上、脸上、背上均有抓伤和擦伤，去医院只是看了肚子，肚子没有问题，身上的伤没有看，医生说没事，没有给写病历，也没写诊断证明，不要求作法医鉴定。徐某表示：我与赵某惠一起到涉诉美容店做美容，到那之后我躺在床上做美容，赵某惠与黄某兰说她之前在这消斑，越弄越严重，黄某兰说不是她弄的，她已经给赵某惠消了好多了，就因此事，她们两人吵起来，当时我躺在床上，就听到有东西掉在地上，应该是赵某惠将桌上装做指甲工具的盒子推到地上了，后来还有一个架子也倒了，但具体怎么倒的没看清，后赵某惠要走，黄某兰挡着楼梯口，不让赵某惠走，赵某惠就往楼下冲，黄某兰拉赵某惠的衣服，抱着赵某惠，不让赵某惠走，赵某惠也和黄某兰撕扯，想赶紧离开，后二人都坐在楼梯附近了，之后不再撕扯，一会警察就来了，赵某惠没有动手打人，只是为了离开和黄某兰撕扯在一起，赵某惠也没有接触和砸美容店的仪器，美容店的窗帘是在楼梯旁，应是二人撕扯过程中扯坏的。黄某表示：事发时我正在涉诉美容店做眉毛，店里只有我和店主黄某兰，进来两名女顾客，一名穿白色衣服的顾客进来后躺在我旁边的床上做脸，另一名穿深色衣服的顾客进来后坐在椅子上，黄某兰给她祛斑，没几分钟，坐着的顾客就和黄某兰吵起来，声音越来越大，后穿深色衣服的顾客突然将桌上放做指甲工具的大盒子推翻到地上，紧接着用脚踢翻放在我旁边用来做睫毛的工具架，她做完这两个动作后准备下楼离开，但是黄某兰不同意并报警，黄某兰坐在二楼楼梯准备下楼的位置，用腿拦着不让穿深色衣服的顾客下楼，那名顾客用一只腿迈过黄某兰的身体，黄某兰赶紧抱住她的腿，穿深色衣服的顾客用脚踢了黄某兰小腿或者是肚子一下，具体踢到哪个部位不确定，二人从二楼楼梯最上面一直抱着纠缠着到楼梯的中间部位，在这个过程总两人互相用手扣对方的手部，撕拽对方的衣服，这时顾客的男朋友赶到，他用手将两人分开，但是黄某兰不松手，顾客男友一用力，黄某兰因为一直躺在楼梯上，就悬着滑下楼梯滑了两三节，在此过程中身体又被楼梯磕碰到，顾客男友只是将二人分开，没有动手打人的动作，之后没多久警察就到现场了，在此过程中没看见穿深色衣服的女子损坏美容仪器。马某表示：事发时其没有在现场，事后听说的，公司的多功能美容仪、激光头、窗帘，还有一些小物件损坏了，这些小物件不值钱，多功能美容仪是公司在 2016 年 4 月从河北省花 56000 元购买，激光头是 2016 年 4 月左右在河北省花 3000 元购买，窗帘上面是金属杆，下面是布窗帘，安装时间和价格记不清了，上述物品听说是女顾客闹事时弄坏的，具体怎么坏的不清楚。2017 年 2 月 26 日，经公安机关组织调解，双方未达成一致，调解不成功。2017 年 3 月 13 日，北京市公安局顺义分局对赵某惠作出行政处罚决定书……现查明 2017 年 1 月 17 日 16 时，违法行为人赵某惠在顺义区方糖小区 ×× 单元 ×× 号，因琐事与黄某兰发生口角，后赵某惠对黄某兰进行殴打，被查获……给予赵某惠行政拘留 3 日，期限从 2017 年 3 月 13 日至 2017 年 3 月 16 日。

一审庭审中，兰世达公司、黄某兰为证明其主张，提交证据如下：（1）微信截图 9 张（内容显示：糖友开心群有冷静郡主发的黄某兰在兰世达公司美容店的照片并附有文字“4 单元下面商家，这个黄某兰美容师不正规，讹诈客户，精神分裂，装疯卖傻，希望大家不要沾上这个疯子”，后面有其他群内用户发信息询问的内容；方糖 365 便利群中有冷静郡主发的与上文类似的文字和图片，还有“@方糖 4 单元美甲美容 ××”后附的文字：辱骂性词语“臭 ××”等及“千万别用她家那破仪器”“技术和产品都不灵”“脸上原来没啥斑，现在这么久还有很明显的斑，最后就是不承认，还讹我 15 万，说我打她了”“臭 ××，咱走着瞧，把我脸做坏了，还会讹，你是想钱想疯了吧”“××，××，一点儿法律常识都没有，找两个男的就能帮你呀，来呀，再讹个 15 万看看，可笑不可笑，土 ×”等），来自两个微信群，一个是糖友开心群，群主是赵某惠，人数是 345 人，另一个是方糖 365 便利群，群主是小区超市老板，人数是 123 人，赵某惠于事发当天将黄某兰移出了糖友开心群。黄某兰朋友在这个群里有看到赵某惠发损害兰世达公司和黄某兰名誉的图片，赵某惠不止一次发这些图，因为黄某兰被移出，看不到，黄某兰从其他朋友那里看到，朋友截图给黄某兰，在 365 便利群里，2017 年 2 月 22 日赵某惠有发上述截图信息，此后没有了，另赵某惠在她的朋友圈里也有发过，后来删除了，黄某兰朋友在朋友圈里看到过，证明赵某惠侵犯名誉权的事实。（2）黄某兰的支付宝、微信、银行对账单、收据，兰世达公司的企业账户因税的问题一直没有用，证明兰世达公司 2016 年至 2017 年 12 个月的营业流水，收据是客户购买兰世达公司仪器出具的收据并签订了合同，钱是分两次转账到黄某兰的银行卡里，其余均是微信和支付宝支付，黄某兰的微信和支付宝账户是专门用来收取在兰世达公司做美容的客户的消费款项。（3）证人证言二份，均是兰世达公司的顾客，证明兰世达公司因赵某惠的行为 2017 年 1 月 17 日至 3 月 17 日没有正常营业，因赵某惠散播谣言，现生意严重受损。证人张某到庭并表示：我在兰世达公司美容店里做过美甲，方糖小区有一个业主的微信群叫糖友开心群，大概有 300 多人，我是楼下咖啡店推荐加入该群的，听别人说赵某惠是该群的群主，群主微信名是冷静郡主。赵某惠春节期间在业主微信群里有发布关于该美容店及黄某兰的照片，说赵某惠在该美容店做美容做的不好，说黄某兰像疯子一样，群里信息太多，我不经常看，就看到赵某惠发过一次，后来微信我均删除了，未留存。今年 2 月我联系黄某兰做美甲，她说她在老家，一直没在北京，后来黄某兰回来，在 2 月 20 日左右我去了该美容店，当时去的时候店里没有开业，也没有顾客，黄某兰跟我说是因为店里被砸，机器去维修了，没有开业，所以她回老家了，2 月 20 日左右才回来，我之前在别处做了美甲，所以当天没有在黄某兰处做。3 月黄某兰也没在北京，店也没有开，最近一次我去该美容店做美甲是在 4 月。我之前一直在该美容店做美甲，费用是通过微信红包发给黄某兰的，觉得黄某兰人品不错。证人当庭出示了其手机微信中有关糖友开心群的群主信息，微信号为 ×-calm。对于张某的证言，兰世达公司、黄某兰认可并表示证人不太看业主群里的消息，但是不代表赵某惠只发过一次，黄某兰之前也在该群，后来被踢出该群，无法再收到信息。

对于上述证据，赵某惠均不予认可，并表示证据 1 截图上不是赵某惠，不知道是谁发的，且赵某惠现在也不在该方糖 365 便利群里，之前在该群赵某惠微信名称是开心果，在糖友开心群里也叫开心果，之前也叫过冷静郡主，后来改了，现还在糖友开心群里，叫冷静郡主的很多，糖友开心群的群主也叫冷静郡主；证据 2 真实性不认可，与赵某惠无关，且看不出来是兰世达公司的营业流水，应当有正常的财务；证据 3 不认可证人证言，赵某惠在该群叫开心果，不是群主，不清楚群主的情况。赵某惠表示其 2016 年夏天在涉诉美容店做过激光祛斑，黄某兰承诺保证全部祛除掉，但做过两次后，发现斑越来越严重，后咨询不能在此处做了，为此与黄某兰沟通过六七次，但对方不同意退钱，本想算了，2017 年 1 月 17 日陪同另一小区业主去该美容店，又咨询了下黄某兰此事，黄某兰却否认赵某惠在此做过祛斑，为此双方发生口角；兰世达公司的美容店是否营业与赵某惠无关，该美容店不开店是常态，以前每次去都需要预约，且店里只有一个人，白天经常不开店，有时候晚上七八点开门，其他商户也可以证明；赵某惠只有一个微信号，且经常换名字，也没有加过黄某兰为好友。

经一审法院与北京市公安局顺义分局后沙峪派出所民警核实，警察表示并未提出过在行政处罚决定书作出前，美容店不能营业的要求。

黄某兰、兰世达公司向一审法院提出调查取证申请：（1）调取微信号为×-calm（昵称为冷静郡主）的用户信息，查询该微信号申请人是否为赵某惠；（2）查询微信号×-calm（昵称为冷静郡主）与微信号×-HL（用户姓名：黄某兰，身份证号：×）是否曾为微信好友关系。经一审法院与深圳市腾讯计算机系统有限公司调查核实，该公司复函：微信号×-calm实名为赵某惠；微信号×-calm与微信号×-HL（用户名：黄某兰，互为好友时间为2016年3月4日）。对此，黄某兰、兰世达公司均认可，并表示该微信用户就是赵某惠。对此赵某惠认可该微信号是其本人的，但是在微信群中发送的有关黄某兰、兰世达公司的信息，赵某惠并不清楚，现在已经不用该微信号了。

黄某兰、兰世达公司向北京市顺义区人民法院起诉，请求判令赵某惠赔礼道歉，并以在涉诉小区张贴公告、通过北京当地报纸刊登公告方式为黄某兰和兰世达公司消除影响、恢复名誉；赔偿兰世达公司各项损失2万元；赔偿黄某兰和兰世达公司精神损害抚慰金各5000元，总计1万元等。

一审法院审理认为，公民、法人享有名誉权，公民的人格尊严受法律保护，禁止用侮辱、诽谤等方式损害公民、法人的名誉。本案中，赵某惠否认其微信号×-calm所发的有关涉案信息是其本人所为，但就此未提证据证明，根据庭审查明情况，结合微信截屏信息内容、证人证言、一审法院自深圳市腾讯计算机系统有限公司调取的材料，一审法院认定赵某惠在2017年1月17日与黄某兰发生纠纷后，在双方共同居住的小区业主微信群中发表涉案言论并使用黄某兰照片作为配图，对黄某兰及兰世达公司的美容店使用了贬损性言辞，赵某惠亦未提交证据证明其所发表的涉案言论的客观真实性，其将上述不当言论通过微信发至有众多小区业主的微信群，造成上述不当言论的传播，故一审法院认定赵某惠在主观上具有过错。从微信群中其他用户询问的情况以及网络信息传播的便利及快捷特点看，涉案言论确易引发对黄某兰、兰世达公司经营的美容店的猜测和误解，导致对二者负面认识和造成社会评价降低，故赵某惠的行为侵犯了黄某兰、兰世达公司的名誉权，赵某惠应当就此承担民事侵权责任。行为人因过错侵害他人民事权益，应当承担侵权责任。公民、法人的名誉权受到侵害，有权要求停止侵害、恢复名誉、消除影响、赔礼道歉并可以要求赔偿损失。现黄某兰、兰世达公司要求赵某惠基于侵犯名誉权之行为赔礼道歉，符合法律规定，一审法院予以支持，赔礼道歉的具体方式由一审法院酌情确定。关于名誉权被侵犯产生的经济损失，兰世达公司提供的证据不能证明实际经济损失数额，但兰世达公司在涉诉方糖小区经营美容店，赵某惠在有众多小区业主的微信群中发表不当言论势必会给兰世达公司造成一定影响，故对兰世达公司的该项请求，一审法院综合考虑赵某惠的过错程度、侵权行为内容与造成的影响、侵权持续时间、兰世达公司实际营业情况等因素酌情确定。关于黄某兰主张的精神损害抚慰金，一审法院亦根据上述因素酌情确定具体数额。关于兰世达公司主张的精神损害抚慰金，缺乏法律依据，一审法院不予支持，遂作出判决。赵某惠不服该一审判决，向北京市第三中级人民法院提出上诉。

【案件争点】

在微信群中发布侮辱、诽谤、污蔑或者贬损他人的言论是否构成名誉权侵权。

【裁判要旨】

北京市第三中级人民法院审理认为，名誉权是民事主体依法享有的维护自己名誉并排除他人侵害的权利。《民法通则》第一百零一条[①]规定，公民、法人享有名誉权，公民的人格尊严受法律保护，禁止用侮辱、诽谤等方式损害公民、法人的名誉。关于赵某惠上诉称其没有侵害黄某兰和兰世达公司名誉权一节，根据已查明的事实，赵某惠与黄某兰发生纠纷后，赵某惠分别在“糖友开心群”和“××365便利群”发布的信息中使用了“××”“臭 ××”“精神分裂”“装疯卖傻”等明显带有侮辱性的言论，并使用了黄某兰的照片作为配图，已使上述言论被两个微信群中的其他成员所知晓，上述两个微信群人数众多，该侮辱性言论及图片导致黄某兰及兰世达公司的社会评价降低，赵某惠的损害行为与黄某兰、兰世达公司名誉受损之间存在因果关系，故赵某惠的行为已经侵犯了黄某兰、兰世达公司的名誉权。一审法院认定赵某惠侵害了黄某兰、兰世达公司名誉权正确，赵某惠的该项上诉理由不能成立，不予支持。关于赵某惠上诉称兰世达公司没有经济损失一节，法院认为，《民法通则》第一百二十条[②]规定，公民的姓名权、肖像权、名誉权、荣誉权受到侵害的，有权要求停止侵害、恢复名誉、消除影响、赔礼道歉并可以要求赔偿损失。法人的名称

---

① 参见《民法典》第一千零二十四条规定：“民事主体享有名誉权。任何组织或者个人不得以侮辱、诽谤等方式侵害他人的名誉权。名誉是对民事主体的品德、声望、才能、信用等的社会评价。”

② 参见《民法典》第九百九十五条规定：“人格权受到侵害的，受害人有权依照本法和其他法律的规定请求行为人承担民事责任。受害人的停止侵害、排除妨碍、消除危险、消除影响、恢复名誉、赔礼道歉请求权，不适用诉讼时效的规定。”

权、名誉权、荣誉权受到侵害的，适用前款规定。本案中，兰世达公司的经营地点在方糖小区内，而赵某惠的不当言论发布在人数众多的方糖小区住户所在的微信群，势必对兰世达公司的经营造成不良影响，故一审法院判决赵某惠赔偿兰世达公司经济损失3000元并无不当，应予维持。关于黄某兰主张的精神损害抚慰金，一审法院酌情确定的数额并无不当，法院不持异议。赵某惠对微信电子证据和证人证言不予认可，但未提供证据予以证明，法院对其该项上诉理由不予采信。

例案二：王某华与双桥经开区李某梅孕婴店名誉权纠纷案

【法院】

重庆市第一中级人民法院

【案号】

（2019）渝01民终10020号

【当事人】

上诉人（原审被告）：王某华

被上诉人（原审原告）：双桥经开区李某梅孕婴店

【基本案情】

双桥经开区李某梅孕婴店（以下简称李某梅孕婴店）系爱亲母婴用品在重庆市双桥经开区的代理商，经营的店名为“双桥爱亲”，工商注册登记名称为“双桥经开区李某梅孕婴店”，经营范围为童装、鞋类、玩具、婴幼儿配方奶粉、保健食品销售。王某华系重庆鹏爱商贸有限公司的法定代表人，该公司是西安百跃羊乳集团有限公司百跃羊乳粉产品在重庆地区的经销商，同时，王某华在双桥经开区经营有“双桥经开区欢乐宝宝婴儿食品店”和“双桥经济技术开发区爱婴宝婴儿百货经营部”两个门店，经营范围包括预包装食品、乳制品（含婴幼儿配方奶粉）零售等。2019年4月15日，王某华因怀疑李某梅孕婴店销售的奶粉“百跃羊奶粉1985”渠道来源有问题而向重庆市大足区食品药品监督管理分局双路街道食品药品监督管理所（以下简称双路食药所）举报，双路食药所在收到王某华举报后，与王某华一同前往李某梅孕婴店店面检查，并经李某梅孕婴店经营者李某梅同意后将6桶奶粉带回该所核查。2019年4月16日，李某梅孕婴店提供了3张奶粉的进货票据及商家资质，双路食药所核实票据真实有效，并留存了票据及资质的复印件，将6桶奶粉退还给李某梅孕婴店。2019年4月29日，双路食药所对王某华的举报进行了回复，认为李某梅孕婴店提供的该奶粉的进货相关资料真实有效，该奶粉的进货渠道来源正常，举报不属实。而在2019年4月27日，王某华在名为“双桥欢乐宝宝中亿育儿分享交流群”微信群的聊天界面中发布了一段其与双路食药所工作人员一同在李某梅孕婴店店内检查的视频，视频长约3秒，并在该微信群中发布以下内容：“上次双桥爱亲的产品因为提供不了三证，为什么会被食药监局没收！！！自己的孩子，安全比什么都重要，我们双桥的工商，食药监及其他公务员小孩，有几个不是在我们这边消费。因为我们是一个敢于承担责任的良心企业”“我们的产品任何时候都可以马上拿到三证给大家，人家能吗？小孩吃的东西啊！！！”“我做重庆代理，我以代理和厂家一起过去打假，最后由食药监局收货处罚”“任何奶粉大家都最起码买正规渠道奶粉，万一真有问题，还有人给你负责”。随后，该微信群的其他成员纷纷对该王某华上述言论进行响应，发布“心黑呀，为了赚钱不顾别人……”“这样的黑心商家就应该曝光出来”等内容。

2019年7月4日，李某梅孕婴店以王某华侵害其名誉权为由诉至一审法院，请求判令王某华立即停止侵犯李某梅孕婴店名誉权的行为，删除其在微信“双桥欢乐宝宝中亿育儿分享交流群”内发布的有关爱亲孕婴店销售假奶粉的相关言论（文字及视频）；在微信“双桥欢乐宝宝中亿育儿分享交流群”中发布道歉声明（道歉声明不少于30日，每日发布一次）和在双桥经开区李某梅孕婴店当面向经营者李某梅赔礼道歉、消除影响、恢复李某梅孕婴店名誉；赔偿李某梅孕婴店经济损失3万元及精神损害赔偿金5000元，共计35000元；赔偿李某梅孕婴店为制止侵权行为支持的公证费、代理费6068元等。

庭审中，李某梅孕婴店举示了销售清单及部分退货票据，并陈述：李某梅孕婴店的此前的月销售额为13万至19万不等，自王某华在该群中发布前述视频及言论后，从2019年5月起李某梅孕婴店的月销售额减少到10万元甚至5万元左右，且产生了各种品牌奶粉退货的事实。

另查明，微信群名称为“双桥欢乐宝宝中亿育儿分享交流群”的群成员共有340余人，王某华是该群成员之一，其在群中的昵称为“双桥中亿总经理王某华”，李某梅并未加入该群。2019年6月4日，李某梅孕婴店委托重庆市大足公证处对“双桥欢乐宝宝中亿育儿分享交流群”中王某华于2019年4月27日在聊天界面中发布的视频及其聊天记录进行证据保全，并为此支出公证费2068元。2019年6月26日，李某梅孕婴店与重庆市永川区大安法律服务所签订《法律事务委托代理合同》，委托该所法律工作者赵某桦就本案为李某梅孕婴店提供法律服务，并支付法律服务费4000元。

一审法院认为，根据《民法总则》第一百一十条第二款[①]规定，法人、非法人组织依法享有名誉不受侵害的权利。法人、非法人组织的名誉即为其商业信誉，对于其自身的生存和发展具有重大意义，损害法人、非法人组织的商业信誉不仅有损其社会形象，更重要的是导致其难以实现应有的经济利益。本案中，王某华在微信群名称为“双桥欢乐宝宝中亿育儿分享交流群”中发布的食药监所对李某梅孕婴店店面检查的视频并未反映完整检查过程，而是王某华对视频内容进行了有意图的取舍，王某华也未对视频内容进行真实说明，对食药监所检查李某梅孕婴店店面的原因、过程等并未有所涉及。同时，王某华在微信群中着重强调“打假”“三证”的重要性，结合其发布的视频，说明李某梅孕婴店没有“三证”而被“收货处罚”，王某华的言论指向清晰。微信群名称为“双桥欢乐宝宝中亿育儿分享交流群”中的群成员大部分系婴幼儿用品的消费者，王某华通过暗示、影射、反问等方式足以让微信群中 300 多名消费者误认为李某梅孕婴店销售的是“三无”产品，且当群内成员因其言论对李某梅孕婴店产生误解时，王某华也并未作出解释说明。王某华在 2019 年 4 月 29 日收到双路食药所对其举报进行的回复后，也并未将检查结果及时予以公布。王某华在微信群中发布的言论与事实真相存在出入，使得不了解情况的消费者能够从王某华的言论中得出有损李某梅孕婴店名誉的结论，其行为已经构成对李某梅孕婴店名誉的侵害，王某华应当立即停止侵害行为，为李某梅孕婴店恢复名誉、消除影响，消除范围应与侵权所造成的不良影响的范围相当。李某梅孕婴店要求删除王某华在微信群的所有侵权内容，因超过时限内容不可删除，不具有执行性，对该项诉讼请求，法院不予支持。李某梅孕婴店要求王某华当面道歉及在微信群发布道歉声明之请求，从利于双方纠纷解决出发，法院予以部分支持，即王某华应在微信群名称为“双桥欢乐宝宝中亿育儿分享交流群”中发布道歉声明，内容须经法院审定，发表时间法院酌定为连续 15 日。

李某梅孕婴店系以营利为目的的个体工商户，王某华侵害李某梅孕婴店名誉权的行为造成了李某梅孕婴店社会评价的降低，不利于李某梅孕婴店商业活动的开展，庭审中李某梅孕婴店举示了销售清单及部分退货票据，虽无法确认李某梅孕婴店的具体损失，但确可以看出李某梅孕婴店因王某华的侵害名誉权行为而遭受了经济损失，结合王某华的过错程度、其行为所造成的损失后果、相应的侵权范围等具体情况综合考虑，李某梅孕婴店经济损失的金额酌情定为 1 万元。对李某梅孕婴店诉请

---

① 参见《民法典》第一百一十条第二款规定：“法人、非法人组织享有名称权、名誉权和荣誉权。”

的精神损害赔偿金5000元，因李某梅孕婴店并非自然人，对该项诉讼请求，法院不予支持。关于公证费2068元和律师费4000元，该两笔费用并非李某梅孕婴店为维护其合法权益而支出的必要费用，应当由李某梅孕婴店自行承担，对该项诉讼请求，该院不予支持。

王某华不服一审判决提出上诉。

【案件争点】

在微信群发布失实内容侵害非法人组织名誉权的责任承担。

【裁判要旨】

法院审理认为：法人、非法人组织享有名誉权。民事权益受到侵害的，被侵权人有权请求侵权人承担侵权责任。李某梅孕婴店作为经营婴幼儿奶粉的个体工商户，其名誉权主要体现为商业信誉，对其经营状况能够产生重要影响。综合审理情况，本案争议焦点在于：王某华是否实施了侵害李某梅孕婴店名誉权的行为，如果实施了相关侵权行为，该行为给李某梅孕婴店造成的损失应当如何认定。根据王某华在二审询问中的陈述，名为“双桥欢乐宝宝中亿育儿分享交流群”的微信群系开放的微信群，群众成员除了各销售婴幼儿奶粉的品牌商外，还有婴幼儿奶粉销售者。该群没有具体功能，群成员一般在群内交流育儿知识和品牌推广等活动。从王某华陈述来看，该群具有公共平台属性。2019年4月27日，王某华在该群中发布的视频片段，以及“双桥爱亲的产品因为提供不了三证，为什么会被食药监局没收！！！自己的孩子，安全比什么都重要……”“我们的产权任何时候都可以马上拿到三证给大家，人家能吗？小孩吃的东西啊！！！”等内容。以上暗示、反问、影射等方式，足以使群成员误认为李某梅孕婴店销售的产品是三无产品。在部分群成员因其言论对李某梅孕婴店产生误解后，王某华并没有作出解释说明。此后，双路食药所对王某华的举报进行回复后，王某华也未将该情况在群内公布。王某华在微信群内发布的内容与事实真相存在明显出入，且其言论系出于有意，在客观上使消费者从其言论中得出对李某梅孕婴店的不利评价。综合以上事实，足以认定王某华上述在微信群中的行为侵犯了李某梅孕婴店的名誉权，王某华应当承担为李某梅孕婴店恢复名誉、消除影响的责任。王某华认为其行为不构成侵权，与本案查明的事实不符，其上诉理由不能成立。一审法院根据消除影响的范围应当与侵权造成的不良影响相当原则，判决王某华在微信群中连续15日向李某梅孕婴店发表道歉声明，符合法律规定，应予支持。至于李某梅孕婴店因王某华侵权行为产生的损失，因其由此造成的经营损失在客观上难以量化，一审法院综合本案情况，对损失酌情认定为1万元，并无明显不妥。

例案三：葛某与贺某名誉权纠纷案

【法院】

湖南省长沙市中级人民法院

【案号】

（2016）湘01民终1335号

【当事人】

上诉人（原审被告）：葛某

被上诉人（原审原告）：贺某

【基本案情】

矿宝汇萃公司于2015年3月27日成立，股东为湖南富盟广告有限公司（贺某系该公司股东）、许某宇和葛某，贺某系矿宝汇萃公司的法定代表人。矿宝汇萃公司的经营范围为非金属矿产品及其制品、金属及金属矿产品的现货销售、珠宝首饰设计等。2015年7月21日，矿宝汇萃公司召开股东会议，参会人员为贺某、葛某及许某宇，三方一致同意企业暂停一切经营活动，按法定流程暂停公司所有运作等。2015年8月21日凌晨，葛某在“矿宝爱好者”微信群发表言论“矿宝汇萃公司已停止一切经营活动，任何打着矿宝汇萃牌子的征集活动都有欺骗嫌疑，望各位谨慎，出了任何问题，与矿宝汇萃有限公司无关，公司也不负任何责任，特此申明”；8月25日晚，葛某在“矿宝爱好者”微信群发表言论“骗子，贺某是骗子，没有投一分钱，以矿宝汇萃栏目为版权骗投资人的钱，现在栏目没有交钱停了，投资人不与他玩了，要收回投资，他无理卡着，现在换汤不换药又搞个矿宝联盟网站来骗人，矿宝人要擦亮眼睛……他去骗中宝协、北京石协都没成功，湖南石协也是封杀他，让这种品行不好人在矿宝玉石界没有立足之地，只要他的网站上线我们会将他的所作所为登出来，我的大名葛某，湖南宝协的。我会连载把故事一一道来”“你要员工潜规则，与员工签假合同、我全有录音”“他没有投一分钱，想吞许总的钱”。2015年8月26日，有微信名为“笨小孩”的跟帖“贺某＝祸自横，由于贺某的坑蒙奸骗：直接导致了矿宝汇萃的混乱、纠纷、停业、直接和间接的伤害了二十多人，每个受害人向身边的四个亲朋倾诉了贺某的斑斑劣迹后即刻有近百人声讨失信失德的贺某，贺某坑蒙奸骗一次，败业、贫穷十年，贺某坑蒙奸骗两次以上，败业、贫穷一生；让群里的良师益友都认识你的真面目：贺某＝祸自横”。2015年8月30日，葛某在“矿宝爱好者”微信群发表言论“他没出一分钱，投资人许总出100万，他人品不好别人不与他合作了，他亏了钱许总也认了，可他要侵占许总的投资款，许总骂他是下三烂”。8月31日，葛某在“矿宝爱好者”微信群发表言论“他视财如命，他退投资人的钱就没事了，电视的人都说他脑袋进大水了”。

贺某与葛某均系“矿宝爱好者”微信群的成员，贺某认为葛某在微信群的言论对其名誉权造成了侵害，于2015年9月21日诉至长沙市雨花区人民法院。另查明，“矿宝爱好者”微信群共有成员81名，均为矿石爱好者。

一审法院审理认为：公民、法人享有名誉权，公民的人格尊严受法律保护，禁止用侮辱、诽谤等方式损害公民、法人名誉。是否构成侵害名誉权的责任，应当根据受害人确有名誉被损害的事实、行为人违法、违法行为与损害后果之间有因果关系、行为人主观上有过错来认定。本案中，贺某与葛某系矿宝石爱好者，并且曾经参与矿宝石经营。葛某在“矿宝爱好者”微信群中多次使用“骗子”“人品太差”“骗人”等侮辱性、人身攻击性的语言，对贺某进行人身攻击，并且使用“耍员工潜规则”“侵吞”等影响人格尊严的言论，上述言论引起部分微友跟帖声讨贺某，势必使一定范围内的公众，特别是使矿宝石爱好者质疑贺某的道德品质，在一定程度上降低公众对贺某的社会评价，且对贺某的精神造成一定程度的伤害。综上，可以认定，葛某的行为已经侵害了贺某的名誉权，应就此承担相应的民事责任。公民的名誉权受到侵害的，有权要求停止侵害、恢复名誉、消除影响、赔礼道歉，并可以要求赔偿损失。对贺某要求葛某立即停止侵权行为，并在“矿宝爱好者”微信群赔礼道歉的诉讼请求，法院予以支持。贺某要求葛某通过在当地报纸刊登公告赔礼道歉、恢复名誉的诉求，由于葛某是在“矿宝爱好者”微信群发表言论，该言论跟帖量不大，且贺某就自身社会知名度未提供相关证据，葛某在“矿宝爱好者”微信群进行赔礼道歉应能达到消除影响之效果，故对贺某同时要求在当地报纸刊登公告赔礼道歉、恢复名誉的请求，法院不予支持。贺某以其精神受到损害要求葛某承担5万元的精神损害赔偿金，综合考虑葛某的过错程度和损害后果以及经济承担能力，法院酌情支持5000元。葛某提出其在微信群中的言论均是陈述客观事实，没有诽谤、诋毁贺某的主观故意，不构成名誉侵权的辩解意见，法院不予采信。

葛某不服一审判决提起上诉。

【案件争点】

新闻报道是否侵犯被报道者名誉权。

【裁判要旨】

湖南省长沙市中级人民法院审理认为：名誉是社会对于一个人的能力、才干、品质、思想、信誉等各方面的评价。侵害名誉权的行为，是指以口头、书面等形式宣扬他人隐私或者捏造事实公然丑化他人人格及侮辱、诽谤等方式损害他人名誉造成一定影响的行为。是否构成侵害名誉权的责任，应当根据是否有名誉被损害的事实、行为人行为违法、违法行为与损害后果之间有因果关系、行为人主观上有过错来认定。

首先，本案中，上诉人葛某与被上诉人贺某曾共同参与矿宝石经营，理应和睦相处，若在工作中出现分歧，应当理性对待，通过合法途径解决，对其他股东和工作人员的工作提出评论或批评，也应在合理的限度之内。然而，双方因共同经营公司的过程中产生纠纷，又同在“矿宝石爱好者”微信群，上诉人葛某在“矿宝石爱好者”微信群中使用“骗子”“人品太差”“骗人”等侮辱性、人身攻击性的语言，对被上诉人贺某进行人身攻击，并且使用了“耍员工潜规则”“侵吞”等影响人格尊严的言论，上诉人葛某的言论已经引起部分微友跟帖声讨被上诉人贺某，一方面上述言论并无充足的证据证实其内容的真实性，另一方面上述措辞也明显含有贬义。微信群作为新兴的网络传播方式，具有信息交流的即时性、广泛性、自由性、受众的平等性和互动性等特点，微信群不是专属于个人的私人空间，而是具有一定的社会公开性的空间，具有较强的媒体特性，是开放性的网络舆论平台。“矿宝石爱好者”微信群群友有80余人，且全部为矿宝石爱好者或者相关从业人员，上诉人葛某的言论已经在一定范围内，特别是使矿宝石爱好者这个群体甚至矿宝石行业内的从业人员对被上诉人贺某的道德品质质疑，在一定程度上降低了公众对被上诉人贺某的社会评价，致其名誉受损。故一审法院认定上诉人葛某的行为已经侵害了被上诉人贺某的名誉权，应当承担相应的民事责任并无不当，予以维持。考虑到本起纠纷的发生事出有因，系双方共同经营公司的过程中产生纠纷，葛某因为对贺某经营管理公司工作的不满，进而发表过激言论而引发，结合葛某的言行性质、范围及其所造成的影响，法院认为葛某向贺某在“矿宝爱好者”微信群发表对贺某的致歉声明的形式消除对贺某的影响、恢复贺某的名誉，足以弥补贺某所受伤害。因此，对于贺某主张精神损害赔偿的诉讼请求，不予支持。其次，因上诉人与被上诉人的股东出资纠纷仍在另案审理中，因此上诉人葛某曾向原审法院申请中止审理本案，但本案系名誉权纠纷，上诉人葛某没有提供确切证据证明本案应当以另案股东出资纠纷的处理结果为依据，不符合《民事诉讼法》第一百五十条[①]规定的中止审理条件，原审法院对本案予以继续审理并不违反法定程序。综上，综上所述，一审判决认定事实不清，适用法律错误，应当予以改判。

三、裁判规则提要

（一）微信群名誉权侵权纠纷

移动互联网时代，微信几乎已经成为人们必备的信息交流工具之一，对人民的生产生活，尤其是社会交往产生着方方面面的影响。微信群聊是微信的重要功能之一，允许多人同步即时通讯，已成为一种新型的虚拟空间“群聚”方式。微信群性质上属于互联网群组。2017 年国家互联网信息办公室发布的《互联网群组信息服务管理规定》将互联网群组定义为：“本规定所称互联网群组，是指互联网用户通过互联网站、移动互联网应用程序等建立的，用于群体在线交流信息的网络空间。”微信群可以满足人们线上、异地、多人、即时、同步或异步的信息交流，大大提升了社会交往和信息交流传递的效率和体验。然而，科技进步带来沟通便捷、拓宽行为边界、扩张社会交往的同时，也使得不健康甚至侵权违法的信息得以传播得更快、更广，影响更深、更远。相较现实空间面对面的交流，人们在通过敲击键盘、点击鼠标、指点屏幕在虚拟空间发表言论，往往可能会更加恣意而疏于谨慎。在微信群组内不负责任地发布信息、发表言论，重则可能触犯《刑法》，轻则可能侵犯他人民事合法权益，例如，侵犯他人姓名权、名誉权、荣誉权、肖像权、隐私权等人格权，其中突出的一种侵权表现形式是侵犯他人名誉权。

相比于物理空间中发生的传统名誉权侵权行为，在微信群组内发生的名誉权侵权行为具有一些特殊性。首先，微信群组人员构成复杂，使其既具有私密性，又具有公共性。从人员数量上，微信群组有人数上限，并非完全对外开放。群内人数可能少则只有三五人，也可能多达数百人。同时，群内人数还可能动态变化。从人员关系上，群内人员可能互为亲属、朋友、同事，此时微信群为亲人群、同学群、好友群、工作群等“强关系交往圈”，私密性较强。但是，微信群成员构成并非完全由用户自己决定，用户可以通过既有好友或者扫描二维码进入基本上由陌生人建立

① 该法已于 2021 年 12 月 24 日第四次修正，本案所涉第一百五十条修改为第一百五十三条，内容未作修改。

起来的微信群，因此，群内人员可能彼此陌生，此时微信群由不特定人员组成，具有较强的开放性。这就造成了微信群内强弱关系交织，同时由于人员数量、相互关系的差异导致微信群私密空间封闭性属性与网络空间开放性属性光谱模糊，微信群中的人际交往存在公共领域私人化与私人领域公共化两种表现。其次，微信群聊与生俱来就拥有信息传播速度快、到达率高、互动性强等特点，群聊发布内容也存在随意性、复杂性、易于转发等特点，造成侵权主体的复杂化、网络信息指数型传播，侵权影响范围不易控制和认定。此外，微信群聊的屏蔽、撤回等功能也造成影响范围界定不清、举证难度大等问题。

（二）微信群名誉权侵权的司法认定及责任承担

网络空间并非法外之地，微信群等互联网群组亦非法外之地，民事主体在微信群等网络空间同样需要遵守国家的法律法规，不能为所欲为。在微信群损毁他人名誉，构成名誉侵权的，当然应承担相应的法律责任。《网络安全法》第十二条规定，任何个人和组织使用网络应当遵守宪法法律，遵守公共秩序，尊重社会公德，不得利用网络编造、传播虚假信息扰乱经济秩序和社会秩序，以及侵害他人名誉、隐私、知识产权和其他合法权益。

微信群侵害名誉权属于一般侵权行为，需具备行为、过错、损害事实和因果关系四个构成要件。其中，侵害名誉权的行为是指行为人实施了侮辱、诽谤等毁损名誉行为，该行为必须有特定指向。损害后果是使受害人的社会评价降低，一般认为只要侵权内容为第三人知悉，即符合该要件。需要注意的是，微信群内人员数量、相互关系的差异，既影响对微信群言论性质的认定，也影响对损害后果的认定。如微信群仅有亲属、朋友等少数特定人员构成，即使行为人在群内对他人进行了议论，在未造成言论广泛传播的情况下，此种议论具有较强的私密性，此时为了维护言论自由，被议论者应当更加容忍。如微信群系由数量较多的不特定人员组成，则该微信群往往被认为具有“公共空间属性”，行为人需承担更高的义务和责任。因此，微信群发表不当言论名誉侵权的相关案件，审理时应该对群内成员数量以及群成员关系予以考量。

侵害名誉权的民事责任承担方式主要是消除影响、恢复名誉、赔礼道歉以及赔偿损失。其中，消除影响、恢复名誉、赔礼道歉的具体方式应当与行为的具体方式和造成的影响范围相当。《民法典》第一千条规定：“行为人因侵害人格权承担消除影响、恢复名誉、赔礼道歉等民事责任的，应当与行为的具体方式和造成的影响范围相当。行为人拒不承担前款规定的民事责任的，人民法院可以采取在报刊、网络等媒体上发布公告或者公布生效裁判文书等方式执行，产生的费用由行为人负担。”由于微信群中的不当言论首先传播于微信群内，其影响范围也首先及于微信群，因此实践中权利人往往请求侵权人在微信群中通过发布道歉内容等方式承担责任，法院亦往往予以支持。

四、辅助信息

《民法典》

第一千条 行为人因侵害人格权承担消除影响、恢复名誉、赔礼道歉等民事责任的，应当与行为的具体方式和造成的影响范围相当。

行为人拒不承担前款规定的民事责任的，人民法院可以采取在报刊、网络等媒体上发布公告或者公布生效裁判文书等方式执行，产生的费用由行为人负担。

第一千零二十四条 民事主体享有名誉权。任何组织或者个人不得以侮辱、诽谤等方式侵害他人的名誉权。

名誉是对民事主体的品德、声望、才能、信用等的社会评价。

人格权纠纷案件裁判规则第 16 条：

因信用信息错误等原因对民事主体的信用评价产生不利影响，侵害其信用相关人格权益的，受侵害的民事主体有权请求更正、删除错误信用信息，消除对信用评价的不利影响，并主张损害赔偿

【规则描述】　我国法律并未将“信用权”创设为个别人格权，而是将信用利益纳入名誉权予以保护。一般认为，征信行为涉及信用信息处理和信用评价两种关系。司法实践中，信用评价不当引起的诉讼较为少见，多数纠纷是由于信用信息错误而引起，例如商业银行向中国人民银行征信中心报送的信息有误或者超过个人不良信息的保存期限后未及时予以更正删除等。因信用信息错误等原因对民事主体的信用评价产生不利影响的，受侵害的民事主体有权请求更正、删除错误信用信息，消除对信用评价的不利影响，并主张损害赔偿。

一、类案检索大数据报告

数据采集时间：2022 年 2 月 28 日；案例来源：Alpha 案例库；案件数量：167 件。检索条件：法院认为包含“《民法典》第一千零二十九条”的民事案件。本次检索共获取 167 件裁判文书，整体情况如图 16-1 所示。从审理结果分析，法院认为商业银行侵害民事主体信用权并判令其更正、删除错误信用信息的案件有 138 件，占比 82.64%；认为未侵犯信用权案件有 13 件，占比 7.78%；重复或不相关案件 16 件，占比 9.58%。

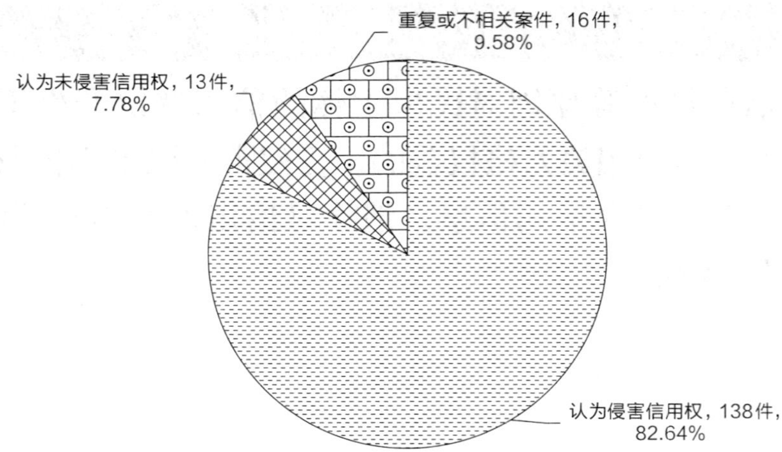

图 16-1　案件裁判结果分布情况

如图 16-2 所示，从案件年份分布情况来看，涉“信用权”侵权纠纷案件数量自《民法典》实施后开始出现。

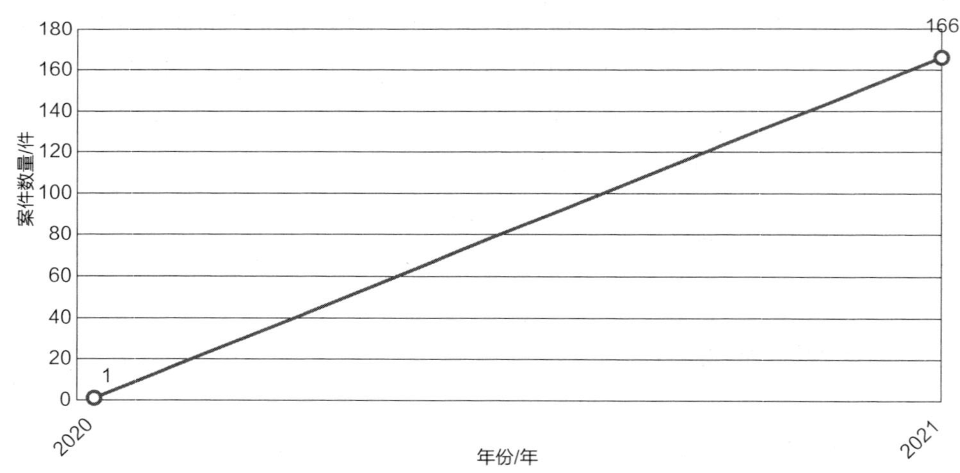

图 16-2　案件年份分布情况

如图 16-3 所示，从案件地域分布情况来看，当前涉“信用权”侵权纠纷主要集中在山东省、河南省、吉林省，分别占比 20.96%、19.16%、17.96%，其中山东省的案件量最多。

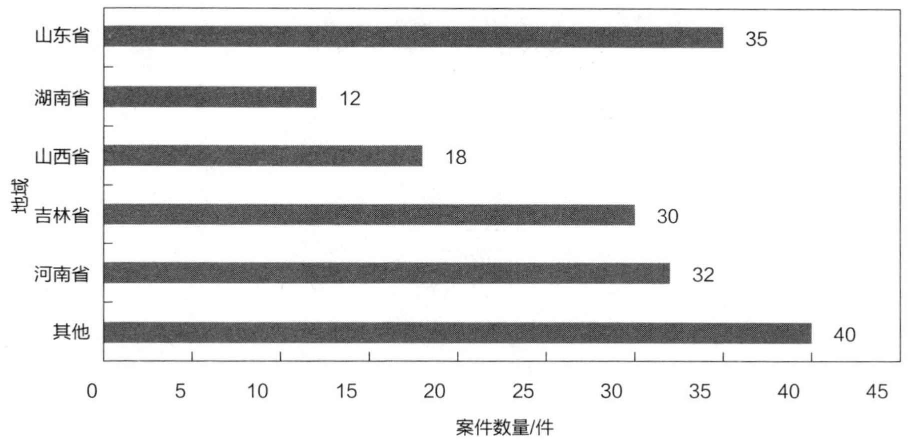

图 16–3　案件地域分布情况

如图 16–4 所示，从案件案由分布情况来看，当前涉“信用权”侵权纠纷最主要的案由是人格权纠纷，有 98 件，占七成以上，其次是合同、准合同纠纷，侵权责任纠纷。

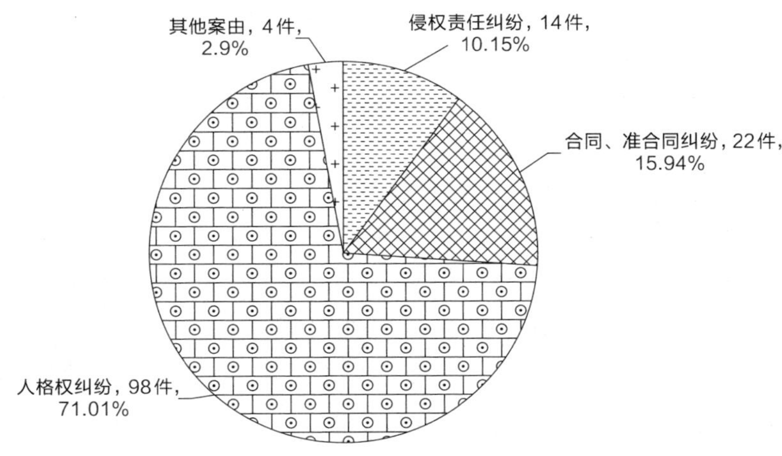

图 16–4　案件案由分布情况

如图 16–5 所示，从案件审理程序分布情况来看，涉“信用权”侵权纠纷一审案件 143 件，占比 85.63%；二审案件 24 件，占比 14.37%。

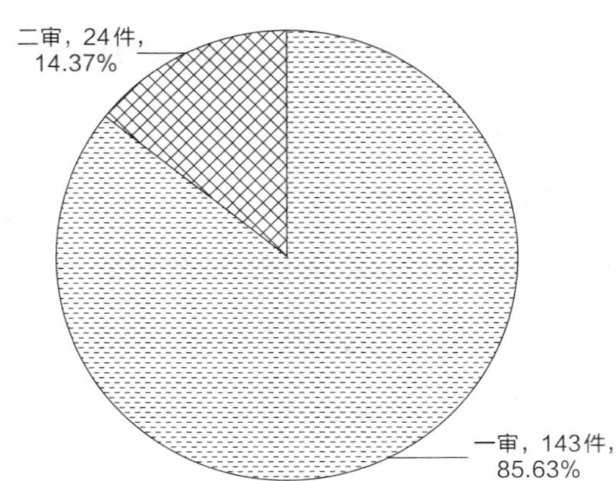

图 16-5　案件审理程序分布情况

二、可供参考的例案

例案一：梁某某与扶风县农村信用合作联社名誉权纠纷案

【法院】

陕西省扶风县人民法院

【案号】

（2021）陕 0324 民初 297 号

【当事人】

原告：梁某某

被告：扶风县农村信用合作联社

【基本案情】

2010 年 10 月 19 日，案外人谭某虎与被告扶风县农村信用合作联社（以下简称扶风信用联社）签订陕农信借字（2010）第 60197 号《借款合同》，借款金额 10 万元，借款期限自 2010 年 10 月 19 日起至 2012 年 10 月 18 日止，借款担保方式为保证。同日，原告梁某某与被告扶风信用联社签订陕农信保借字（2010）第 60197 号《保证担保合同》，为案外人谭某虎上述 10 万元借款提供保证担保。该《保证担保合同》约定：保证方式为连带责任保证，保证期间为借款到期之日起两年。上述两份合同均约定争议解决方式为诉讼。

该笔借款到期后，案外人及担保人未偿还该笔贷款。被告在保证期间曾于 2012

年10月23日、2014年3月12日，向原告进行过催收，原告在被告提供的“信用社到期逾期贷款催收通知单”上签名捺印。

原告梁某某本人2020年9月2日通过中国人民银行扶风县支行查询本人信用状况，其《个人信用报告》中在“信息概要”部分，相关还款责任信息汇总中显示“担保金额10万元，余额10万元，担保贷款五级分类为可疑”。

截至本案诉讼，原告担保的该笔借款，借款人未还款，被告扶风信用联社也未通过诉讼方式向借款人或担保人原告梁某某主张权利。

梁某某起诉请求判令被告消除原告在中国人民银行征信中心产生的不良记录、恢复原告名誉，并判令被告向原告书面道歉并赔偿原告精神损失2万元。

【案件争点】

银行是否有义务消除借款保证人不良征信记录并承担赔偿责任。

【裁判要旨】

法院审理认为，信用是民事主体包括自然人、法人、非法人组织对其所具有的经济能力，在社会上获得的信赖与评价。名誉是对民事主体品德、才能及其他素质和能力的综合社会评价。中国人民银行征信中心按照《个人信用信息基础数据库管理暂行办法》采集个人信用信息并在征信系统对外提供查询，对个人从事经济活动的社会信用有重大影响。因此，民事主体维护自身社会信用的权利属于名誉权的内容。本案原告梁某某与被告扶风信用联社签订《保证担保合同》，为案外人向被告扶风信用联社的贷款提供连带责任保证担保。依《保证担保合同》约定，担保期间自借款合同期限届满之日起两年即2012年10月18日至2014年10月17日止。被告在该担保期间内向担保人本案原告主张了债权，即从2014年3月13日起保证期间转换为诉讼时效期间。依据《民法通则》[①]规定，民事诉讼时效期间两年，被告未在该期间通过诉讼向借款人或本案担保人原告主张该权利，故被告因自己怠于行使权利丧失了从程序上和实体上对原告享有的保证债权。故原告为他人借款提供担保所应承担的担保责任，已依法免除。被告辩称，中国人民银行征信记录保存期限为5年时间，原告尚未超过5年时间，被告对不良征信记录在保留中，不应该删除，应驳回原告的诉讼请求。依据《征信业管理条例》第十六条第一款规定，征信机构对个人不良信息的保存期限，自不良行为或者事件终止之日起为5年；超过5年的，应当

① 参见《民法典》第一百八十八条第一款规定：“向人民法院请求保护民事权利的诉讼时效期间为三年。法律另有规定的，依照其规定。”

予以删除。本案不良行为或事件终止之日为诉讼时间届满时即2016年3月13日，现征信机构对不良信息的保存期限5年已满，对被告的辩称，不予采信。故原告诉请消除其在中国人民银行征信中心产生的不良记录，应予支持。根据原告信用信息查询记录，原告的信用信息并未造成较大范围的影响或扩散，故对原告要求被告恢复名誉，书面道歉的请求，不予支持。原告要求赔偿精神损失2万元，但未提交证据予以证实，对原告此项诉讼请求，不予支持。

例案二：刘某宏、周某与中国工商银行股份有限公司乐山分行侵权责任纠纷案

【法院】

四川省乐山市市中区人民法院

【案号】

（2020）川1102民初5355号

【当事人】

原告：刘某宏

原告：周某

被告：中国工商银行股份有限公司乐山分行

【基本案情】

开户日期为2004年4月15日的《储蓄存款凭证》载明：姓名刘某宏，证件号码（略），开户账号（略），存款金额1元。填表日期为2004年4月24日的《中国工商银行个人住房贷款申请审批表》载明：姓名刘某宏，申请借款金额9万元，借款用途为购置住房，借款期限为10年，首付款金额为47000元，还款账号2306××××6176，购置房屋地址为乐山市市中区房，房屋总价为137000元。"申请人"处有"刘某宏"字样的签名，该签名上捺有手印。中国工商银行股份有限公司乐山分行（以下简称工商银行乐山分行）经审查"刘某宏"一代身份证、《收款收据》（加盖有"乐山市嘉润房地产开发有限公司"字样的印章）、《借款人收入证明》《申明》《商品房买卖合同》（编号GF—2000—0171）后，于2004年4月26日与"刘某宏"签订《个人购房借款合同》。该借款合同上第二条载明的贷款用途为借款人购买坐落于乐山市市中区的住房，未填写房屋具体楼栋和单元号；第五条载明借款人授权贷款人将本合同担保生效后（或登记备案后），以借款人购房款的名义将贷款一

次划入售房者永盛建筑公司在贷款人处开立的账户，而非《商品房买卖合同》（编号GF—2000—0171）、《收款收据》上载明的“乐山市嘉润房地产开发有限公司”；第十六条、第十八条载明借款人将乐山市市中区的住房，即合同所附《抵押物清单》列示财产的全部权益抵押给贷款人，抵押人在抵押设定并登记完毕之日，将该抵押物的他项权利证书及抵押证明交存于抵押权人保管，但合同所附《抵押物清单》未填写任何内容。同日，工商银行乐山分行向“刘某宏”发放贷款9万元。此后，“刘某宏”每月向2306××××6176银行账户存款用于归还案涉借款合同项下的贷款本息，并于2007年1月10日提前还清了贷款本息。

刘某宏、周某于2011年6月9日登记结婚。2019年11月14日，刘某宏、周某通过乐山恒居房地产营销策划有限公司向案外人周某购买位于乐山市市中区的房屋，房屋总价为1538000元，定金为5万元，支付房款的方式为商业贷款，即刘某宏、周某以夫妻双方名义向银行办理商业贷款100万元，并在银行通过申请后，向周某支付剩余购房首付款488000元。

2019年12月17日，刘某宏本人在中国工商银行股份有限公司井研县支行对账号为2306××××6176的储蓄账户申请了挂失注销，并取走该银行账户内的余额1433.86元。

2020年1月10日，刘某宏、周某与中国邮政储蓄银行股份有限公司井研县支行（以下简称邮储银行井研支行）签订《个人购房／购车借款及担保合同》，主要约定：刘某宏、周某向邮储银行井研支行借款100万元用于购买乐山市市中区的房屋，贷款期限为30年，还款方式为按月等额本息还款，贷款年利率为5.39%，担保方式为抵押。双方依法办理了抵押登记后，2020年1月17日，邮储银行井研支行向刘某宏、周某发放贷款100万元。

另查明，2020年4月3日，刘某宏本人的《个人信用报告》显示：“……二、信息概要（一）信贷交易信息提示 个人住房贷款2次，首笔业务发放月份为2004年4月……三、信贷交易信息明细（一）非循环贷……账户7，管理机构为中国农业银行股份有限公司乐山分行，开立日期为2014年7月29日，到期日期为2034年7月28日，借款金额为21万元，业务种类为个人住房公积金贷款，担保方式为抵押，还款期数为240，还款频率为月，账户状态为转出，转出月份为2017年6月；账户8，管理机构为工商银行乐山分行，开立日期为2004年4月26日，借款金额为9万元，业务种类为个人住房商业贷款，担保方式为抵押，还款期数为120，还款频率为月，账户状态为结清，账户关闭日期为2007年1月10日。四、公共信息明细 住房公积金

参缴记录 参缴地为四川省乐山市，参缴日期为2017年1月9日，初缴月份为2017年1月，缴至月份2020年1月，月缴存额1963元，个人缴存比例12%，单位缴存比例12%。五、查询记录，61次机构查询，3次本人查询时间分别为2018年7月2日、2019年7月9日、2019年9月20日。”

再查明，2020年9月14日，乐山市住房公积金管理中心出具的《住房公积金缴存证明》载明：周某现缴存起止日期2013年12月到2020年8月，单位缴存比例12%，个人缴存比例12%，单位每月缴存额1537元，个人每月缴存额1537元，缴存基数12808.33元，缴存余额29939.62元。该缴存人目前在该中心无公积金贷款，当前缴存状态为正常。

又查明，个人住房公积金贷款年利率（5年以上）为3.25%。2017年3月1日至2017年12月31日期间（购买商品房的，以购房合同在房管局备案登记的时间为准，购买“二手房”的，以缴纳契税的发票上载明的日期为准），乐山市住房公积金贷款继续实行“认贷不认房”政策，前次住房公积金贷款已还清的，再次申请住房公积金贷款的视为首次申请，享受首套房政策。在乐山市行政区域范围内购买商品住房的，申请住房公积金贷款额度最高可达50万元，贷款最长期限30年（但不超过法定退休年龄后的5年），连续足额缴存住房公积金满6个月的，可以申请住房公积金个人住房贷款。2018年8月27日，乐山市住房公积金管理委员会下发《关于规范乐山市住房公积金贷款有关政策的通知》，即乐住公委〔2018〕6号文件，该通知载明：从2018年9月1日起（新建商品房以购房合同的备案时间为准，再交易现房“二手房”以契税发票时间为准），住房公积金贷款的发放对象为购买首套或二套普通自住房的缴存职工，市住房公积金管理中心不得向购买第三套及以上住房的缴存职工发放住房公积金个人住房贷款。二套房首付比例不得低于20%，贷款利率上浮10%。第三套住房的认定标准为，以房管部门登记的产权产籍记录为准，购房人（夫妻双方）在购房所在地、户籍所在地、工作所在地及住房公积金缴存地有住房产权产籍记录的，均纳入认定范围；以购房人（夫妻双方）征信报告中记载的住房贷款记录为准，无论该住房贷款是否已结清，均纳入认定范围；上述产权产籍记录及住房贷款记录，累加达到两次的，再次购房认定为第三套住房，也即“认房认贷”。

诉讼中，法院依刘某宏的申请委托四川中典司法鉴定所对《个人购房借款合同》第7页上“借款人（签字）”处“刘某宏”的签名及捺印、《个人购房借款合同》第8页上“抵押人（签字）”处“刘某宏”的签名及捺印、《储蓄存款凭证》上“姓名：刘某宏”的签名与《个人购房/购车借款及担保合同》附件3最后一页上“共同借款人（签章）”处“刘某宏”的签名及捺印、“抵押物共有人为自然人的（签名）”处“刘某宏”的签名及捺印是否为同一人书写捺印进行鉴定。四川中典司法鉴定所经鉴定后作出的《司法鉴定意见书》载明：日期为“2004年4月26日”的《个人购房借款合同》第7页上“借款人（签字）”处、第8页上“抵押人（签字）”处以及“2004-04-15”的《储蓄存款凭证》上“刘某宏”的签名字迹与日期为“2020.1.10”的《个人购房/购车借款及担保合同》上“共同借款人（签章）”处、“抵押物共有人为自然人的（签名）”处“刘某宏”的签名字迹不是同一人书写。日期为“2004年4月26日”的《个人购房借款合同》第7页、第8页“刘某宏”签名字迹处捺印的两枚指印与日期为“2020.1.10”的《个人购房/购车借款及担保合同》最后1页“刘某宏”签名字迹处捺印的两枚指印不是同一人所留。为此，刘某宏支付鉴定费14700元。

原告刘某宏、周某起诉请求判令工商银行乐山分行侵害原告的名誉权，在乐山日报上登报赔礼道歉并消除原告在中国人民银行征信系统中的记录；判令被告赔偿原告因无法使用公积金贷款而多支付的银行贷款利息193794.9元。庭审中，二原告陈述，193794.9元的计算方式为：根据中国邮政储蓄银行还款计划表中载明的借款金额为100万元，还款方式为等额本息，年利率为5.39%，贷款期限为30年，经计算，共计需支付利息1019263.63元。如果可以使用公积金贷款，则50万元使用公积金贷款30年（二套房执行年利率为3.575%）、50万元使用商业贷款30年（年利率为5.39%），需支付公积金贷款和商业贷款利息合计825468.73元。两者之间的差距就是193794.9元。原告刘某宏陈述，2014年刘某宏申请公积金贷款时不是自己查询的征信记录，所以没有发现2004年被冒名的案涉贷款。刘某宏本人是在2019年上半年的时候发现2004年被冒名的案涉贷款，为此刘某宏还投诉过工商银行乐山分行。

【案件争点】

银行是否有义务更正错误银行征信信息并赔偿因信息错误导致的经济损失。

【裁判要旨】

法院审理认为：根据《最高人民法院关于适用〈中华人民共和国民法典〉时间效力的若干规定》第二十四条“侵权行为发生在民法典施行前，但是损害后果出现在民法典施行后的民事纠纷案件，适用民法典的规定”之规定，本案中，虽然刘某宏被冒名与工商银行乐山分行签订合同的时间在2004年，刘某宏发现自己被冒名的时间在2019年，刘某宏、周某申请商业贷款的时间在2020年，但刘某宏、周某归还商业贷款的行为持续至《民法典》施行后，即损害后果持续至《民法典》施行后。

本案适用《民法典》更有利于保护民事主体的合法权益。

从本案查明的事实来看，刘某宏并非与工商银行乐山分行签订案涉《个人购房借款合同》的相对方，其《个人信用报告》中记载的“账户8，管理机构为工商银行乐山分行，开立日期为2004年4月26日，借款金额为9万元，业务种类为个人住房商业贷款，担保方式为抵押，还款期数为120，还款频率为月，账户状态为结清，账户关闭日期为2007年1月10日”，信息有误。工商银行乐山分行作为向中国人民银行征信中心报送上述信息的主体，应当向中国人民银行征信中心报送更正上述信息。

工商银行乐山分行在给“刘某宏”办理账号为2306××××6176的银行账户和发放贷款时，虽审查了身份证件等材料，但与“刘某宏”签订的《个人购房借款合同》第二条贷款用途处未填写用于贷款购买房屋的具体楼栋和单元号，未审查到“刘某宏”指定的收款账户为“永盛建筑公司”而非《商品房买卖合同》及《收款收据》上载明的“乐山市嘉润房地产开发有限公司”，未在合同所附《抵押物清单》中填写任何内容，未在发放贷款之前前往相关部门核实贷款房屋的情况，在2004年4月26日发放贷款至2007年1月10日提前结清贷款这长达近3年时间内未办理房屋抵押登记。工商银行乐山分行作为长期办理信贷业务的金融机构，明显未尽到谨慎审查义务，才未及时发现申请贷款人“刘某宏”并非刘某宏本人，工商银行乐山分行存在过错。

虽然工商银行乐山分行存在过错，但从现有证据来看，刘某宏、周某的征信并未因案涉被冒名的贷款而产生信用评价降低的情况，也不存在刘某宏、周某的品德、声望、才能等的社会评价降低，且中国人民银行的征信系统是一个相对封闭的系统，刘某宏的信用记录并未在不特定的人群中进行传播，故工商银行乐山分行并未侵害刘某宏、周某的名誉权，无需在《乐山日报》上登报赔礼道歉。

虽然工商银行乐山分行向中国人民银行征信中心报送的刘某宏的案涉征信信息有误，且就该单个错误信息可能不会给刘某宏造成损失，但当这个错误信息与刘某宏的真实个人信息聚集到一定的数量，就会形成所谓的“大数据”，给刘某宏甚至其配偶周某造成一定的影响。本案中，因乐山市公积金政策的变化，就让这一影响产生了财产价值，给刘某宏、周某造成了损失。对此损失，工商银行乐山分行理应承担赔偿责任。2019年11月14日，刘某宏、周某与案外人签订购房合同。2019年12月17日，刘某宏本人对被冒名办理的银行账户申请了挂失注销。2020年1月10日，刘某宏、周某向邮储银行井研支行申请贷款。庭审中，原告刘某宏陈述，刘某宏本人是在2019年上半年的时候发现2004年被冒名的案涉贷款。可见，刘某宏从发现自己2004年被冒名的案涉贷款到其向邮储银行井研支行申请商业贷款期间有几个月的时间，在此期间内，刘某宏在明知商业贷款利率比公积金贷款利率高的情况下，仍未先更正自己的征信系统信息后才申请商业贷款，对损失的发生亦有过错。工商银行乐山分行和刘某宏的过错结合在一起最终导致损失的产生，法院综合全案事实及侵权结果发生中不同阶段过错大小和过错性质，并结合商业贷款、公积金贷款利率差、贷款金额、贷款年限、刘某宏与周某公积金缴存情况以及刘某宏的《个人信用报告》内容，酌情认定工商银行乐山分行需赔偿刘某宏、周某损失10万元。

例案三：湖南道县农村商业银行股份有限公司与陈某英名誉权纠纷案

【法院】

湖南省永州市中级人民法院

【案号】

（2021）湘11民终1164号

【当事人】

上诉人（原审被告）：湖南道县农村商业银行股份有限公司

被上诉人（原审原告）：陈某英

【基本案情】

2020年4月底，陈某英前往银行办理信用卡时被告知其存在逾期贷款未还，已被列入征信黑名单。陈某英前往征信中心查询，结果显示其在湖南道县农村商业银行股份有限公司（以下简称道县农商银行）有一笔1万元贷款逾期未还。陈某英找到道县农商银行进行交涉，道县农商银行表示是信息录入错误导致。2020年5月13日，道县农商银行贷款30万元给陈某英，用于陈某英经营的湖南物对物生物科技有限公司资金周转及从事养殖业。2020年7月7日，被告道县农商银行向陈某英出具了一份《个人（企业）信用报告异议核查证明》，确认该1万元贷款逾期记录是信息录入错误，陈某英在该行无不良信贷记录。

另查明，陈某英于2020年3月4日注册成立了湖南物对物生物科技有限公司，主要经营业务为在淘宝平台销售医疗用品，自成立以来一直在经营，并未因征信原因导致停业。庭审中，被告道县农商银行陈述已经于2020年12月为陈某英消除了征信记录，但是没有提供相关证据。原告陈某英于2020年12月14日再次查询，仍然显示没有消除。

陈某英起诉请求判令道县农商银行立即消除因信息采集错误而导致陈某英被金融系统录入失信人员，并登报赔礼道歉恢复应该的名声消除影响；判令被告赔偿原告被录入黑名单失信人员造成的后果直接损失732692.36元。

湖南省道县人民法院一审认为：本案属名誉权纠纷。公民、法人享有名誉权，公民的人格尊严受法律保护，禁止用侮辱、诽谤等方式损害公民、法人的名誉。道县农商银行将没有贷款的陈某英作为贷款人，并将其列入不良征信名单，系工作失误，客观上会使陈某英的名誉受损，也会对陈某英及其公司的经营活动产生不利影响，故道县农商银行应当对陈某英名誉受损承担侵权责任。道县农商银行错误将陈某英列入不良征信名单，对陈某英的信用评价造成了一定影响，应当立即消除该不良记录，对陈某英的该项诉讼请求，法院予以支持。但该不良记录并未在社会上大范围公开发布，知晓的人不多，影响不大，无需登报道歉。

对于陈某英损失的认定。陈某英成立公司、经营网店投入资金和运营费用属于正常的经营成本，不能认定为损失，且陈某英提供的转账记录显示，其在2020年11月、12月都与其他公司有业务往来，淘宝店铺也能正常销售，说明其公司仍然可以对外经营，并未完全停业。公司在经营期间产生的成本不能认定为损失，即使公司停业，其库存货物也能进行处理，并不能认定为损失。因此，陈某英将其公司的运营费、装修费、员工工资、房租、水电费、库存货物等都列入损失没有依据，也不符合客观事实，法院不予支持。陈某英主张的请人消除征信问题费用8万元，没有证据证实，也不符合法律规定，法院不予支持。考虑到本次不良记录确实会对陈某英的生活及生产经营活动产生不利影响，且陈某英于2020年4月底发现不良记录找到道县农商银行进行交涉，道县农商银行于2020年5月13日向陈某英发放30万元贷款，2020年7月7日出具个人征信异议核查证明，直到2020年12月陈某英的不良征信记录仍然没有消除，说明道县农商银行对于自己的错误侵权行为没有积极进行纠正，对陈某英的正常生活、经营造成持续不利影响，道县农商银行应当承担相应的赔偿责任。陈某英为处理本次纠纷，多次与道县农商银行交涉，造成了一定的误工费、交通费损失，并存在一定精神损害。造成根据本案涉及金额的大小、持续时间以及影响范围，法院酌定由道县农商银行赔偿陈某英经济损失2万元。道县农商银行主张名誉权属于人格权，侵害人格权只存在精神损害，不存在经济损失的主张，没有法律依据，法院不予采纳。

道县农商银行不服一审判决提起上诉。

【案件争点】

银行错误录入、怠于更正民事主体逾期偿还贷款相关征信信息，是否应承担名誉权侵权责任。

【裁判要旨】

湖南省永州市中级人民法院审理认为：名誉是对民事主体的品德、声望、才能、信用等的社会评价，侵犯公民名誉权应当承担侵权责任。《民法典》第一千零二十九条规定，民事主体可以依法查询自己的信用评价；发现信用评价不当的，有权提出异议并请求采取更正、删除等必要措施。信用评价人应当及时核查，经核查属实的，应当及时采取必要措施。本案中，上诉人道县农商银行错误将陈某英列入不良征信名单之中，致其信用评价降低，对其生活、经商等方面造成一定不良影响；且在陈某英向该行反映错误事实后，上诉人没有及时采取更正、删除等措施，致侵权行为持续至一审诉讼终结。故上诉人应当承担立即消除影响，并赔偿损失的侵权责任。陈某英起诉赔偿金额高达70余万元，一审法院考虑侵权行为持续时间和影响范围等因素，综合确定2万元赔偿金额，符合案件实际情况，故上诉人提出"判决结果没有事实依据，也没有法律依据，应当撤销"的上诉理由，法院不予采信。

三、裁判规则提要

（一）涉信用名誉权

信用是对民事主体的经济能力包括经济状况、生产能力、产品质量、债务履行能力等方面的评价。[①]《民法典》第一千零二十四条第二款规定，名誉是对民事主体的品德、声望、才能、信用等的社会评价。因此，我国法律并未将"信用权"创设为个别人格权，而是将信用利益纳入名誉权予以保护。但信用利益与名誉权在权利客体、侵权主体、侵害方式及救济方式等方面具有一定的区别，因此《民法典》以第一千零二十九条、第一千零三十条两个条文对其专门作出了规定。《民法典》第一千零二十九条规定："民事主体可以依法查询自己的信用评价；发现信用评价不当的，有权提出异议并请求采取更正、删除等必要措施。信用评价人应当及时核查，经核查属实的，应当及时采取必要措施。"第一千零三十条规定："民事主体与征信机构等信用信息处理者之间的关系，适用本编有关个人信息保护的规定和其他法律、

① 王利明：《试论人格权的新发展》，载《法商研究》2006年第5期。

行政法规的有关规定。”

一般认为，征信行为涉及信用信息处理和信用评价两种关系。信用信息是信用评价的基础，信用评价则是征信机构基于对信用信息的处理而产生的评估意见。因此，信用信息存在是否真实准确的问题，而信用评价本身没有对错，但基于错误信息或标准所形成的评价可能存在“信用评价不当”。因此，有观点认为，基础信息的错误应当适用个人信息保护的规则，但是基于基础信息进行的评价应当适用信用评价规则。对于基础信息错误导致的评价错误，受害人可以请求更正基础信息，也可以寻求信用评价不当的救济。① 信用评价需纳入名誉权保护，信用信息则纳入个人信息保护。②

由此可见，《民法典》第一千零二十九条主要是对“信用评价”的规定，第一千零三十条主要是对“信用信息”的规定。依照第一千零二十九条规定，民事主体享有对自身信用评价的查询权，以及对不当信用评价的异议权和请求更正、删除的权利；相应地，征信机构、信用评价人等则负有协助查询、及时核查以及依法更正、删除等义务。第一千零三十条关于信用信息保护的法律规定则属于准用性规则，还需要具体援引《民法典》关于个人信息保护的规定，以及其他法律、行政法规的有关规定，例如，国务院2013年施行的《征信业管理条例》、中国人民银行2005年公布的《个人信用信息基础数据库管理暂行办法》等。

（二）涉信用名誉权侵权纠纷

从司法实践来看，信用评价不当的司法案例极为少见，多数纠纷是由于信用信息错误而引起。这其中主要分为三类：第一类是商业银行向中国人民银行征信中心报送的信息有误，信息有误是因为个人信贷交易信息等产生于第三人对权利人名义的冒用，银行往往负有审查过失。第二类也是商业银行报送信息有误，但是由于银行自己员工错误输入等操作失误原因导致，银行亦负有责任。第三类则是征信信息超过保存期限后，征信机构或信息提供者未及时删除引起的纠纷。《征信业管理条例》第十六条第一款规定：“征信机构对个人不良信息的保存期限，自不良行为或者事件终止之日起为5年；超过5年的，应当予以删除。”

---

① 参见王利明、程啸：《中国民法典释评·人格权编》，中国人民大学出版社2020年，第372~374页。

② 参见最高人民法院民法典贯彻实施工作领导小组主编：《中华人民共和国民法典人格权编理解与适用》，人民法院出版社2020年版，第321页。

（三）涉信用名誉权的法律救济

信用作为一种人格利益，兼具精神利益及财产利益的双重内容。[①] 信用被侵害，被害人不但可能遭受丧失交易或者获得贷款机会、增加交易成本等财产损失，同时可能遭受精神损害。涉信用名誉权的侵权被害人依法可以主张保护请求权及损害赔偿请求权。

在保护请求权方面，信用利益与名誉权受损的救济方式存在差异。二者虽然都可以采用修复信用或者恢复名誉的方式予以救济，但是对名誉的恢复主要通过消除影响、恢复名誉的方式，对信用的恢复则主要通过更正、删除相关信用信息记录的方式实现。在司法案例中，法院以“征信系统是一个相对封闭的系统，受害人信用记录并未在不特定人群中进行传播”为由，未对受害人要求被告恢复名誉、书面道歉的请求予以支持。

在损害赔偿请求权方面，受害人可能主张丧失交易机会、增加交易成本、澄清维权费用等财产损失，以及精神损害赔偿。值得注意的是，侵害涉信用名誉权的精神损失往往难以衡量，因此，许多司法判决中赔偿数额往往由法院酌定。在有的司法裁判中，法院也会以“征信系统是一个相对封闭的系统，受害人信用记录并未在不特定人群中进行传播，不会造成社会评价降低”为由，对精神损害赔偿不予支持。

四、辅助信息

《民法典》

第一千零二十四条　民事主体享有名誉权。任何组织或者个人不得以侮辱、诽谤等方式侵害他人的名誉权。

名誉是对民事主体的品德、声望、才能、信用等的社会评价。

第一千零二十九条　民事主体可以依法查询自己的信用评价；发现信用评价不当的，有权提出异议并请求采取更正、删除等必要措施。信用评价人应当及时核查，经核查属实的，应当及时采取必要措施。

第一千零三十条　民事主体与征信机构等信用信息处理者之间的关系，适用本编有关个人信息保护的规定和其他法律、行政法规的有关规定。

---

① 参见王泽鉴:《人格权法法释义学、比较法、案例研究》，北京大学出版社2013年版，第165页。

第一千零三十七条 自然人可以依法向信息处理者查阅或者复制其个人信息；发现信息有错误的，有权提出异议并请求及时采取更正等必要措施。

自然人发现信息处理者违反法律、行政法规的规定或者双方的约定处理其个人信息的，有权请求信息处理者及时删除。

《征信业管理条例》

第十六条 征信机构对个人不良信息的保存期限，自不良行为或者事件终止之日起为5年；超过5年的，应当予以删除。

在不良信息保存期限内，信息主体可以对不良信息作出说明，征信机构应当予以记载。

第十七条 信息主体可以向征信机构查询自身信息。个人信息主体有权每年两次免费获取本人的信用报告。

《个人信用信息基础数据库管理暂行办法》

第十六条 个人认为本人信用报告中的信用信息存在错误（以下简称异议信息）时，可以通过所在地中国人民银行征信管理部门或直接向征信服务中心提出书面异议申请。

中国人民银行征信管理部门应当在收到异议申请的2个工作日内将异议申请转交征信服务中心。

第十七条 征信服务中心应当在接到异议申请的2个工作日内进行内部核查。

征信服务中心发现异议信息是由于个人信用数据库信息处理过程造成的，应当立即进行更正，并检查个人信用数据库处理程序和操作规程存在的问题。

第十八条 征信服务中心内部核查未发现个人信用数据库处理过程存在问题的，应当立即书面通知提供相关信息的商业银行进行核查。

第十九条 商业银行应当在接到核查通知的10个工作日内向征信服务中心作出核查情况的书面答复。异议信息确实有误的，商业银行应当采取以下措施：

（一）应当向征信服务中心报送更正信息；

（二）检查个人信用信息报送的程序；

（三）对后续报送的其他个人信用信息进行检查，发现错误的，应当重新报送。

人格权纠纷案件裁判规则第 17 条：

当事人因个人银行征信信用评价不当，向人民法院提出异议并请求采取更正、删除等必要措施的，人民法院应予支持，相关金融机构应予配合，但当事人仅因征信报告有误主张名誉受损请求赔偿却无其他明确损害结果的，人民法院一般应不予支持

【规则描述】　银行征信是自然人信用的重要组成部分，对于自然人进行各项经济社会活动具有重要参考价值。个人征信严重影响自然人申办贷款、申领信用卡等重要经济活动。个人征信由人民银行掌握，自然人发现自身征信出现异议，多为名下信用卡或贷款为他人冒名顶替办理导致，各商业银行或金融机构在相关经济金融领域应尽到审慎审查自然人身份的义务，也应防止他人冒名顶替办理金融业务。因此，面对本就属于金融机构失误导致自然人信誉评价受到损害的结果，金融机构更有义务及时上报人民银行，进行自然人征信的准确评估并作出修改。

但是，自然人征信评估报告属于人民银行掌握的内部数据，并非对全社会公开开放，故相关评估结果并不为社会大众所知悉，不会影响自然人的社会评价和名望声誉，故自然人仅以名誉受损为由向人民法院提起诉讼要求赔偿，却没有发生实际损害结果的，人民法院应不予支持。

一、类案检索大数据报告

数据采集时间：2022 年 3 月 13 日；案例来源：Alpha 案例库；案件数量：209 件。本次检索获取 2022 年 3 月 13 日前共 209 篇裁判文书。从自然人主张征信问题侵犯了其名誉权的裁判结果来看，有 74 件案件可进行统计，制作图 17–1。从图中可以看出，人民法院支持其主张，认为自然人错误征信报告影响其名誉权的案件仅有 13 件，占比 17.57%；认为相关情况不影响自然人名誉权因而不予支持其诉求的有 61 件，占比 82.43%。

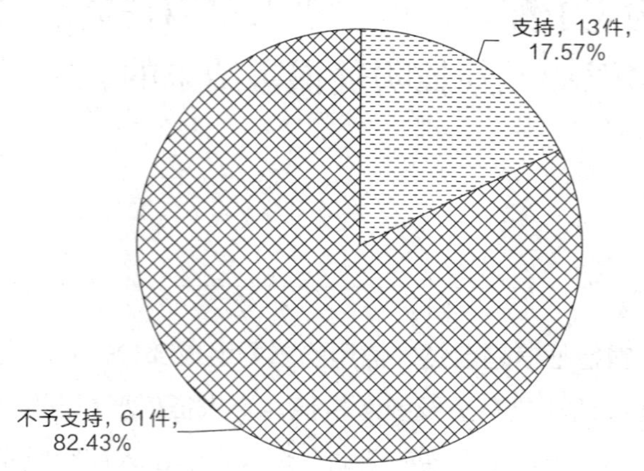

图 17–1　法院是否认可相关行为侵害名誉权分布情况

如图 17–2 所示，从案件年份分布情况可以看出当前条件下案件数量的变化趋势。

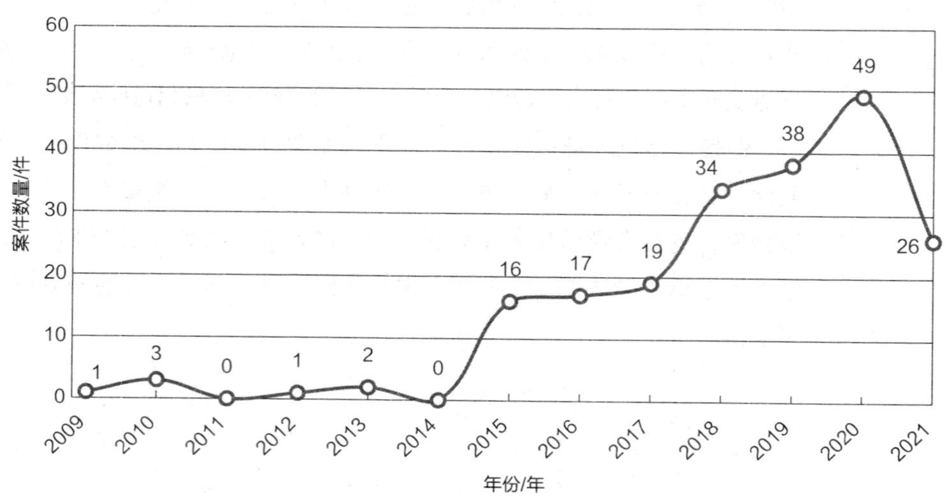

图 17–2　案件年份分布情况①

① 截至 2022 年数据统计期有 3 件案件，除去 2022 年的 3 件案件，共 206 件案件，以年份分布图呈现。

如图 17-3 所示，从案件地域分布情况来看，当前案例主要集中在河南省、辽宁省、湖南省，分别占比 17.7%、12.92%、9.09%。其中，河南省的案件量最多，达到 37 件。

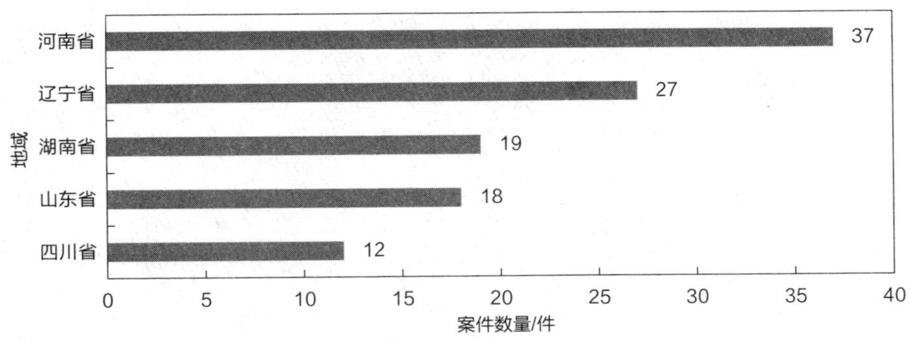

（注：图表只列举了统计排名前 5 的省份案件数量，未逐一列明）

图 17-3　案件地域主要分布情况

如图 17-4 所示，从个人征信被侵权的客体角度来看，一般人格权纠纷、名誉权纠纷、其他人格权纠纷是最为主要的三个，其次是姓名权纠纷，隐私权、个人信息保护纠纷。其中，名誉权纠纷案件 82 件，占比 39.23%，一般人格权纠纷案件 84 件，占比 40.19%。

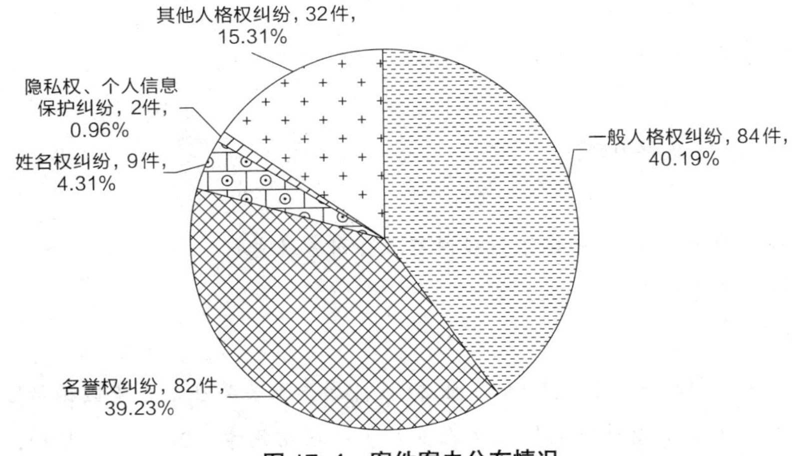

图 17-4　案件案由分布情况

如图 17-5 所示，从案件审理分布情况可以看出，人格权纠纷下当前的审理程序分布状况。一审案件有 140 件，占比 66.99%；二审案件有 64 件，占比 30.62%；再审案件有 4 件，占比 1.91%；其他案件有 1 件，占比 0.48%。

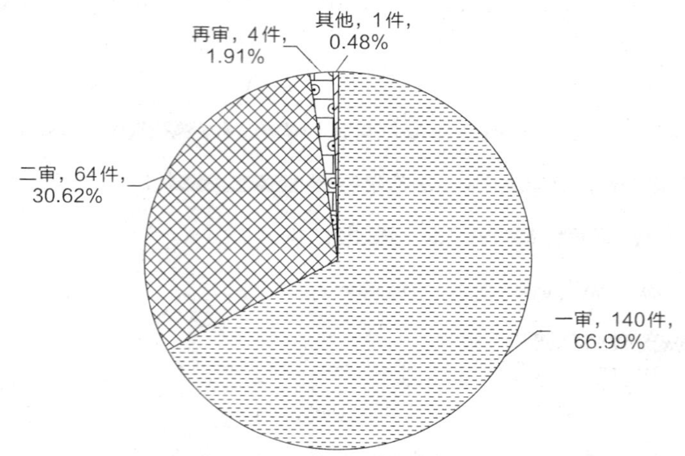

图 17-5　案件审理程序分布情况

二、可供参考的例案

例案一：中国银行股份有限公司涟源支行与王某某名誉权纠纷案

【法院】

湖南省娄底市中级人民法院

【案号】

（2016）湘 13 民终 93 号

【当事人】

上诉人（原审被告）：中国银行股份有限公司涟源支行

被上诉人（原审原告）：王某某

【基本案情】

一审法院经审理查明：2014 年 5 月 20 日，原告王某某在被告中国银行股份有限公司涟源支行（以下简称中国银行涟源支行）办理信用卡。2014 年 6 月初，刘某志利用其中国银行涟源支行大堂经理的身份，以帮助原告王某某升级信用卡额度为名，骗取原告王某某的该信用卡及密码套现 3.9982 万元，至今未还。2015 年 3 月 19 日，涟源市人民法院以（2014）涟刑初字第 422 号刑事判决书认定上述事实，并以信用卡诈骗罪判处刘某志有期徒刑六年。2015 年 10 月 23 日，原告王某某在银行贷款时被告知其中国银行信用卡存在信用不良记录，无法贷款。2015 年 10 月 30 日，王某某向中国人民银行征信中心查询个人信用报告，报告显示“透支超过 60 天的准贷记卡账户明细如下：2014 年 5 月 20 日中国银行湖南省分行发放的准贷记卡（人民币账户）。截至 2015 年 8 月，信用额度 4 万元，透支余额 54542 元。最近 5 年内有 10 个月透支超过 60 天，其中 9 个月透支超过 90 天”。2015 年 11 月 3 日，原告王某某起诉至涟源市人民法院。

一审法院经审理认为：原告王某某在被告中国银行涟源支行办理信用卡，刘某志利用其被告大堂经理的身份，骗取原告信用卡及密码进行套现，至今未还，上述事实已经法院生效法律文书予以认定。刘某志的该犯罪行为导致原告王某某信用卡出现逾期违约情形，进而产生信用不良记录，应与原告王某某无关。被告中国银行涟源支行在明知这一情形的前提下，理应积极采取措施，将该情况上报到中国人民银行征信中心，但直到庭审当天，被告仍未将该情况予以上报，此时距法院查清事实已将近 8 个月，被告行为主观上明显存在过错；原告在中国人民银行征信中心存在信用不良记录，必然影响社会对原告名誉的公正评价，导致原告名誉受损，且实际已导致原告无法贷款，增加了原告从事商业活动的成本，这一损害后果与被告中国银行涟源支行未及时消除原告该信用不良记录之间存在直接因果关系，被告中国银行涟源支行的该行为已经侵犯了原告王某某的名誉权。由于被告中国银行涟源支行怠于为原告消除信用不良记录的行为导致原告名誉受损，已实际构成侵权，故被告应当赔偿原告损失。由于该信用不良记录的存在导致原告无法贷款，并影响社会对原告的信用评价，故中国银行涟源支行应积极采取措施为原告王某某消除该信用不良记录。

二审法院查明的事实与一审法院查明的事实一致。

【案件争点】

一审法院认定被告侵权是否适当。

【裁判要旨】

湖南省娄底市中级人民法院经审理后认为，公民的信用权是指民事主体对其经济能力在社会上获得的相应信赖与评价所享有的保有和维护的具体人格权，信用权保护的是民事主体关于经济能力和诚信状况的评价。本案王某某在中国银行涟源支行办理信用卡，刘某志利用其在中国银行涟源支行担任大堂经理的身份，骗取王某某的信用卡及密码进行套现，没有将款项按时归还。中国银行涟源支行明知这一情况，没有积极采取措施为王某某消除信用不良记录，导致王某某的信用评价降低，致王某某无法贷款，增加了王某某从事商业活动的成本。中国银行涟源支行的不作为行为主观上存在过错，其行为与对王某某造成的损害后果之间存在直接因果关系，侵犯了王某某的名誉权，故原审责令由中国银行涟源支行向有关机构申请并撤销王某某涉案信用卡中2014年6月、7月发生的信用不良记录，并酌情判决赔偿王某某精神损害抚慰金1万元的处理适当。

例案二：邱某某与捷信消费金融有限公司、中国人民银行征信中心名誉权纠纷案

【法院】

重庆市沙坪坝区人民法院

【案号】

（2020）渝0106民初23234号

【当事人】

原告：邱某某

被告：捷信消费金融有限公司

被告：中国人民银行征信中心

【基本案情】

重庆市沙坪坝区人民法院依法查明如下事实：2015年1月26日，被告捷信消费金融有限公司（以下简称捷信公司）受理了一份个人消费贷款申请，该申请表载明消费贷款内容中商品类型为摩托车，商品型号为JH125T-10，贷款本金3000元，分期期数12期，每月还款额367元，首次还款日为2015年2月26日。申请办理贷款人在被告捷信公司的《个人消费贷款申请表》《消费信贷合同条款与条件》《借款人须知》《授权书》《收据》、邱某某的身份证及中国建设银行卡复印件上签署了“邱某某”字样的签名，落款时间为2015年1月26日。2015年1月28日，被告捷信公司按照贷款合同发放了3000元贷款本金至合同约定的摩托车商家账户内。

2018年11月17日至2020年11月17日期间，被告捷信公司分别于2020年4月18日、2020年6月17日、2020年9月3日、2020年10月1日以贷后管理为由对邱某某进行了征信信息查询。2020年10月中旬，被告捷信公司电话联系邱某某，要求其偿还贷款。因邱某某未按时偿还上述贷款，被告捷信公司向被告中国人民银行征

信中心（以下简称征信中心）上报了不良征信记录的信息，被告征信中心按照被告捷信公司报告的信息进行了记录。

2020年10月18日，邱某某通过银行查询得知自己有不良征信记录，报警未果。邱某某未联系被告征信中心要求删除、修改本人的不良征信记录，直接向法院提起本案诉讼。

另查明，原告邱某某于2015年2月3日申领了其身份证，申领原因记载为证件丢失补领。原告邱某某于2019年9月14日在南京银行股份有限公司办理了409元的借款。

审理中，被告捷信公司于2021年1月向征信中心提交了撤销原告邱某某不良征信记录的申请，被告征信中心已经消除了邱某某因该次贷款消费相关的全部记录。

原告邱某某向法院提出诉讼请求：（1）判决两被告删除原告在金融信用信息基础数据库中的不良记录。（2）判决两被告连带赔偿原告误工费、交通费、律师费等各项经济损失共计1万元。（3）判决两被告连带赔偿原告精神损害抚慰金5000元。（4）本案诉讼费用由两被告承担。

【案件争点】

本案是否系一般人格权纠纷，涉案不良征信记录是否会导致原告的社会评价降低、名誉受到侵害。

【裁判要旨】

重庆市沙坪坝区人民法院认为，关于本案是否属一般人格权纠纷。本案原告在庭审中主张其起诉基础是一般人格权纠纷，其理由为原告的个人评价被降低。法院认为，《最高人民法院关于适用〈中华人民共和国民法典〉时间效力的若干规定》第四条规定，《民法典》施行前的法律事实引起的民事纠纷案件，当时的法律、司法解释仅有原则性规定而《民法典》有具体规定的，适用当时的法律、司法解释的规定，但是可以依据《民法典》具体规定进行裁判说理。《民法典》第一千零二十四条第二款规定，名誉是对民事主体的品德、声望、才能、信用等的社会评价。根据《民事案件案由规定》的规定，人格权纠纷为一级案由，名誉权纠纷为二级案由。本案法律事实虽发生于《民法典》生效前，但结合《民法典》相关规定和原告起诉事实及理由中所称“导致原告个人信用评价被降低”，可以认定原告主张其遭受侵害的权益，实质上为名誉权损害。在有符合条件的、明确的二级案由时，不宜再以一级案由认定本案法律关系，故法院确定本案系名誉权纠纷案件。

关于被告捷信公司报送至征信中心登记的不良征信记录是否会导致原告的社会

评价降低，名誉受到侵害。法院认为是否构成名誉侵权，应根据被告有无过错、原告遭受的实际损失、过错与损害之间有无因果关系等因素综合判断。原告的名誉权是否受损，重点在于不良征信信息是否会降低原告的社会评价。《征信业管理条例》第十八条第一款规定："向征信机构查询个人信息的，应当取得信息主体本人的书面同意并约定用途。但是，法律规定可以不经同意查询的除外。"可见征信记录并非对社会公众公开的信息，通常并不为不特定多数人所知晓，近两年也无案外人查询原告的征信记录。原告也未举示证据证明自己的社会评价因该记录而降低，且原告在 2019 年在南京银行股份有限公司办理贷款时也未受阻碍。故不能认定原告的社会评价因此降低以及其名誉权因此受到损害的事实存在。被告征信中心根据被告捷信公司的申请，在本案审理过程中就已采取了删除不良征信记录的措施，原告要求二被告删除不良记录的诉讼请求已无履行的必要，故对原告该项诉讼请求，法院不予支持。

本案中，原告并未举示充足的证据证明二被告的行为侵害了原告的名誉权，也未举示充足的证据证明其因侵权产生的实际损失大小。对原告要求二被告承担侵权赔偿责任的诉讼请求，法院不予支持。

例案三：陈某某与兴业银行股份有限公司、兴业银行股份有限公司西安分行名誉权纠纷案

【法院】

陕西省西安市雁塔区人民法院

【案号】

（2017）陕 0113 民初 13526 号

【当事人】

原告：陈某某

被告：兴业银行股份有限公司

被告：兴业银行股份有限公司西安分行

【基本案情】

陕西省西安市雁塔区人民法院认定如下事实：原告陈某某系大连运通水产有限公司（以下简称运通公司）的法定代表人。2015 年 2 月 2 日，陕西海正实业发展有限责任公司（以下简称海正公司）与运通公司签订《海参购销合同》，约定海正公司

向运通公司购买海参，合同金额为26096500元。2015年6月29日，海正公司与被告兴业银行股份有限公司西安分行（以下简称兴业银行西安分行）签订《流动资金借款合同》，海正公司向被告借款2000万元用于支付货款。2015年6月29日，海正公司填写《提款申请书》，委托被告兴业银行西安分行将借款2000万元支付给运通公司用于支付货款。

2015年4月9日，原告向被告兴业银行西安分行出具《授权书》，授权被告兴业银行西安分行根据国务院《征信业管理条例》，向国家设立的金融信用信息基础数据库以及其他依法设立的征信机构查询、打印、保存、使用原告的信用报告，授权事项及用途包括贷款审批，用于贷前调查、贷款审查审批；贷后管理，用于已发放贷款、信用卡等业务的贷后管理。原告同意在不违反法律和行政法规的禁止性规定的前提下，同意并授权被告兴业银行西安分行采集并向国家设立的金融信用信息基础数据库以及其他依法设立的征信机构报送原告本人的个人信息，包括个人基本信息和信贷业务交易等相关信用信息，具体内容依据国家设立的金融信用信息基础数据库以及其他依法设立的征信机构要求报送的客户信息和业务信息等确定。原告还同意被告兴业银行西安分行上级机构基于本《授权书》第一条所述业务及用途，需要采集、查询、打印、保存和使用原告本人信用信息的行为，亦属于本《授权书》的授权范围。原告向被告出具《授权书》后，被告兴业银行西安分行根据原告的授权，于2015年4月9日查询了原告的个人征信，在征信系统中查询原因为贷款审批。2015年5月5日，原告再次向被告兴业银行西安分行出具《授权书》，授权事项同2015年4月9日的委托事项一致。被告兴业银行西安分行再次根据原告的授权，于2015年5月5日查询了原告的个人征信，在征信系统中查询原因为贷款审批。

原告请求判令：（1）二被告在省内不少于5家知名报刊媒体上公开发表对原告的赔礼道歉函，消除影响；（2）二被告停止侵权行为；（3）二被告赔偿原告精神损失人民币1万元；（4）本案诉讼费用由二被告承担。

【案件争点】

被告行为是否侵犯了原告的名誉权，是否应承担精神损害赔偿。

【裁判要旨】

陕西省西安市雁塔区人民法院经审理认为，侵害公民名誉权是侵害公民人格权的一种，属于一般侵权，其构成需具备不法侵害行为、过错、因果关系以及损害后果四个要件。《审理名誉权案件解答》第七条规定，对于侵害名誉权责任应任何认定，认为是否构成侵害名誉权的责任，应当根据受害人确有名誉被损害的事实、行为人行为违法、违法行为与损害后果之间有因果关系、行为人主观上有过错来认定。以书面或者口头形式侮辱或者诽谤他人，损害他人名誉的，应认定为侵害他人名誉权。本案中，被告兴业银行西安分行根据原告的授权，查询原告的个人征信，并不属于侵害原告的名誉权的行为。《民法通则》第一百零一条[①]规定："公民、法人享有名誉权，公民的人格尊严受法律保护禁止用侮辱、诽谤等方式损害公民、法人的名誉。"《最高人民法院关于贯彻执行〈中华人民共和国民法通则〉若干问题的意见（试行）》第一百四十条第一款规定："以书面、口头等形式宣扬他人的隐私，或者捏造事实公然丑化他人人格，以及用侮辱、诽谤等方式损害他人名誉，造成一定影响的，应当认定为侵害公民名誉权的行为。"据此，"侮辱、诽谤"等积极加害行为才构成对公民名誉权的侵害。被告兴业银行西安分行根据原告授权查询原告的个人信息，并不属于"侮辱、诽谤"；不属于侵权行为构成要件中的"不法侵害公民名誉权"。且被告兴业银行西安分行不存在侵害原告名誉权的"过错"。本案中，兴业银行西安分行根据原告的授权进行查询，并不存在主观过错。本案不存在原告名誉权受损的后果。侵害名誉权的方式应是捏造、散布虚伪事实，后果则是导致社会公众对该公民社会评价的降低。本案中，被告兴业银行西安分行依据国务院《征信业管理条例》和中国人民银行《银行信贷登记咨询管理办法（试行）》的规定，登录中国人民银行金融信用基础数据库查询原告的个人征信，社会公众未经授权不能获取此信息。中国人民银行的征信系统是一个相对封闭的系统，具有一定保密性。只有本人或金融机构获得本人书面同意，或者相关政府部门因法定事由才能对该系统内的记录进行查询，这些记录并未在不特定的人群中进行传播，不会造成原告的社会评价降低，故不能认定存在原告名誉受损的后果。可见，本案并不存在侵害原告名誉权的后果。本案不存在加害行为与损害后果的因果关系。作为侵权行为构成要件的因果关系，是不法侵害行为与损害后果之间存在的、前者引起后者发生的客观联系。因被告兴业银行西安分行不存在加害原告名誉权的不法行为，该因果关系要件当然也就不存在。综上所述，被告兴业银行西安分行的行为不符合侵害名誉权的构成要件，故原告诉请无事实及法律依据，法院不予支持。

---

① 参见《民法典》第一百一十条规定："自然人享有生命权、身体权、健康权、姓名权、肖像权、名誉权、荣誉权、隐私权、婚姻自主权等权利。法人、非法人组织享有名称权、名誉权和荣誉权。"

三、裁判规则提要

个人信用对自然人的社会生活尤其是经济金融等社会活动具有重要影响。央行征信机构从信用信息产生的源头采集信息，具体来说，个人征信信息主要来自两类机构，一是商业银行等提供信贷业务的机构，二是个人住房公积金中心、个人养老保险金等其他个人信用评估机构。

个人信用，实质上是信用权，是一个独立的人格权。有学者认为，虽然将信用权划分在名誉权的立法章节中，但《民法典》第一千零二十九条实际上是对于信用权的变相规定，不能当然地将个人征信业务纠纷等同于名誉权纠纷。《民法典》采取适用名誉权的规定进行间接保护，即用保护名誉权的方法保护信用权。事实上，信用权是一个独立的具体人格权，与名誉权不仅基本内容不完全相同，保护的程度和方法也有所不同。

（一）信用权概念辨析

所谓信用权，是指民事主体享有并支配其信用及其利益的人格权，或者是自然人、法人或者非法人组织对其所具有的经济活动及其能力的良好评价所享有的权利。[①] 随着市场经济的发展，信用逐渐作为一种人格利益受到保护。[②] 在民法上，信用权具有四个特点：

1. 主体的多样性。信用权的主体既可以是自然人，也可以是法人和非法人组织，因为信用是所有民事主体广泛从事经济活动的前提。而对自然人信用的损害不仅仅造成对财产利益的损害，还会造成对自然人精神利益的损害。[③]

2. 客体的特殊性。信用权的客体是信用利益，是对民事主体人格的经济能力的综合评价。[④] 信用本身也是一种可以量化的信息，可以通过一定的符号表示信用的好坏程度和高低水平。[⑤] 由于信用本身是不断变化的，所以信用权的内容也随着民事主体的财产状况和信用情况而发生变化。

---

① 参见王利明：《人格权重大疑难问题研究》，法律出版社 2019 年版，第 587 页。

② 参见［德］冯·巴尔：《欧洲比较侵权法》（上卷），张新宝译，法律出版社 2002 年版，第 62 页。

③ 参见李新天、朱琼娟：《论“个人信用权”——兼谈我国个人信用法制的构建》，载《中国法学》2003 年第 5 期。

④ 参见杨立新等：《论信用权及其损害的民法救济》，载《法律科学》1995 年第 4 期。

⑤ 参见程合红：《商事人格权论》，中国人民大学出版社 2002 年版，第 98 页。

3. 人身和财产的双重属性。信用权同时包含精神利益和经济价值。一方面，信用权体现了社会对于当事人的经济能力的评价，具有很强的人格属性，与当事人的人身利益紧密相关；另一方面，信用权体现着财产属性，应归入无形财产的范围。

4. 一定的支配属性。当事人作为信用权的主体，有权对其信用加以支配，可以利用自己的信用获得一定的经济利益，并排斥他人的干涉和不法侵害。但这种支配权是有限的，不可能像财产权那样被随意处分，也不可能在信用权人死亡后进行继承。信用权本身不可与主体分离而单独转让。

（二）信用权与名誉权的联系与区别

信用权与名誉权的关系十分密切。《民法典》甚至将信用权的有关规定编写在了名誉权的章节中。不少学者甚至认为信用权可以包括在名誉权之中。① 我国司法实践一般也采用名誉权的方式间接保护信用权。如江苏省高级人民法院就曾明确指出："信用权属于名誉权范围，是民事主体就其所具有的经济能力在社会上获得相应依赖与评价，所享有其保有和维护的人格权。"② 信用权与名誉权确有相似之处，信用本身可以表现为一种良好的名誉，同名誉权一样，都属于社会评价的范畴。但还应清楚地看清二者的区别：

1. 评价的内容不同。名誉权主要是社会公众对其人格的道德评价，信用权则主要是对权利人经济能力的评价。名誉权的范围相比信用权而言比较宽泛，包括权利人在道德，经济等各方面的社会评价。信用权则是对民事主体的经济能力的社会评价，较为特定且单一。通俗而言，侵犯某人的信用权可以理解为是负面评价其支付能力，但并不一定代表负面评价其人格、道德等层面。③ 因此，在前文所述案例中，人民法院据此认为"个人信用报告存在于中国人民银行的征信系统中，该系统相对封闭，除其本人持有公民身份证件依法调取或相应的国家机关依照法定程序可以获取外，普通民众等无法取得原告的个人信用报告。金融机构提供信息使权利人信用报告中存在信用不良的记录并未使权利人的正面社会评价人为降低，也未产生较为严重的后果，故无法认定侵害了其名誉权"，也不难得以理解。

2. 侵权方式与修复方式不同。侵害名誉权的主要方式是侮辱与诽谤，而侵害信

---

① 参见王泽鉴：《侵权行为法》（第 1 册），中国政法大学出版社 2001 年版，第 114 页。

② 参见江苏省高级人民法院（2015）淮中民终字第 01990 号民事判决书。

③ 参见杨立新主编：《民商法理论争议问题——精神损害赔偿》，中国人民大学出版社 2004 年版，第 384 页。

用权的主要方式是虚假陈述或错误记载。就修复方式而言。二者皆可采用修复信用或恢复名誉的方式予以救济，但名誉权的恢复主要采用消除影响、恢复名誉的方式，而信用权的修复则要通过更正相关的信用记录的方式予以实现。

3. 侵害后果不同。侵害名誉权的行为通常会导致受害人社会评价的降低，但是在侵害信用权的情形下，并不一定导致权利人社会评价的降低。侵害自然人名誉权时，受害人主要遭受的是精神损害，而在侵害自然人信用权的情形下，主要是造成自然人信用降低，受害人主要遭受的是财产损失，而非精神层面的损失。

（三）信用权受侵害的补救

信用权主体，依法[①]享有获取和知悉自身信用信息的权利、修正不当信用信息的权利、投诉权利以及起诉权利。换言之，民事主体可以依法查询自己的信用评价，征信机构不得拒绝，发现信用评价错误的，有权提出异议，并要求采取更正、删除等必要措施，以保持对信用权人信用评价资料和评价结论的正确性。

征信机构，也即信用评价人有权征集民事主体的信用信息，进行加工，供他人使用，这是加强诚信建设所必需的。每一个主体在接受征信机构征集信用信息的同时，也享有权利。[②]征信机构应当接受权利人对自己的信用评价的查询，对于权利人提出的异议，应当及时核查，对异议经核查属实的，应当及时采取必要措施，予以纠正，对权利人保持正常的客观、准确评价。同样地，侵害当事人信用权的金融机构，也应充分配合征信中心的调查取证工作，及时准确提供相关材料，配合征信中心做好当事人信用情况的信息修改工作。

四、辅助信息

《民法典》

第一千零二十九条　民事主体可以依法查询自己的信用评价；发现信用评价不当的，有权提出异议并请求采取更正、删除等必要措施。信用评价人应当及时核查，经核查属实的，应当及时采取必要措施。

① 我国现有民事法律体系中未作出明显规定，此处应依据国务院 2013 年出台的《征信业管理条例》来执行。

② 参见杨立新主编：《中国民法典释义与案例评注：人格权编》，中国法制出版社 2020 年版，第 313 页。

《征信业管理条例》

第四条第一款 中国人民银行（以下称国务院征信业监督管理部门）及其派出机构依法对征信业进行监督管理。

第五条 本条例所称征信机构，是指依法设立，主要经营征信业务的机构。

第十一条 征信机构应当按照国务院征信业监督管理部门的规定，报告上一年度开展征信业务的情况。

国务院征信业监督管理部门应当向社会公告经营个人征信业务和企业征信业务的征信机构名单，并及时更新。

第十三条第一款 采集个人信息应当经信息主体本人同意，未经本人同意不得采集。但是，依照法律、行政法规规定公开的信息除外。

第十四条第二款 征信机构不得采集个人的收入、存款、有价证券、商业保险、不动产的信息和纳税数额信息。但是，征信机构明确告知信息主体提供该信息可能产生的不利后果，并取得其书面同意的除外。

第十六条 征信机构对个人不良信息的保存期限，自不良行为或者事件终止之日起为5年；超过5年的，应当予以删除。

在不良信息保存期限内，信息主体可以对不良信息作出说明，征信机构应当予以记载。

第十七条 信息主体可以向征信机构查询自身信息。个人信息主体有权每年两次免费获取本人的信用报告。

第十八条 向征信机构查询个人信息的，应当取得信息主体本人的书面同意并约定用途。但是，法律规定可以不经同意查询的除外。

征信机构不得违反前款规定提供个人信息。

第十九条 征信机构或者信息提供者、信息使用者采用格式合同条款取得个人信息主体同意的，应当在合同中作出足以引起信息主体注意的提示，并按照信息主体的要求作出明确说明。

第二十条 信息使用者应当按照与个人信息主体约定的用途使用个人信息，不得用作约定以外的用途，不得未经个人信息主体同意向第三方提供。

第二十五条 信息主体认为征信机构采集、保存、提供的信息存在错误、遗漏的，有权向征信机构或者信息提供者提出异议，要求更正。

征信机构或者信息提供者收到异议，应当按照国务院征信业监督管理部门的规定对相关信息作出存在异议的标注，自收到异议之日起20日内进行核查和处理，并将结果书面答复异议人。

经核查，确认相关信息确有错误、遗漏的，信息提供者、征信机构应当予以更正；确认不存在错误、遗漏的，应当取消异议标注；经核查仍不能确认的，对核查情况和异议内容应当予以记载。

第四十四条　本条例下列用语的含义：

（一）信息提供者，是指向征信机构提供信息的单位和个人，以及向金融信用信息基础数据库提供信息的单位。

（二）信息使用者，是指从征信机构和金融信用信息基础数据库获取信息的单位和个人。

（三）不良信息，是指对信息主体信用状况构成负面影响的下列信息：信息主体在借贷、赊购、担保、租赁、保险、使用信用卡等活动中未按照合同履行义务的信息，对信息主体的行政处罚信息，人民法院判决或者裁定信息主体履行义务以及强制执行的信息，以及国务院征信业监督管理部门规定的其他不良信息。

《民事侵权精神损害赔偿责任解释》

第五条　精神损害的赔偿数额根据以下因素确定：

（一）侵权人的过错程度，但是法律另有规定的除外；

（二）侵权行为的目的、方式、场合等具体情节；

（三）侵权行为所造成的后果；

（四）侵权人的获利情况；

（五）侵权人承担责任的经济能力；

（六）受理诉讼法院所在地的平均生活水平。

《个人信用信息基础数据库管理暂行办法》

第三条　个人信用数据库采集、整理、保存个人信用信息，为商业银行和个人提供信用报告查询服务，为货币政策制定、金融监管和法律、法规规定的其他用途提供有关信息服务。

第六条　商业银行应当遵守中国人民银行发布的个人信用数据库标准及其有关要求，准确、完整、及时地向个人信用数据库报送个人信用信息。

第七条 商业银行不得向未经信贷征信主管部门批准建立或变相建立的个人信用信息基础数据库提供个人信用信息。

第八条 征信服务中心应当建立完善的规章制度和采取先进的技术手段确保个人信用信息安全。

第九条 征信服务中心根据生成信用报告的需要，对商业银行报送的个人信用信息进行客观整理、保存，不得擅自更改原始数据。

第十一条 商业银行发现其所报送的个人信用信息不准确时，应当及时报告征信服务中心，征信服务中心收到纠错报告应当立即进行更正。

第十二条 商业银行办理下列业务，可以向个人信用数据库查询个人信用报告：

（一）审核个人贷款申请的；

（二）审核个人贷记卡、准贷记卡申请的；

（三）审核个人作为担保人的；

（四）对已发放的个人信贷进行贷后风险管理的；

（五）受理法人或其他组织的贷款申请或其作为担保人，需要查询其法定代表人及出资人信用状况的。

第十五条 征信服务中心可以根据个人申请有偿提供其本人信用报告。

征信服务中心应当制定相应的处理程序，核实申请人身份。

第二十条 征信服务中心收到商业银行重新报送的更正信息后，应当在2个工作日内对异议信息进行更正。

异议信息确实有误，但因技术原因暂时无法更正的，征信服务中心应当对该异议信息作特殊标注，以有别于其他异议信息。

人格权纠纷案件裁判规则第 18 条：

银行经过自然人本人授权或者同意之后，可以查询自然人的征信情况，若因某银行多次查询该人征信情况导致其征信报告出现异常，影响其申请贷款、办理信用卡等业务的，自然人可以基于隐私权，要求银行承担侵权责任

【规则描述】　个人征信内容属于个人信息的一部分。很多银行征信岗位人员征信信息安全和风险防范意识淡薄，为个人征信查询用户被盗和客户信息的大量泄漏埋下巨大隐患。根据《个人信用信息基础数据库管理暂行办法》的规定，银行只有经过当事人的书面授权，才能查询客户的个人信用信息。需要查询自然人征信情况的，应当经过自然人本人授权或者同意，若银行工作人员未经客户授权或同意，私自多次查询自然人征信情况，导致自然人征信状态出现异常，给自然人造成损失的，构成侵权，自然人可基于隐私权起诉该银行及工作人员，要求征信机构承担侵权责任。

一、类案检索大数据报告

数据采集时间：2022 年 3 月 14 日；案例来源：Alpha 案例库；案件数量：20 件。本次检索获取 2022 年 3 月 14 日前共 20 篇裁判文书。案件裁判结果分布情况如图 18–1 所示，根据裁判结果，银行在得到当事人授权或者同意之后，可以合法查询自然人征信，从银行是否基于隐私权承担侵权责任的角度来看，法院认为银行应当承担隐私权侵权责任的案件 2 件，占比 10%；法院认为银行不因为隐私权承担侵权责任的案件 7 件，占比 35%。

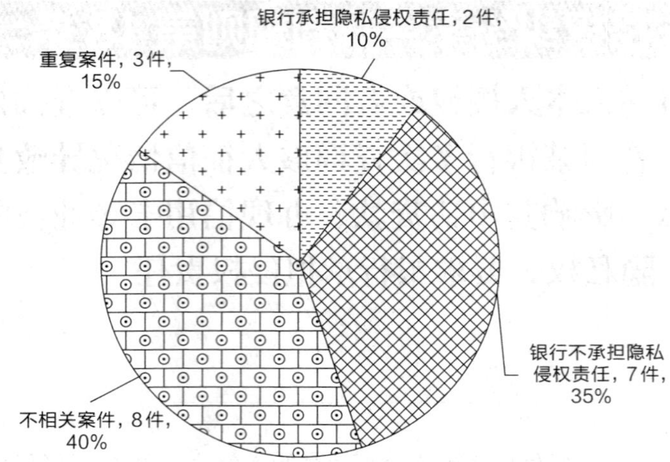

图 18-1　案件裁判结果分布情况

如图 18-2 所示，从案件年份分布情况可以看出，当前条件下案件数量的变化趋势。

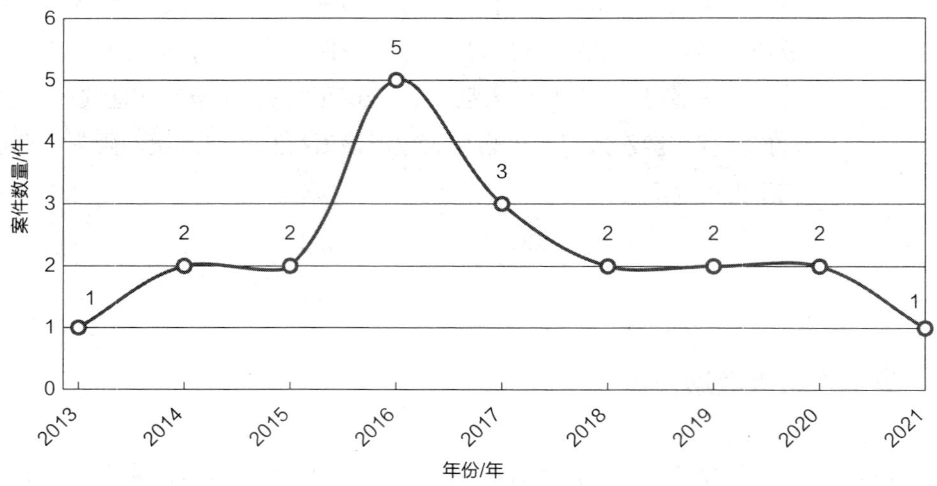

图 18-2　案件年份分布情况

如图 18-3 所示，从案件地域分布情况来看，当前条件下案件主要集中在广东省、福建省、浙江省，其中广东省和福建省的案件数量最多，均达到 5 件，占比约 25%。

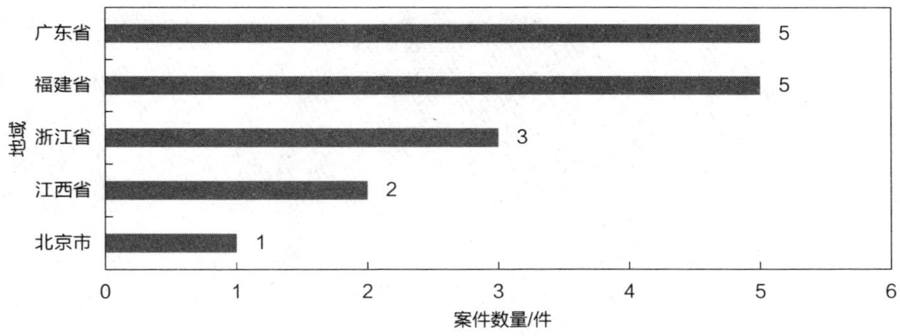

（注：该图只列举了部分地区案件数量，未逐一列明）

图 18–3　案件主要地域分布情况

如图 18–4 所示，从案件案由分类情况可以看出，当前条件下案件的案由分布由多至少分别是人格权纠纷 11 件，占比约为 55%；侵权责任纠纷 6 件，占比约为 30%；合同、准合同纠纷 3 件，占比约为 15%。

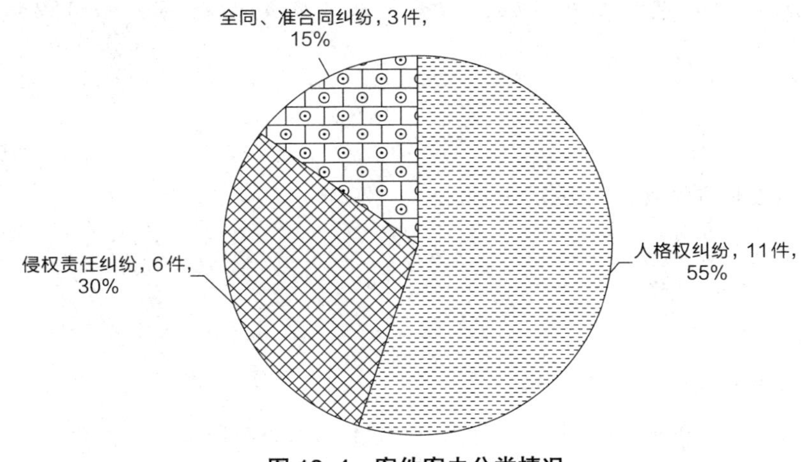

图 18–4　案件案由分类情况

如图 18–5 所示，从案件审理程序分布情况可以看出，当前条件下案件的审理程序分布由多至少分别是一审案件 13 件，占比约 65%；二审案件 7 件，占比约 35%。

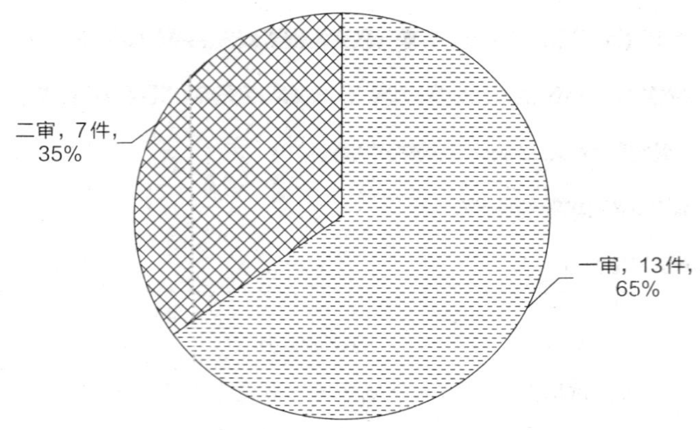

图 18-5　案件审理程序分布情况

二、可供参考的例案

例案一：李某林与浙江乐清联合村镇银行股份有限公司等隐私权纠纷案

【法院】

浙江省温州市中级人民法院

【案号】

（2020）浙 03 民终 5800 号

【当事人】

上诉人（原审原告）：李某林

被上诉人（原审被告）：浙江乐清联合村镇银行股份有限公司

被上诉人（原审被告）：浙江乐清联合村镇银行股份有限公司大荆支行

【基本案情】

2019 年 4 月 30 日，案外人干某彬向浙江乐清联合村镇银行股份有限公司大荆支行（以下简称村镇银行大荆支行）借款 100 万元，借款期限为 2019 年 4 月 30 日起至 2020 年 4 月 24 日止［借款合同号：乐联银（2019）2660×××］。李某林作为共同还款人签署了共同债务确认书。2019 年 12 月 16 日，干某彬还本 999900 元及利息 26144 元；2020 年 4 月 24 日还本 100 元。2020 年 3 月 5 日，李某林向村镇银行大荆支行申请办理贷款业务，2020 年 3 月 23 日，李某林签署了新版信用报告查询授权书，不可撤销地授权浙江乐清联合村镇银行股份有限公司（以下简称乐清村镇银行）在办理下列信贷业务时，可以根据《征信业管理条例》等有关规定，通过中国人民银行个人信用信息基础数据库查询、打印、保存其基本信息信用报告：用于本人（及配偶）融资申请，本人（及配偶）作为担保人，其他乐清村镇银行认为需要查询其信用状况的。授权期限为2020年3月23日至贷款等融资业务债务清偿完毕止。2020年3月24日乐清村镇银行以贷款审批为由，查询了李某林的个人征信报告。2020年4月10日又以贷后管理为由，查询了李某林的个人征信报告。

【案件争点】

被告多次查询原告李某林的个人征信是否侵害了李某林的隐私权。

【裁判要旨】

一审法院认为，隐私权是自然人享有的对其个人的、与公共利益无关的个人信息、私人活动和私有领域进行支配的具体人格权。隐私权的客体包括私人活动、个人信息和个人领域。个人征信报告中有部分信息属于个人信息，属于受隐私权保护的客体。李某林向村镇银行大荆支行申请贷款，并于2020年3月23日出具了授权书，授权乐清村镇银行查询其个人征信，授权范围包括其他乐清村镇银行认为需要查询其信用状况的。在其作为共同债务人的乐联银（2019）2660×××借款合同的贷款未还清的情况下，乐清村镇银行在授权范围内分别于2020年3月24日和4月10日，分别以贷款审批和贷后管理为由查询李某林个人征信，有事实和法律依据。综上，李某林主张乐清村镇银行、村镇银行大荆支行分别于2020年3月24日和4月10日，分别以贷款审批和贷后管理为由查询其个人征信报告侵权缺乏事实和法律依据，故对李某林请求一审法院确认乐清村镇银行、村镇银行大荆支行查询李某林个人征信报告的行为侵犯了李某林的隐私权，乐清村镇银行、村镇银行大荆支行向李某林书面赔礼道歉、消除影响、赔偿精神抚慰金的诉讼请求，不予支持。

二审法院认为，2019年4月30日，李某林向村镇银行大荆支行出具一份《共同债务确认书》，对于借款人干某彬自2019年4月30日至2020年4月24日期间内在该行获取的最高融资限额100元的借款确认为借款人与其本人的共同债务。2020年3月23日，李某林为了向乐清村镇银行申请贷款，向该行出具了《新版信用报告查询授权书》，授权乐清村镇银行查询其个人征信，授权范围包括审核其本人（及配偶）融资申请，对已发放的个人融资款项以及其本人所担保的融资款项进行贷后风险管理的，其他乐清村镇银行认为需要查询其本人信用状况的。故一审认定在李某林作为共同债务人的乐联银（2019）2660×××借款合同的贷款未还清的情况下，乐清村镇银行在授权范围内分别于2020年3月24日和4月10日，分别以贷款审批和贷后管理为由查询李某林个人征信，具有事实和法律依据，并未侵害李某林的隐私权，认定正确，法院予以支持。村镇银行大荆支行凭已过授权期限的征信查询授权书在2019年4月28日、2019年5月17日进行查询属于违规查询的事实，已经中国人民银行乐清市支行予以确认且亦拟对其该行为作出行政处罚，但是由于银行在办理信贷业务时必须要查询个人的征信信息，故虽然村镇银行大荆支行在业务操作中存在违规查询的行为，鉴于其主观上不存在恶意且亦未将李某林的个人信息予以泄露或公开，李某林在本案中亦未提供他任何证据证明村镇银行大荆支行的查询行为给其造成不良的影响，因此，李某林主张乐清村镇银行、村镇银行大荆支行查询其个人征信报告的行为侵犯了李某林的隐私权以及村镇银行大荆支行从审批、发放该笔贷款至今，都未获得李某林的书面授权，缺乏事实和法律依据，法院不予支持。

例案二：卓某葱与武平县农村信用合作联社隐私权纠纷案

【法院】

福建省龙岩市中级人民法院

【案号】

（2016）闽08民终1426号

【当事人】

上诉人（原审原告）：卓某葱

被上诉人（原审被告）：武平县农村信用合作联社

【基本案情】

卓某葱的个人征信信息显示，2015年5月12日，武平县农村信用合作联社用户名为lywpgr07的用户以贷后管理为由，在该社管理的局域网以外的电脑上对卓某葱的征信进行查询，该次查询未经卓某葱的授权。卓某葱与武平县农村信用合作联社没有业务往来。武平县农村信用合作联社接到卓某葱投诉后，即以计算机信息系统被非法侵入为由向武平县公安局报案，现武平县公安局已立案侦查，案件在侦查中。卓某葱的个人征信还被除武平县农村信用合作联社外的其他多家金融机构查询。一审法院认为，公民的隐私权是指自然人享有的对其个人的、与公共利益无关的个人信息、私人活动和私有领域进行支配的一种人格权。因此，本案案由应变更为隐私权纠纷。行为人因为过错侵害他人民事权益，应当承担侵权责任。本案中，虽然卓某葱主张武平县农村信用合作联社在未经其授权的情况下查询了卓某葱的个人征信，但结合包括武平县农村信用合作联社在内多家金融机构的用户端均有查询卓某葱的个人征信这一非正常事实，以及这些金融机构与卓某葱都没有业务往来，再有武平县农村信用合作联社就卓某葱的个人征信被查询一事已向公安机关报警等情况，可以认定卓某葱的个人征信被查询，并非武平县农村信用合作联社员工所实施的，也不在其管辖的局域网用户内实施的，武平县农村信用合作联社没有过错。卓某葱也未提供证据证明其个人征信被查询后，给其造成了实际损失，卓某葱征信被列入黑户与武平县农村信用合作联社不存在必然的因果关系。

【案件争点】

因黑客入侵武平县农村信用合作联社的计算机系统，导致原告卓某葱的个人征信被多次查询，武平县农村信用合作联社是否需要承担相应责任。

【裁判要旨】

一审法院认为，公民的隐私权是指自然人享有的对其个人的、与公共利益无关的个人信息、私人活动和私有领域进行支配的一种人格权。因此，本案案由应变更为隐私权纠纷。行为人因为过错侵害他人民事权益，应当承担侵权责任。本案中，虽然卓某葱主张武平县农村信用合作联社在未经其授权的情况下查询了卓某葱的个人征信，但结合包括武平县农村信用合作联社在内多家金融机构的用户端均有查询卓某葱的个人征信这一非正常事实，以及这些金融机构与卓某葱都没有业务往来，再有武平县农村信用合作联社就卓某葱的个人征信被查询一事已向公安机关报警等情况，可以认定卓某葱的个人征信被查询，并非武平县农村信用合作联社员工所实施的，也不在其管辖的局域网用户内实施的，武平县农村信用合作联社没有过错。卓某葱也未提供证据证明其个人征信被查询后，给其造成了实际损失，卓某葱征信被列入黑户与武平县农村信用合作联社不存在必然的因果关系。综上所述，卓某葱未能提供有效的证据证明其个人征信被查询后，有实际损害结果的发生，且与其个人征信没有必然的因果关系。

二审法院认为，侵害隐私权属一般侵权行为，根据《侵权责任法》第六条第一款[①]“行为人因过错侵害他人民事权益，应当承担侵权责任”的规定，其构成要件包括行为人违反法律规定实施了侵害他人隐私权的行为、行为人主观上存在过错、行

① 参见《民法典》第一千一百六十五条第一款规定：“行为人因过错侵害他人民事权益造成损害的，应当承担侵权责任。”

为人的行为对被害人造成损害、行为人的行为与被害人所受损害存在因果关系。卓某葱虽然举证证明了武平县农村信用合作联社用户名为 lywpgr07 的用户未经其授权以贷后管理为由查询其个人征信一次，但鉴于此次查询系在双方无任何业务关系下发生于非武平县农村信用合作联社管理的用户端，在同一时期卓某葱的个人征信被多地不同金融机构以同种方式查询的非正常情况，以及事后武平县农村信用合作联社以计算机系统被非法侵入为由向公安机关报案的事实，武平县农村信用合作联社主张其及员工未违法查询卓某葱个人征信的抗辩理由成立。同时，卓某葱无证据证明武平县农村信用合作联社用户名为 lywpgr07 用户的查询行为与其无法向金融机构申请信用贷款、个人信誉度降低存在因果关系。因此，卓某葱主张武平县农村信用合作联社侵害其隐私权，证据不足，不予采纳。

例案三：杨某秋与中国邮政储蓄银行股份有限公司深圳分行隐私权纠纷案

【法院】

广东省广州市深圳市中级人民法院

【案号】

（2016）粤 03 民终 4854 号

【当事人】

上诉人（原审原告）：杨某秋

被上诉人（原审被告）：中国邮政储蓄银行股份有限公司深圳分行

【基本案情】

2013 年 6 月 3 日，被告在没有合法授权的情况下，查询了原告的个人信用报告，该次查询在原告个人信用报告中的查询记录中留痕。2015 年 3 月 13 日，原告登录中国人民银行征信中心网站，打印个人信用报告时，发现被告于 2013 年 6 月 3 日，以“贷款审批”为由，非法查询原告个人征信。之后，原告要求被告就事件作出交代并书面道歉，被告一直敷衍。2015 年 5 月 13 日，原告到中国人民银行深圳市中心支行授权点，再次打印信用报告，确定被告非法查询的事实。由于信用报告内容涉及个人身份信息、家庭居住信息、贷款信息和银行卡信息，属于个人隐私。被告的行为侵犯了原告的个人隐私，给原告及家人造成了精神和物质损失。2015 年 6 月 4 日，中国人民银行深圳市中心支行在给原告的答复中称：“中国邮政储蓄银行股份有限公司深圳分行无法提供2013年6月3日查询记录对应的查询授权书，属违规查询你个人信用报告。我行认为中国邮政储蓄银行股份有限公司深圳分行在征信查询中存在不合规定的行为，我行将要求中国邮政储蓄银行股份有限公司深圳分行进行整改，并进行后续问责。”

【案件争点】

银行在没有合法授权的情况下，查询了原告的个人信用报告，导致其个人信用报告中留痕，银行是否应当向原告赔偿精神损害抚慰金。

【裁判要旨】

一审法院认为，隐私权是民事权益的一种，受法律保护，侵害他人民事权益，应当承担侵权责任。个人征信报告中含有大量的不宜公开的个人信息，属于个人隐私，被告在没有合法授权或其他法定理由的前提下，查询原告的个人征信报告，侵害了原告的隐私权，应当承担侵权责任。具体到承担责任的方式，原告要求被告书面道歉的诉请，原审法院予以支持。考虑到被告的侵权行为比较轻微，没有给原告造成严重的精神损害，故原告请求被告支付精神损害抚慰金的诉请原审法院不予支持。原告要求被告向征信中心提出特殊标注，消除非法查询给原告造成的不良影响，属于恢复原状、消除影响的范围，法院予以支持。

二审法院认为，按照我国法律规定，侵害他人人身权益，造成他人严重精神损害的，被侵权人可以请求精神损害赔偿。对于本案争议的问题，法院认为：第一，上诉人主张因为其个人征信报告中有被上诉人的查询记录导致其此后申请信用卡、提高信用卡额度被拒，仅有上诉人自己的陈述，并无客观证据予以证明。第二，被上诉人以“贷款审批”为由查询上诉人的个人征信状况，并不必然导致其他银行解读上诉人信用报告时认为其申请贷款被拒，因申请贷款后除了存在批准或拒批的情形，也存在因申请人自行撤回申请而实际未贷款的情形，且银行拒批贷款的原因亦有多方面，并不能当然认为贷款被拒的原因系申请人有不良信用记录。第三，《征信业管理条例》规定，征信业监督管理部门对违规查询个人信息的机构进行相应处罚，并不能以此证明被查询的个人必然因此遭受严重精神损害。第四，被上诉人违规查询上诉人的信用报告在上诉人的信用报告中留痕，并非在上诉人的信用报告中标注不良信用记录，不足以影响其他银行对上诉人的名誉和信用的客观公正评价，亦无证据证明对上诉人从事商业活动及其他社会活动具有不良影响。综上，上诉人未能提供充分证据证明被上诉人的违规查询行为致上诉人的信用和名誉受到损害，造成上诉人严重的精神损害，上诉人诉请被上诉人赔偿精神损害抚慰金缺乏事实依据，原审法院未予支持并无不当。

例案四：田某童与徐某娜、中国人民银行营业管理部、中国农业银行股份有限公司北京市分行隐私权纠纷案

【法院】

北京市丰台区人民法院

【案号】

（2017）京0106民初11344号

【当事人】

原告：田某童

被告：徐某娜

被告：中国人民银行营业管理部

被告：中国农业银行股份有限公司北京市分行

【基本案情】

2015年1月22日、3月11日，徐某娜未经田某童授权利用中国农业银行股份有限公司北京房山支行（以下简称农行北分房山支行）的电脑查询田某童个人信用报告两次，徐某娜时为农行北分房山支行的员工。2016年4月29日，徐某娜调入中国农业银行股份有限公司北京市分行（以下简称农行北分）。中国人民银行营业管理部（以下简称人行管理部）主张其为个人征信异议受理机构，并非建设、运行和维护机构，金融信用基础数据库的建设、运行和维护机构为中国人民银行征信中心，该中心依法向商业银行提供征信系统的查询端口，提供信用信息服务。人行管理部提交的中国人民银行征信中心官网的网络截图显示，中国人民银行征信中心作为直属事业单位专门负责企业和个人征信系统（即金融信用信息基础数据库，又称企业和个人信用信息基础数据库）的建设、运行和维护。人行管理部提交的国家事业单位登记管理局官网查询专栏截图显示，中国人民银行征信中心的宗旨和业务范围为“为商业银行及有关方面提供企业和个人信用信息服务。企业和个人信用信息基础数据库建设与运行维护，征信业务知识培训与咨询服务”。田某童、农行北分、徐某娜认可上述截图的真实性。

田某童的个人信用报告包括身份证号、出生日期、婚姻状况、手机号码、居住信息、工作单位、单位地址等信息。信用报告显示地址为北京市丰台区芳星园三区

× 号 × 的居住信息更新日期为 2015 年 10 月 30 日；地址为房山区。农行北分据此主张徐某娜在 2015 年 1 月和 3 月查询田某童的信息报告时，上述信息尚未产生。信用报告显示手机号码的数据发生机构为北京农村商业银行，而报告中数据发生机构同为北京农村商业银行的信息包括学位和地址为北京市丰台区芳星园三区 × 号 × 的居住地址信息，而该居住地址信息的更新日期为 2015 年 10 月 30 日，人行管理部和农行北分认为个人只有在银行有业务时才会报相关信息，田某童的手机号码和北京市丰台区芳星园三区 × 号 × 的信息均发生在北京农村商业银行，故手机号码信息的产生日期应为 2015 年 10 月 30 日，徐某娜查询田某童信用报告时，手机号码的信息尚未产生。徐某娜主张其与田某童在 2014 年发生纠纷，后由派出所进行处理，其在派出所获知了田某童的手机号码。

田某童提交照片，证明其三角架、摩托车损害情况，年画和春联损害情况；提交视频，证明徐某娜向其充电桩小便的情况。提交田某童与案外人的通话录音，证明其电话常被徐某娜的朋友骚扰。

【案件争点】

没有取得信息主体本人的书面同意并约定用途，向征信机构查询个人信息的行为是否合法有据。

【裁判要旨】

法院认为，隐私权是公民享有的私人生活安宁与私人信息依法受到保护，不被他人非法侵扰、知悉、搜集、利用、公开的人格权，公民的隐私权受法律的保护，侵犯公民隐私权应承担侵权责任。侵犯隐私权，应具备侵权责任构成的一般要件，即需具备违法行为、损害事实、因果关系和主观过错四个要件。《征信业管理条例》规定，向征信机构查询个人信息的，应当取得信息主体本人的书面同意并约定用途。但是，法律规定可以不经同意查询的除外。征信机构不得违反前款规定提供个人信息。本案中，徐某娜未经田某童同意查询田某童的个人信用报告，不具有合法性，并且主观上存在过错。

田某童提交的个人信用报告显示地址为北京市丰台区芳星园三区 × 号 × 的信息更新时间为 2015 年 10 月 30 日，地址为房山区，徐某娜查询田某童信用报告的时间为 2015 年，田某童提交的证据不足以证明徐某娜非法查询时，上述信息已经产生。田某童主张徐某娜查询其信用报告后外传其个人信息，对此其提交了通话录音为证，但由于录音中案外人的身份无法核实，法院难以审核该证据的真实性，故田某童主张徐某娜外传其信用报告的事实，证据不足，法院不予认定。田某童主张徐某娜查询其信用报告后伙同他人对其人身威胁并推搡，扯碎其对联、年画，对其门户进行打砸，但其提交的证据亦不足以证明上述事实的发生。故田某童主张被告侵犯其隐私权，证据不足，法院不予支持。田某童主张徐某娜损坏其新能源汽车充电线及支撑充电桩汽车连接端的国产三脚架的事实，不属于隐私权案件审理范围，其可就该损失另行起诉解决。

例案五：孙某东与平安银行股份有限公司、深圳市鑫富源投资咨询有限公司隐私权纠纷案

【法院】

广东省深圳市福田区人民法院

【案号】

（2016）粤0304民初24741号

【当事人】

原告（上诉人）：孙某东

被告（被上诉人）：平安银行股份有限公司

被告（被上诉人）：深圳市鑫富源投资咨询有限公司

【基本案情】

被告深圳市鑫富源投资咨询有限公司（以下简称鑫富源公司）系从事贷款中介服务的公司，与被告平安银行股份有限公司（以下简称平安银行）存在业务合作关系。

2016年11月，被告鑫富源公司的业务员拨打原告电话，询问原告是否需要贷款，原告认为自己的隐私权受到侵害，为方便取证，借口需要进一步商谈来到被告鑫富源公司的办公场所，并用手机对商谈过程进行了偷拍。其间，原告按照被告鑫富源公司业务员的要求签署了一份《平安银行个人征信授权书》，载明："本人因向平安银行申请信贷业务，授权平安银行在其信贷业务申请阶段及业务存续期间，向金融信用信息基础数据库和其他经国务院征信业监督管理部门批准设立的征信机构查询本人个人信息及信用信息，用于本人信贷业务申请与后续管理。本人在此申明已知悉并理解上述授权条款。"被告鑫富源公司的业务员通过微信将经原告签名确认《平安银行个人征信授权书》拍照后发送给被告平安银行，并让原告手持《平安银行个人征信授权书》和本人居民身份证拍照后一并发送给被告平安银行，被告平安银

行审核原告的身份无误后，通过人民银行开发的征信系统查询了原告的征信报告，答复被告鑫富源公司，孙某东符合向该行申请贷款的进件条件。

本案审理过程中，原告指称被告鑫富源公司业务员在2016年10月11日首次拨打电话时能够准确地说出原告的姓名、曾在被告平安银行获批过贷款及贷款金额等不为外界所知的个人信息，主张被告鑫富源公司通过被告平安银行非法获取其个人信息。被告鑫富源公司对此矢口否认，认为早在2016年10月11日以前该公司业务员就与原告取得联系，在了解到原告存在贷款意向后，交由其他业务员跟进处理，原告的电话号码是在号码魔方或是在百度上按号码段导出后取得，原告的工作单位是通过启信宝等应用软件筛选掌握，至于原告曾在被告平安银行贷款的信息则是原告主动告知该公司业务员的，而非通过被告平安银行获取，否则，被告鑫富源公司的业务员没有必要询问原告贷款信息的细节。

【案件争点】

平安银行通过鑫富源公司的员工获得孙某东本人的授权后，查询上诉人孙某东的个人征信报告，并告知鑫富源公司，孙某东符合向该行申请贷款的进件条件，该行为是否属于泄露具体的征信报告内容的行为，是否构成对孙某东的个人信息侵犯。

【裁判要旨】

法院认为，被告鑫富源公司为更加精准地开发目标客户，未经原告同意，擅自使用应用软件筛选、调查原告的个人信息，违反了“告知与许可原则”的规定，构成对原告隐私权的侵害，依法应当承担侵权责任，原告要求被告书面赔礼道歉的诉讼请求成立，法院予以支持。被告鑫富源的侵权行为虽然损害了原告的人身权益，但不会给原告造成严重的精神痛苦，原告要求被告鑫富源公司赔偿精神损失的诉讼请求不符合法定要件，法院对此不予支持。被告鑫富源公司在号码魔方或是在百度上按号码段导出手机号码后逐一拨打的行为，因手机号码由数字排列组合而成，在与手机主人建立特定联系以前，手机号码本身仅是一系列数字符号，被告掌握手机号码并不必然了解手机主人的个人信息，因此，该行为不构成对原告隐私权的侵害。原告自愿签署《平安银行个人征信授权书》，并且手持《平安银行个人征信授权书》和本人居民身份证进行拍照，此举符合委托民事法律行为的成立要件，被告平安银行取得原告的授权后查询其个人征信报告符合相关法律规定，其查询行为不存在过错，不构成对原告隐私权的侵害。

二审法院认为，上诉人孙某东上诉请求确认被上诉人平安银行未经其本人同意，将上诉人孙某东的个人征信报告内容提供给被上诉人鑫富源公司，侵犯其隐私权。

根据《民事诉讼法》第六十四条[①]的规定，上诉人孙某东应对其主张的事实提供证据证实，上诉人孙某东主张被上诉人平安银行侵犯其隐私权，理由是被上诉人鑫富源公司的员工在告知查询结果时，是翻看微信后说出其工作单位，并称上诉人孙某东的信用记录没有问题。两被上诉人对此主张，被上诉人平安银行系在查询了上诉人孙某东的个人征信情况之后，告知被上诉人鑫富源公司的员工上诉人孙某东符合向该行申请贷款的进件条件。上诉人孙某东并无直接证据证明被上诉人平安银行将其本人的个人征信报告具体情况告知被上诉人鑫富源公司的员工，而被上诉人平安银行通过被上诉人鑫富源公司的员工获得上诉人孙某东本人的授权后，查询上诉人孙某东的个人征信报告，并告知被上诉人鑫富源公司上诉人孙某东符合向该行申请贷款的进件条件，不属于泄露具体的征信报告内容的行为，未构成对上诉人孙某东的个人信息侵犯。上诉人孙某东提出被上诉人鑫富源公司的员工准确知道其工作单位，系由于被上诉人平安银行泄露其本人的个人征信报告详细信息所致，为此，被上诉人鑫富源公司提供了使用“启信宝”软件搜索“孙某东深圳”的数据信息，主张其系结合搜索的数据信息和上诉人孙某东的身份证住址信息，推断的上诉人孙某东的工作单位。而被上诉人鑫富源公司擅自利用应用软件筛选、调查上诉人孙某东的个人信息的行为，已经一审判决确认为侵犯上诉人孙某东的隐私权，各方均无异议，法院予以确认。

三、裁判规则提要

（一）隐私权是指自然人享有的对其个人的、与公共利益无关的个人信息、私人活动和私有领域进行支配的一种人格权，包含了个人信息的控制权

隐私权是指自然人所享有的私人生活安宁和个人信息依法受到保护，不受他人非法侵扰、知悉、披露的权利。隐私权受到法律保护，当隐私权受到侵害时，权利人可以请求公权力予以干预和救济。大数据时代，随着信息抓取技术的运用，使得人们的个人信息在不知不觉中成为大数据的一部分，继而以数据化的方式存储于电子数据库当中。为保护公民的私人空间，维护公民的个体尊严，公民对自己的隐私享有维护权，有权禁止他人以技术手段非法收集、使用个人电子信息。“告知与许可

---

① 该法已于2021年12月24日第四次修正，本案所涉第六十四条修改为第六十七条，内容未作修改。

原则”是互联网领域公民个人电子信息保护的一项基本原则，根据《全国人大常委会关于加强网络信息保护的决定》与《电信和互联网用户个人信息保护规定》的规定，收集、使用公民个人电子信息，应当明示收集、使用信息的目的、方式和范围，并经被收集者同意。

（二）公民在中国人民银行个人征信系统中的个人信用信息属个人隐私，受法律保护

个人征信报告中有部分信息属于个人信息，属于受隐私权保护的客体。公民在中国人民银行个人征信系统中的个人信用信息属个人隐私，属于受隐私权保护的客体。商业银行查询个人信用报告，除对已发放的个人信贷进行贷后风险管理外，应当取得被查询人的书面授权。未经原告的书面授权，查询自然人个人信息，会违反中国人民银行的相关管理规定。

四、辅助信息

《民法典》

第一百七十九条　承担民事责任的方式主要有：

（一）停止侵害；

（二）排除妨碍；

（三）消除危险；

（四）返还财产；

（五）恢复原状；

（六）修理、重作、更换；

（七）继续履行；

（八）赔偿损失；

（九）支付违约金；

（十）消除影响、恢复名誉；

（十一）赔礼道歉。

法律规定惩罚性赔偿的，依照其规定。

本条规定的承担民事责任的方式，可以单独适用，也可以合并适用。

第一千零二十九条 民事主体可以依法查询自己的信用评价；发现信用评价不当的，有权提出异议并请求采取更正、删除等必要措施。信用评价人应当及时核查，经核查属实的，应当及时采取必要措施。

第一千零三十条 民事主体与征信机构等信用信息处理者之间的关系，适用本编有关个人信息保护的规定和其他法律、行政法规的有关规定。

第一千一百六十五条 行为人因过错侵害他人民事权益造成损害的，应当承担侵权责任。

依照法律规定推定行为人有过错，其不能证明自己没有过错的，应当承担侵权责任。

第一千一百八十三条 侵害自然人人身权益造成严重精神损害的，被侵权人有权请求精神损害赔偿。

因故意或者重大过失侵害自然人具有人身意义的特定物造成严重精神损害的，被侵权人有权请求精神损害赔偿。

《征信业管理条例》

第四十条 向金融信用信息基础数据库提供或者查询信息的机构违反本条例规定，有下列行为之一的，由国务院征信业监督管理部门或者其派出机构责令限期改正，对单位处5万元以上50万元以下的罚款；对直接负责的主管人员和其他直接责任人员处1万元以上10万元以下的罚款；有违法所得的，没收违法所得。给信息主体造成损失的，依法承担民事责任；构成犯罪的，依法追究刑事责任：

（一）违法提供或者出售信息；

（二）因过失泄露信息；

（三）未经同意查询个人信息或者企业的信贷信息；

（四）未按照规定处理异议或者对确有错误、遗漏的信息不予更正；

（五）拒绝、阻碍国务院征信业监督管理部门或者其派出机构检查、调查或者不如实提供有关文件、资料。

人格权纠纷案件裁判规则第 19 条：

自然人主张隐私权，不能以牺牲社会公共利益和侵犯社会公序良俗为代价；行为人以维护社会公共利益和公序良俗为由，侵害个人隐私权时，抗辩主张其行为不构成侵犯他人隐私权的，人民法院应不予支持

【规则描述】　公民的隐私权依法受到法律保护。凡是不影响国家和社会公共利益以及他人利益的，为公民个人所有且不愿意为外界知悉的信息，皆为公民个人隐私范畴，受到法律保护，任何人不得蓄意窥伺、侵入。隐私权的核心利益是公民的人格尊严，每个人都有保持自己世界一方净土且不受打扰的权利。在公共场所偷拍他人隐私活动或身体部位、翻阅他人电脑或手机等信息存储设备、打探他人私密信息并加以传播的行为均构成侵犯隐私权，应承担侵权责任。自然人的隐私权与社会公共利益或公序良俗原则应进行明确的划分，尽量避免存在模糊地带。自然人主张隐私权不能以牺牲社会公共利益为代价，如政府官员以隐私为由拒绝公布其收入来源等，但侵权人不能以社会公共利益为由，肆意侵犯他人隐私。隐私权侵权责任的履行方式以消除影响、赔礼道歉为主，行为人侵权行为对权利人造成精神损害的，还应承担精神损害赔偿。

一、类案检索大数据报告

数据采集时间：2022 年 3 月 13 日；案例来源：Alpha 案例库；案件数量：83 件。本次检索获取 2022 年 3 月 13 日前共 83 篇裁判文书，整体情况如图 19-1 所示。以人民法院是否支持自然人隐私权为结果进行统计，可以看出，法院支持自然人主

张个人事宜系隐私，不应被披露的有 54 件，占比 65.06%；因违反公序良俗或侵害社会公共利益，不应支持其隐私权诉求的有 22 件，占比 26.51%；其他情况的有 7 件，占比 8.43%。

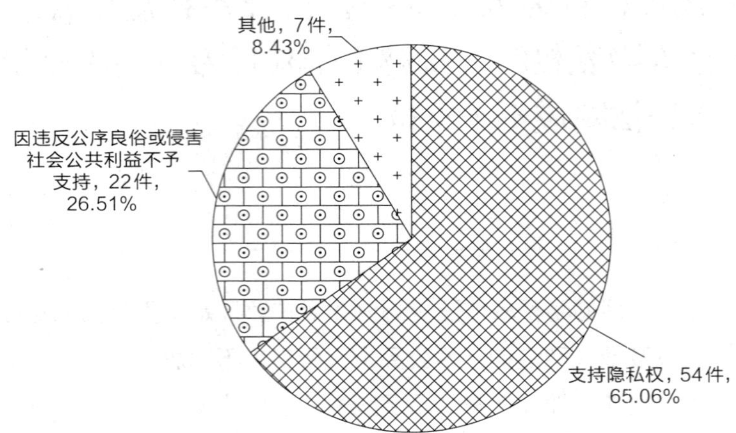

图 19-1　人民法院是否支持自然人关于隐私权主张分布情况

如图 19-2 所示，从案件年份分布情况可以看出当前条件下案件数量的变化趋势。

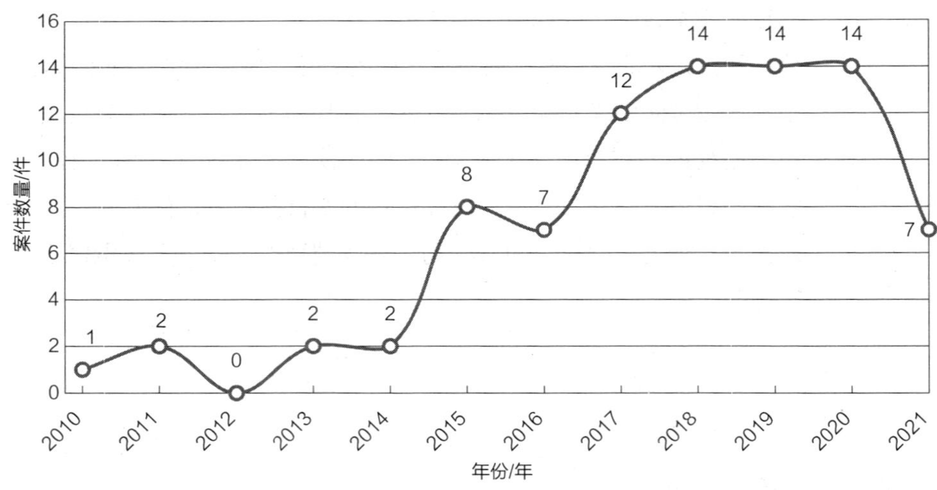

图 19-2　案件年份分布情况

如图 19-3 所示，从案件地域分布情况来看，当前案例主要集中在广东省、上海市、北京市，分别占比 15.66%、13.25%、13.25%。其中，广东省的案件量最多，达到 13 件。

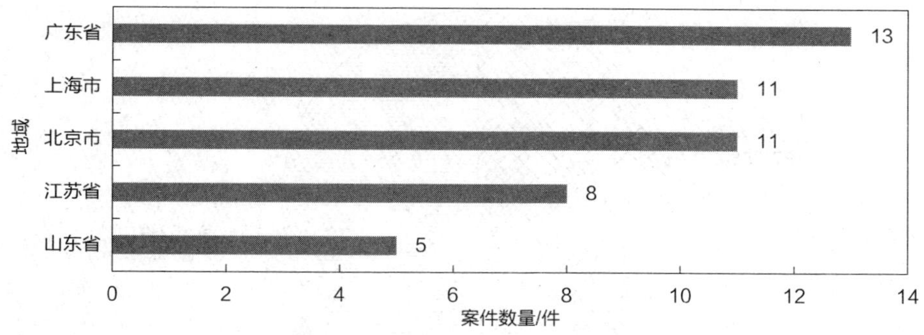

（注：该图只列举了部分地区案件数量，未逐一列明）

图 19-3　案件地域主要分布情况

如图 19-4 所示，从人格权纠纷案件的案由来看，当前最主要的案由是隐私权、个人信息保护纠纷类，有 45 件，占比 54.22%，其次是名誉权纠纷 25 件，占比 30.12%，以及一般人格权纠纷，生命权、身体权、健康权纠纷，肖像权纠纷。

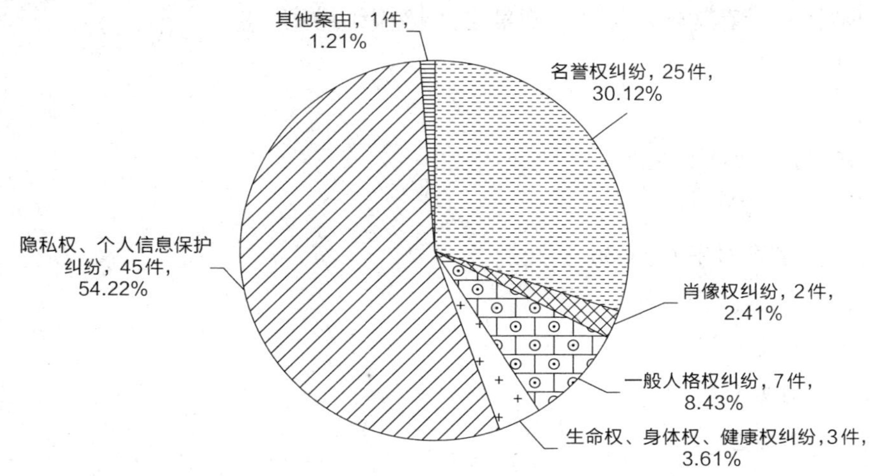

图 19-4　案件案由分布情况

如图 19-5 所示，从案件审理分布情况可以看出，人格权纠纷下当前的审理程序分布状况。一审案件有 52 件，占比 62.65%；二审案件有 31 件，占比 37.35%。

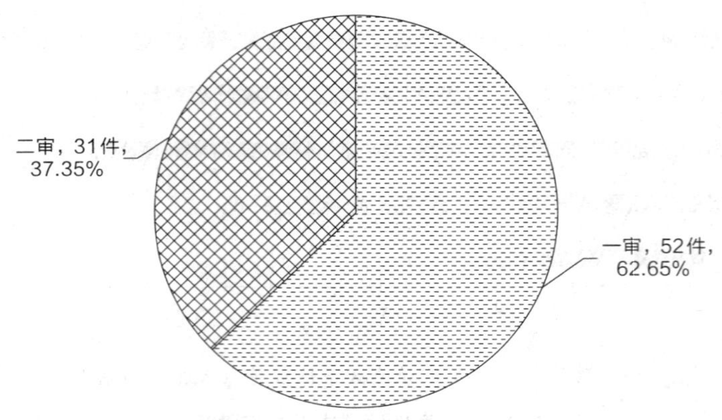

图 19-5 案件审理程序分布情况

二、可供参考的例案

例案一：董某与刘某 1、刘某 2 人格权纠纷案

【法院】

北京市朝阳区人民法院

【案号】

（2015）朝民初字第 45436 号

【当事人】

原告：董某

被告：刘某 1

被告：刘某 2

【基本案情】

北京市朝阳区人民法院经审理查明：二被告系父子关系。

2015 年 2 月 6 日 21 时许，刘某 1 在北京市朝阳区垈头京客隆超市边上公共厕所内趁原告上厕所之机用手机拍摄原告隐私。原告发现后报警。随后民警在厕所内将刘某 1 抓获，并在刘某 1 身上起获的作案手机中查出其在厕所违法拍摄他人隐私的照片。

2015 年 2 月 7 日，北京市公安局朝阳分局对刘某 1 作出行政处罚决定，决定给予刘某 1 行政拘留 5 日，但因其不满 16 周岁，根据法律规定，不予执行。二被告在行政处罚决定书上签名，并表示服从不申诉。

庭审中，原告提交了其与北京普惠诊所2016年4月1日至2018年3月31日期间的劳动合同，北京普惠诊所出具的2014年10月1日至2015年4月30日的工资单、执业助理医师执业证书，北京普惠诊所出具的诊断证明书、误工证明书，证明其误工损失。

上述事实，有北京市公安局朝阳分局刘某1行政处罚卷及当事人陈述等证据在案佐证。

【案件争点】

公共厕所偷拍行为是否侵犯他人隐私权，如何承担赔偿责任。

【裁判要旨】

北京市朝阳区人民法院认为，违法侵害他人隐私的，应当赔偿受害人经济损失及精神损失。本案中，刘某1侵害原告隐私的事实清楚，应当向原告赔偿误工费及精神损害抚慰金。赔偿数额由法院根据查明事实酌定。

无民事行为能力人、限制民事行为能力人造成他人损害的，由监护人承担侵权责任。本案中，刘某2作为刘某1的监护人应当向原告承担赔偿责任。

例案二：苟某某与贺某某隐私权纠纷案

【法院】

广东省阳江市中级人民法院

【案号】

【当事人】

上诉人（原审原告）：苟某某

被上诉人（原审被告）：贺某某

【基本案情】

广东省阳江市江城区人民法院一审查明：苟某某与贺某某在阳江市物业服务有限公司担任保安职务，两人在阳江市江城区物业处上班。自2018年3月21日起，贺某某趁苟某某去巡查小区时，偷看并偷拍苟某某放在办公室的手机里的内容。同年4月7日，苟某某发现贺某某偷看偷拍苟某某手机里的内容后报警。

诉讼中，苟某某称其手机里存有个人隐私信息，贺某某的行为及意图恶劣，侵犯苟某某的隐私权，使苟某某感到不安，给苟某某的精神造成伤害。贺某某则称其所拍摄内容只是苟某某谈论公司主管的一些微信聊天记录，所拍摄的图片在派出所已经删除，其认识到自己行为的错误，同意向苟某某道歉。另，苟某某在庭审时出示其手机的内容主要包括苟某某及其家人的身份资料、银行账号以及个人生理期的微信聊天记录等信息。

一审法院认为，隐私权是受法律保护的人格权利，即自然人保有其生活中的信息不被人知晓的权利，任何对该类信息的获取都是非法的，都构成对自然人隐私权的侵犯。苟某某的手机载有苟某某个人身份资料等个人信息，贺某某偷看偷拍苟某某的手机内容的行为，侵犯了苟某某的隐私权。根据《侵权责任法》第六条第一款[①]“行为人因过错侵害他人民事权益，应当承担侵权责任”与第十五条第一款第七项[②]“承担侵权责任的方式主要有……（七）赔礼道歉”的规定，苟某某请求贺某某书面赔礼道歉，理据充分，予以支持。由于贺某某所偷拍的照片已经删除，并同意赔礼道歉，且苟某某未能提供充分的证据证明因贺某某的行为造成其严重精神损害。因此，苟某某请求贺某某赔偿精神损失费，不予支持。

上诉人不服一审判决，上诉至二审法院。

二审法院查明的事实与一审法院查明的事实一致。

【案件争点】

偷看他人手机是否构成侵犯他人隐私权，一审法院判决是否适当。

【裁判要旨】

广东省阳江市中级人民法院认为，本案为隐私权纠纷。隐私权是指自然人享有的私人生活安宁与私人信息秘密依法受法律保护，不被他人非法侵扰、知悉、收集、利用和公开的一种人格权。侵犯自然人的隐私权依法应承担侵权责任。贺某某偷拍偷看苟某某的手机内容，而苟某某的手机内存有其个人秘密信息，一审认定贺某某侵犯了苟某某的隐私权正确。苟某某因贺某某侵犯其隐私权问题曾向公安机关报警，而贺某某主张偷拍苟某某手机的照片已在派出所删除，从上述事实可证明公安机关已对贺某某偷拍照片问题进行处理；苟某某亦未能提供证据证明经公安机关调查处理后贺某某仍保存有偷拍其手机的照片，一审认定贺某某已将偷拍的照片全部删除并无不当。鉴于贺某某已全部删除所偷拍的照片，苟某某亦未能提供证据证明贺某

① 参见《民法典》第一千一百六十五条第一款规定：“行为人因过错侵害他人民事权益造成损害的，应当承担侵权责任。”

② 参见《民法典》第一百七十九条规定：“承担民事责任的方式主要有：……（十一）赔礼道歉……”

某的侵权行为对其造成极大的精神损失，一审法院判令贺某某承担赔礼道歉的侵权责任并无不妥，二审法院予以支持。苟某某主张贺某某应赔偿其精神损失费 1 万元的理据不足，二审法院不予支持。

例案三：王某某与魏某某隐私权纠纷案

【法院】

广西壮族自治区百色市中级人民法院

【案号】

（2019）桂 10 民终 1613 号

【当事人】

上诉人（一审原告）：王某某

上诉人（一审被告）：魏某某

【基本案情】

一审法院认定事实：2018 年 8 月某天，被告在广西壮族自治区隆林各族自治县廉租房内与原告发生性关系后拍摄原告的裸体视频，之后被告把拍摄的裸体视频发布到其微信朋友圈并被转发到多个微信群内，经原告报警，2019 年 5 月 5 日，隆林各族自治县公安局作出隆公行罚决字〔2019〕00488 号《行政处罚决定书》，决定对被告魏某某行政拘留 10 日，并处罚款 500 元。原告以其名誉权、隐私权受损为由诉至一审法院。

一审法院认为：隐私权是指自然人享有的私人生活安宁与私人信息秘密依法受到保护，不被他人非法侵扰、知悉、收集、利用和公开的一种人格权。隐私权是一种基本人格权，本案中，被告虽经原告同意拍摄其裸体视频，但并未征得原告同意便将该裸体视频发布到其微信朋友圈并被他人转发到多个微信群内，使原告的隐私被知悉，精神上造成一定损害，侵犯了原告的隐私权。原告要求被告公开赔礼道歉，符合法律规定，应予以支持。本事件经原告报警后，公安机关对被告作出了行政处罚，且被告已删除存储于其手机内的原告裸体视频，及时控制了影响范围，没有造成更严重的后果，但被告仍应对原告精神上造成损害承担一定的赔偿责任，根据被告的过错程度及造成的后果，对于原告关于精神损害抚慰金的主张，一审法院酌情支持 5000 元，超出部分不予支持。关于原告主张要求被告删除发送到微信群里损害原告名誉、隐私的视频资料的问题，根据微信软件功能的特性，其文字、语音、图片、视频等信息发送成功后超过两分钟将无法撤回，故视频发出后，删除的控制权被告已无法掌控，因此原告的该项主张应不予支持。

上诉人不服一审判决，上诉至二审法院，请求依法改判。

二审法院与一审法院所查明的事实一致。

【案件争点】

1. 上诉人是否同意被上诉人拍摄其裸体视频。

2. 被上诉人是否已经采取措施停止侵权消除影响。

3. 一审法院判决被上诉人补偿上诉人5000元精神损害抚慰金是否偏少。

【裁判要旨】

广西壮族自治区百色市中级人民法院经审理后认为，关于本案第一个争议焦点上诉人是否同意被上诉人拍摄其裸体视频的问题，被上诉人拍摄上诉人裸体，不管上诉人同意与否，被上诉人都不得向微信群和朋友圈等任何形式公布其拍摄的裸体视频。本案中，被上诉人未经上诉人的同意将其拍摄的裸体视频向外界公布，侵害了上诉人的隐私权，上诉人同意与否均不影响侵权的构成，故二审法院对上诉人是否同意拍摄其视频不再审查认定。

关于本案第二个争议焦点被上诉人是否已经采取措施停止侵权消除影响的问题。被上诉人被公安机关行政拘留审查期间，被上诉人已经删除存储于被上诉人手机内的所有视频和本人微信视频，被上诉人将自己保存掌控的关于上诉人的裸体视频已经彻底删除，故一审法院不再支持上诉人请求停止侵权的诉请是正确的。对于上诉人请求删除微信群和其他好友朋友圈的相关视频信息，从目前技术手段和相关微信权限设置，被上诉人无权控制和删除，因此对于上诉人的上诉请求，二审法院不予支持。

关于本案第三个争议焦点一审法院判决补偿上诉人5000元精神损害抚慰金是否偏少的问题，被上诉人拍摄上诉人的裸体视频并将其发到微信群和朋友圈，严重侵害了上诉人的隐私权，扰乱上诉人的正常生活秩序，破坏上诉人的形象和家庭团结，使其精神受到严重损害，一审法院判决精神抚慰金5000元明显偏少，二审法院予以纠正，根据受侵害的事实和影响程度，酌定由被上诉人向上诉人支付精神损害抚慰金2万元。

例案四：刘某某与陈某某、罗某某隐私权纠纷案

【法院】

广东省深圳市罗湖区人民法院

【案号】

（2017）粤0303民初1374号

【当事人】

原告：刘某某

被告：陈某某

被告：罗某某

【基本案情】

广东省深圳市罗湖区人民法院经审理后查明：原告刘某某与被告罗某某均系米思米（中国）精密机械贸易有限公司员工。被告罗某某将原告刘某某车牌信息等告知被告陈某某，并指使被告陈某某跟踪、偷拍原告车辆。自2016年11月8日至11月23日，被告陈某某多次驾车进入原告刘某某所居住的小区车库，跟踪、偷拍原告车辆，获取原告车辆位置信息。2016年11月23日，被告陈某某再次进入原告居住的小区时，被小区保安以及原告当场发现，原告刘某某与被告陈某某随即进行了交涉，被告陈某某承认了跟踪、偷拍行为，并称是受被告罗某某指使。2017年3月7日，原告刘某某将车辆开至修理厂维修时，修理工人发现车辆的右后轮踏板处被人安装了GPS跟踪器，原告刘某某遂向公安机关报警。

【案件争点】

跟踪偷拍他人车辆及行车轨迹是否侵犯他人隐私权。

【裁判要旨】

广东省深圳市罗湖区人民法院认为，本案为隐私权纠纷。根据法律规定，隐私权是指自然人享有的对其个人的与公共利益无关的个人信息、私人活动和私有领域进行支配的一种人格权。公民的隐私权关系公民个人的生活安宁和人格尊严，依法受法律保护，任何组织和个人不得侵犯。

被告罗某某辩称，对被告陈某某跟踪、偷拍原告的行为不知情，没有侵犯原告隐私的行为。经查，被告陈某某与原告的对话录音证实，被告陈某某承认对原告的跟踪、偷拍行为，并指称其是受被告罗某某的指使；被告罗某某与原告通话录音证实，被告罗某某承认有向他人介绍被告陈某某去跟踪、偷拍原告，并向被告陈某某转发了原告的车牌等个人信息；被告罗某某庭审答辩意见亦承认向他人介绍被告陈某某去跟踪、偷拍原告。上述证据相互印证，足以证明被告罗某某指使被告陈某某侵犯他人隐私的事实，被告罗某某的答辩意见与审理查明的事实不符，法院不予采纳。

被告陈某某答辩称，小区车库属于公共场合，车牌号码属于公开信息，被告陈某某在车库拍摄原告的车辆照片不属于隐私照片，其行为不侵犯原告隐私权。经查，被告陈某某受他人指使，自2016年11月8日至11月23日多次驾车进入原告居住的小区车库，跟踪、偷拍原告车辆，其目的是掌握原告生活轨迹。原告作为普通公民，其个人生活轨迹无关公共利益，当属隐私权保护范畴。被告陈某某亦不能合理解释其长时间跟踪、偷拍原告车辆，获取他人个人生活轨迹目的。综上，依法应认定被告陈某某的行为侵犯了原告的隐私权。被告陈某某的答辩意见与查明的事实和法律规定不符，法院不予采纳。

被告陈某某为获取原告刘某某个人生活轨迹，非法跟踪、偷拍原告车辆，其行为侵犯了原告隐私权，依法应承担相应法律责任。被告罗某某指使被告陈某某实施侵权行为，并向被告陈某某提供原告车牌号码等个人信息，与被告陈某某属共同侵权，依法应承担连带责任。原告因隐私权受到非法侵害，要求侵权人停止侵害，赔礼道歉，于法有据，法院予以支持；原告因隐私权遭受非法侵害，请求赔偿精神损害，有法律依据，两被告的侵权行为造成原告精神上损害，依法应予赔偿，综合考虑本案侵权行为的具体情节、侵害后果等因素，法院酌定本案精神损害抚慰金为人民币1万元，对原告精神损害赔偿请求过高部分，不予支持；原告主张赔偿其因维权产生的律师费人民币28000元，上述费用有委托代理合同、收费票据等予以证实，法院予以支持。

三、裁判规则提要

（一）隐私权概念辨析

隐私权是自然人享有的私生活安宁与私人信息依法受到保护，不被他人非法侵扰、知悉、收集、利用和公开等的一种人格权。[①]《民法典》前两次审议稿将隐私定义为“具有私密性的私人空间、私人活动和私人信息”。《民法典》中将隐私定义为“自然人不愿为他人知晓的私密空间、私密活动和私密信息等”，进一步界定了私密性的要求，同时将私人生活安宁纳入了隐私的范畴。[②]

① 参见张新宝：《隐私权的法律保护》，群众出版社2004年版，第21页。

② 参见最高人民法院民法典贯彻实施工作领导小组主编：《中华人民共和国民法典人格权编理解与适用》，人民法院出版社2020年版，第337页。

隐私权有如下几个特征：

一是主体的特定性，隐私权只能由自然人享有，而不能由法人或其他非法人组织享有。法人在性质上属于组织体，不可能享有隐私权，[①] 法人不愿为他人所知悉的秘密，通常由商业秘密法和《反不正当竞争法》等法律来保护，无需通过隐私权保护。[②]

二是内容的广泛性。隐私权所保护的内容较为广泛，是一个权利的集合。凡是与公共利益无关的私人信息，都应当属于隐私权的保护范围。[③] 随着社会生活的不断发展，隐私的内涵也在不断扩张，[④] 但从其核心内容来看，隐私权仍是侧重于对私人秘密和私人安宁的保护。

三是私人性与非公开性。私人性是指隐私是与公共利益和公共事务以及他人利益无关的，纯属私人生活领域的信息和事物。非公开性是指隐私是个人没有公开的信息资料等，是自然人不愿公开或不愿他人知道的个人秘密。[⑤]

四是可克减性。这是指可出于维护公共利益的需要而对隐私权进行一定的限制。如前所述，随着现代社会的不断发展，隐私权概念的内涵和外延不断扩张。但隐私权并不是一种绝对的权利，而是一种相对的权利。[⑥] 隐私权的克减，应当遵循公共利益和公序良俗的要求。

（二）隐私权的具体权利

1. 隐私享有权

自然人享有个人隐私权未经同意不受他人非法披露，正当个人生活不受他人非法调查、公布的权利。在纯粹的私人生活领域中个人的私事只要不违反国家的公共利益和社会安全，个人就享有完全的自主决定权，如自然人享有自己决定何时结婚，何时生育的自由，不受他人的干涉。自然人有权禁止他人擅自将涉及自身隐私的信息加以散布。某些涉及隐私的个人信息即使已被政府相关部门或司法机关、医疗机构掌握，相关主体也负有保密义务，不得侵犯自然人的隐私权。[⑦]

---

① 参见王众等：《隐私权若干法律问题初探》，载《云南大学学报（法学版）》2004 年第 4 期。

② 参见程合红：《商事人格权刍议》，载《中国法学》2000 年第 5 期。

③ 当然，基于社会的公共利益等原因，也可以在一定程度上对隐私权加以限制。比如，政府官员应当在一定程度上披露私人生活和财产状况，不能以侵犯隐私权为由加以拒绝。

④ 参见周悦丽：《我国隐私权保护立法模式的选择与体系的构建》，载《南都学坛》2004 年第 9 期。

⑤ 参见杨立新：《人身权法论》，人民法院出版社 2002 年版，第 669 页。

⑥ 参见王利明：《人格权重大问题研究》，法律出版第 2020 年版，第 603 页。

⑦ 参见张革新：《隐私权的法律保护及其价值基础》，载《甘肃理论学刊》2004 年第 2 期。

2. 隐私维护权

隐私维护权通常在隐私权受到侵害时发挥作用。权利人可以基于隐私维护权，直接向侵权人请求停止侵害、排除妨碍等，要求其不得非法收集、散布个人隐私，也可向人民法院和公安机关请求保护。

3. 隐私利用权

自然人享有隐私利用权，允许他人收集自身信息为自己服务，利用自身隐私转换为商业用途。但应注意，不能认为凡是个人隐私都可以被个人随意利用。如果相关行为违反社会公共道德和法律规定，一样要被禁止。

（三）隐私权的客体

1. 私生活安宁

私生活安宁是指自然人可以排除他人对自己生活安宁和宁静的不当打扰和妨碍的权利。隐私的本质就是为了维护私生活的安宁。在世界万物联系日趋紧密、生活节奏逐渐加速的今天，获得一片安静空间不被打扰，保持安宁，是现在社会自然人的重要诉求，也是实现人格尊严的重要手段。自然人需要一定空间去调整社会生活和人际交往带来的各种压力。私生活安宁，主要包括日常生活安宁，即禁止非法跟踪、骚扰他人；住宅安宁，即个人住址信息不被泄露，个人住宅不被非法侵入；通讯安宁，即个人通讯不被打扰、窥探、截取，个人生活安宁不被骚扰电话、信息、邮件挟持等。

2. 私生活秘密

私生活秘密包含的范围非常广泛，任何私人不愿意公开的信息都可构成私人的信息秘密。私生活秘密主要包含个人生理信息隐私，如性别、血型、家族遗传信息等；身体隐私，如性器官信息、身体器官或功能缺陷信息等；健康隐私，如传染病、慢性病、先天性疾病等信息；财产隐私，如个人财产状况，财产分布情况等信息；家庭隐私，如家族关系、婚姻关系、血缘关系等；谈话隐私，如私人交谈不被窃听录音等；个人经历隐私，如求职经历、工作经历、感情经历等。

3. 私人空间

私人空间是指私人支配的空间场所。自然人在私人空间内不受他人窥探、侵入、干扰。住宅空间是自然人重要的私人空间，依法受到保护，任何人都不得非法打扰。此外，私人网络虚拟空间是近些年来的新兴概念，个人的邮箱、不对外公开的微信朋友圈、QQ 空间等都属于个人私人的网络虚拟空间，任何人不得窥探。

（四）侵害隐私权的行为

《民法典》中对于非法侵害他人隐私权的行为作出了明确表述，即以电话、短信、即时通讯工具、电子邮件、传单等方式侵扰他人的私人生活安宁；进入、拍摄、窥视他人的住宅、宾馆房间等私密空间；拍摄、窥视、窃听、公开他人的私密活动；拍摄、窥视他人身体的私密部位；处理他人的私密信息以及以其他方式侵害他人的隐私权。

（五）侵害隐私权的侵权责任构成

1. 存在侵害隐私权的违法行为

侵害隐私权的行为如上文所述，已经由《民法典》作出了列举式和兜底式条款的规定，需要注意的是，隐私权的侵权不以在公开场合进行为必要，也不以受害人当场发现自己隐私权受到侵害为必要，有些情形即使在非公开场合作出，无第三人知晓，甚至受害人本人当时也不知晓，但只要受害人能证明当时侵害行为的存在，就可认定为存在侵害隐私权行为。[①]

2. 存在隐私权被侵害的事实后果

损害事实既包括了隐私权被侵害后的客观表现，如私人活动被监视、私人空间被侵入、个人信息被倒卖等，也包括精神损害，即侵权行为给受害人人格尊严造成了打击。[②]

3. 行为人侵权行为与受害人隐私权被侵害的结果具有因果关系

关于侵权行为与损害结果之间的因果关系较为容易判断，具有直接关联性。但要根据社会一般人的经验和常识作出通识性判断。

4. 行为人的侵权行为具有过错

侵权行为中的过错包含故意与过失两种，加害人既可以基于故意侵害他人隐私，也可以基于过失侵害他人的隐私权。但从行为人的主观层面出发，显然故意侵权比过失侵权严重得多，人民法院在处理此类案件时，可酌情考虑在精神损害赔偿的数额方面予以倾斜。

（六）侵害隐私权的抗辩事由

一是国家机关合法行使职权。国家机关依据有关法律的授权正当行使职权时，

---

① 参见张新宝：《侵权责任法原理》，中国人民大学出版社 2006 年版，第 194 页。

② 参见张新宝：《我国隐私权保护法律制度的发展》，载《国家检察官学院学报》2010 年第 2 期。

可以对个人隐私权进行必要的限制。个人妨碍国家机关行使合法职权却以隐私权为抗辩理由的，人民法院不予支持。二是公共利益和公共安全。某些场所虽然属于私人产业，但基于公共利益的需要，也可能需要对其隐私权进行必要的限制。如在商场、银行旅馆等必要之处安装摄像头。三是正当行使舆论监督权。隐私权与新闻媒体的舆论监督权是辩证统一的关系。新闻媒体从事舆论监督，应尊重自然人的隐私权。同样，自然人不能以隐私权为理由，拒绝新闻媒体行使舆论监督权。正当的舆论监督在一定程度上体现了社会公共利益，可以成为一种合法的侵害隐私权的抗辩事由。[①]

需要注意的是，社会公共利益以及社会公序良俗的保护，作为民法的一项重要原则，在民事法律关系的处理中必须予以充分考虑，在隐私权的保护问题上也不能例外。自然人主张隐私权，不能以牺牲社会公共利益和侵犯社会公序良俗为代价。但隐私权不同于其他人格权利，隐私权更能体现“人之所以为人”的人格尊严的价值。因此，在司法实务中，要重点考虑避免那些打着社会公共利益与公序良俗的旗号，侵害个人隐私权的情形出现。

四、辅助信息

《民法典》

第九百九十条 人格权是民事主体享有的生命权、身体权、健康权、姓名权、名称权、肖像权、名誉权、荣誉权、隐私权等权利。

除前款规定的人格权外，自然人享有基于人身自由、人格尊严产生的其他人格权益。

第九百九十一条 民事主体的人格权受法律保护，任何组织或者个人不得侵害。

第九百九十五条 人格权受到侵害的，受害人有权依照本法和其他法律的规定请求行为人承担民事责任。受害人的停止侵害、排除妨碍、消除危险、消除影响、恢复名誉、赔礼道歉请求权，不适用诉讼时效的规定。

第一千零三十二条 自然人享有隐私权。任何组织或者个人不得以刺探、侵扰、泄露、公开等方式侵害他人的隐私权。

---

① 参见王利明:《人格权重大疑难问题研究》，法律出版社 2020 年版，第 659 页。

隐私是自然人的私人生活安宁和不愿为他人知晓的私密空间、私密活动、私密信息。

第一千零三十三条　除法律另有规定或者权利人明确同意外，任何组织或者个人不得实施下列行为：

（一）以电话、短信、即时通讯工具、电子邮件、传单等方式侵扰他人的私人生活安宁；

（二）进入、拍摄、窥视他人的住宅、宾馆房间等私密空间；

（三）拍摄、窥视、窃听、公开他人的私密活动；

（四）拍摄、窥视他人身体的私密部位；

（五）处理他人的私密信息；

（六）以其他方式侵害他人的隐私权。

第一千一百六十五条　行为人因过错侵害他人民事权益造成损害的，应当承担侵权责任。

依照法律规定推定行为人有过错，其不能证明自己没有过错的，应当承担侵权责任。

第一千一百六十六条　行为人造成他人民事权益损害，不论行为人有无过错，法律规定应当承担侵权责任的，依照其规定。

第一千一百六十七条　侵权行为危及他人人身、财产安全的，被侵权人有权请求侵权人承担停止侵害、排除妨碍、消除危险等侵权责任。

《民事侵权精神损害赔偿责任解释》

第五条　精神损害的赔偿数额根据以下因素确定：

（一）侵权人的过错程度，但是法律另有规定的除外；

（二）侵权行为的目的、方式、场合等具体情节；

（三）侵权行为所造成的后果；

（四）侵权人的获利情况；

（五）侵权人承担责任的经济能力；

（六）受理诉讼法院所在地的平均生活水平。

人格权纠纷案件裁判规则第 20 条：

自然人个人信息被出卖导致电话推销骚扰，干扰了自然人的生活安宁，泄露自然人个人信息的主体侵犯了自然人的隐私权，应当承担侵权责任

【规则描述】 公民合法的民事权益受法律保护，民事权益既包括财产权益又包括人身权益，人身权为绝对权，权利人对该项权利具有绝对的排他性。依据现有法律规定，隐私权是人身权的一种基本类型，包括在法律所保护的人身权范围之内。随着网络科技及信息交互的迅猛发展，信息资料的记录方式也在不断进步，获取、保存、使用、流转变得更为方便快捷。人类社会已经从简单的信息保有社会向大数据信息利用社会转变，使得个人信息的保护范围不断扩大，相关利益关系呈多样化、复杂化。

《全国人大常委会关于加强网络信息保护的决定》中规定，信息被泄露的个人，有权利要求网络服务提供者删除自己的私人隐私信息。如若知道泄露者，受侵害人可直接提起诉讼，要求对方给自己造成的损失予以赔偿。 我国的《民法典》和《个人信息保护法》都对公民的合法权益作出了具体的规定，受侵害人可以通过法律手段，要求侵权人对自己进行赔礼道歉、消除影响、恢复名誉、赔偿损失等。个人信息泄露，如果造成了严重的后果，可向执法部门报案。盗取他人的个人信息，并且进行出售或者其他非法活动的，情节严重的会构成刑事犯罪。

一、类案检索大数据报告

数据采集时间：2022 年 3 月 14 日；案例来源：Alpha 案例库；案件数量：19 件。本次检索获取 2022 年 3 月 14 日前共 19 篇裁判文书。案件裁判结果分布情况如图 20–1 所示，自然人个人信息被泄露，导致自然人遭受广告、短信等骚扰，干扰了自然人的生活安宁，根据裁判结果，从自然人个人信息泄露后，泄露主体的行为是否侵犯了自然人隐私权的角度来看，法院认为出卖主体的行为侵犯了自然人隐私权的案件 7 件，占比约 36.84%；法院认为出卖主体的行为并没有侵犯自然人的隐私权，而是侵犯了生活安宁、名誉权等其他权益的案件 4 件，占比约 21.07%；法院认为证据不足以认定成立侵权行为的案件 1 件，占比约 5.26%。

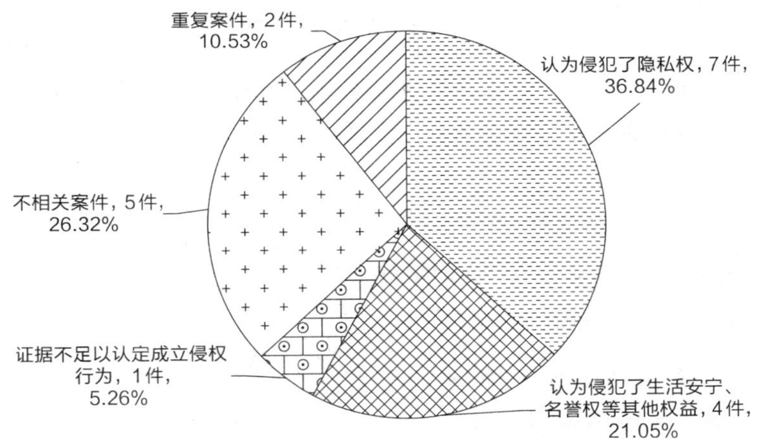

图 20–1　案件裁判结果分布情况

如图 20–2 所示，从案件年份分布情况可以看出，当前条件下案件数量的变化趋势。

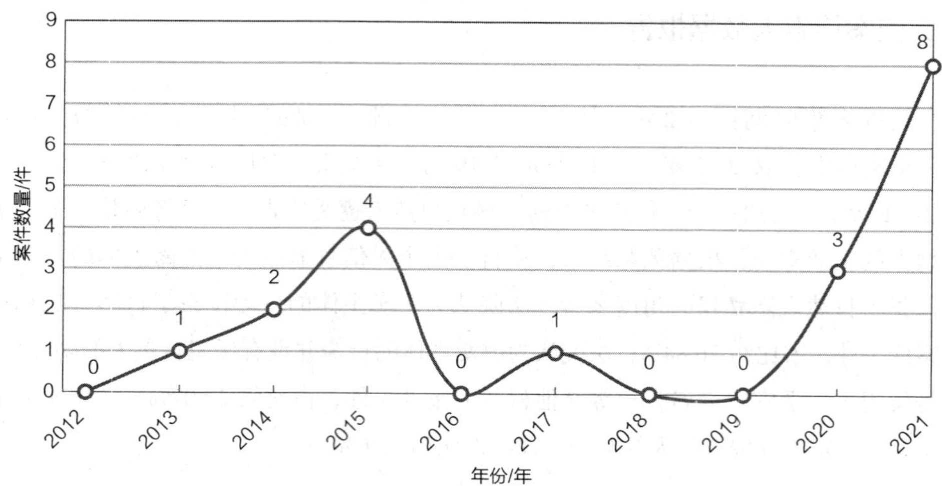

图 20-2　案件年份分布情况

如图 20-3 所示，从案件地域分布情况来看，当前条件下案件主要集中在上海市、山东省，其中上海市案件数量最多，达到 5 件，占比约 26.32%。

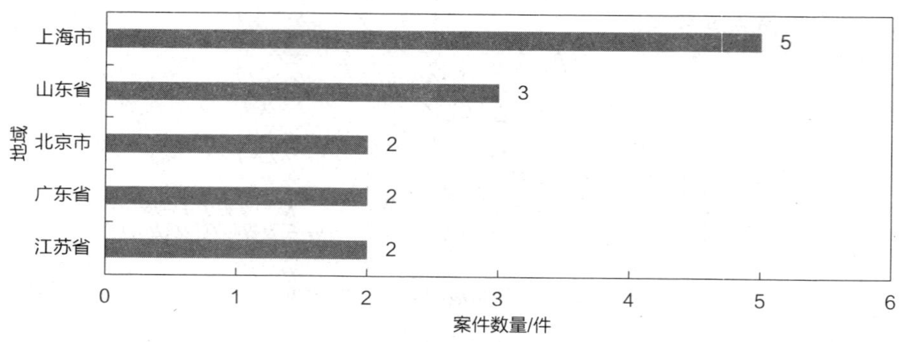

（注：该图只列举了部分地区案件数量，未逐一列明）

图 20-3　案件主要地域分布情况

如图 20-4 所示，从案件案由分类情况可以看出，当前条件下案件的案由分布由多至少分别是隐私权、个人信息保护纠纷案件 8 件，占比约为 42.1%；一般人格权纠纷案件 5 件，占比约为 26.32%；名誉权纠纷案件 5 件，占比约为 26.32%；其他人格权纠纷案件 1 件，占比约为 5.26%。

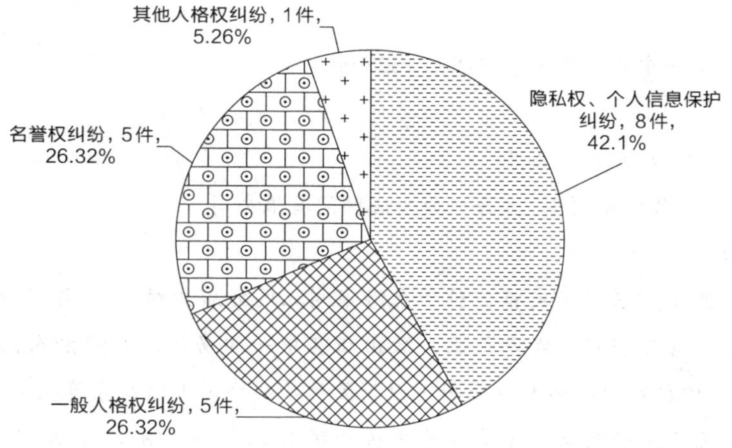

图 20-4　案件案由分类情况

如图 20-5 所示，从案件审理程序分布情况可以看出，当前条件下案件的审理程序分布由多至少分别是一审案件 13 件，占比约 68.42%；二审案件 6 件，占比约 31.58%。

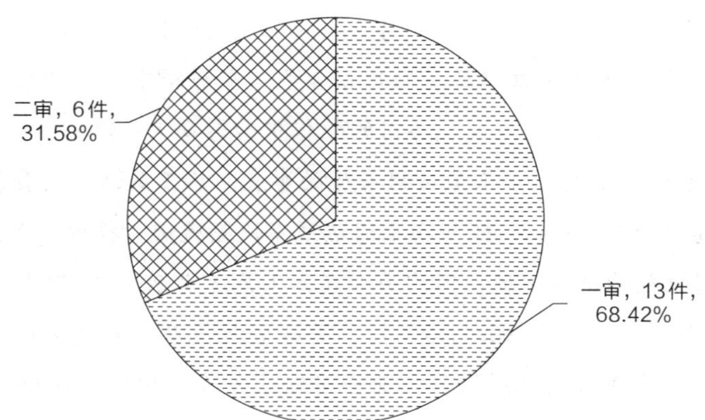

图 20-5　案件审理程序分布情况

二、可供参考的例案

例案一：王某明与上海中原物业顾问有限公司一般人格权纠纷案

【法院】

上海市第一中级人民法院

【案号】

（2011）沪一中民一（民）终字第1325号

【当事人】

上诉人（原审原告）：王某

被上诉人（原审被告）：上海中原物业顾问有限公司

【基本案情】

王某于2010年5月下旬将其位于上海市闸北区彭浦新村××号××室居住房屋出租的信息发布在“赶集网”上，欲出租其中一间房间，月租金人民币（下同）800元。上海中原物业顾问有限公司（以下简称物业公司）的业务员在网上看到王某此信息后与王某进行联系，王某将其手机号码189××××8517告知了物业公司业务员。此后，王某自5月29日至6月22日共收到物业公司业务员通过各门店电话打来的电话28个，其中6月4日、6月14日每天通话8次，通话时间一般在上午9时到晚上9时，其中有6次在晚上9时5分至晚上10时11分之间。2010年7月7日，物业公司业务员两次拨打王某电话，王某未接，此后物业公司未再拨打王某电话。王某分别于2010年6月21日、7月24日、7月25日、8月2日收到物业公司业务员通过短信平台所发的推销房屋的短信4条。在原审中，物业公司确认其各门店使用的电话号码为517××××，共用的短信平台号码为233××××。王某称开始有10次左右通话确实是关于王某出租房屋的事宜。后王某认为其受到物业公司恶意电话骚扰，遂于2010年6月21日向上海热线市民频道进行投诉，物业公司得知该情况后与王某对此问题进行沟通，因沟通未果，王某遂于2010年7月27日向法院提起诉讼，请求判令物业公司停止电话、短信恶意骚扰王某；物业公司在上海热线网和其公司网站首页向王某赔礼道歉；物业公司赔偿王某精神损失费9000元和电话费100元。

【案件争点】

物业公司掌握王某的个人信息，公司员工根据该个人信息进行电话、短信骚扰，是否应承担侵权责任。

【裁判要旨】

一审法院认为，物业公司滥用了其所掌握的王某个人信息，客观上滋扰了王某正常的生活安宁，侵犯了王某的合法权益，其侵权行为成立。综观本案事实，物业公司的主观过错程度并非故意、侵权手段并不严重，物业公司也未因本案的侵权行为获有利益，物业公司的行为虽然致使王某在生活上受到一定的干扰，但并未造成王某生活上严重的不安宁，王某也未能举证证明其精神上受到了其所诉称的极大的痛苦，故王某主张的精神损害赔偿请求，缺乏依据，法院不予支持。关于王某要求物业公司赔礼道歉的诉讼请求，法院认为，赔礼道歉属于法律规定的承担侵权责任的一种方式，依据本案事实和相关法律规定，王某的此项诉讼请求于法有据，应予支持，但赔礼道歉的范围，应当与侵权行为发生的范围相当。由于本案物业公司行为的影响范围仅限于王某，王某要求物业公司在上海热线网和物业公司网站首页向王某赔礼道歉的诉讼请求，依据不足，法院不予支持。现法院根据本案的具体情况确定由物业公司向王某进行书面赔礼道歉为宜。对于王某要求物业公司赔偿电话费等相应经济损失100元的诉讼请求，鉴于物业公司考虑到本案的实际情况并表示愿意补偿王某，法院认为并无不当，予以照准。

二审法院认为，上诉人在一审庭审辩论终结前申请撤回了要求物业公司停止电话、短信骚扰的诉讼请求，法院予以准许，故已发生法律效力。一审庭审后，上诉人曾两次受到被上诉人电话骚扰，对此被上诉人辩称，由于其公司将相关信息传递给业务员时存在时间延误等客观原因，个别业务员在对本案争议不了解的情况下，才会拨打上诉人的电话，现其已做好了对公司业务员的通知工作，并承诺今后不会再拨打上诉人的电话或向其发送短信。因此被上诉人对上诉人的侵害行为已不存在，而停止侵害的责任形式是以侵权行为正在进行或仍在延续中为适用条件，故对上诉人的该项上诉请求，法院不予支持。

上诉人另请求判令物业公司赔偿其精神损失费1元，法院认为，精神损害赔偿的适用具有限定性，只有因侵权致人精神损害，造成严重后果的，受害人一方才能请求人民法院判令侵权人赔偿相应的精神损害抚慰金。上诉人称被上诉人的行为对其造成严重的损害后果，但未提供充分证据加以证明，法院根据在案事实及证据，依据日常经验法则亦无法作出上诉人因受到电话骚扰而发生严重损害后果的结论，因此对上诉人的该项上诉请求，法院亦难以支持。上诉人另请求被上诉人在上海热线网上对其赔礼道歉，法院认为，被上诉人侵权行为的范围仅限于上诉人本人，因此其赔礼道歉的范围亦应仅限于上诉人本人，故对上诉人的该项上诉请求，法院亦不予支持。

例案二：贵州嘉尚凯华酒店管理有限公司与杨某秋等一般人格权纠纷案

【法院】

贵州省贵阳市中级人民法院

【案号】

（2021）黔01民终5963号

【当事人】

上诉人（原审被告）：贵州嘉尚凯华酒店管理有限公司

被上诉人（原审原告）：杨某秋

原审第三人：颜某

【基本案情】

被告贵州嘉尚凯华酒店管理有限公司（以下简称嘉尚凯华公司）系2019年5月13日成立的有限责任公司（自然人独资），其法定代表人粟某云与委托代理人宁某志系夫妻关系。2019年3月，被告嘉尚凯华公司成立筹备阶段，原告杨某秋通过第三人介绍认识宁某志。2019年5月10日，原告将其身份证、会计从业资格证复印件通过微信发送给宁某志。2019年5月13日，被告在贵阳市乌当区市场监督管理局进行工商登记注册时，在未征得原告同意的情况下，擅自使用原告身份证、原告电话号码，将原告登记为公司财务负责人。事后，被告未将该情况告知原告；原告多次接到企务网等信息平台的骚扰电话和短信后，经查询得知被告使用其身份证和电话号码将其注册登记为公司财务负责人的情况。之后，双方为此事协商未果。2021年1月21日，原告遂诉至一审法院要求如前所诉。另查明，被告未实际招聘原告作为财务人员，其工商登记的财务负责人信息现仍系原告。审理过程中，原告主张其系因应聘被告公司财务人员而将身份证和会计从业资格证发送给被告；被告主张其只是借用原告资质成立公司（没有谈借用资质费用）；对此，双方均未能提供相应证据支持各自主张。庭审过程中，被告表示将向市场监督管理部门申请注销有关原告的信息，并愿意赔偿原告精神抚慰金1000元，由于原告认为被告给付的精神抚慰金过低，调解未果。

【案件争点】

嘉尚凯华公司擅自使用杨某秋身份证、电话号码的行为是否侵犯了杨某秋的人格权，是否应当承担侵权责任。

【裁判要旨】

一审法院认为，公民的姓名及个人信息属人格权范畴，受法律保护。本案中，被告未经原告同意，擅自使用原告身份证信息及电话号码进行工商注册登记，并将原告登记为财务负责人，侵犯了原告人格权，从而导致原告个人信息被企务网等信息平台利用，多次向原告拨打骚扰电话和短信，造成原告严重精神损害。根据《民法典》第九百九十一条“民事主体的人格权受法律保护，任何组织或者个人不得侵害”、第九百九十五条“人格权受到侵害的，受害人有权依照本法和其他法律的规定请求行为人承担民事责任”、第九百九十八条“认定行为人承担侵害除生命权、身体权和健康权外的人格权的民事责任，应当考虑行为人和受害人的职业、影响范围、过错程度，以及行为的目的、方式、后果等因素”、第一千零三十四条“自然人的个人信息受法律保护”、第一千零三十五条“处理个人信息的，应当遵循合法、正当、必要原则，不得过度处理，并符合下列条件：（一）征得该自然人或者其监护人同意，但是法律、行政法规另有规定的除外；（二）公开处理信息的规则；（三）明示处理信息的目的、方式和范围；（四）不违反法律、行政法规的规定和双方的约定。个人信息的处理包括个人信息的收集、存储、使用、加工、传输、提供、公开等”、第一千一百六十五条第一款“行为人因过错侵害他人民事权益造成损害的，应当承担侵权责任”、第一千一百八十三条“侵害自然人人身权益造成严重精神损害的，被侵权人有权请求精神损害赔偿。因故意或者重大过失侵害自然人具有人身意义的特定物造成严重精神损害的，被侵权人有权请求精神损害赔偿”的规定，原告要求被告停止侵权（注销以原告名义在工商部门的登记信息）并赔偿精神损失的诉请，于法有据，予以支持。关于赔偿原告精神抚慰金的数额，根据被告侵权的动机、目的、手段、获利情况及对原告精神损害的程度等因素综合考虑，酌定支持精神抚慰金1万元，超出部分，不予支持。对于原告要求被告在新闻媒体公开向其赔礼道歉、消除影响的诉请，因被告已当庭表示要立即停止侵权，适当赔偿原告精神损失，表明被告已认识其行为错误，加之被告侵权行为是发生在工商登记这一特定范围，故对原告的该项诉请，不予支持。

二审法院认为，当事人对自己提出的诉讼请求所依据的事实或者反驳对方诉讼请求所依据的事实，应当提供证据加以证明，但法律另有规定的除外，否则，将承担举证不能的不利的后果。人格权既是公民的基本权利，又是自然人的民事权利，侵害公民人格权的，应当依法承担相应法律责任。根据本案查明的事实，上诉人（原审被告）使用被上诉人（原审原告）身份证信息及电话号码、会计从业资格证等在工商部门进行登记是事实，且并未与被上诉人签订劳动、劳务合同，亦未向被上诉人支付过任何报酬，导致被上诉人经常接到骚扰电话，对生活和精神都造成了不良影响，其主张其行为系经过被上诉人同意，但并未提交证据予以证明，其擅自使用被上诉人信息的行为，已然侵害了被上诉人个人信息权的人格权，被上诉人有权要求对其个人信息的更正、更新，且因人格权益侵害而遭受了精神损害时，有权要求侵权人承担赔偿责任。故一审判决认定上诉人侵害了被上诉人的人格权，并判决上诉人在市场监督管理局注销其以被上诉人名义注册的工商登记及赔偿精神抚慰金，事实清楚，适用法律正确，应予维持。上诉人认为其登记设立公司时，使用被上诉人的身份证、会计从业资格证是经被上诉人同意的，且被上诉人一直未要求更正，不存在侵害被上诉人人格权的上诉理由不成立，法院不予采纳。

例案三：孙某贤与山东开创集团股份有限公司隐私权纠纷案

【法院】

山东省济南市天桥区人民法院

【案号】

（2019）鲁0105民初5398号

【当事人】

原告：孙某贤

被告：山东开创集团股份有限公司

【基本案情】

山东开创集团股份有限公司（以下简称山东开创公司）系主要从事互联网推广服务等业务的公司，其通过网络搜索到原告的姓名和电话后，自2019年8月23日至9月27日期间用不同的座机多次向原告孙某贤拨打电话进行业务推广，在原告表示不接受此业务后，被告仍未及时停止其向原告的电话推广行为。

【案件争点】

被告通过原告在相关网站公开的个人信息获取原告电话后，多次通过拨打电话的方式对原告进行业务推广活动的行为，是否构成对原告隐私权的侵犯。

【裁判要旨】

法院认为，被告通过原告在相关网站公开的个人信息获取原告电话后，多次通过拨打电话的方式对原告进行业务推广活动，在原告明确表示拒绝后，被告仍未停止其推广行为，该行为虽不构成对原告隐私权的侵犯，但在一定程度上侵犯了原告的生活安宁等相关权益，应依法承担侵权责任。原告要求被告停止以骚扰电话为手段的推广活动，因其自认起诉后被告仅拨打过一次电话，且未提交证据证实被告的侵权行为尚在持续发生，故其该请求无事实依据，法院不予支持。原告要求被告赔礼道歉符合法律规定，但其要求在省级以上报刊公开赔礼道歉依据不足，结合侵权行为的持续时间、影响范围及后果，法院认为由被告向原告书面赔礼道歉为宜。原告要求被告赔偿物质损失 1 元、精神损害抚慰金 9999 元，于法无据，法院不予支持。

例案四：孙某燕与中国移动通信集团山东有限公司滨州分公司等隐私权纠纷案

【法院】

山东省滨州市中级人民法院

【案号】

（2021）鲁 16 民终 2594 号

【当事人】

上诉人（原审原告）：孙某燕

上诉人（原审被告）：中国移动通信集团山东有限公司滨州分公司

上诉人（原审被告）：中国移动通信集团山东有限公司

【基本案情】

原告孙某燕系被告中国移动通信集团山东有限公司滨州分公司（以下简称移动滨州分公司）的通信服务用户。2011 年 7 月 13 日，原告孙某燕在被告移动滨州分公司处入网，办理了号码为 150××××8020 的电话卡。原告孙某燕提交的话费账单显示，2020 年 2 月至 2021 年 1 月期间，150××××8020 号码的套餐及固定费为 131 元、业务费用减免 50 元，账单总额基本为 81 元至 82 元之间。2020 年 6 月 30 日 9 时 53 分、9 月 15 日 10 时 48 分、9 月 22 日 14 时 08 分、10 月 26 日 14 时 08 分、12 月 25 日 15 时 19 分、12 月 29 日 16 时 07 分，孙某燕持续收到营销人员以移动公司工作人员名义拨打的推销电话，以“搞活动”“回馈老客户”“赠送”“升级”等为由数次向孙某燕推销中国移动的套餐升级业务，包括增加包月流量、增加通话时长、开通视频彩铃等业务，呼入号码分别为 05438181585、05433123884、05433123934、05433123856、05438125283、05433123851。在 2020 年 12 月 25 日、29 日的通话中，原告孙某燕同意修改、增加套餐服务，随即收到中国移动验证密码（验证码）的短信，内容为：“安全提醒：短信验证码可用于办理多项业务，请妥善保管，切勿泄露。本次短信验证码……如有疑问请咨询 10086。[中国移动]。”2020 年 9 月 15 日、2020 年 9 月 22 日，原告孙某燕分别拨打中国移动客服电话“10086”投诉反映后，移动客服“10086”在投诉回访中表示会对原告的手机号加入“营销免打扰”、以后尽量避免再向原告推销。原告孙某燕经拨打“10086”移动客服电话反映沟通未果，于2020年11月4日通过工业和信息化部政务平台“电信用户申诉受理平台”进行申诉，该平台于2020年12月2日9时11分回复“孙某燕用户您好！我中心于2020年11月9日受理的您关于移动公司150××××8020号码问题的申诉，对相关情况进行了调查核实”。

【案件争点】

在2020年6月30日至12月29日期间向原告孙某燕进行电话推销是否能认定为被告移动滨州分公司的行为，该行为是否构成对原告孙某燕权利的侵害。

【裁判要旨】

一审法院认为，原告孙某燕使用被告移动滨州分公司提供的移动通信号码，并向其支付费用，故原告、被告之间存在电信服务合同关系，原、被告之间的电信服务合同自被告入网时依法成立。根据《合同法》第一百二十二条[①]“因当事人一方的违约行为，侵害对方人身、财产权益的，受损害方有权选择依照本法要求其承担违约责任或者依照其他法律要求其承担侵权责任”的规定，发生违约责任和侵权责任两种责任竞合时，当事人可以选择两者之中有利于自己的一种诉因提起诉讼，或选择对方承担违约责任，或选择对方承担侵权责任。本案原告孙某燕以被告移动滨州分公司长期无视原告拒绝推销的要求，多次给原告打电话、发短信推销业务，已经构成骚扰为由，要求被告移动滨州分公司承担侵权责任，现根据原告孙某燕的诉称、被告移动滨州分公司的答辩和案件审理情况，本案案由应为隐私权、个人信息保护纠纷。

就争议焦点一，向原告孙某燕进行电话推销的营销人员自称为移动公司工作人员，推销的内容为与被告移动滨州分公司经营业务密切相关的套餐升级、加包月流量、增加通话时长、开通视频彩铃等内容，推销通话后中国移动发送相应的验证码信息，结合原告孙某燕的投诉、原被告协商处理及被告移动滨州分公司将案涉移动通信号码设置为营销免打扰的情况，能够认定向原告孙某燕进行电话推销的行为系被告移动滨州分公司的行为。就被告移动滨州分公司提出推销业务使用的为固定电话号码，不是移动公司的工作人员实施的呼叫的答辩意见，因中国移动通信集团有限公司实际有固定电话的经营业务，且被告移动滨州分公司就该项主张未提供证据

① 参见《民法典》第一百八十六条规定：“因当事人一方的违约行为，损害对方人身权益、财产权益的，受损害方有权选择请求其承担违约责任或者侵权责任。”

予以证明，根据《民事诉讼法》第六十四条[①]“当事人对自己提出的主张，有责任提供证据”、《最高人民法院关于适用〈中华人民共和国民事诉讼法〉的解释》第九十条“当事人对自己提出的诉讼请求所依据的事实或者反驳对方诉讼请求所依据的事实，应当提供证据加以证明，但法律另有规定的除外。在作出判决前，当事人未能提供证据或者证据不足以证明其事实主张的，由负有举证证明责任的当事人承担不利的后果”之规定，被告移动滨州分公司应承担举证不能的后果，故一审法院对被告移动滨州分公司的该项主张不予支持。

就争议焦点二，自然人享有隐私权。隐私是自然人的私人生活安宁和不愿为他人知晓的私密空间、私密活动、私密信息，对上述隐私进行刺探、侵扰、泄露、公开均系侵犯自然人隐私权的行为。自然人的个人信息受法律保护。任何组织和个人需要获取他人个人信息的，应当依法取得并确保信息安全，不得非法收集、使用、加工、传输他人个人信息，不得非法买卖、提供或者公开他人个人信息。民事权益受到侵害的，被侵权人有权请求侵权人承担侵权责任。在原告孙某燕与被告移动滨州分公司之间的电信服务合同内容即案涉移动通信号码的话费套餐足够原告孙某燕使用的情况下，被告移动滨州分公司多次向原告进行电话推销，要求原告办理套餐升级等增加消费的业务，且在原告已多次向被告表示生活受干扰，要求停止此类推销的情况下，仍未停止，被告此行为超出了必要限度，违反了民法平等、自愿原则，侵犯了原告孙某燕的隐私权和受法律保护的个人信息，被告移动滨州分公司应承担侵权责任。《民事侵权精神损害赔偿责任解释》第一条[②]规定：“自然人因下列人格权利遭受非法侵害，向人民法院起诉请求赔偿精神损害的，人民法院应当依法予以受理：（一）生命权、健康权、身体权；（二）姓名权、肖像权、名誉权、荣誉权；（三）人格尊严权、人身自由权。违反社会公共利益、社会公德侵害他人隐私或者其他人格利益，受害人以侵权为由向人民法院起诉请求赔偿精神损害的，人民法院应当依法予以受理。”本案中，就推销电话的时间、内容、次数和对原告生活、工作造成后果等综合因素考虑，一审法院对原告孙某燕精神损害损失数额酌定为3000元。就原告孙某燕主张的直接经济损失交通费用782元，予以支持。

二审法院认为，孙某燕与移动滨州分公司之间的电信服务合同依法成立，并有

---

① 该法已于2021年12月24日第四次修正，本案所涉第六十四条修改为第六十七条，内容未作修改。

② 该司法解释已于2020年12月23日修正，该条规定已被删除。

效。移动滨州分公司应当在服务期内为孙某燕提供合同约定的电信服务。孙某燕提交的证据能够证明移动滨州分公司擅自多次向孙某燕进行电话推销该公司业务，且孙某燕也因移动滨州分公司的电话推销向有关部门投诉和反映，因此，移动滨州分公司的电话推销行为使孙某燕不堪其扰。本案中移动滨州分公司向孙某燕电话推销业务的行为侵扰了孙某燕的私人生活安宁，构成了对孙某燕隐私权的侵犯，原审判令移动滨州分公司承担侵权责任，并无不当。应予维持。

例案五：罗某杉与郴州申湘天润汽车有限公司、中国太平洋财产保险股份有限公司隐私权纠纷案

【法院】

湖南省郴州市北湖区人民法院

【案号】

（2014）郴北民二初字第 947 号

【当事人】

原告：罗某杉

被告：郴州申湘天润汽车有限公司

被告：中国太平洋财产保险股份有限公司

【基本案情】

2012 年 10 月 22 日，原告罗某杉在被告郴州申湘天润汽车有限公司（以下简称申湘天润公司）的雪佛兰 4S 店购买小轿车一辆，并一直在中国平安财产保险股份有限公司（以下简称太平洋财险公司）购买车辆保险。2014 年 8 月底，被告太平洋财险公司的员工使用 021-1010×××× 的太平洋电话车险号码不断致电给原告，因原告的手机提示该号码为保险公司的推销电话，原告并未接听。2014 年 9 月 3 日，被告太平洋财险公司的员工又用 021-1010×××× 向原告推销车辆保险，原告接听电话后，被告太平洋财险公司的员工准确说出原告车辆的保险到期日，原告以其车辆保险到期日还有一个多月为由挂断了电话。但被告太平洋财险公司的员工并未放弃，继续使用 021-1010×××× 拨打原告手机，均被原告拒绝接听。被告太平洋财险公司的员工于是换用 021-6129×××× 拨打原告手机再次骚扰并指责原告，同时说出了原告的姓名，原告表达了强烈不满。之后，原告多次致电被告太平洋财险公司的全国客户服务电话 95500 进行反映、投诉，要求被告太平洋财险公司说明如何获取了

原告的手机号、姓名、车辆保险到期日等个人信息。2014年9月22日和29日，被告太平洋财险公司客户服务部一位自称姓支的女性员工先后两次致电原告，向原告赔礼道歉并在原告的反复追问下含糊其辞地告诉原告，被告太平洋财险公司是从4S店这个渠道获取了原告的个人信息，但不清楚是4S店的哪个人或哪个部门提供了原告的个人信息。该自称姓支的女性员工还告诉原告，个人信息一般都是从有合作的（单位）或曾经登记过、咨询过，来访过的（人）渠道来获取，从有些代理商、网站公开渠道获取，像手机号、姓名等甚至通信运营商等处也可能（获取）。原告在与被告太平洋财险公司客户服务部姓支的女性员工通话中，多次明确表示要以诉讼方式维权。被告太平洋财险公司曾安排员工找到与原告相识的中间人出面说情，希望与原告和解，被原告拒绝。

【案件争点】

两被告的行为是否侵害原告的隐私权。

【裁判要旨】

法院认为：关于两被告是否侵害原告隐私权，即被告申湘天润公司是否非法泄露原告个人信息；被告太平洋财险公司是否非法收集、利用原告个人信息的问题。

1. 关于被告申湘天润公司是否非法泄露原告个人信息侵害原告隐私权的问题。原告根据自己在被告申湘天润公司购买车辆而留下自己相关个人信息的事实以及其本人同被告太平洋财险公司客户服务部一位自称姓支的女性员工的通话录音，认定其个人信息是被告申湘天润公司泄露出去的，但被告太平洋财险公司客户服务部姓支的女性员工只是含糊其辞地告诉原告是从4S店这个渠道获取了原告的个人信息，并不清楚是4S店的哪个人或哪个部门提供了原告的个人信息。从原告与被告太平洋财险公司客户服务部自称姓支的女性员工的通话录音中可知，被告太平洋财险公司获取公民个人信息的渠道并不仅限于4S店。庭审中，被告申湘天润公司辩称其没有泄露原告的个人信息，被告太平洋财险公司未明确说明如何获取了原告个人信息。因此，原告认为被告申湘天润公司非法泄露其个人信息，证据不足，法院不予认定。

2. 关于被告太平洋财险公司是否非法收集、利用原告个人信息侵害原告隐私权的问题。被告太平洋财险公司员工多次使用021-1010××××的太平洋电话车险号码致电原告推销车辆保险，并在2014年9月30日致电原告时准确说出了原告姓名和原告车辆的保险到期日，被告太平洋财险公司对此并无异议，但拒绝说明如何获取了原告的手机号、姓名、车辆保险到期日等个人信息。上述事实，足以认定被告太平洋财险公司非法收集、利用了原告的个人信息，侵害了原告隐私权。

三、裁判规则提要

（一）物业公司、银行等机构滥用了其所掌握的自然人个人信息，客观上滋扰了自然人正常的生活安宁，侵犯了自然人的合法权益，属于侵权行为，应当承担侵权责任

未经自然人允许，银行、物业公司、贷款公司等机构泄露、出卖或者利用自然人的个人信息，且并未与自然人签订相关合同，亦未向自然人支付过任何报酬，导致自然人经常接到骚扰电话，给其生活和精神都造成了不良影响。其擅自泄露、出卖、使用自然人信息的行为，已然侵害了自然人的个人信息权，自然人有权要求对其个人信息的更正、更新，且因人格权益侵害而遭受了精神损害时，有权要求侵权人承担赔偿责任。

（二）个人信息的私密性是其重要内容，只要有未经许可向第三人披露他人个人信息的事实存在即可构成侵害，就侵害的成立而言，无须考虑第三人究竟给原告带来的是利益还是损害，私人信息为第三人所知本身即为损害

为保护隐私，自然人享有保持私人生活安宁且不受他人非法干扰的权利，非依法律、法规之规定或非经权利人许可，任何人均不得搜集、利用、公开他人隐私。私人信息是隐私权益的主要内容，包括个人的姓名、性别、职业、学历、联系方式、家庭住址、婚姻状况等与个人及其家庭密切相关的信息。权利人对他人在何种程度上可以介入自己的私生活、对自己的隐私是否向他人公开以及公开的人群范围和程度等具有决定权，刺探、调查个人情报、资讯或者未经权利人许可，擅自公开或者非法利用其姓名、住址、身份证号、电话号码等，即构成对权利人隐私权的侵害。法律、法规保护隐私权的目的是赋予权利主体对他人在何种程度上可以介入自己私生活的控制权，以及对自己是否向他人公开隐私以及公开范围的决定权。

四、辅助信息

《民法典》

第九百九十一条　民事主体的人格权受法律保护，任何组织或者个人不得

侵害。

第九百九十五条　人格权受到侵害的，受害人有权依照本法和其他法律的规定请求行为人承担民事责任。受害人的停止侵害、排除妨碍、消除危险、消除影响、恢复名誉、赔礼道歉请求权，不适用诉讼时效的规定。

第九百九十八条　认定行为人承担侵害除生命权、身体权和健康权外的人格权的民事责任，应当考虑行为人和受害人的职业、影响范围、过错程度，以及行为的目的、方式、后果等因素。

第一千零三十四条　自然人的个人信息受法律保护。

个人信息是以电子或者其他方式记录的能够单独或者与其他信息结合识别特定自然人的各种信息，包括自然人的姓名、出生日期、身份证件号码、生物识别信息、住址、电话号码、电子邮箱、健康信息、行踪信息等。

个人信息中的私密信息，适用有关隐私权的规定；没有规定的，适用有关个人信息保护的规定。

第一千零三十五条　处理个人信息的，应当遵循合法、正当、必要原则，不得过度处理，并符合下列条件：

（一）征得该自然人或者其监护人同意，但是法律、行政法规另有规定的除外；

（二）公开处理信息的规则；

（三）明示处理信息的目的、方式和范围；

（四）不违反法律、行政法规的规定和双方的约定。

个人信息的处理包括个人信息的收集、存储、使用、加工、传输、提供、公开等。

第一千零三十八条　信息处理者不得泄露或者篡改其收集、存储的个人信息；未经自然人同意，不得向他人非法提供其个人信息，但是经过加工无法识别特定个人且不能复原的除外。

信息处理者应当采取技术措施和其他必要措施，确保其收集、存储的个人信息安全，防止信息泄露、篡改、丢失；发生或者可能发生个人信息泄露、篡改、丢失的，应当及时采取补救措施，按照规定告知自然人并向有关主管部门报告。

《民事诉讼法》

第六十七条 当事人对自己提出的主张，有责任提供证据。

当事人及其诉讼代理人因客观原因不能自行收集的证据，或者人民法院认为审理案件需要的证据，人民法院应当调查收集。

人民法院应当按照法定程序，全面地、客观地审查核实证据。

第一百四十五条 法庭辩论终结，应当依法作出判决。判决前能够调解的，还可以进行调解，调解不成的，应当及时判决。

第二百六十条 被执行人未按判决、裁定和其他法律文书指定的期间履行给付金钱义务的，应当加倍支付迟延履行期间的债务利息。被执行人未按判决、裁定和其他法律文书指定的期间履行其他义务的，应当支付迟延履行金。

后　记

最高人民法院在《人民法院第五个五年改革纲要（2019—2023）》中提出，要“完善类案和新类型案件强制检索报告工作机制”。类案同判研究机制的健全完善对统一法律适用标准、提升司法公信力具有重要意义和价值。尤其在人格权纠纷案件中，特别需要以某种方式将在实践基础上总结出的审理思路明确下来。通过研究实践中人格权纠纷案件，加之以评析、归纳、整理，进而在类案方面梳理出裁判规则，最终形成实践中解决该问题的裁判思路，对法官在同类案件中适用法律将具有启发、引导、规范和参考作用。

本书是最高人民法院中国应用法学研究所策划的“最高人民法院审判理论研究会类案同判专项研究”丛书的组成部分，本项研究成果借助大数据检索平台，形成同类案件大数据报告，为使用者提供同类案件裁判全景，并从检索到海量类案中，挑选可索引的、优秀的例案。同时，专家组从例案中提炼出同类案件的裁判规则及裁判规则提要，提供给读者参考。

在撰写前，本书主编中国应用法学研究所《中国应用法学》编辑部主任杨奕为全书设定了写作框架并组织编写团队确定了所有裁判规则，参与了部分裁判规则的撰写，在成书后又进行了统稿；专家组成员北京市第二中级人民法院立案庭副庭长李俊晔，法官助理王继玉、齐浩岩分别参与了部分裁判规则的撰写；中国政法大学研究生杨丹参与了大数据报告的检索；北京天驰君泰律师事务所韩向前律师参与了全书的统稿、编校工作。

由于水平有限、时间仓促，本书可能存在诸多错漏之处，希望读者们不吝指正。也希望本书的出版能够为人格权纠纷案件相关裁判规则的统一和完善提供有益参考。

杨奕

2022年11月25日